新 수학의 바이블

개념

중학 **3-2**

新 수학의 바이블만의
탁월한 구성과 특징

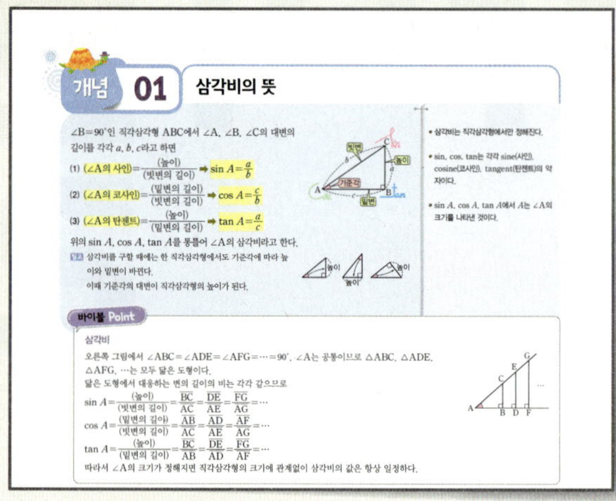
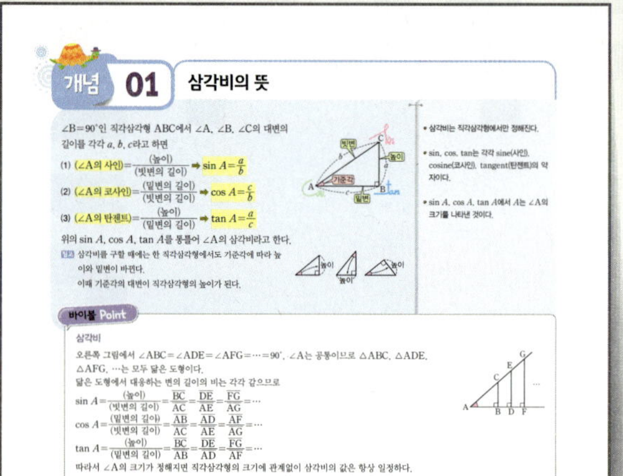

1 개념 학습

개념 설명 바이블만의 체계적이고 자세한 설명으로 개념의 원리와 공식을 완벽하게 이해할 수 있도록 하였습니다.

바이블 Point 중요 개념 및 공식, 성질이 성립하는 과정을 설명하고 핵심 내용을 도식화하여 설명함으로써 개념을 더 쉽게 이해할 수 있도록 하였습니다.

개념 콕콕 개념을 익힌 후 개념이 직접적으로 적용된 문제를 풀어봄으로써 개념이 문제에 어떻게 적용되는지 이해할 수 있도록 하였습니다.

개념 체크 문제 해결에 이용되는 개념을 정확하게 암기할 수 있도록 빈칸 채우기 문제를 제공하였습니다.

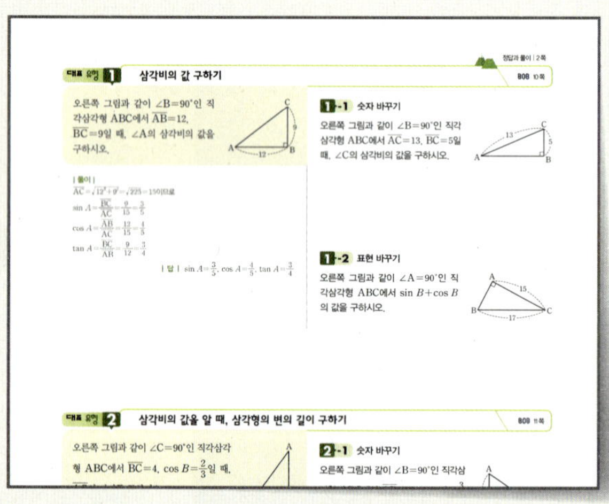

2 유형 학습

대표 유형 개념을 이해하고 적용시키기에 가장 적합한 핵심 문항을 대표 유형으로 선정하였습니다.

숫자 바꾸기 대표 유형에서 숫자만 바꾼 유사 문제로 대표 유형을 통해 습득한 문제 해결 원리를 다시 확인할 수 있도록 하였습니다.

표현 바꾸기 대표 유형에서 표현을 바꾼 변형 문제와 개념 확장 문제를 통하여 통합적 문제 해결 원리를 습득할 수 있도록 하였습니다.

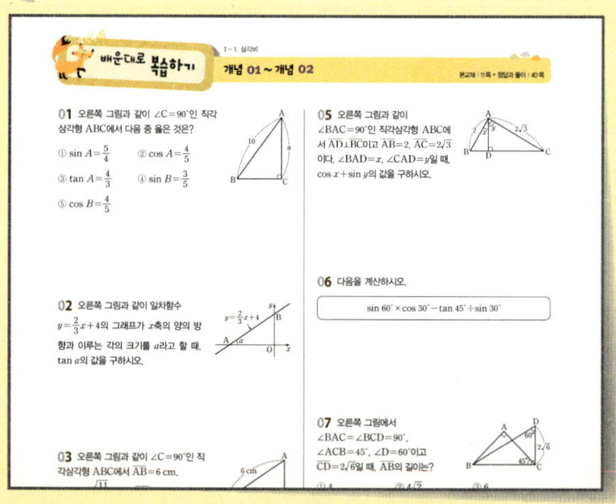

1 배운대로 복습하기

본교재의 〈배운대로 해결하기〉의 유사 문항으로 구성하여 해당 소단원의 내용을 한번 더 학습함으로써 개념을 확실하게 이해할 수 있도록 하였습니다.

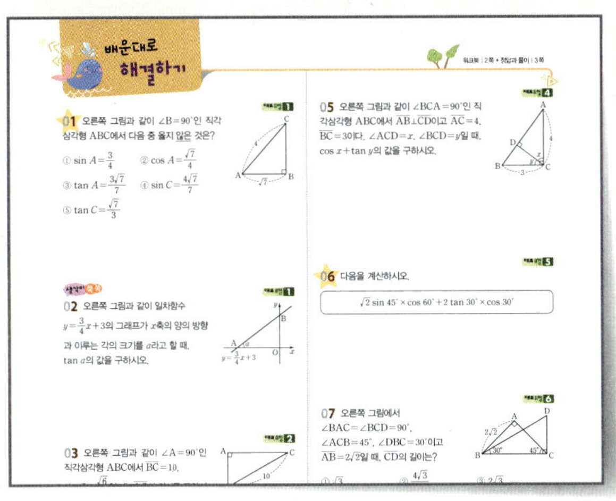

3 배운대로 해결하기

앞에서 학습한 유형들을 완벽하게 이해할 수 있도록 대표 유형의 유사 문항과 개념 확장 문항을 제공하고 있습니다.

또한, 학습의 완성도를 확인할 수 있도록 대표 유형과 링크를 걸어 활용도를 높였습니다.

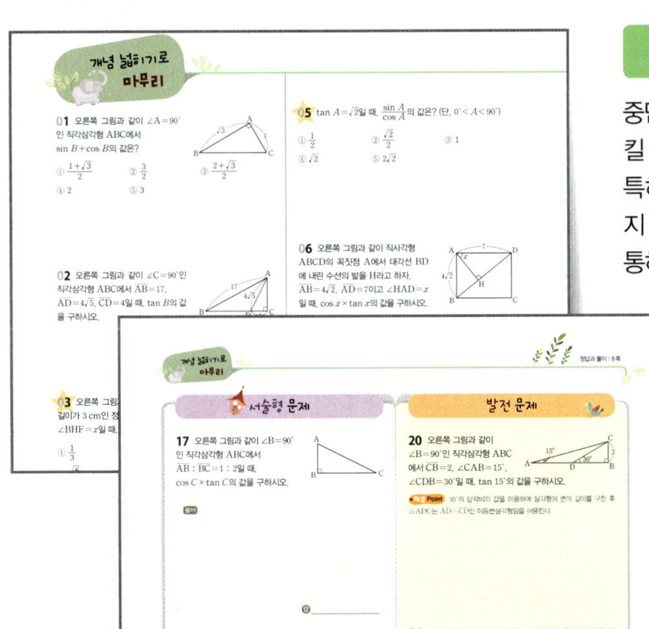

4 개념 넓히기로 마무리

중단원에서 학습한 다양한 문제를 풀어봄으로써 문제 해결력을 향상시킬 수 있도록 하였습니다.

특히, 서술력을 강화할 수 있도록 구성한 〈서술형 문제〉 코너와 여러 가지 개념을 활용하여 해결해야 하는 문항들로 구성한 〈발전 문제〉 코너를 통하여 학교 시험에 완벽하게 대비할 수 있도록 하였습니다.

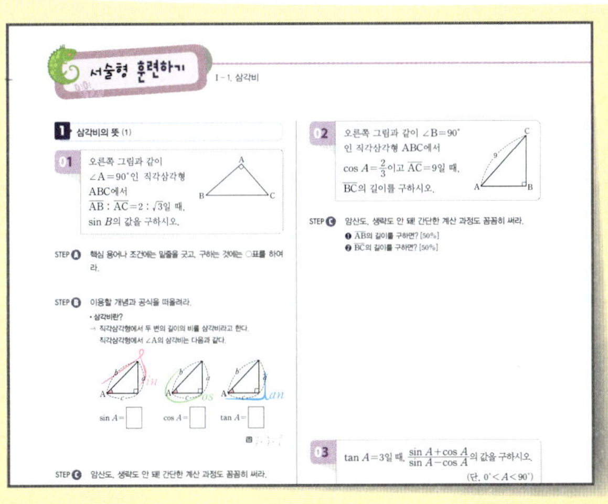

2 서술형 훈련하기

서술형 문제의 해결 방법을 단계별로 제시하여 쓰기 연습을 체계적으로 훈련함으로써 스스로 서술형 문제를 해결할 수 있는 힘을 강화할 수 있도록 하였습니다.

이 책의 차례

1 삼각비

개념 되짚어 보기

- **삼각형의 닮음 조건**
  ① 세 쌍의 대응변의 길이의 비가 같다.
  (SSS 닮음)
  ② 두 쌍의 대응변의 길이의 비가 같고, 그 끼인각의 크기가 같다. (SAS 닮음)
  ③ 두 쌍의 대응각의 크기가 각각 같다.
  (AA 닮음)

- **피타고라스 정리** : 직각삼각형에서 직각을 낀 두 변의 길이를 각각 a, b라 하고 빗변의 길이를 c라고 하면 $a^2+b^2=c^2$이 성립한다.

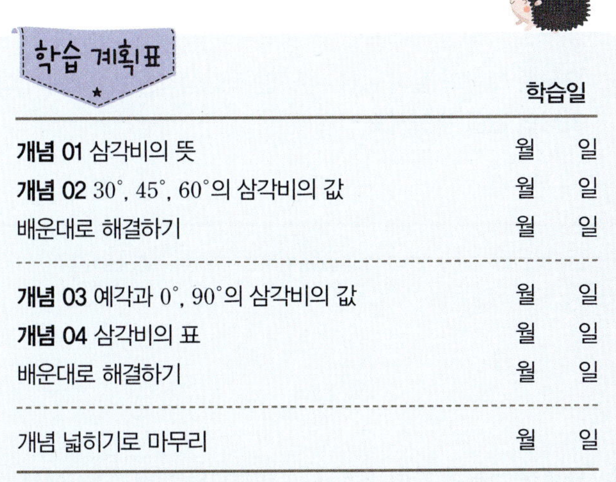

삼각비의 뜻

∠B＝90°인 직각삼각형 ABC에서 ∠A, ∠B, ∠C의 대변의 길이를 각각 a, b, c라고 하면

(1) (∠A의 사인)$=\dfrac{(높이)}{(빗변의 길이)}$ ➡ $\sin A=\dfrac{a}{b}$

(2) (∠A의 코사인)$=\dfrac{(밑변의 길이)}{(빗변의 길이)}$ ➡ $\cos A=\dfrac{c}{b}$

(3) (∠A의 탄젠트)$=\dfrac{(높이)}{(밑변의 길이)}$ ➡ $\tan A=\dfrac{a}{c}$

위의 $\sin A$, $\cos A$, $\tan A$를 통틀어 ∠A의 삼각비라고 한다.

참고 삼각비를 구할 때에는 한 직각삼각형에서도 기준각에 따라 높이와 밑변이 바뀐다.

이때 기준각의 대변이 직각삼각형의 높이가 된다.

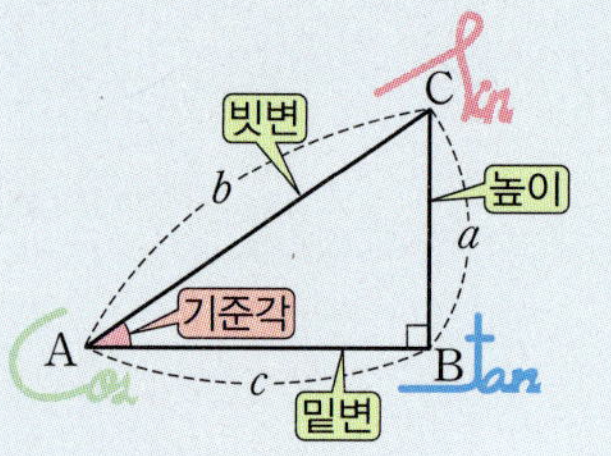

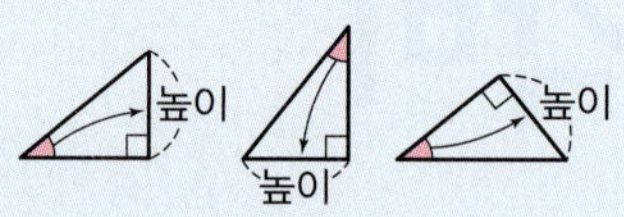

- 삼각비는 직각삼각형에서만 정해진다.

- sin, cos, tan은 각각 sine(사인), cosine(코사인), tangent(탄젠트)의 약자이다.

- $\sin A$, $\cos A$, $\tan A$에서 A는 ∠A의 크기를 나타낸 것이다.

바이블 Point

삼각비

오른쪽 그림에서 ∠ABC＝∠ADE＝∠AFG＝⋯＝90°, ∠A는 공통이므로 △ABC, △ADE, △AFG, ⋯는 모두 닮은 도형이다.

닮은 도형에서 대응하는 변의 길이의 비는 각각 같으므로

$$\sin A=\frac{(높이)}{(빗변의 길이)}=\frac{\overline{BC}}{\overline{AC}}=\frac{\overline{DE}}{\overline{AE}}=\frac{\overline{FG}}{\overline{AG}}=\cdots$$

$$\cos A=\frac{(밑변의 길이)}{(빗변의 길이)}=\frac{\overline{AB}}{\overline{AC}}=\frac{\overline{AD}}{\overline{AE}}=\frac{\overline{AF}}{\overline{AG}}=\cdots$$

$$\tan A=\frac{(높이)}{(밑변의 길이)}=\frac{\overline{BC}}{\overline{AB}}=\frac{\overline{DE}}{\overline{AD}}=\frac{\overline{FG}}{\overline{AF}}=\cdots$$

따라서 ∠A의 크기가 정해지면 직각삼각형의 크기에 관계없이 삼각비의 값은 항상 일정하다.

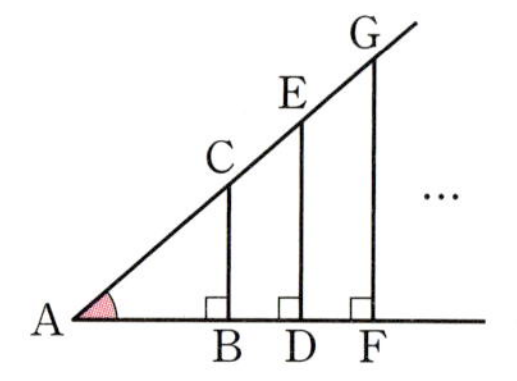

개념 콕콕

정답과 풀이 | 2쪽

1 오른쪽 그림과 같이 ∠B＝90°인 직각삼각형 ABC에서 다음 삼각비의 값을 구하시오.

(1) $\sin A$ (2) $\cos A$ (3) $\tan A$

(4) $\sin C$ (5) $\cos C$ (6) $\tan C$

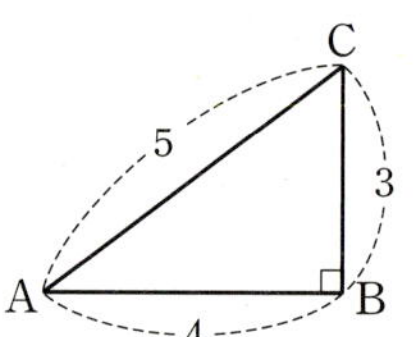

2 오른쪽 그림과 같이 ∠A＝90°인 직각삼각형 ABC에서 $\overline{AB}=2$, $\overline{AC}=1$일 때, 다음을 구하시오.

(1) $\overline{BC}$의 길이

(2) $\sin B$, $\cos B$, $\tan B$의 값

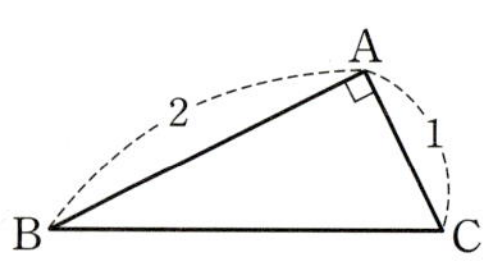

개념 체크

- ∠B＝90°인 직각삼각형 ABC에서 ∠A의 삼각비

① $\sin A=$ ⃞ ㉠

② $\cos A=$ ⃞ ㉡

③ $\tan A=$ ⃞ ㉢

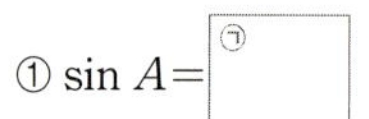

답 | ㉠ $\dfrac{\overline{BC}}{\overline{AC}}$ ㉡ $\dfrac{\overline{AB}}{\overline{AC}}$ ㉢ $\dfrac{\overline{BC}}{\overline{AB}}$

대표 유형 **1** 삼각비의 값 구하기

오른쪽 그림과 같이 $\angle B=90°$인 직각삼각형 ABC에서 $\overline{AB}=12$, $\overline{BC}=9$일 때, $\angle A$의 삼각비의 값을 구하시오.

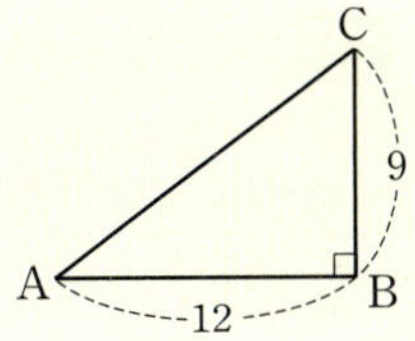

| 풀이 |

$\overline{AC}=\sqrt{12^2+9^2}=\sqrt{225}=15$이므로

$\sin A=\dfrac{\overline{BC}}{\overline{AC}}=\dfrac{9}{15}=\dfrac{3}{5}$

$\cos A=\dfrac{\overline{AB}}{\overline{AC}}=\dfrac{12}{15}=\dfrac{4}{5}$

$\tan A=\dfrac{\overline{BC}}{\overline{AB}}=\dfrac{9}{12}=\dfrac{3}{4}$

| 답 | $\sin A=\dfrac{3}{5}$, $\cos A=\dfrac{4}{5}$, $\tan A=\dfrac{3}{4}$

1-1 숫자 바꾸기

오른쪽 그림과 같이 $\angle B=90°$인 직각삼각형 ABC에서 $\overline{AC}=13$, $\overline{BC}=5$일 때, $\angle C$의 삼각비의 값을 구하시오.

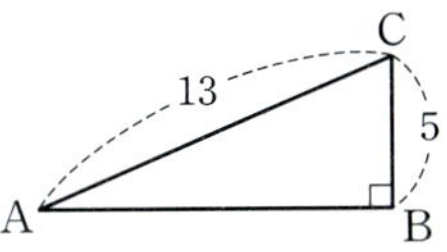

1-2 표현 바꾸기

오른쪽 그림과 같이 $\angle A=90°$인 직각삼각형 ABC에서 $\sin B+\cos B$의 값을 구하시오.

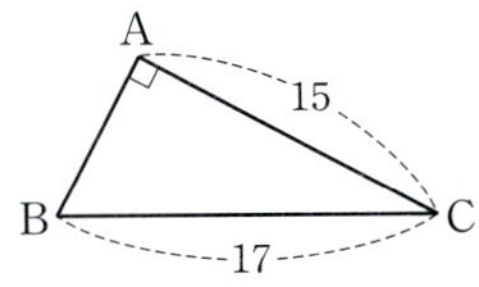

대표 유형 **2** 삼각비의 값을 알 때, 삼각형의 변의 길이 구하기

오른쪽 그림과 같이 $\angle C=90°$인 직각삼각형 ABC에서 $\overline{BC}=4$, $\cos B=\dfrac{2}{3}$일 때, $\overline{AC}$의 길이를 구하시오.

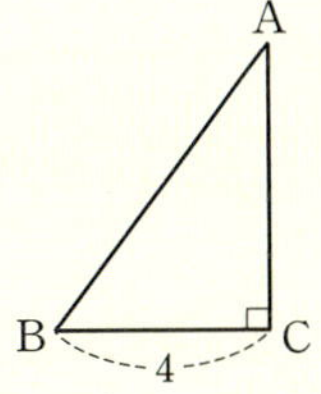

| 풀이 |

$\cos B=\dfrac{4}{\overline{AB}}=\dfrac{2}{3}$이므로 $\overline{AB}=6$

$\therefore \overline{AC}=\sqrt{6^2-4^2}=\sqrt{20}=2\sqrt{5}$

| 답 | $2\sqrt{5}$

2-1 숫자 바꾸기

오른쪽 그림과 같이 $\angle B=90°$인 직각삼각형 ABC에서 $\overline{AB}=10$, $\tan A=\dfrac{3}{2}$일 때, $\overline{AC}$의 길이를 구하시오.

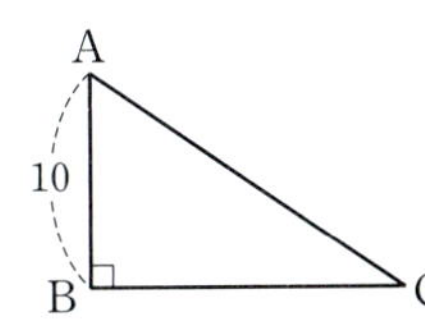

2-2 표현 바꾸기

오른쪽 그림과 같이 $\angle C=90°$인 직각삼각형 ABC에서 $\overline{AB}=6\ \text{cm}$, $\sin A=\dfrac{\sqrt{5}}{3}$일 때, $\triangle ABC$의 넓이는?

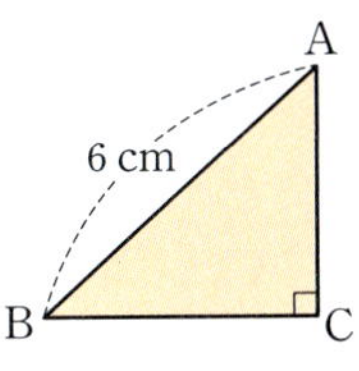

① $4\sqrt{5}\ \text{cm}^2$ ② $5\sqrt{5}\ \text{cm}^2$

③ $6\sqrt{5}\ \text{cm}^2$ ④ $7\sqrt{5}\ \text{cm}^2$

⑤ $8\sqrt{5}\ \text{cm}^2$

대표 유형 **3** 삼각비의 값을 알 때, 다른 삼각비의 값 구하기

BOB 12쪽

$\angle B=90°$인 직각삼각형 ABC에서 $\sin A=\dfrac{5}{6}$일 때, $\cos A$, $\tan A$의 값을 각각 구하시오.

| 풀이 |

$\sin A=\dfrac{5}{6}$이므로 오른쪽 그림과 같이 $\angle B=90°$, $\overline{AC}=6$, $\overline{BC}=5$인 직각삼각형 ABC를 그릴 수 있다.

이때 $\overline{AB}=\sqrt{6^2-5^2}=\sqrt{11}$이므로

$\cos A=\dfrac{\overline{AB}}{\overline{AC}}=\dfrac{\sqrt{11}}{6}$,

$\tan A=\dfrac{\overline{BC}}{\overline{AB}}=\dfrac{5}{\sqrt{11}}=\dfrac{5\sqrt{11}}{11}$

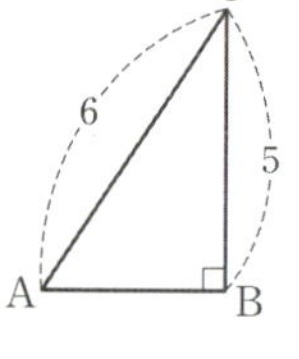

| 답 | $\cos A=\dfrac{\sqrt{11}}{6}$, $\tan A=\dfrac{5\sqrt{11}}{11}$

3-1 숫자 바꾸기

$\angle B=90°$인 직각삼각형 ABC에서 $\tan A=\dfrac{\sqrt{3}}{2}$일 때, $\sin A$, $\cos A$의 값을 각각 구하시오.

3-2 표현 바꾸기

$\cos B=\dfrac{1}{3}$일 때, $\sin B \times \tan B$의 값은? (단, $0°<B<90°$)

① $\dfrac{2}{3}$ ② $\sqrt{2}$ ③ $\dfrac{4\sqrt{2}}{3}$

④ 2 ⑤ $\dfrac{8}{3}$

대표 유형 **4** 직각삼각형의 닮음과 삼각비

BOB 13쪽

오른쪽 그림과 같이 $\angle BAC=90°$인 직각삼각형 ABC에서 $\overline{AD}\perp\overline{BC}$이고 $\overline{AB}=8$, $\overline{AC}=6$이다. $\angle BAD=x$일 때, $\sin x$의 값을 구하시오.

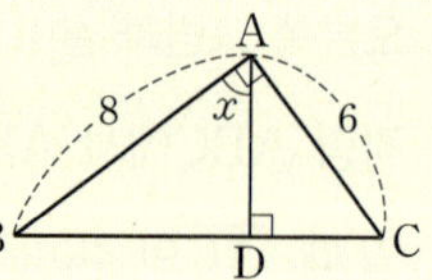

| 풀이 |

$\triangle ABC$와 $\triangle DBA$에서

$\angle B$는 공통, $\angle BAC=\angle BDA=90°$이므로

$\triangle ABC \circ\!\!\!\!\sim \triangle DBA$(AA 닮음)

$\therefore \angle C=\angle BAD=x$

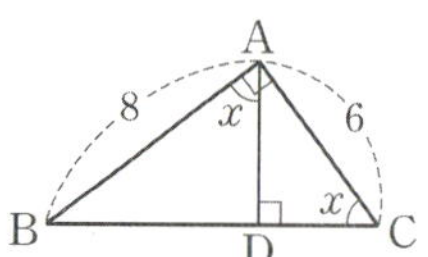

$\triangle ABC$에서 $\overline{BC}=\sqrt{8^2+6^2}=\sqrt{100}=100$이므로

$\sin x=\sin C=\dfrac{\overline{AB}}{\overline{BC}}=\dfrac{8}{10}=\dfrac{4}{5}$

| 답 | $\dfrac{4}{5}$

4-1 숫자 바꾸기

오른쪽 그림과 같이 $\angle BAC=90°$인 직각삼각형 ABC에서 $\overline{AD}\perp\overline{BC}$이고 $\overline{AB}=2$, $\overline{BC}=\sqrt{10}$이다. $\angle CAD=x$일 때, $\tan x$의 값을 구하시오.

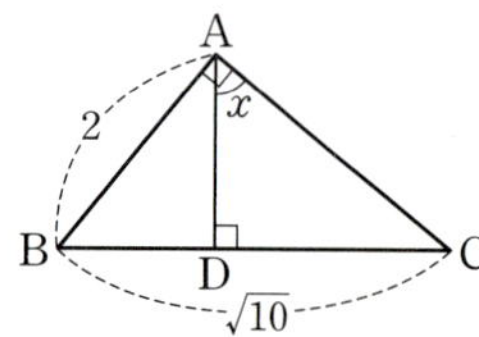

4-2 표현 바꾸기

오른쪽 그림과 같이 $\angle A=90°$인 직각삼각형 ABC에서 $\overline{BC}\perp\overline{DE}$이고 $\overline{AB}=5$, $\overline{AC}=12$이다. $\angle CDE=x$일 때, $\cos x$의 값을 구하시오.

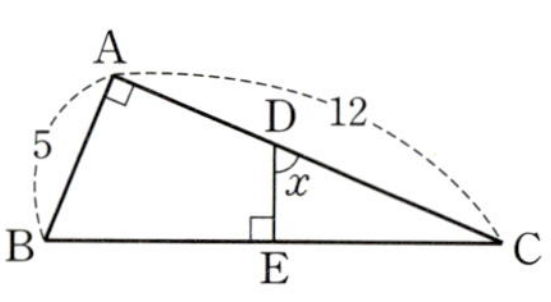

$30°, 45°, 60°$의 삼각비의 값

삼각비 \ A	$30°$	$45°$	$60°$	
$\sin A$	$\dfrac{1}{2}$	$\dfrac{\sqrt{2}}{2}$	$\dfrac{\sqrt{3}}{2}$	→ sin의 값은 증가한다.
$\cos A$	$\dfrac{\sqrt{3}}{2}$	$\dfrac{\sqrt{2}}{2}$	$\dfrac{1}{2}$	→ cos의 값은 감소한다.
$\tan A$	$\dfrac{\sqrt{3}}{3}$	1	$\sqrt{3}$	→ tan의 값은 증가한다.

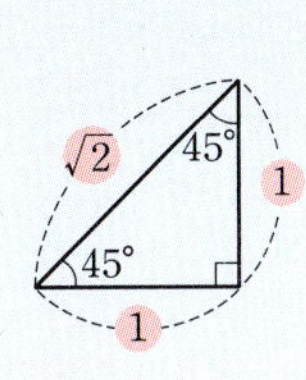
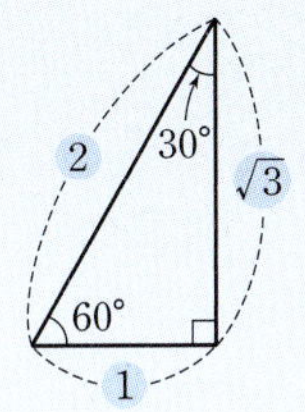

- $\sin^2 A$, $\cos^2 A$, $\tan^2 A$는 각각 $(\sin A)^2$, $(\cos A)^2$, $(\tan A)^2$을 나타낸다.
  주의 $\sin^2 A \neq \sin A^2$

참고 직각삼각형의 한 예각의 크기가 $30°$ 또는 $45°$ 또는 $60°$일 때, 한 변의 길이가 주어지면 삼각비를 이용하여 나머지 두 변의 길이를 구할 수 있다.

바이블 Point

$45°$의 삼각비의 값

두 변의 길이가 각각 1인 직각이등변삼각형에서 빗변의 길이는 $\sqrt{1^2+1^2}=\sqrt{2}$이므로 오른쪽 그림과 같은 직각삼각형 ABC에서

$$\sin 45° = \frac{1}{\sqrt{2}} = \frac{\sqrt{2}}{2}$$

$$\cos 45° = \frac{1}{\sqrt{2}} = \frac{\sqrt{2}}{2}$$

$$\tan 45° = \frac{1}{1} = 1$$

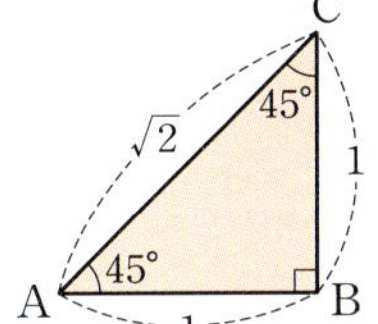

$30°, 60°$의 삼각비의 값

한 변의 길이가 2인 정삼각형의 높이는 $\sqrt{2^2-1^2}=\sqrt{3}$이므로 오른쪽 그림과 같은 직각삼각형 ABC에서

$$\sin 60° = \frac{\sqrt{3}}{2}, \ \cos 60° = \frac{1}{2},$$

$$\tan 60° = \frac{\sqrt{3}}{1} = \sqrt{3}$$

$$\sin 30° = \frac{1}{2}, \ \cos 30° = \frac{\sqrt{3}}{2}, \ \tan 30° = \frac{1}{\sqrt{3}} = \frac{\sqrt{3}}{3}$$

개념 콕콕

정답과 풀이 | 3쪽

1 다음을 계산하시오.

(1) $\sin 30° + \cos 60°$

(2) $\tan 60° - \cos 30°$

(3) $\sin 45° \times \cos 45°$

(4) $\sin 60° \div \tan 45°$

2 $0° < x < 90°$일 때, 다음을 만족하는 x의 크기를 구하시오.

(1) $\sin x = \dfrac{1}{2}$

(2) $\cos x = \dfrac{\sqrt{2}}{2}$

(3) $\tan x = \sqrt{3}$

3 다음 그림과 같은 직각삼각형 ABC에서 x, y의 값을 각각 구하시오.

(1)
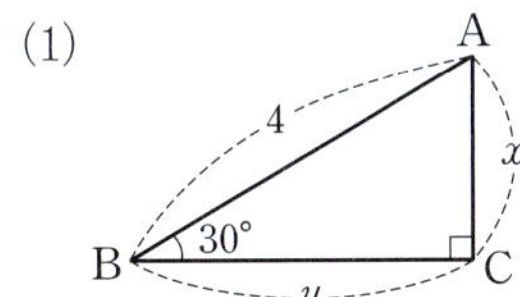

(2)
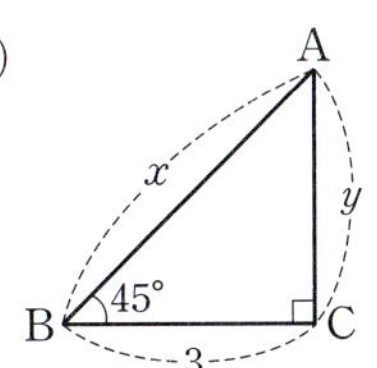

개념 체크

삼각비 \ A	$30°$	$45°$	$60°$
$\sin A$	㉠	$\dfrac{\sqrt{2}}{2}$	㉡
$\cos A$	$\dfrac{\sqrt{3}}{2}$	㉢	㉣
$\tan A$	㉤	1	$\sqrt{3}$

답 | ㉠ $\dfrac{1}{2}$ ㉡ $\dfrac{\sqrt{3}}{2}$ ㉢ $\dfrac{\sqrt{2}}{2}$ ㉣ $\dfrac{1}{2}$ ㉤ $\dfrac{\sqrt{3}}{3}$

대표 유형 **5** 30°, 45°, 60°의 삼각비의 값

다음을 계산하시오.

(1) $\tan 60° \times \cos 30° \div \sin 30°$

(2) $\cos 45° \times \sin 60° - \cos 60° \times \sin 45°$

| 풀이 |

(1) (주어진 식)$=\sqrt{3} \times \dfrac{\sqrt{3}}{2} \div \dfrac{1}{2} = \sqrt{3} \times \dfrac{\sqrt{3}}{2} \times 2 = 3$

(2) (주어진 식)$=\dfrac{\sqrt{2}}{2} \times \dfrac{\sqrt{3}}{2} - \dfrac{1}{2} \times \dfrac{\sqrt{2}}{2} = \dfrac{\sqrt{6}-\sqrt{2}}{4}$

| 답 | (1) 3　(2) $\dfrac{\sqrt{6}-\sqrt{2}}{4}$

5-1 숫자 바꾸기

다음을 계산하시오.

(1) $\cos 30° \div \tan 30° \times \sin 45°$

(2) $(\sin 30° + \tan 45°)(\cos 60° + \tan 45°)$

5-2 표현 바꾸기

다음 보기 중 옳은 것을 모두 고르시오.

보기

ㄱ. $\sin^2 30° + \cos^2 60° = 1$

ㄴ. $\sin 30° = \cos 30° \times \tan 30°$

ㄷ. $2 \sin 45° = \tan 45°$

ㄹ. $\tan 30° = \dfrac{1}{\tan 60°}$

대표 유형 **6** 30°, 45°, 60°의 삼각비의 값을 이용하여 변의 길이 구하기

오른쪽 그림에서
$\angle ABC = \angle BCD = 90°$,
$\angle BAC = 60°$, $\angle BDC = 45°$이고
$\overline{AB} = \sqrt{2}$일 때, $\overline{BD}$의 길이를 구하시오.

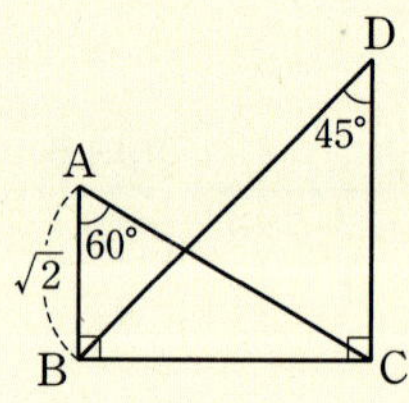

| 풀이 |

$\triangle ABC$에서 $\tan 60° = \dfrac{\overline{BC}}{\sqrt{2}} = \sqrt{3}$　　$\therefore \overline{BC} = \sqrt{6}$

$\triangle DBC$에서 $\sin 45° = \dfrac{\sqrt{6}}{\overline{BD}} = \dfrac{\sqrt{2}}{2}$　　$\therefore \overline{BD} = 2\sqrt{3}$

| 답 | $2\sqrt{3}$

6-1 숫자 바꾸기

오른쪽 그림에서 $\angle ABC = \angle BCD = 90°$,
$\angle BAC = 30°$, $\angle BDC = 45°$이고
$\overline{CD} = 2\sqrt{3}$일 때, $\overline{AC}$의 길이를 구하시오.

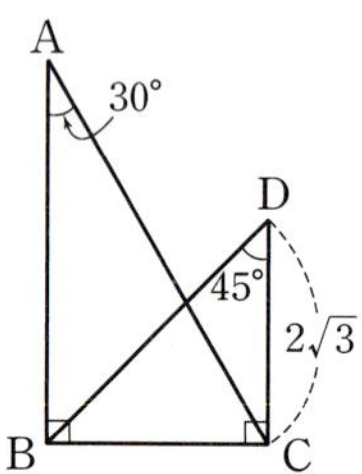

6-2 표현 바꾸기

오른쪽 그림과 같은 $\triangle ABC$에서
$\overline{AD} \perp \overline{BC}$이고 $\overline{AB} = 12$, $\angle B = 45°$,
$\angle C = 60°$일 때, $\overline{AC}$의 길이는?

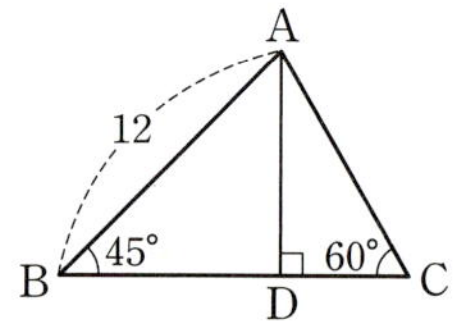

① 9　　　　② $3\sqrt{10}$

③ $2\sqrt{23}$　　④ $4\sqrt{6}$

⑤ 10

배운대로 해결하기

01 오른쪽 그림과 같이 $\angle B=90°$인 직각삼각형 ABC에서 다음 중 옳지 <u>않은</u> 것은?

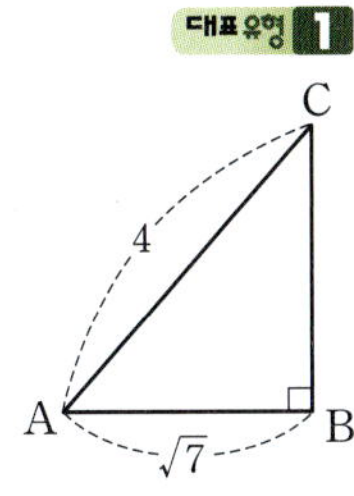

① $\sin A=\dfrac{3}{4}$ ② $\cos A=\dfrac{\sqrt{7}}{4}$

③ $\tan A=\dfrac{3\sqrt{7}}{7}$ ④ $\sin C=\dfrac{4\sqrt{7}}{7}$

⑤ $\tan C=\dfrac{\sqrt{7}}{3}$

02 오른쪽 그림과 같이 일차함수 $y=\dfrac{3}{4}x+3$의 그래프가 x축의 양의 방향과 이루는 각의 크기를 a라고 할 때, $\tan a$의 값을 구하시오.

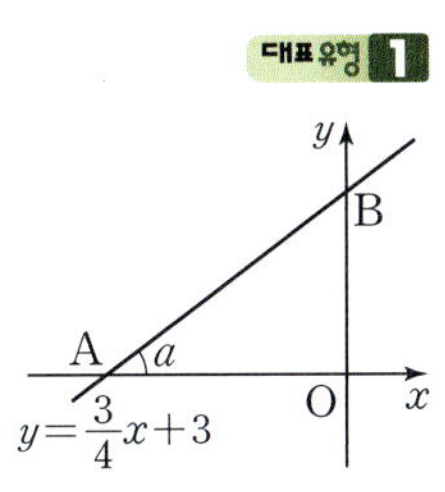

03 오른쪽 그림과 같이 $\angle A=90°$인 직각삼각형 ABC에서 $\overline{BC}=10$, $\sin C=\dfrac{\sqrt{6}}{5}$일 때, $\overline{AC}$의 길이를 구하시오.

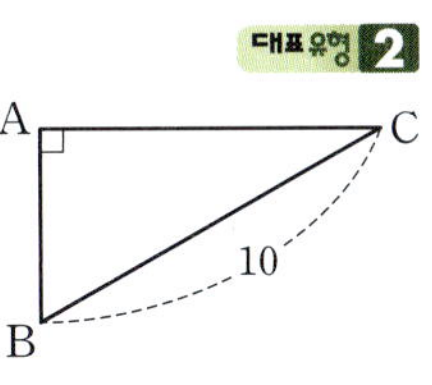

04 $\angle B=90°$인 직각삼각형 ABC에서 $\tan A=\dfrac{2}{3}$일 때, $\sin A+\cos A$의 값은?

① $\dfrac{5\sqrt{13}}{13}$ ② $\dfrac{5\sqrt{13}}{12}$ ③ $\dfrac{6\sqrt{13}}{13}$

④ $\dfrac{7\sqrt{13}}{13}$ ⑤ $\dfrac{7\sqrt{13}}{12}$

05 오른쪽 그림과 같이 $\angle BCA=90°$인 직각삼각형 ABC에서 $\overline{AB}\perp\overline{CD}$이고 $\overline{AC}=4$, $\overline{BC}=3$이다. $\angle ACD=x$, $\angle BCD=y$일 때, $\cos x+\tan y$의 값을 구하시오.

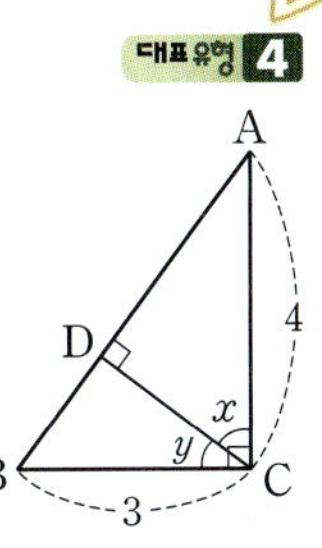

06 다음을 계산하시오.

$$\sqrt{2}\sin 45°\times\cos 60°+2\tan 30°\times\cos 30°$$

07 오른쪽 그림에서 $\angle BAC=\angle BCD=90°$, $\angle ACB=45°$, $\angle DBC=30°$이고 $\overline{AB}=2\sqrt{2}$일 때, $\overline{CD}$의 길이는?

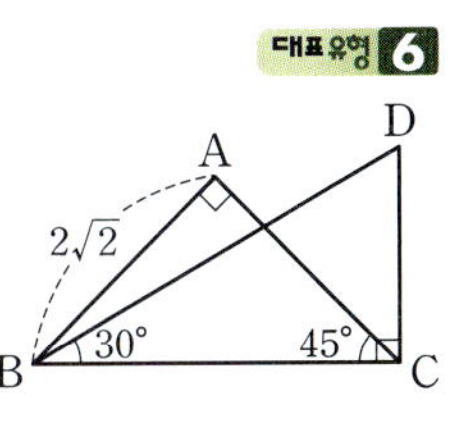

① $\sqrt{3}$ ② $\dfrac{4\sqrt{3}}{3}$ ③ $2\sqrt{3}$

④ 4 ⑤ $4\sqrt{3}$

08 오른쪽 그림과 같이 $\angle C=90°$인 직각삼각형 ABC에서 $\angle ABC=30°$, $\angle ADC=60°$이고 $\overline{AC}=6\sqrt{3}$일 때, $\overline{BD}$의 길이를 구하시오.

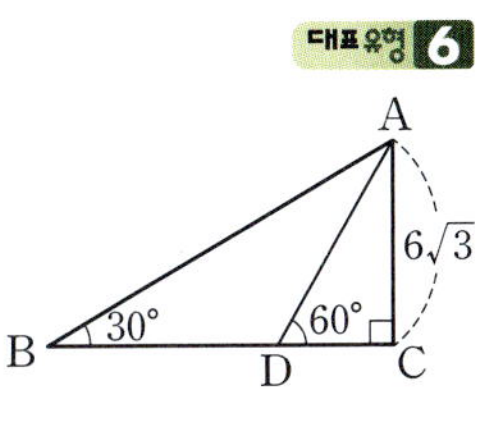

예각과 $0°$, $90°$의 삼각비의 값

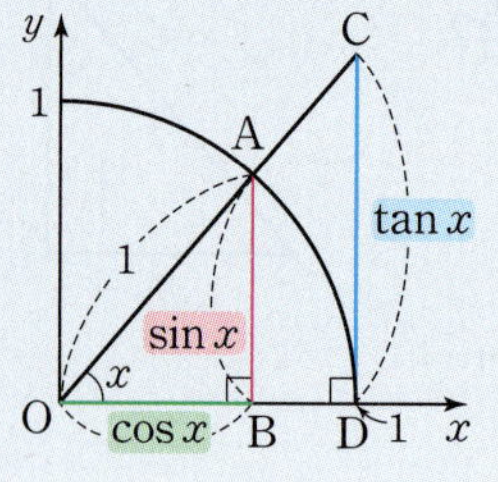

(1) **예각의 삼각비의 값** : 반지름의 길이가 1인 사분원에서 임의의 예각 x에 대하여 ← $0°$보다 크고 $90°$보다 작은 각

① $\sin x = \dfrac{\overline{AB}}{\overline{OA}} = \dfrac{\overline{AB}}{1} = \overline{AB}$

② $\cos x = \dfrac{\overline{OB}}{\overline{OA}} = \dfrac{\overline{OB}}{1} = \overline{OB}$

③ $\tan x = \dfrac{\overline{CD}}{\overline{OD}} = \dfrac{\overline{CD}}{1} = \overline{CD}$

- 반지름의 길이가 1인 사분원에서 예각의 삼각비의 값은 분모가 되는 변의 길이가 1인 직각삼각형을 찾아서 구한다.

- $0° \leq x \leq 90°$일 때, x의 크기가 커지면
  ① $\sin x$의 값 : 0에서 1까지 증가
  ② $\cos x$의 값 : 1에서 0까지 감소
  ③ $\tan x$의 값 : 0에서 한없이 증가

(2) $0°$, $90°$의 삼각비의 값
  ① $\sin 0° = 0$, $\cos 0° = 1$, $\tan 0° = 0$
  ② $\sin 90° = 1$, $\cos 90° = 0$, $\tan 90°$의 값은 정할 수 없다.

용어

사분원(넉 四, 나눌 分, 둥글 圓)
한 개의 원을 직교하는 두 지름으로 나눈 네 부분 중 하나

바이블 Point

$0°$, $90°$의 삼각비의 값

오른쪽 그림과 같이 반지름의 길이가 1인 사분원에서

(1) $\angle AOB$의 크기가 $0°$에 가까워질 때 : $\overline{AB}$, $\overline{OB}$, $\overline{CD}$의 길이는 각각 0, 1, 0에 가까워지므로
  $\sin 0° = \overline{AB} = 0$, $\cos 0° = \overline{OB} = 1$, $\tan 0° = \overline{CD} = 0$

(2) $\angle AOB$의 크기가 $90°$에 가까워질 때 : $\overline{AB}$, $\overline{OB}$의 길이는 각각 1, 0에 가까워지므로
  $\sin 90° = \overline{AB} = 1$, $\cos 90° = \overline{OB} = 0$
  한편, $\overline{CD}$의 길이는 한없이 길어지므로 $\tan 90°(=\overline{CD})$의 값은 정할 수 없다.

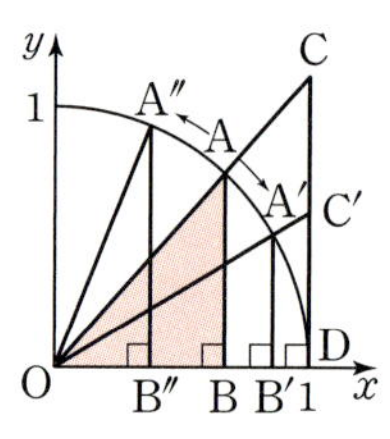

개념 콕콕

정답과 풀이 | 4쪽

1 오른쪽 그림과 같이 좌표평면 위의 원점 O를 중심으로 하고 반지름의 길이가 1인 사분원에서 다음 삼각비의 값을 구하시오.

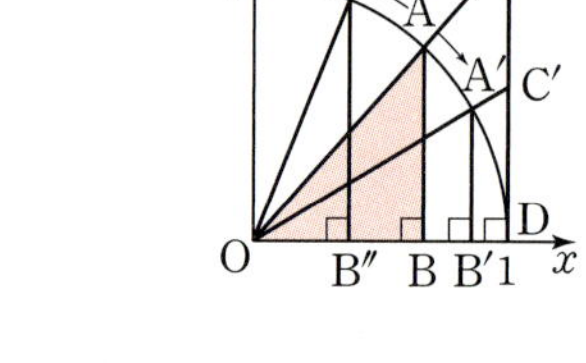

(1) $\sin 40°$ (2) $\cos 40°$

(3) $\tan 40°$ (4) $\sin 50°$

(5) $\cos 50°$

2 다음을 계산하시오.

(1) $\sin 0° + \sin 30°$ (2) $\sin 90° - \cos 0°$

(3) $\tan 0° \times \cos 90°$ (4) $\sin 90° \div \tan 60°$

개념 체크

- 오른쪽 그림과 같이 반지름의 길이가 1인 사분원에서

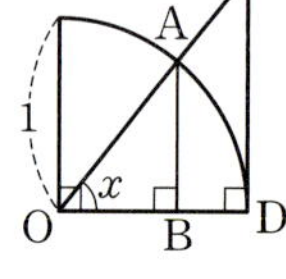

① $\sin x = $ ㉠

② $\cos x = $ ㉡

③ $\tan x = $ ㉢

삼각비 A	$\sin A$	$\cos A$	$\tan A$
$0°$	㉣	1	㉤
$90°$	㉥	㉦	×

답 | ㉠ $\overline{AB}$ ㉡ $\overline{OB}$ ㉢ $\overline{CD}$ ㉣ 0 ㉤ 0
㉥ 1 ㉦ 0

대표 유형 1 사분원에서 삼각비의 값 구하기 (1)

오른쪽 그림과 같이 반지름의 길이가 1인 사분원에서 $\tan x$와 $\cos y$를 나타내는 선분을 차례대로 나열한 것은?

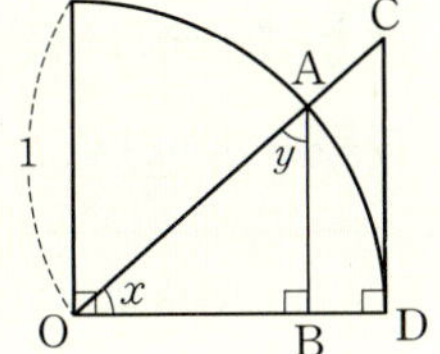

① $\overline{AB}$, $\overline{OB}$
② $\overline{AB}$, $\overline{CD}$
③ $\overline{OA}$, $\overline{OB}$
④ $\overline{CD}$, $\overline{AB}$
⑤ $\overline{CD}$, $\overline{OB}$

| 풀이 |

$$\tan x=\frac{\overline{CD}}{\overline{OD}}=\frac{\overline{CD}}{1}=\overline{CD}$$

$$\cos y=\frac{\overline{AB}}{\overline{OA}}=\frac{\overline{AB}}{1}=\overline{AB}$$

| 답 | ④

1-1 숫자 바꾸기

오른쪽 그림과 같이 반지름의 길이가 1인 사분원에서 $\cos x$와 $\sin y$를 나타내는 선분을 차례대로 나열한 것은?

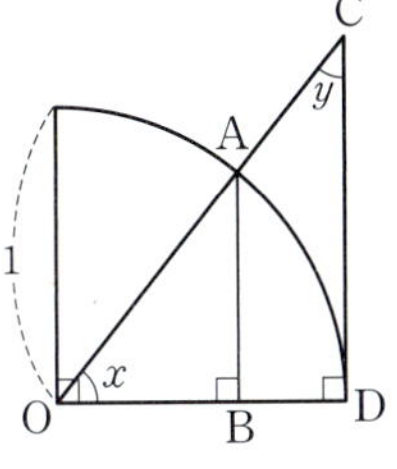

① $\overline{AB}$, $\overline{OA}$
② $\overline{AB}$, $\overline{OB}$
③ $\overline{OB}$, $\overline{AB}$
④ $\overline{OB}$, $\overline{OB}$
⑤ $\overline{CD}$, $\overline{OB}$

1-2 표현 바꾸기

오른쪽 그림과 같이 반지름의 길이가 1인 사분원에서 $\overline{AE}$의 길이와 그 값이 같은 것은?

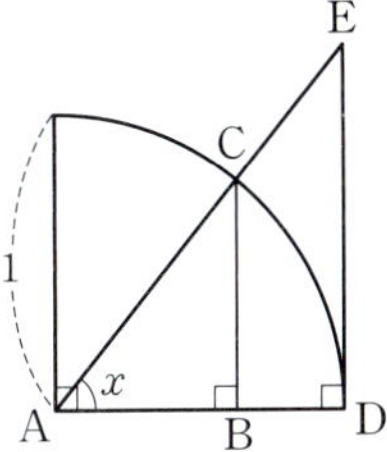

① $\sin x$
② $\cos x$
③ $\tan x$
④ $\dfrac{1}{\sin x}$
⑤ $\dfrac{1}{\cos x}$

대표 유형 2 사분원에서 삼각비의 값 구하기 (2)

오른쪽 그림과 같이 좌표평면 위의 원점 O를 중심으로 하고 반지름의 길이가 1인 사분원에서 $\sin 54°+\tan 36°$의 값을 구하시오.

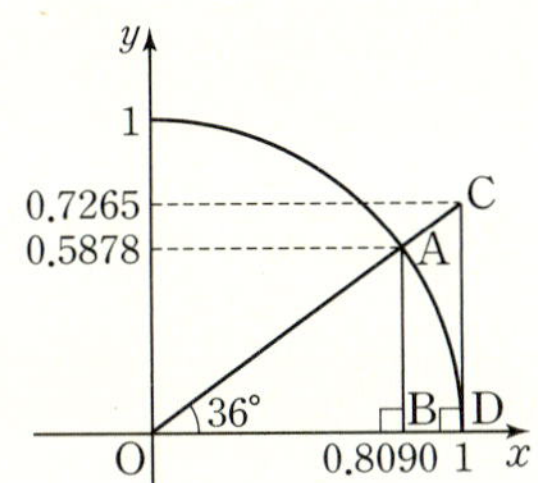

| 풀이 |

△AOB에서

$\angle OAB=180°-(36°+90°)=54°$이므로

$\sin 54°=\dfrac{\overline{OB}}{\overline{OA}}=\dfrac{\overline{OB}}{1}=\overline{OB}=0.8090$

$\tan 36°=\dfrac{\overline{CD}}{\overline{OD}}=\dfrac{\overline{CD}}{1}=\overline{CD}=0.7265$

$\therefore \sin 54°+\tan 36°=0.8090+0.7265$
$=1.5355$

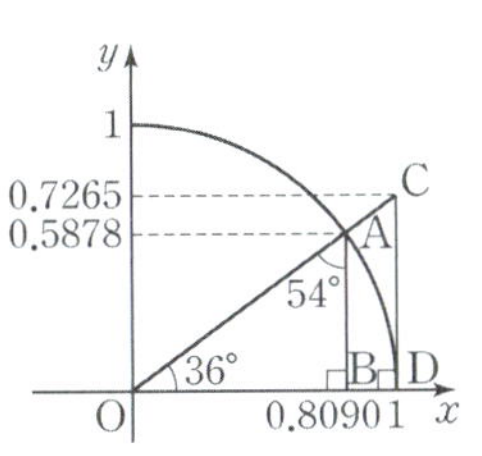

| 답 | 1.5355

2-1 숫자 바꾸기

오른쪽 그림과 같이 좌표평면 위의 원점 O를 중심으로 하고 반지름의 길이가 1인 사분원에서 $\tan 48°-\cos 42°$의 값을 구하시오.

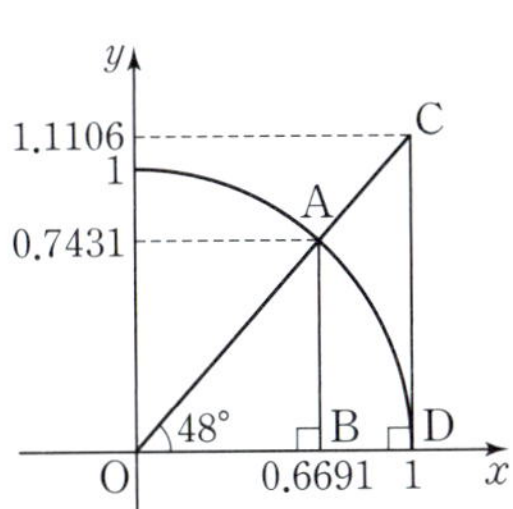

2-2 표현 바꾸기

오른쪽 그림과 같이 좌표평면 위의 원점 O를 중심으로 하고 반지름의 길이가 1인 사분원에서 다음을 구하시오.

$$\sin x+\cos (90°-x)$$

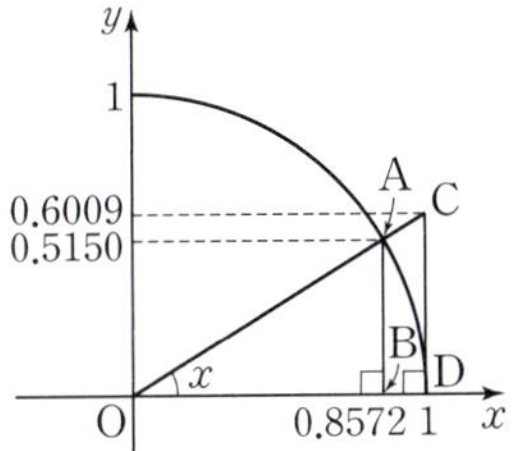

대표 유형 3 0°, 90°의 삼각비의 값

BOB 18쪽

$\sin 90° \times \sin 60° - \cos 0° \times \tan 30°$를 계산하시오.

| 풀이 |

$$(\text{주어진 식}) = 1 \times \frac{\sqrt{3}}{2} - 1 \times \frac{\sqrt{3}}{3} = \frac{\sqrt{3}}{2} - \frac{\sqrt{3}}{3}$$
$$= \frac{3\sqrt{3}}{6} - \frac{2\sqrt{3}}{6} = \frac{\sqrt{3}}{6}$$

| 답 | $\dfrac{\sqrt{3}}{6}$

3-1 숫자 바꾸기

다음을 계산하시오.

$$\cos 90° \times \tan 45° + \sin 90° \times \tan 60° - \tan 0°$$

3-2 표현 바꾸기

다음 중 옳은 것은?

① $\sin 0° \times \cos 30° = \dfrac{\sqrt{3}}{2}$

② $\sin 90° + \cos 90° = 0$

③ $(\tan 45° - \cos 0°) \times \tan 60° = \sqrt{3}$

④ $(\cos 0° - \tan 0°)(\sin 0° + \cos 90°) = 1$

⑤ $(\sin 90° + \cos 60°)(\tan 0° + \tan 45°) = \dfrac{3}{2}$

대표 유형 4 삼각비의 값의 대소 관계

BOB 19쪽

다음 중 삼각비의 값의 대소 관계로 옳지 <u>않은</u> 것은?

① $\sin 35° < \sin 40°$　　② $\sin 45° = \cos 45°$

③ $\cos 47° > \cos 56°$　　④ $\sin 90° > \tan 0°$

⑤ $\tan 50° < \tan 40°$

| 풀이 |

① $0° \le x \le 90°$일 때, x의 크기가 커지면 $\sin x$의 값은 증가하므로
　$\sin 35° < \sin 40°$

② $\sin 45° = \dfrac{\sqrt{2}}{2}$, $\cos 45° = \dfrac{\sqrt{2}}{2}$이므로 $\sin 45° = \cos 45°$

③ $0° \le x \le 90°$일 때, x의 크기가 커지면 $\cos x$의 값은 감소하므로
　$\cos 47° > \cos 56°$

④ $\sin 90° = 1$, $\tan 0° = 0$이므로 $\sin 90° > \tan 0°$

⑤ $0° \le x \le 90°$일 때, x의 크기가 커지면 $\tan x$의 값은 증가하므로
　$\tan 50° > \tan 40°$

따라서 대소 관계로 옳지 않은 것은 ⑤이다.

| 답 | ⑤

4-1 숫자 바꾸기

다음 중 삼각비의 값의 대소 관계로 옳지 <u>않은</u> 것은?

① $\sin 0° = \cos 90°$　　② $\sin 38° < \sin 43°$

③ $\cos 20° < \cos 25°$　　④ $\cos 0° > \sin 20°$

⑤ $\tan 62° < \tan 70°$

4-2 표현 바꾸기

다음 삼각비의 값 중 그 값이 가장 큰 것은?

① $\sin 65°$　　② $\cos 0°$　　③ $\sin 45°$

④ $\tan 46°$　　⑤ $\tan 70°$

개념 04 — 삼각비의 표

(1) 삼각비의 표 : $0°$에서 $90°$까지의 각을 $1°$ 간격으로 나누어 이들의 삼각비의 값을 반올림하여 소수점 아래 넷째 자리까지 나타낸 표

(2) 삼각비의 표를 읽는 방법

각도의 가로줄과 sin, cos, tan의 세로줄이 만나는 곳에 있는 수를 읽는다.

예 오른쪽 삼각비의 표에서

$\sin 22° = 0.3746$

$\cos 23° = 0.9205$

$\tan 24° = 0.4452$

각도	사인(sin)	코사인(cos)	탄젠트(tan)
⋮	⋮	⋮	⋮
22°	0.3746	0.9272	0.4040
23°	0.3907	0.9205	0.4245
24°	0.4067	0.9135	0.4452
⋮	⋮	⋮	⋮

• 삼각비의 표에 있는 삼각비의 값은 대부분 반올림하여 얻은 값이지만 등호 =를 사용하여 나타낸다.

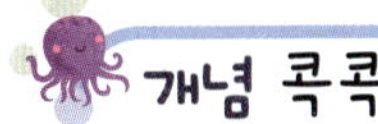 개념 콕콕

정답과 풀이 | 5쪽

1 오른쪽 삼각비의 표를 이용하여 다음 삼각비의 값을 구하시오.

(1) $\sin 31°$ (2) $\cos 33°$

(3) $\tan 32°$ (4) $\sin 35°$

(5) $\cos 31°$ (6) $\tan 34°$

각도	사인(sin)	코사인(cos)	탄젠트(tan)
31°	0.5150	0.8572	0.6009
32°	0.5299	0.8480	0.6249
33°	0.5446	0.8387	0.6494
34°	0.5592	0.8290	0.6745
35°	0.5736	0.8192	0.7002

2 오른쪽 삼각비의 표를 이용하여 다음 삼각비의 값을 만족하는 x의 크기를 구하시오.

(1) $\sin x = 0.8988$

(2) $\cos x = 0.4695$

(3) $\tan x = 1.9626$

각도	사인(sin)	코사인(cos)	탄젠트(tan)
61°	0.8746	0.4848	1.8040
62°	0.8829	0.4695	1.8807
63°	0.8910	0.4540	1.9626
64°	0.8988	0.4384	2.0503

3 다음은 위의 문제 **2**의 삼각비의 표를 이용하여 오른쪽 그림과 같이 $\angle C = 90°$인 직각삼각형 ABC에서 $\angle B = 61°$, $\overline{AB} = 100$일 때, $\overline{BC}$의 길이를 구하는 과정이다. ☐ 안에 알맞은 것을 써넣으시오.

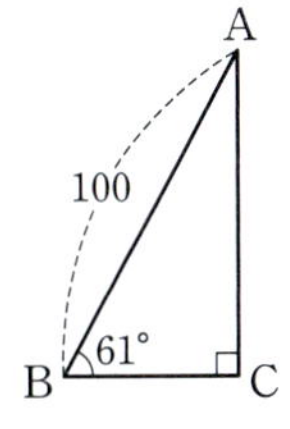

$\cos 61° = \dfrac{\overline{BC}}{\boxed{}}$ 이므로 $\boxed{} = \dfrac{\overline{BC}}{100}$

$\therefore \overline{BC} = \boxed{}$

개념 체크

• $\sin 31°$의 값을 구할 때에는 31°의 가로줄과 $\boxed{\text{㉠}}$의 세로줄이 만나는 곳에 있는 수를 읽는다.

• $\sin x = 0.8988$을 만족하는 x의 크기를 구할 때에는 삼각비의 표의 sin의 세로줄에서 0.8988을 찾고 $\boxed{\text{㉡}}$의 각도를 읽는다.

답 | ㉠ sin ㉡ 가로줄

대표 유형 **5** 삼각비의 표를 이용하여 삼각비의 값 구하기

BOB 20쪽

아래 삼각비의 표를 이용하여 다음 식을 만족하는 x, y에 대하여 $x+y$의 크기를 구하시오.

$$\sin x = 0.2419, \ \tan y = 0.2867$$

각도	사인($\sin$)	코사인($\cos$)	탄젠트($\tan$)
14°	0.2419	0.9703	0.2493
15°	0.2588	0.9659	0.2679
16°	0.2756	0.9613	0.2867
17°	0.2924	0.9563	0.3057

| 풀이 |

$\sin 14° = 0.2419$이므로 $x=14°$

$\tan 16° = 0.2867$이므로 $y=16°$

$\therefore x+y = 14° + 16° = 30°$

| 답 | 30°

5-1 숫자 바꾸기

아래 삼각비의 표를 이용하여 다음 식을 만족하는 x, y에 대하여 $x-y$의 크기를 구하시오.

$$\cos x = 0.6293, \ \tan y = 1.1504$$

각도	사인($\sin$)	코사인($\cos$)	탄젠트($\tan$)
48°	0.7431	0.6691	1.1106
49°	0.7547	0.6561	1.1504
50°	0.7660	0.6428	1.1918
51°	0.7771	0.6293	1.2349

5-2 표현 바꾸기

다음 삼각비의 표를 이용하여 $\sin 13° + \cos 12° - \tan 11°$의 값을 구하시오.

각도	사인($\sin$)	코사인($\cos$)	탄젠트($\tan$)
11°	0.1908	0.9816	0.1944
12°	0.2079	0.9781	0.2126
13°	0.2250	0.9744	0.2309

대표 유형 **6** 삼각비의 표를 이용하여 변의 길이 구하기

BOB 20쪽

오른쪽 그림과 같이 $\angle C = 90°$인 직각삼각형 ABC에서 $\angle B = 37°$, $\overline{AB} = 10$일 때, 다음 삼각비의 표를 이용하여 $x+y$의 값을 구하시오.

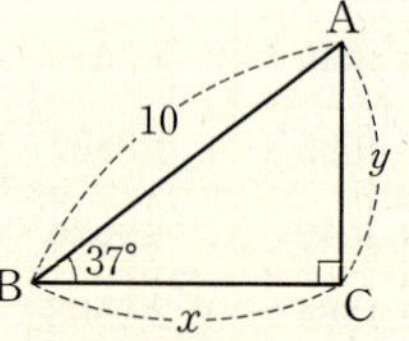

각도	사인($\sin$)	코사인($\cos$)	탄젠트($\tan$)
35°	0.5736	0.8192	0.7002
36°	0.5878	0.8090	0.7265
37°	0.6018	0.7986	0.7536

| 풀이 |

$\cos 37° = \dfrac{x}{10} = 0.7986 \quad \therefore x = 7.986$

$\sin 37° = \dfrac{y}{10} = 0.6018 \quad \therefore y = 6.018$

$\therefore x+y = 7.986 + 6.018 = 14.004$

| 답 | 14.004

6-1 숫자 바꾸기

오른쪽 그림과 같이 $\angle B = 90°$인 직각삼각형 ABC에서 $\angle A = 63°$, $\overline{AC} = 5$일 때, 다음 삼각비의 표를 이용하여 $x+y$의 값을 구하시오.

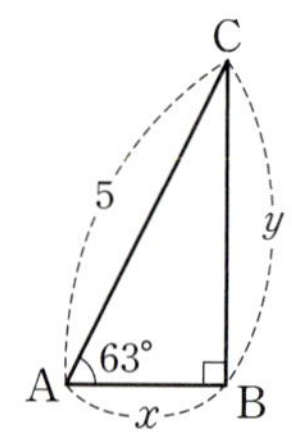

각도	사인($\sin$)	코사인($\cos$)	탄젠트($\tan$)
60°	0.8660	0.5000	1.7321
61°	0.8746	0.4848	1.8040
62°	0.8829	0.4695	1.8807
63°	0.8910	0.4540	1.9626

01 오른쪽 그림과 같이 반지름의 길이가 1인 사분원에서 다음 중 옳지 <u>않은</u> 것을 모두 고르면? (정답 2개)

① $\sin x = \overline{AB}$　　② $\cos x = \overline{OB}$
③ $\tan x = \overline{OD}$　　④ $\sin y = \overline{OB}$
⑤ $\cos z = \overline{CD}$

02 오른쪽 그림과 같이 좌표평면 위의 원점 O를 중심으로 하고 반지름의 길이가 1인 사분원에서
$\sin 54° - \cos 36° + \tan 54°$의 값을 구하시오.

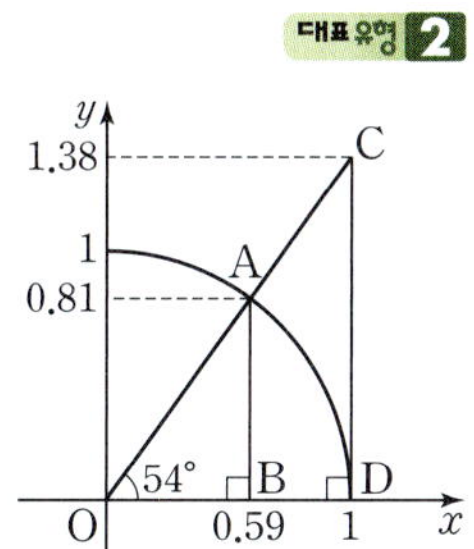

03 다음을 계산하시오.

$$\cos 90° - \sin 90° \times \tan 45° + \tan 0° \times \sin 60°$$

04 다음 중 옳지 <u>않은</u> 것은?

① $\sin 0° + \cos 90° = 0$
② $\sin 30° \times \tan 0° = 0$
③ $\cos 0° + \sin 90° \times \tan 45° = 1$
④ $\cos 60° + \sin 90° \times \sin 30° - \cos 0° = 0$
⑤ $(\sin 0° + \tan 30°)(\cos 90° + \tan 30°) = \dfrac{1}{3}$

05 $0° \leq A \leq 90°$일 때, 다음 중 옳지 <u>않은</u> 것은?

① A의 크기가 커지면 $\sin A$의 값도 커진다.
② A의 크기가 커지면 $\cos A$의 값은 작아진다.
③ A의 크기가 커지면 $\tan A$의 값도 커진다.
④ $\sin 45°$와 $\cos 45°$의 값은 같다.
⑤ $\tan A$의 값 중 가장 작은 값은 0, 가장 큰 값은 1이다.

06 다음 삼각비의 값 중 두 번째로 큰 것은?

① $\sin 0°$　　② $\cos 20°$　　③ $\cos 45°$
④ $\sin 35°$　　⑤ $\tan 45°$

[**07**~**08**] 다음 삼각비의 표를 이용하여 물음에 답하시오.

각도	사인(sin)	코사인(cos)	탄젠트(tan)
55°	0.8192	0.5736	1.4281
56°	0.8290	0.5592	1.4826
57°	0.8387	0.5446	1.5399
58°	0.8480	0.5299	1.6003

07 다음 중 옳지 <u>않은</u> 것은?

① $\sin 57° = 0.8387$
② $\cos 58° = 0.5299$
③ $\tan 55° = 1.4281$
④ $\sin x = 0.8480$이면 $x = 57°$
⑤ $\tan x = 1.4826$이면 $x = 56°$

08 오른쪽 그림과 같이 $\angle C = 90°$인 직각삼각형 ABC에서 $\angle B = 32°$, $\overline{AC} = 20$일 때, $\overline{BC}$의 길이를 구하시오.

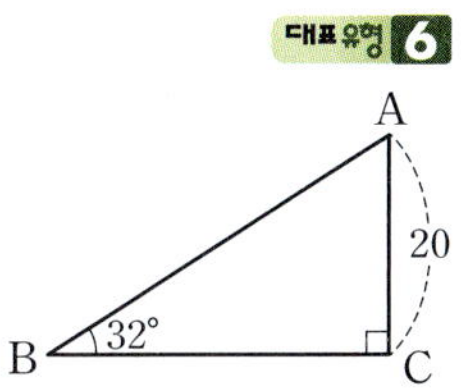

01 오른쪽 그림과 같이 $\angle A=90°$인 직각삼각형 ABC에서 $\sin B+\cos B$의 값은?

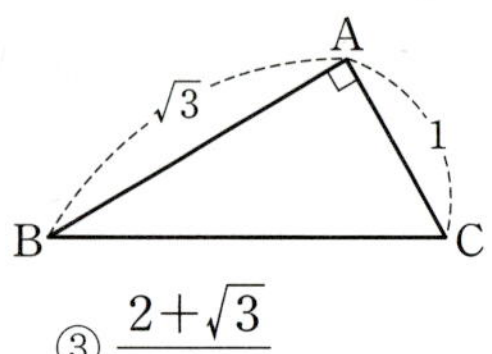

① $\dfrac{1+\sqrt{3}}{2}$ ② $\dfrac{3}{2}$ ③ $\dfrac{2+\sqrt{3}}{2}$

④ 2 ⑤ 3

02 오른쪽 그림과 같이 $\angle C=90°$인 직각삼각형 ABC에서 $\overline{AB}=17$, $\overline{AD}=4\sqrt{5}$, $\overline{CD}=4$일 때, $\tan B$의 값을 구하시오.

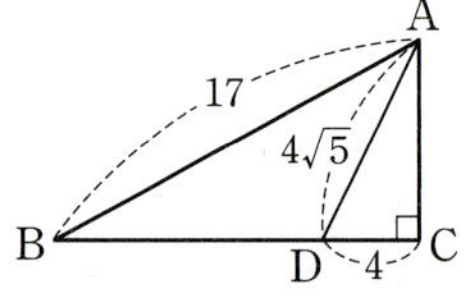

03 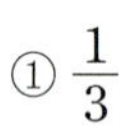 오른쪽 그림과 같이 한 모서리의 길이가 3 cm인 정육면체에서 $\angle BHF=x$일 때, $\cos x$의 값은?

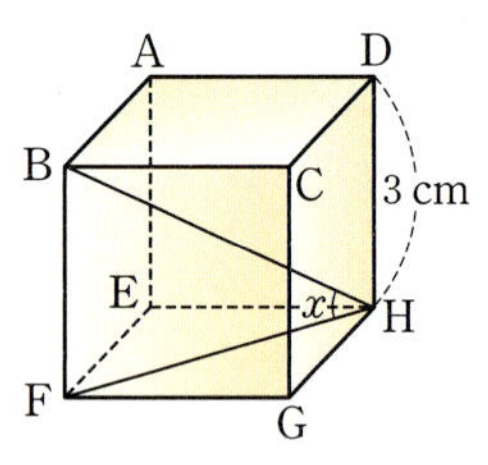

① $\dfrac{1}{3}$ ② $\dfrac{\sqrt{3}}{3}$

③ $\dfrac{\sqrt{6}}{3}$ ④ $\dfrac{\sqrt{3}}{2}$

⑤ $\dfrac{\sqrt{6}}{2}$

04 오른쪽 그림과 같이 $\angle C=90°$인 직각삼각형 ABC에서 $\overline{BC}=9$, $\cos B=\dfrac{3}{5}$일 때, $\triangle ABC$의 둘레의 길이를 구하시오.

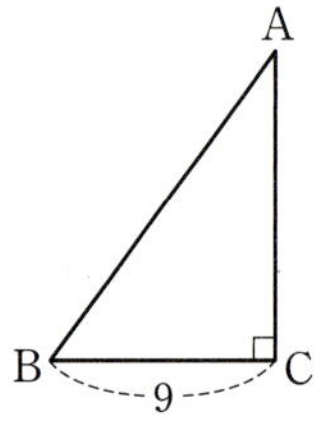

05 $\tan A=\sqrt{2}$일 때, $\dfrac{\sin A}{\cos A}$의 값은? (단, $0°<A<90°$)

① $\dfrac{1}{2}$ ② $\dfrac{\sqrt{2}}{2}$ ③ 1

④ $\sqrt{2}$ ⑤ $2\sqrt{2}$

06 오른쪽 그림과 같이 직사각형 ABCD의 꼭짓점 A에서 대각선 BD에 내린 수선의 발을 H라고 하자. $\overline{AB}=4\sqrt{2}$, $\overline{AD}=7$이고 $\angle HAD=x$일 때, $\cos x\times\tan x$의 값을 구하시오.

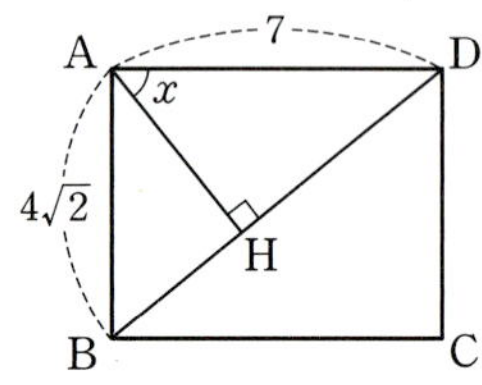

07 오른쪽 그림과 같이 $\angle C=90°$인 직각삼각형 ABC에서 $\overline{DE}\perp\overline{AB}$이고 $\overline{AD}=4$, $\overline{DE}=2$이다. $\angle B=x$일 때, $\sin x+\tan x$의 값을 구하시오.

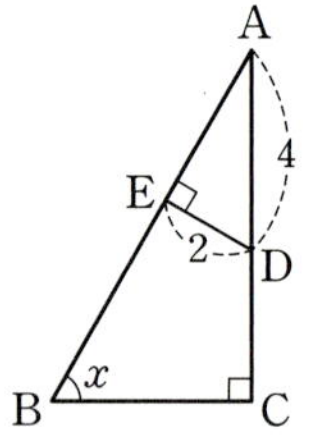

08 다음 보기 중 옳은 것을 모두 고르시오.

> **보기**
>
> ㄱ. $\sin 60°\times\tan 30°=\dfrac{3}{2}$
>
> ㄴ. $\cos 30°\times\tan 60°=3\sin 30°$
>
> ㄷ. $\sin 30°-\cos 60°+\tan 45°=1$
>
> ㄹ. $\sqrt{2}\sin 45°\times\cos 60°+\sqrt{3}\tan 60°=\dfrac{5}{2}$

09 $\sin(x+15°)=\dfrac{\sqrt{2}}{2}$일 때, $\cos x+\sin 2x$의 값을 구하시오. (단, $0°<x<75°$)

10 오른쪽 그림에서 $\angle A=\angle C=90°$, $\angle ABD=60°$, $\angle BDC=45°$이고 $\overline{AB}=4$일 때, $\overline{BC}$의 길이를 구하시오.

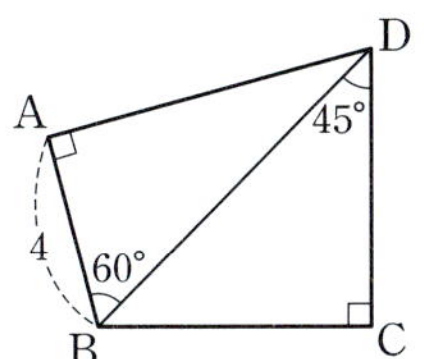

11 오른쪽 그림과 같이 x절편이 -3이고 x축의 양의 방향과 이루는 각의 크기가 $60°$인 직선의 방정식은?

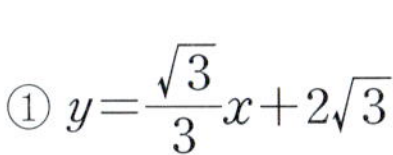

① $y=\dfrac{\sqrt{3}}{3}x+2\sqrt{3}$

② $y=\dfrac{\sqrt{3}}{3}x+3\sqrt{3}$

③ $y=\sqrt{3}x+\sqrt{3}$

④ $y=\sqrt{3}x+2\sqrt{3}$

⑤ $y=\sqrt{3}x+3\sqrt{3}$

12 오른쪽 그림과 같이 좌표평면 위의 원점 O를 중심으로 하고 반지름의 길이가 1인 사분원에서 $\angle AOB=a$, $\angle OCD=b$일 때, 다음 중 점 A의 좌표를 나타내는 것은?

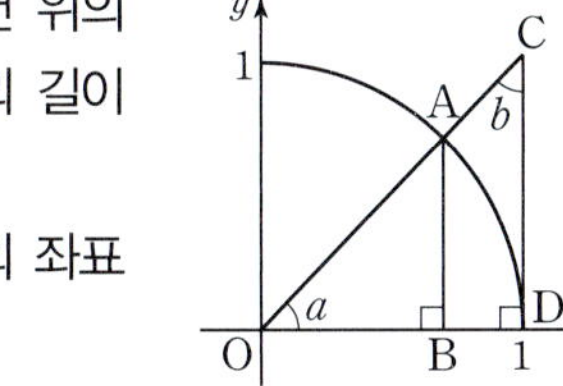

① $(\sin a,\ \cos a)$

② $(\cos a,\ \sin a)$

③ $(\cos a,\ \tan a)$

④ $(\sin b,\ \cos a)$

⑤ $(\cos b,\ \sin b)$

13 다음을 계산하시오.

$$\sin 0°\times\tan 30°+\sqrt{3}\sin 90°+\cos 0°\times\tan 60°$$

14 $45°<A<90°$일 때, 다음 중 옳은 것은?

① $\sin A<\cos A<\tan A$

② $\sin A<\tan A<\cos A$

③ $\cos A<\sin A<\tan A$

④ $\cos A<\tan A<\sin A$

⑤ $\tan A<\cos A<\sin A$

15 다음 보기의 삼각비의 값을 작은 것부터 차례대로 나열한 것은?

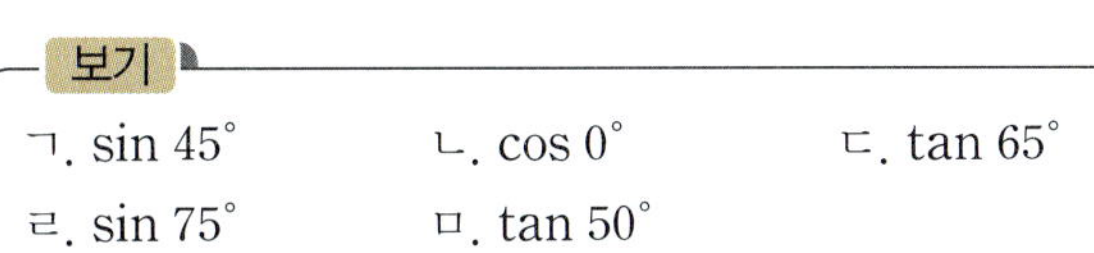

보기

ㄱ. $\sin 45°$ ㄴ. $\cos 0°$ ㄷ. $\tan 65°$

ㄹ. $\sin 75°$ ㅁ. $\tan 50°$

① ㄱ$-$ㄹ$-$ㄴ$-$ㅁ$-$ㄷ

② ㄱ$-$ㄹ$-$ㅁ$-$ㄷ$-$ㄴ

③ ㄱ$-$ㅁ$-$ㄷ$-$ㄹ$-$ㄴ

④ ㄴ$-$ㄱ$-$ㅁ$-$ㄷ$-$ㄹ

⑤ ㄴ$-$ㄹ$-$ㅁ$-$ㄷ$-$ㄱ

16 오른쪽 그림과 같이 반지름의 길이가 1인 사분원에서 $\overline{BD}=0.3982$일 때, 다음 삼각비의 표를 이용하여 $\overline{CD}$의 길이를 구하시오.

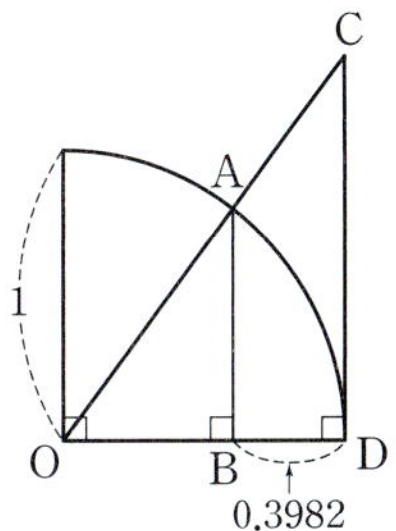

각도	사인($\sin$)	코사인($\cos$)	탄젠트($\tan$)
51°	0.7771	0.6293	1.2349
52°	0.7880	0.6157	1.2799
53°	0.7986	0.6018	1.3270
54°	0.8090	0.5878	1.3764

서술형 문제

17 오른쪽 그림과 같이 $\angle B = 90°$ 인 직각삼각형 ABC에서 $\overline{AB} : \overline{BC} = 1 : 2$일 때, $\cos C \times \tan C$의 값을 구하시오.

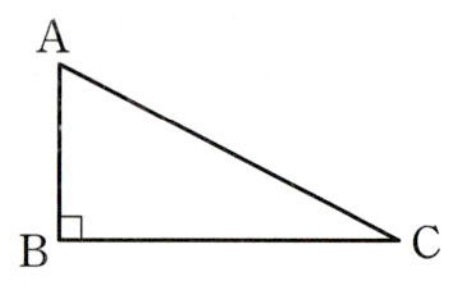

> 풀이

> 답 ____________

18 $5\sin A - 4 = 0$일 때, $\tan A$의 값을 구하시오.
(단, $0° < A < 90°$)

> 풀이

> 답 ____________

19 오른쪽 그림과 같이 좌표평면 위의 원점 O를 중심으로 하고 반지름의 길이가 1인 사분원에서 $\sin 53° + \tan 37°$의 값을 구하시오.

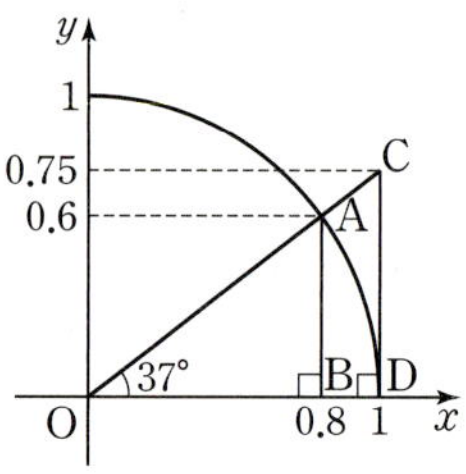

> 풀이

> 답 ____________

발전 문제

20 오른쪽 그림과 같이 $\angle B = 90°$인 직각삼각형 ABC에서 $\overline{CB} = 2$, $\angle CAB = 15°$, $\angle CDB = 30°$일 때, $\tan 15°$의 값을 구하시오.

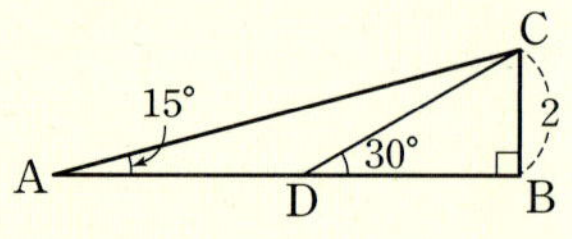

> **해결 Point** $30°$의 삼각비의 값을 이용하여 삼각형의 변의 길이를 구한 후 $\triangle ADC$는 $\overline{AD} = \overline{CD}$인 이등변삼각형임을 이용한다.

21 세 내각의 크기의 비가 $1 : 2 : 3$인 삼각형에서 가장 작은 각의 크기를 A라고 할 때, $\dfrac{\tan A \times \cos A + \sin A}{\sin A + \cos A}$의 값은?

① $\dfrac{3 - \sqrt{3}}{3}$ ② $\sqrt{3} - 1$ ③ 1

④ $\dfrac{\sqrt{3} + 1}{2}$ ⑤ $\sqrt{3}$

> **해결 Point** 삼각형의 세 내각의 크기의 합은 $180°$임을 이용하여 A의 값을 구한다.

22 $0° < x < 90°$일 때, 다음 식을 간단히 하시오.

$$\sqrt{(\sin x + 1)^2} - \sqrt{(\sin x - 1)^2}$$

> **해결 Point** $\sin x + 1$, $\sin x - 1$의 값이 각각 양수인지 음수인지 파악한다.

2 삼각비의 활용

개념 되짚어 보기

- **삼각형의 넓이**
  (삼각형의 넓이)
  $$=\frac{1}{2}\times(밑변의\ 길이)\times(높이)$$
- **평행사변형의 넓이**
  (평행사변형의 넓이)
  $$=(밑변의\ 길이)\times(높이)$$

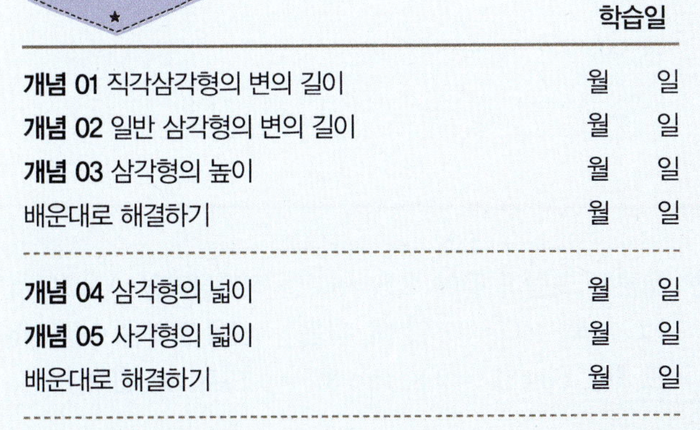

개념 01 직각삼각형의 변의 길이

$\angle C = 90°$인 직각삼각형 ABC에서

(1) $\angle B$의 크기와 빗변의 길이 c를 알 때

$$\cos B = \frac{a}{c} \Rightarrow a = c \cos B$$

$$\sin B = \frac{b}{c} \Rightarrow b = c \sin B$$

(2) $\angle B$의 크기와 밑변의 길이 a를 알 때

$$\tan B = \frac{b}{a} \Rightarrow b = a \tan B$$

$$\cos B = \frac{a}{c} \Rightarrow c = \frac{a}{\cos B}$$

(3) $\angle B$의 크기와 높이 b를 알 때

$$\tan B = \frac{b}{a} \Rightarrow a = \frac{b}{\tan B}$$

$$\sin B = \frac{b}{c} \Rightarrow c = \frac{b}{\sin B}$$

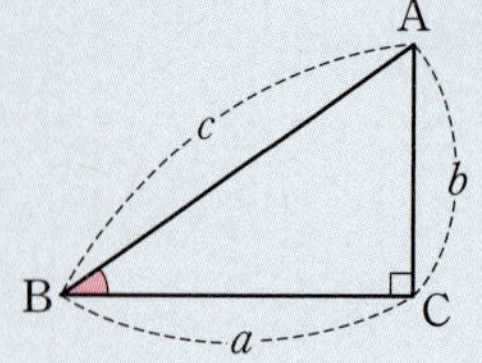

- 직각삼각형에서 한 예각의 크기와 한 변의 길이를 알면 삼각비를 이용하여 나머지 두 변의 길이를 구할 수 있다.

- 기준각에 대하여 주어진 변과 구하려는 변이
  ① 빗변과 높이이면 ➡ sin 이용
  ② 빗변과 밑변이면 ➡ cos 이용
  ③ 밑변과 높이이면 ➡ tan 이용

정답과 풀이 | 9쪽

1 오른쪽 그림과 같이 $\angle C = 90°$인 직각삼각형 ABC에서 $\overline{AB} = 10$, $\angle B = 35°$일 때, 다음 □ 안에 알맞은 수를 써넣으시오. (단, $\sin 35° = 0.57$, $\cos 35° = 0.82$로 계산한다.)

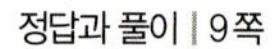

(1) $\sin 35° = \dfrac{x}{\boxed{}}$이므로

$x = \boxed{} \sin 35° = \boxed{} \times 0.57 = \boxed{}$

(2) $\cos 35° = \dfrac{y}{\boxed{}}$이므로

$y = \boxed{} \cos 35° = \boxed{} \times 0.82 = \boxed{}$

2 오른쪽 그림과 같이 $\angle B = 90°$인 직각삼각형 ABC에서 $\overline{BC} = 20$, $\angle C = 37°$일 때, 다음 □ 안에 알맞은 수를 써넣으시오. (단, $\cos 37° = 0.8$, $\tan 37° = 0.75$로 계산한다.)

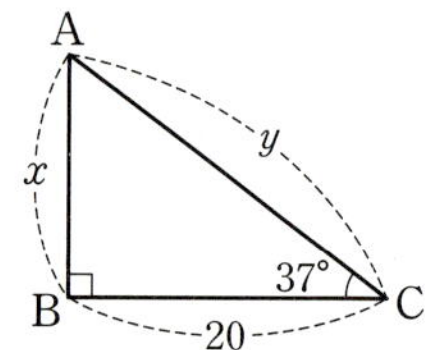

(1) $\tan 37° = \dfrac{x}{\boxed{}}$이므로

$x = \boxed{} \tan 37° = \boxed{} \times 0.75 = \boxed{}$

(2) $\cos 37° = \dfrac{\boxed{}}{y}$이므로

$y = \dfrac{\boxed{}}{\cos 37°} = \dfrac{\boxed{}}{0.8} = \boxed{}$

개념 체크

- 오른쪽 그림과 같이 $\angle C = 90°$인 직각삼각형 ABC에서

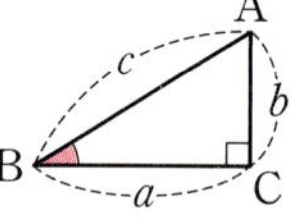

① $\sin B = \dfrac{b}{c}$이므로

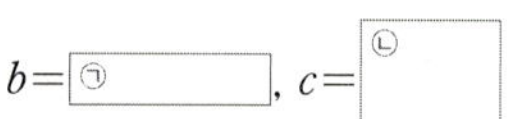
$b = \boxed{\text{㉠}}$, $c = \boxed{\text{㉡}}$

② $\cos B = \dfrac{a}{c}$이므로

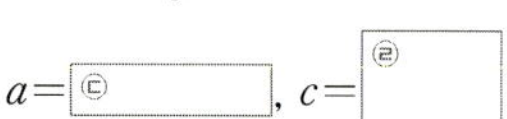
$a = \boxed{\text{㉢}}$, $c = \boxed{\text{㉣}}$

③ $\tan B = \dfrac{b}{a}$이므로

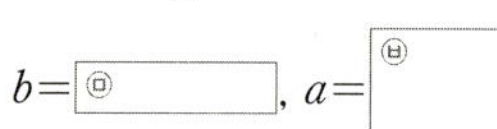
$b = \boxed{\text{㉤}}$, $a = \boxed{\text{㉥}}$

답 | ㉠ $c \sin B$ ㉡ $\dfrac{b}{\sin B}$ ㉢ $c \cos B$ ㉣ $\dfrac{a}{\cos B}$ ㉤ $a \tan B$ ㉥ $\dfrac{b}{\tan B}$

대표 유형 **1** 직각삼각형의 변의 길이

오른쪽 그림과 같이 $\angle A=90°$인
직각삼각형 ABC에서 $\overline{BC}=8$,
$\angle C=41°$일 때, $x+y$의 값을 구
하시오. (단, $\sin 41°=0.66$,
$\cos 41°=0.75$로 계산한다.)

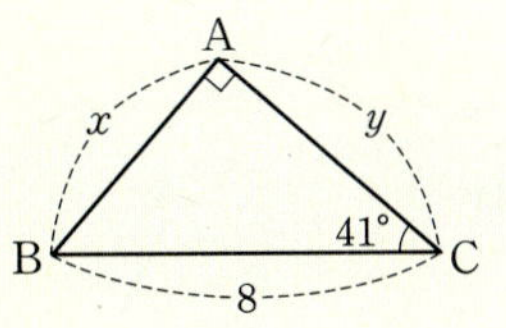

| 풀이 |
$x=8\sin 41°=8\times 0.66=5.28$
$y=8\cos 41°=8\times 0.75=6$
$\therefore x+y=5.28+6=11.28$

| 답 | 11.28

1-1 숫자 바꾸기

오른쪽 그림과 같이 $\angle A=90°$인 직
각삼각형 ABC에서 $\overline{BC}=6$,
$\angle B=31°$일 때, $x-y$의 값을 구하시
오. (단, $\sin 31°=0.52$,
$\cos 31°=0.86$으로 계산한다.)

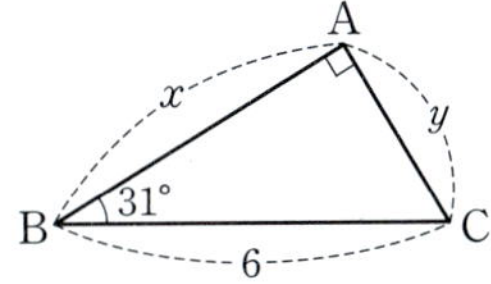

1-2 표현 바꾸기

오른쪽 그림과 같이 $\angle C=90°$인 직각삼
각형 ABC에서 $\overline{AC}=12$, $\angle B=33°$일
때, 다음 중 $\overline{BC}$의 길이를 나타내는 것
은?

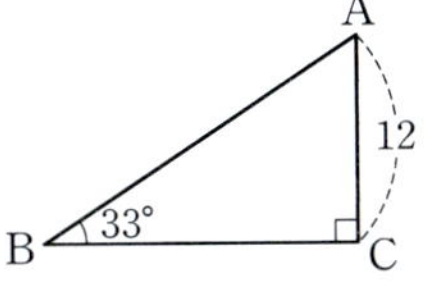

① $12\sin 33°$ 　② $\dfrac{12}{\sin 33°}$ 　③ $12\cos 57°$

④ $12\tan 57°$ 　⑤ $\dfrac{12}{\tan 57°}$

대표 유형 **2** 실생활에서 직각삼각형의 변의 길이의 활용

오른쪽 그림과 같이 길이가 5 m인 사다
리가 벽에 걸쳐 있다. 사다리와 지면이
이루는 각의 크기가 62°일 때, 지면으로
부터 사다리가 걸쳐진 곳까지의 높이
는? (단, $\sin 62°=0.88$로 계산한다.)

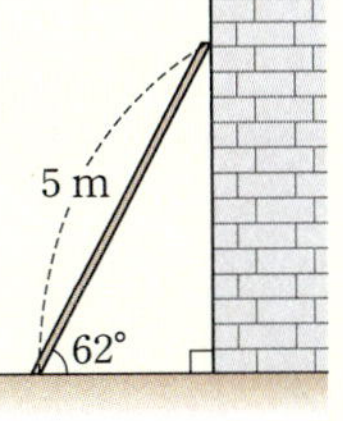

① 2.2 m 　② 4.4 m 　③ 6 m
④ 6.2 m 　⑤ 7 m

| 풀이 |
(높이)$=5\sin 62°=5\times 0.88=4.4$(m)

| 답 | ②

2-1 숫자 바꾸기

오른쪽 그림과 같이 나무에서 20 m 떨
어진 지점에서 나무의 꼭대기를 올려
본각의 크기가 50°일 때, 나무의 높이
는? (단, $\tan 50°=1.2$로 계산한다.)

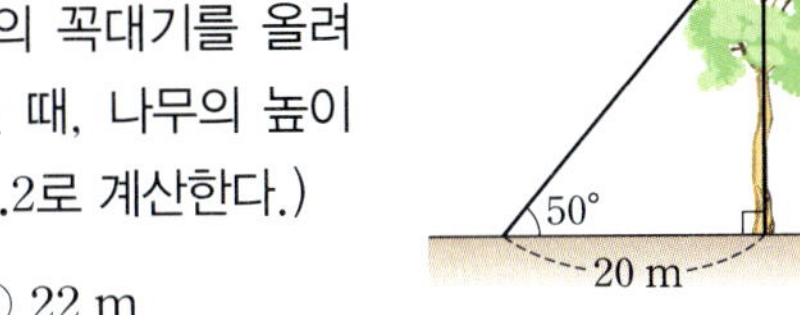

① 21 m 　② 22 m
③ 23 m 　④ 24 m
⑤ 25 m

2-2 표현 바꾸기

오른쪽 그림과 같이 예준이가 연을 올
려본각의 크기는 46°이고 손에서 연까
지의 거리는 30 m이다. 지면에서 예
준이의 손까지의 높이가 1.5 m일 때,
지면에서 연까지의 높이를 구하시오.
　　(단, $\sin 46°=0.72$로 계산한다.)

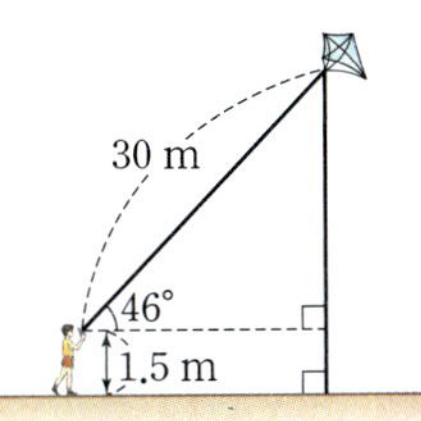

(1) $\triangle ABC$에서 두 변의 길이 a, c와 그 끼인각 $\angle B$의 크기를 알 때

$$\overline{AC}=\sqrt{(c\sin B)^2+(a-c\cos B)^2}$$

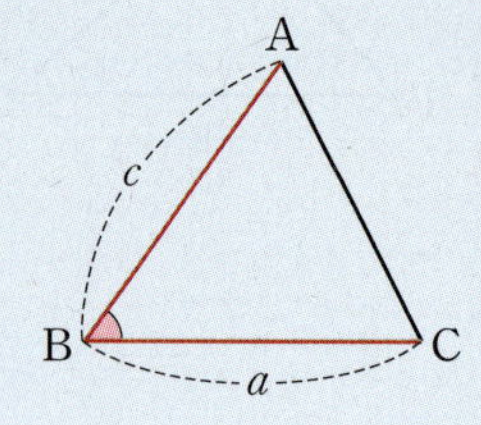

(2) $\triangle ABC$에서 한 변의 길이 a와 그 양 끝 각 $\angle B$, $\angle C$의 크기를 알 때

$$\overline{AB}=\frac{a\sin C}{\sin A},\ \overline{AC}=\frac{a\sin B}{\sin A}$$

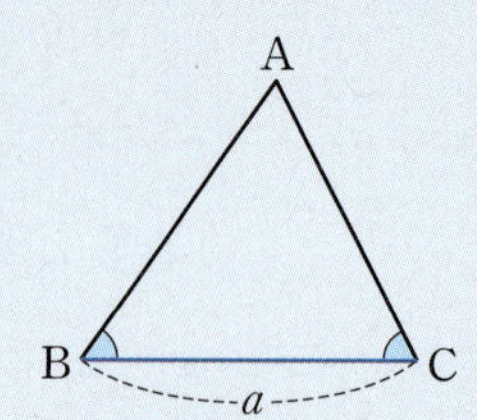

- 삼각비는 직각삼각형에서만 적용되므로 일반 삼각형에서 변의 길이를 구할 때에는 한 꼭짓점에서 그 대변에 수선을 그어 직각삼각형을 만들어 구한다.

- (1), (2)의 공식을 암기하기보다는 구하는 과정을 이해하도록 한다.

바이블 Point

일반 삼각형에서 변의 길이 구하기

(1) 오른쪽 그림과 같이 꼭짓점 A에서 $\overline{BC}$에 내린 수선의 발을 H라고 하면
$\overline{AH}=c\sin B$, $\overline{BH}=c\cos B$,
$\overline{CH}=a-c\cos B$
$$\therefore \overline{AC}=\sqrt{\overline{AH}^2+\overline{CH}^2}$$
$$=\sqrt{(c\sin B)^2+(a-c\cos B)^2}$$

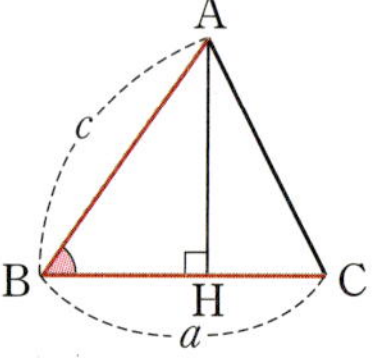

(2) 오른쪽 그림과 같이 두 꼭짓점 B, C에서 대변에 내린 수선의 발을 각각 H, H′이라고 하면
$\overline{BH}=\overline{AB}\sin A=a\sin C$,
$\overline{CH'}=\overline{AC}\sin A=a\sin B$
$$\therefore \overline{AB}=\frac{a\sin C}{\sin A},\ \overline{AC}=\frac{a\sin B}{\sin A}$$

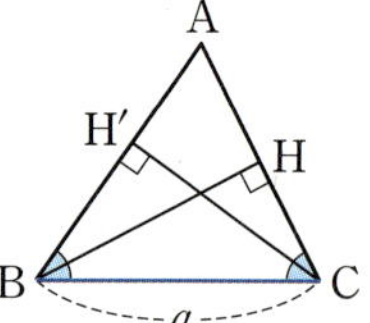

개념 콕콕

정답과 풀이 | 9쪽

1 오른쪽 그림과 같은 $\triangle ABC$에서 $\overline{AH}\perp\overline{BC}$이고 $\overline{AB}=6$, $\overline{BC}=9$, $\angle B=60°$일 때, 다음을 구하시오.

(1) $\overline{AH}$의 길이

(2) $\overline{CH}$의 길이

(3) $\overline{AC}$의 길이

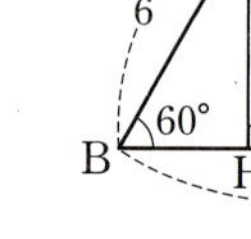

2 오른쪽 그림과 같은 $\triangle ABC$에서 $\overline{AB}\perp\overline{CH}$이고 $\overline{BC}=8$, $\angle B=45°$, $\angle ACB=75°$일 때, 다음을 구하시오.

(1) $\angle A$의 크기

(2) $\overline{CH}$의 길이

(3) $\overline{AC}$의 길이

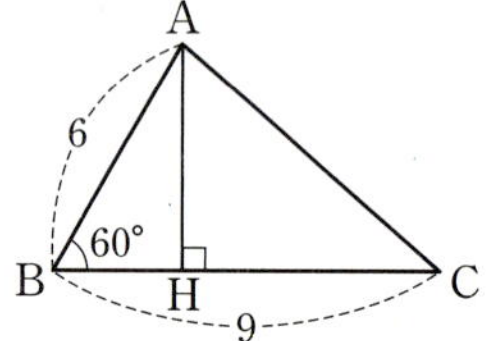

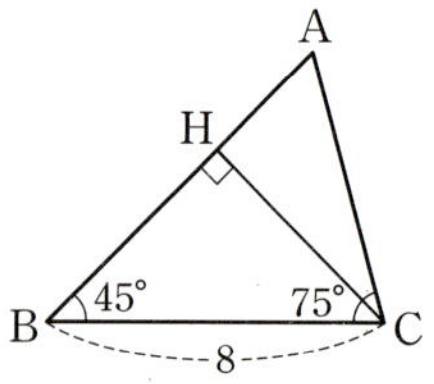

개념 체크

- 일반 삼각형에서 변의 길이를 구할 때에는 $30°$, $45°$, $60°$의 삼각비를 이용할 수 있도록 수선을 그어 ㉠　　　　을 만든다.

답 | ㉠ 직각삼각형

대표 유형 3 두 변의 길이와 그 끼인각의 크기를 알 때, 변의 길이 구하기

BOB 32쪽

오른쪽 그림과 같은 △ABC에서 $\overline{AB}=4$, $\overline{BC}=3\sqrt{3}$, $\angle B=30°$일 때, $\overline{AC}$의 길이를 구하시오.

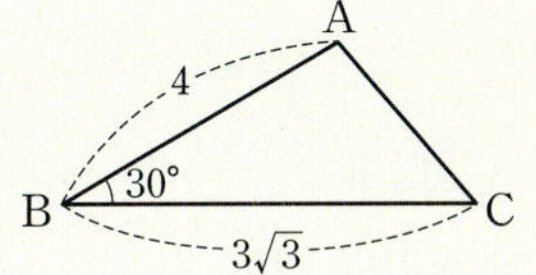

| 풀이 |

오른쪽 그림과 같이 꼭짓점 A에서 $\overline{BC}$에 내린 수선의 발을 H라고 하면 △ABH에서

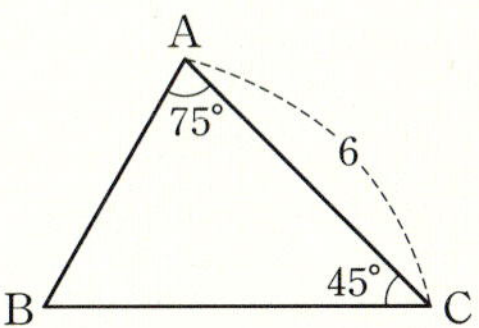

$\overline{AH}=4\sin 30°=4\times\dfrac{1}{2}=2$

$\overline{BH}=4\cos 30°=4\times\dfrac{\sqrt{3}}{2}=2\sqrt{3}$

이때 $\overline{CH}=\overline{BC}-\overline{BH}=3\sqrt{3}-2\sqrt{3}=\sqrt{3}$이므로 △AHC에서
$\overline{AC}=\sqrt{2^2+(\sqrt{3})^2}=\sqrt{7}$

| 답 | $\sqrt{7}$

3-1 숫자 바꾸기

오른쪽 그림과 같은 △ABC에서 $\overline{AB}=6\sqrt{2}$, $\overline{BC}=9$, $\angle B=45°$일 때, $\overline{AC}$의 길이를 구하시오.

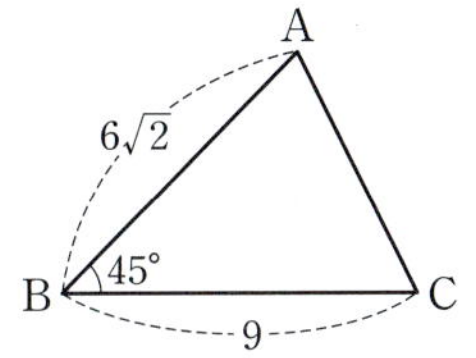

3-2 표현 바꾸기

두 지점 A, B 사이의 거리를 구하기 위하여 오른쪽 그림과 같이 측량하였을 때, 두 지점 A, B 사이의 거리를 구하시오.

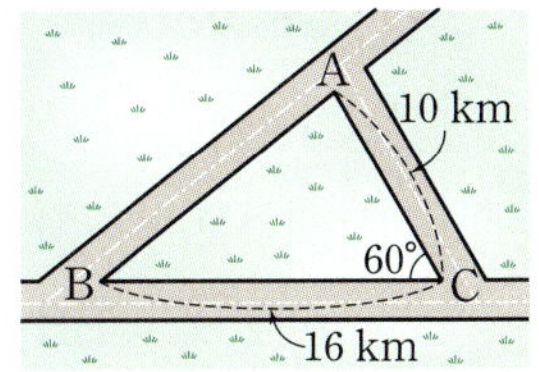

대표 유형 4 한 변의 길이와 그 양 끝 각의 크기를 알 때, 변의 길이 구하기

BOB 32쪽

오른쪽 그림과 같은 △ABC에서 $\angle A=75°$, $\angle C=45°$, $\overline{AC}=6$일 때, $\overline{AB}$의 길이를 구하시오.

| 풀이 |

$\angle B=180°-(75°+45°)=60°$
오른쪽 그림과 같이 꼭짓점 A에서 $\overline{BC}$에 내린 수선의 발을 H라고 하면 △AHC에서

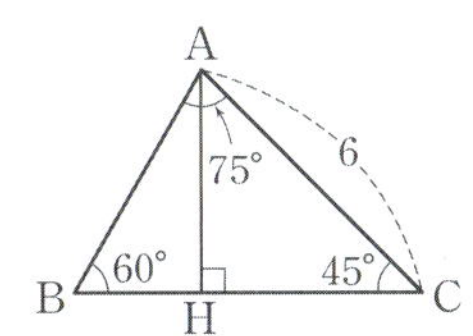

$\overline{AH}=6\sin 45°=6\times\dfrac{\sqrt{2}}{2}=3\sqrt{2}$

따라서 △ABH에서
$\overline{AB}=\dfrac{3\sqrt{2}}{\sin 60°}=3\sqrt{2}\times\dfrac{2}{\sqrt{3}}=2\sqrt{6}$

| 답 | $2\sqrt{6}$

4-1 숫자 바꾸기

오른쪽 그림과 같은 △ABC에서 $\angle B=30°$, $\angle C=105°$, $\overline{BC}=20$일 때, $\overline{AC}$의 길이를 구하시오.

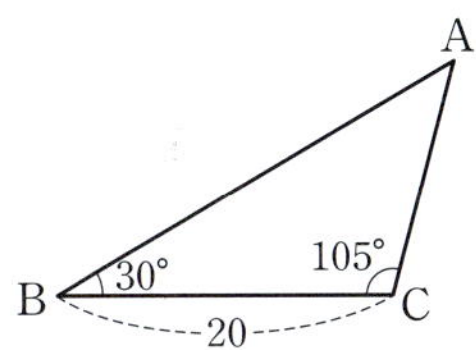

4-2 표현 바꾸기

호수의 양 끝에 있는 두 지점 A, B 사이의 거리를 구하기 위하여 오른쪽 그림과 같이 측량하였을 때, 두 지점 A, B 사이의 거리는?

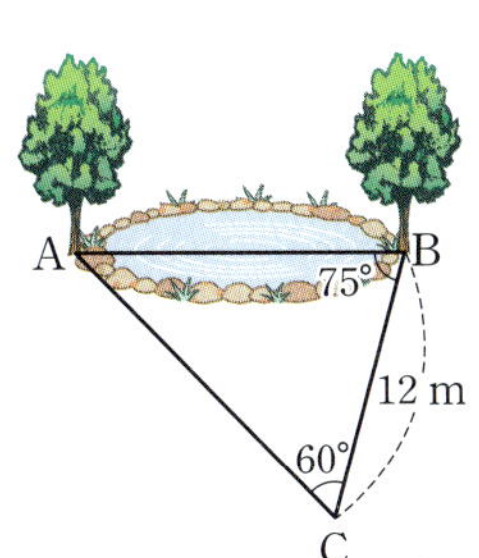

① 6 m ② $6\sqrt{2}$ m
③ $6\sqrt{3}$ m ④ $6\sqrt{6}$ m
⑤ $12\sqrt{2}$ m

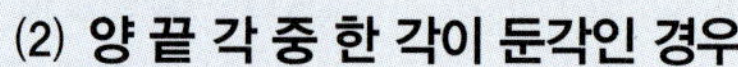

$\triangle ABC$에서 한 변의 길이 a와 그 양 끝 각 $\angle B$, $\angle C$의 크기를 알 때, 높이 h는

(1) 양 끝 각이 모두 예각인 경우

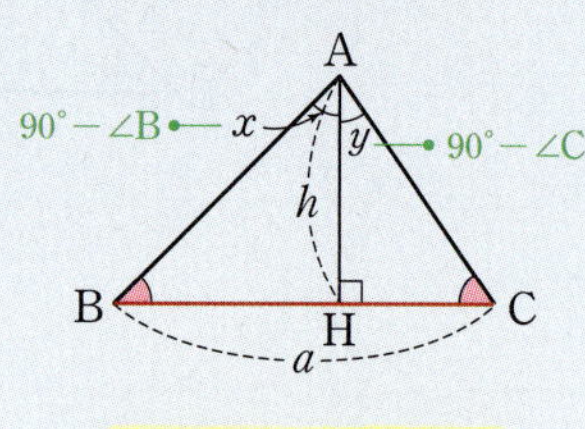

$$h=\dfrac{a}{\tan x+\tan y}$$

(2) 양 끝 각 중 한 각이 둔각인 경우

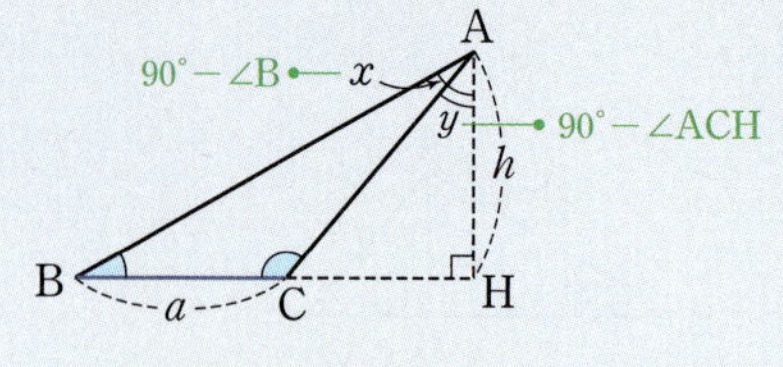

$$h=\dfrac{a}{\tan x-\tan y}$$

● 일반 삼각형의 높이를 구할 때에는 한 꼭짓점에서 그 대변 또는 대변의 연장선에 수선을 그어 두 개의 직각삼각형을 만든 후 tan의 값을 이용한다.

바이블 Point

삼각형의 높이

(1) 위의 (1)의 그림에서 $\overline{BH}=h\tan x$, $\overline{CH}=h\tan y$

이때 $\overline{BC}=\overline{BH}+\overline{CH}$이므로 $a=h\tan x+h\tan y$ $\therefore h=\dfrac{a}{\tan x+\tan y}$

(2) 위의 (2)의 그림에서 $\overline{BH}=h\tan x$, $\overline{CH}=h\tan y$

이때 $\overline{BC}=\overline{BH}-\overline{CH}$이므로 $a=h\tan x-h\tan y$ $\therefore h=\dfrac{a}{\tan x-\tan y}$

 **개념 콕콕**

정답과 풀이 | 10쪽

1 다음은 오른쪽 그림과 같은 $\triangle ABC$에서 $\overline{BC}=10$, $\angle B=30°$, $\angle C=45°$일 때, 높이 h를 구하는 과정이다. □ 안에 알맞은 것을 써넣으시오.

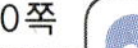

> $\triangle ABH$에서 $\angle BAH=180°-(30°+90°)=60°$이므로 $\overline{BH}=h\,\boxed{}=\boxed{}$
>
> $\triangle AHC$에서 $\angle CAH=180°-(90°+45°)=45°$이므로 $\overline{CH}=h\,\boxed{}=\boxed{}$
>
> 이때 $\overline{BC}=\overline{BH}+\overline{CH}$이므로 $10=\boxed{}+\boxed{}$, $(\boxed{}+\boxed{})h=10$
>
> $\therefore h=\dfrac{10}{\boxed{}}=\boxed{}$

2 오른쪽 그림의 $\triangle ABC$에서 $\overline{BC}=8$, $\angle B=30°$, $\angle BCA=120°$ 이다. $\triangle ABC$의 높이를 h라고 할 때, 다음 물음에 답하시오.

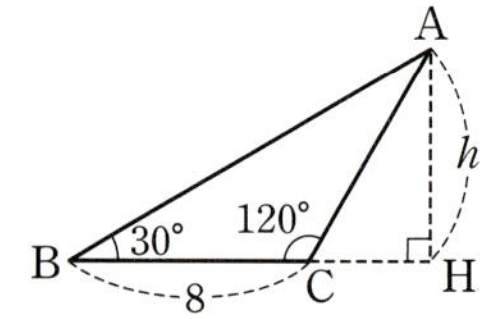

(1) $\angle BAH$와 $\angle CAH$의 크기를 각각 구하시오.

(2) $\overline{BH}$와 $\overline{CH}$의 길이를 각각 h에 대한 식으로 나타내시오.

(3) h의 값을 구하시오.

개념 체크

● 삼각형에서 한 변의 길이와 그 양 끝 각의 크기를 알면 ⊙ [   ]의 값을 이용하여 삼각형의 높이를 구할 수 있다.

답 | ⊙ tan

대표 유형 5 삼각형의 높이 구하기 – 양 끝 각이 모두 예각인 경우

오른쪽 그림과 같은 $\triangle ABC$에서 $\overline{AH} \perp \overline{BC}$이고 $\overline{BC}=12$, $\angle B=60°$, $\angle C=45°$일 때, $\overline{AH}$의 길이를 구하시오.

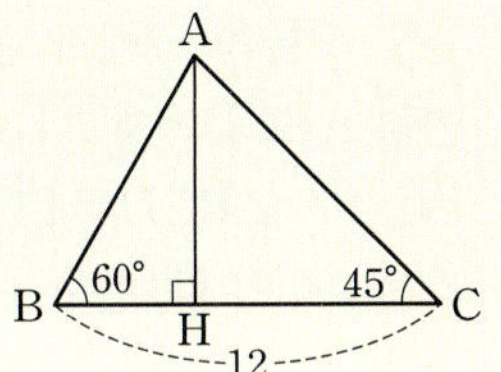

| 풀이 |

$\overline{AH}=h$라고 하면

$\triangle ABH$에서 $\angle BAH=30°$이므로 $\overline{BH}=h\tan 30°=\dfrac{\sqrt{3}}{3}h$

$\triangle AHC$에서 $\angle CAH=45°$이므로 $\overline{CH}=h\tan 45°=h$

이때 $\overline{BC}=\overline{BH}+\overline{CH}$이므로

$12=\dfrac{\sqrt{3}}{3}h+h$, $\dfrac{\sqrt{3}+3}{3}h=12$ $\quad \therefore h=\dfrac{36}{\sqrt{3}+3}=6(3-\sqrt{3})$

$\therefore \overline{AH}=6(3-\sqrt{3})$

| 답 | $6(3-\sqrt{3})$

5 -1 숫자 바꾸기

오른쪽 그림과 같은 $\triangle ABC$에서 $\overline{AH} \perp \overline{BC}$이고 $\overline{BC}=8$, $\angle B=30°$, $\angle C=60°$일 때, $\overline{AH}$의 길이를 구하시오.

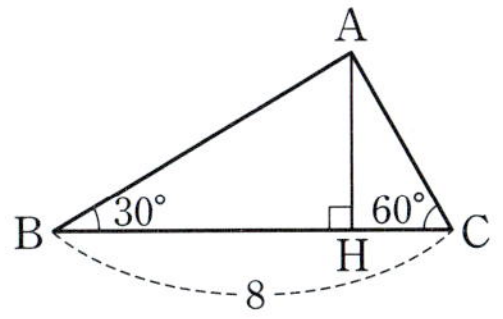

5 -2 표현 바꾸기

오른쪽 그림과 같이 40 m 떨어져 있는 지면 위의 두 지점 B, C에서 기구 A를 올려다본 각의 크기가 각각 45°, 30°이었다. 이때 지면으로부터 기구까지의 높이를 구하시오.

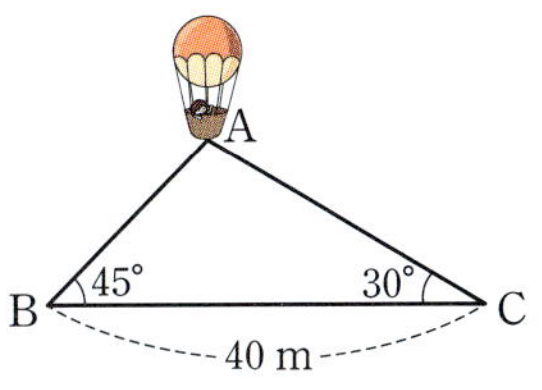

대표 유형 6 삼각형의 높이 구하기 – 양 끝 각 중 한 각이 둔각인 경우

오른쪽 그림과 같은 $\triangle ABC$에서 $\overline{BC}=6$, $\angle B=30°$, $\angle BCA=135°$일 때, $\overline{AH}$의 길이를 구하시오.

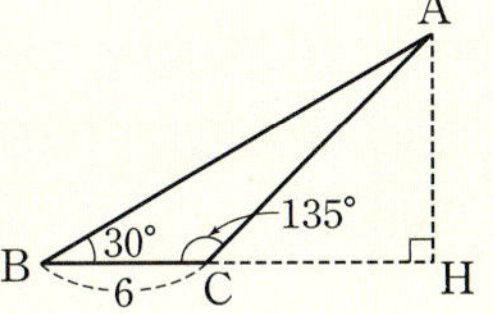

| 풀이 |

$\overline{AH}=h$라고 하면

$\triangle ABH$에서 $\angle BAH=60°$이므로 $\overline{BH}=h\tan 60°=\sqrt{3}h$

$\triangle ACH$에서 $\angle CAH=45°$이므로 $\overline{CH}=h\tan 45°=h$

이때 $\overline{BC}=\overline{BH}-\overline{CH}$이므로

$6=\sqrt{3}h-h$, $(\sqrt{3}-1)h=6$ $\quad \therefore h=\dfrac{6}{\sqrt{3}-1}=3(\sqrt{3}+1)$

$\therefore \overline{AH}=3(\sqrt{3}+1)$

| 답 | $3(\sqrt{3}+1)$

6 -1 숫자 바꾸기

오른쪽 그림과 같은 $\triangle ABC$에서 $\overline{BC}=10$, $\angle B=45°$, $\angle BCA=120°$일 때, $\overline{AH}$의 길이를 구하시오.

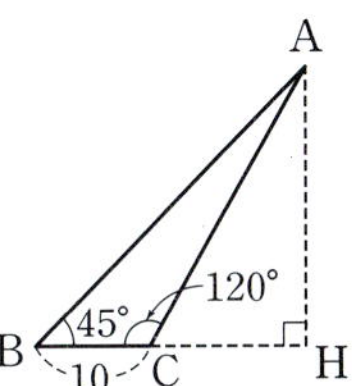

6 -2 표현 바꾸기

오른쪽 그림과 같이 100 m 떨어진 두 지점 B, C에서 산꼭대기 A를 올려다본 각의 크기가 각각 30°, 60°일 때, 산의 높이를 구하시오.

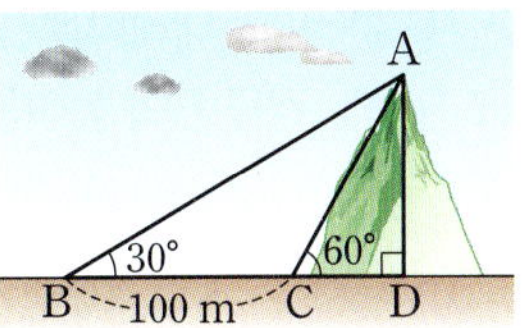

01 오른쪽 그림과 같이 ∠C=90°인 직각삼각형 ABC에서 다음 중 옳지 <u>않은</u> 것을 모두 고르면? (정답 2개)

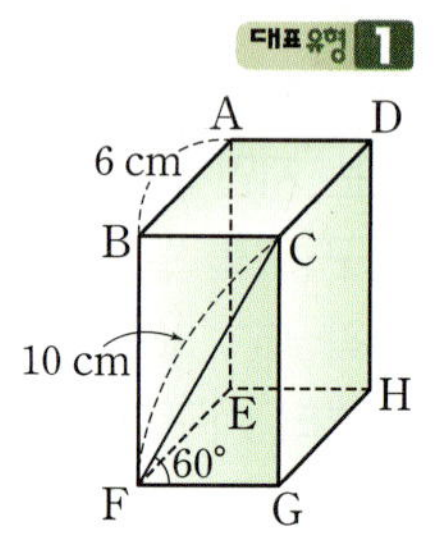

① $a=c\cos B$ ② $a=b\tan B$

③ $b=c\sin B$ ④ $b=\dfrac{a}{\tan A}$

⑤ $c=b\cos A$

02 오른쪽 그림과 같은 직육면체에서 $\overline{AB}=6$ cm, $\overline{CF}=10$ cm, $\angle CFG=60°$일 때, 이 직육면체의 부피를 구하시오.

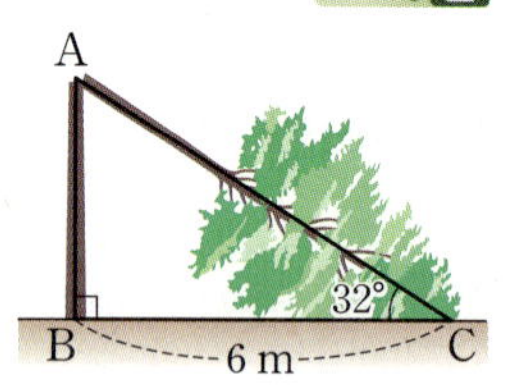

03 지면에 수직으로 서 있던 나무가 오른쪽 그림과 같이 부러져서 꼭대기 부분이 지면에 닿아 있다. $\angle ACB=32°$, $\overline{BC}=6$ m일 때, 부러지기 전의 나무의 높이는?

(단, $\cos 32°=0.8$, $\tan 32°=0.6$으로 계산한다.)

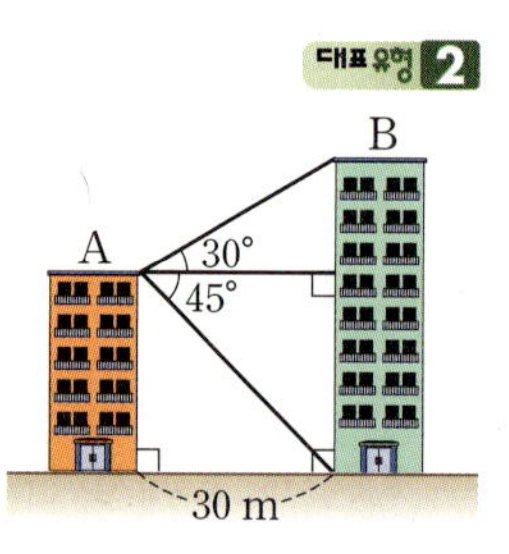

① 11.1 m ② 14 m ③ 14.8 m

④ 16 m ⑤ 16.8 m

04 오른쪽 그림과 같이 30 m 떨어진 두 건물 A, B가 있다. 건물 A의 옥상에서 건물 B를 올려다본 각의 크기가 30°이고 내려다본 각의 크기가 45°일 때, 건물 B의 높이를 구하시오.

05 오른쪽 그림과 같은 평행사변형 ABCD에서 $\overline{AB}=3\sqrt{2}$, $\overline{BC}=7$, $\angle BCD=135°$일 때, 대각선 AC의 길이는?

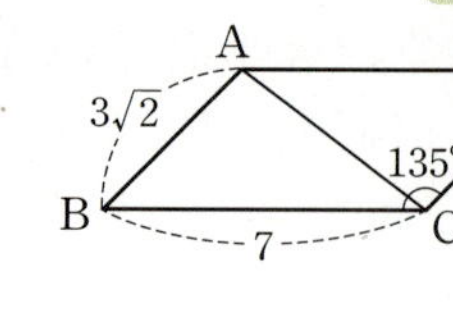

① $2\sqrt{6}$ ② 5 ③ $\sqrt{26}$

④ $3\sqrt{3}$ ⑤ $2\sqrt{7}$

06 오른쪽 그림과 같은 △ABC에서 $\angle B=75°$, $\angle C=60°$, $\overline{BC}=18$일 때, $\overline{AB}$의 길이를 구하시오.

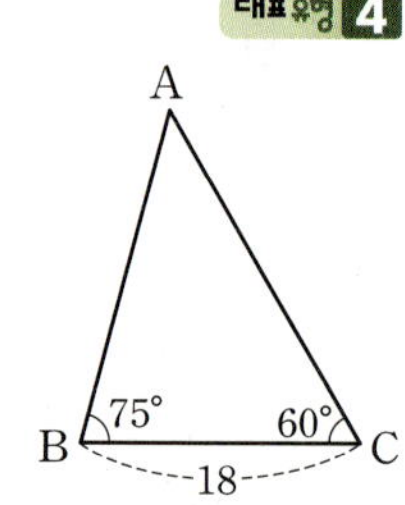

07 오른쪽 그림과 같이 60 m 떨어져 있는 두 지점 A, B에서 나무 꼭대기 C를 올려다본 각의 크기가 각각 45°, 60°이었다. 이때 나무의 높이를 구하시오.

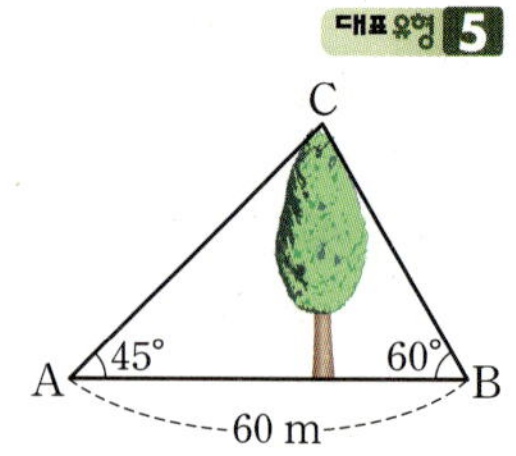

08 오른쪽 그림과 같은 △ABC에서 $\overline{BC}=4$ cm, $\angle B=30°$, $\angle ACH=45°$일 때, △ABC의 넓이를 구하시오.

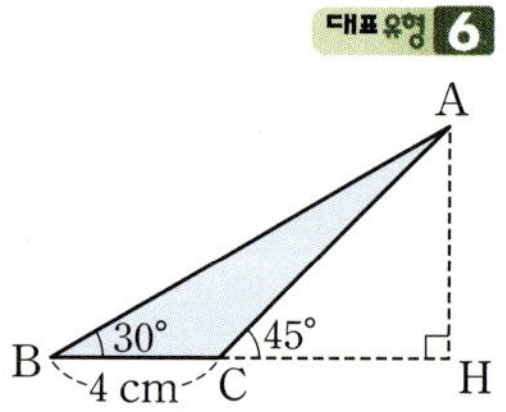

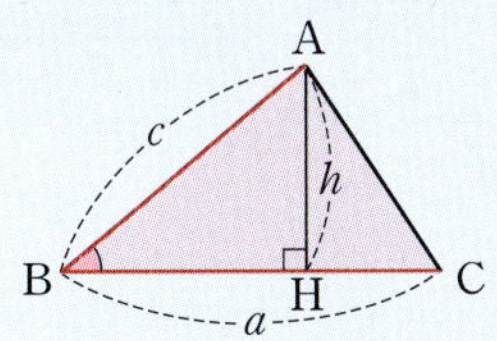

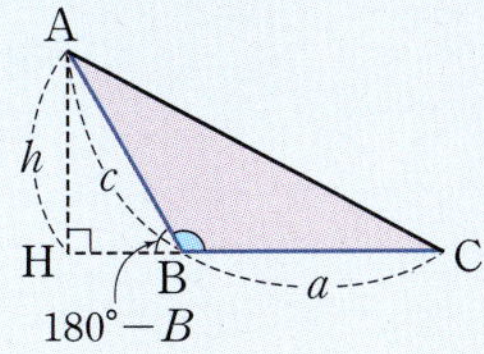

$\triangle ABC$에서 두 변의 길이 a, c와 그 끼인각 $\angle B$의 크기를 알 때, 넓이 S는

(1) $\angle B$가 예각인 경우

(2) $\angle B$가 둔각인 경우

$$S=\frac{1}{2}ac \sin B$$

$$S=\frac{1}{2}ac \sin (180^\circ-B)$$

- $\angle B=90^\circ$일 때, $\sin 90^\circ=1$이므로

$$\triangle ABC=\frac{1}{2}ac \sin 90^\circ=\frac{1}{2}ac$$

이때 $\triangle ABC$는 $\angle B=90^\circ$인 직각삼각형이고 a와 c는 밑변의 길이와 높이이다.

바이블 Point

삼각형의 넓이

(1) 위의 (1)의 그림에서 $h=c \sin B$이므로 $\triangle ABC=\frac{1}{2}ah=\frac{1}{2}ac \sin B$

(2) 위의 (2)의 그림에서 $h=c \sin (180^\circ-B)$이므로 $\triangle ABC=\frac{1}{2}ah=\frac{1}{2}ac \sin (180^\circ-B)$

개념 콕콕

정답과 풀이 | 11쪽

1 다음 그림과 같은 $\triangle ABC$의 넓이를 구하시오.

(1) 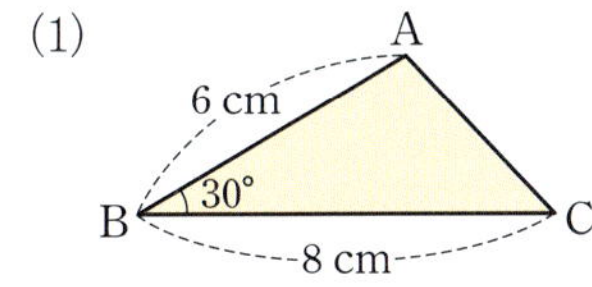

(2) 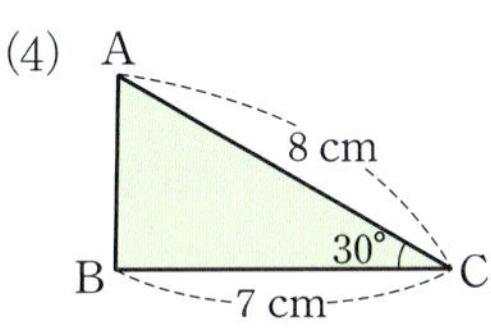

(3) 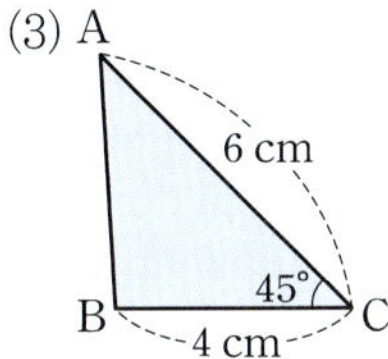

(4)

2 다음 그림과 같은 $\triangle ABC$의 넓이를 구하시오.

(1) 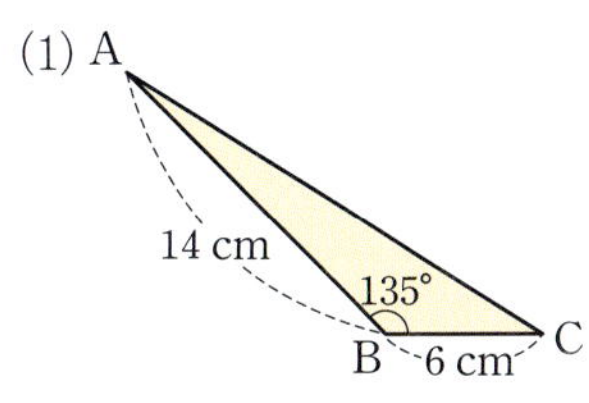

(2) 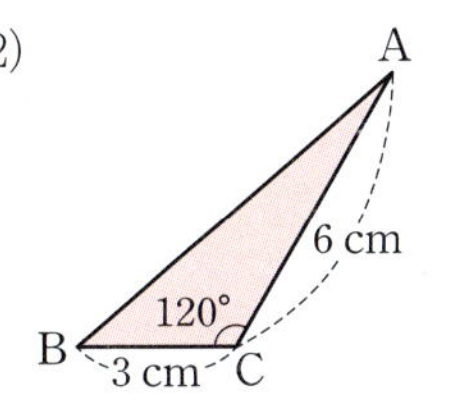

(3) 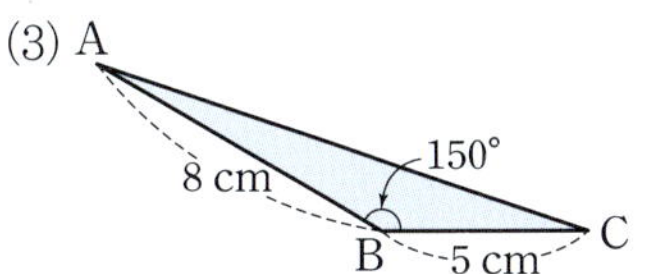

(4) 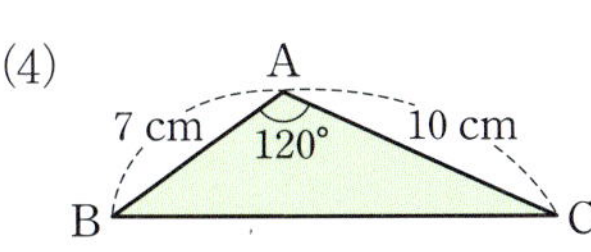

개념 체크

- 오른쪽 그림과 같은 $\triangle ABC$에서 $\angle B$가 예각일 때,

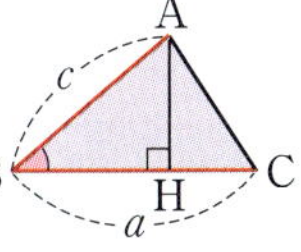

$$\overline{AH}=\boxed{\ ㉠\ } \sin B$$

$$\therefore \triangle ABC=\frac{1}{2}\times\overline{BC}\times\overline{AH}$$

$$=\boxed{\ ㉡\ }$$

- 오른쪽 그림과 같은 $\triangle ABC$에서 $\angle B$가 둔각일 때,

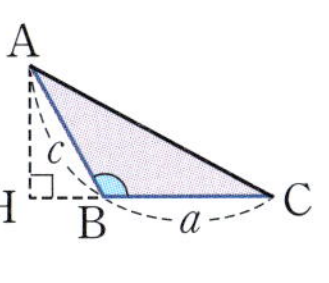

$$\overline{AH}=c \sin (\boxed{\ ㉢\ })$$

$$\therefore \triangle ABC=\frac{1}{2}\times\overline{BC}\times\overline{AH}$$

$$=\boxed{\ ㉣\ }$$

답 | ㉠ c ㉡ $\frac{1}{2}ac \sin B$ ㉢ $180^\circ-B$

㉣ $\frac{1}{2}ac \sin (180^\circ-B)$

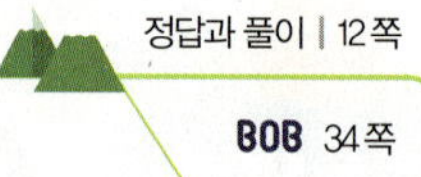

대표 유형 **1** 삼각형의 넓이 구하기 – 예각이 주어질 때

BOB 34쪽

오른쪽 그림과 같이 $\overline{AB}=4$ cm, $\overline{BC}=7$ cm인 예각삼각형 ABC의 넓이가 $7\sqrt{3}$ cm²일 때, $\angle B$의 크기를 구하시오.

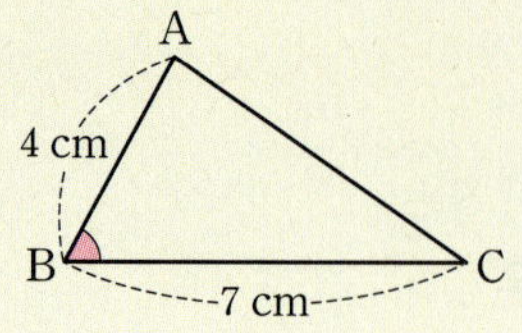

| 풀이 |

$\dfrac{1}{2}\times 4\times 7\times \sin B=7\sqrt{3}$이므로 $\sin B=\dfrac{\sqrt{3}}{2}$

이때 $\sin 60°=\dfrac{\sqrt{3}}{2}$이므로 $\angle B=60°$

| 답 | $60°$

1-1 숫자 바꾸기

오른쪽 그림과 같이 $\overline{AC}=11$ cm, $\overline{BC}=12$ cm인 예각삼각형 ABC의 넓이가 33 cm²일 때, $\angle C$의 크기를 구하시오.

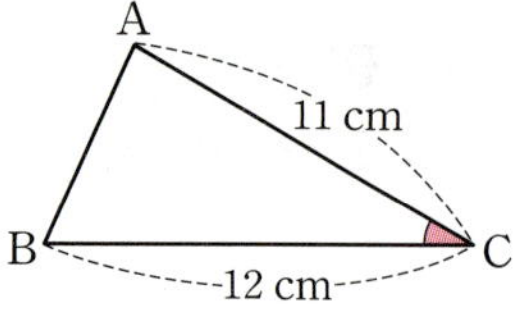

1-2 표현 바꾸기

오른쪽 그림과 같이 $\overline{AB}=\overline{AC}=6$ cm인 이등변삼각형 ABC에서 $\angle B=75°$일 때, $\triangle ABC$의 넓이는?

① 9 cm² ② $9\sqrt{2}$ cm²
③ $9\sqrt{3}$ cm² ④ 18 cm²
⑤ $18\sqrt{2}$ cm²

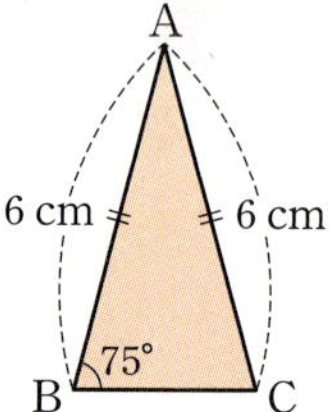

대표 유형 **2** 삼각형의 넓이 구하기 – 둔각이 주어질 때

BOB 35쪽

오른쪽 그림과 같이 $\overline{BC}=8$ cm, $\angle C=135°$인 $\triangle ABC$의 넓이가 $18\sqrt{2}$ cm²일 때, $\overline{AC}$의 길이는?

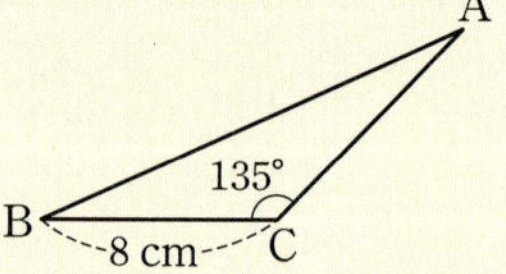

① $\dfrac{17}{2}$ cm ② 9 cm

③ $\dfrac{19}{2}$ cm ④ 10 cm

⑤ $\dfrac{21}{2}$ cm

| 풀이 |

$\dfrac{1}{2}\times 8\times \overline{AC}\times \sin(180°-135°)=18\sqrt{2}$이므로

$\dfrac{1}{2}\times 8\times \overline{AC}\times \dfrac{\sqrt{2}}{2}=18\sqrt{2},\ 2\sqrt{2}\,\overline{AC}=18\sqrt{2}$

$\therefore \overline{AC}=9\,(\text{cm})$

| 답 | ②

2-1 숫자 바꾸기

오른쪽 그림과 같이 $\overline{AC}=10$ cm, $\angle A=120°$인 $\triangle ABC$의 넓이가 $15\sqrt{3}$ cm²일 때, $\overline{AB}$의 길이는?

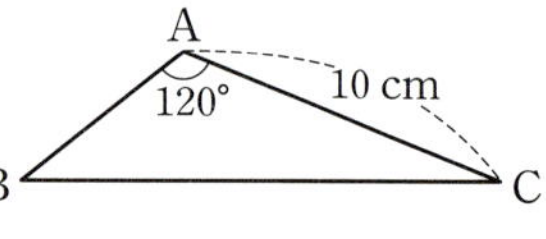

① 5 cm ② $3\sqrt{3}$ cm ③ 6 cm
④ $4\sqrt{3}$ cm ⑤ 7 cm

2-2 표현 바꾸기

오른쪽 그림과 같이 $\overline{BC}=14$ cm, $\angle A=30°$, $\angle B=120°$인 $\triangle ABC$의 넓이를 구하시오.

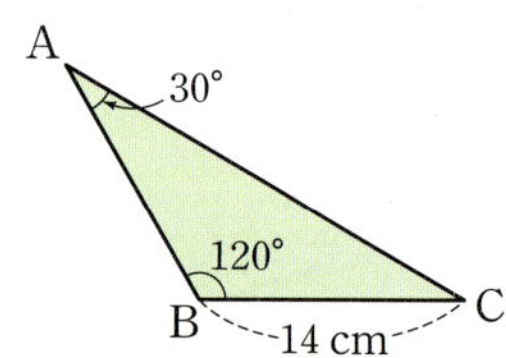

(1) **평행사변형의 넓이** : 평행사변형 ABCD에서 이웃하는 두 변의
길이 a, b와 그 끼인각 $\angle x$의 크기를 알 때, 넓이 S는
$$S = ab \sin x \ (\text{단, } \angle x \text{는 예각})$$

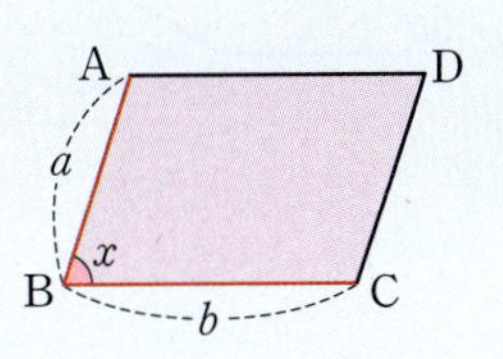

• 왼쪽 그림의 평행사변형 ABCD에서
$\angle x$가 둔각일 때에는
$$S = ab \sin(180° - x)$$

(2) **사각형의 넓이** : □ABCD에서 두 대각선의 길이 a, b와 두 대각선
이 이루는 각 $\angle x$의 크기를 알 때, 넓이 S는
$$S = \frac{1}{2}ab \sin x \ (\text{단, } \angle x \text{는 예각})$$

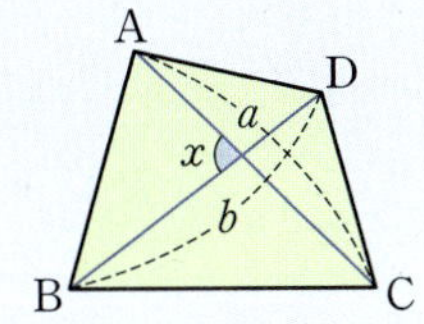

• 왼쪽 그림의 □ABCD에서 $\angle x$가 둔각
일 때에는
$$S = \frac{1}{2}ab \sin(180° - x)$$

바이블 Point

평행사변형의 넓이

오른쪽 그림과 같이 평행사변형
ABCD에서 $\angle x$가 예각일 때, 대각선
AC를 그으면 $\triangle$ABC와 $\triangle$CDA에서
$\overline{AB}=\overline{CD}$, $\overline{BC}=\overline{DA}$, $\overline{AC}$는 공통이므
로 $\triangle$ABC$\equiv$$\triangle$CDA(SSS 합동)

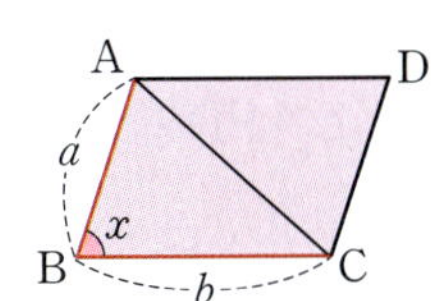

$$\therefore \square ABCD = 2\triangle ABC$$
$$= 2 \times \frac{1}{2}ab \sin x$$
$$= ab \sin x$$

사각형의 넓이

오른쪽 그림과 같이 점 A, B, C, D
를 지나고 대각선 AC, BD에 각각
평행한 직선을 그어 이들이 만나는
점을 각각 E, F, G, H라고 하면
□EFGH는 평행사변형이므로

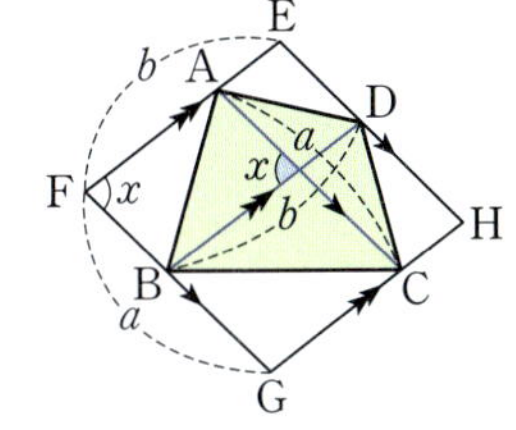

$$\square ABCD = \frac{1}{2}\square EFGH$$
$$= \frac{1}{2}ab \sin x$$

개념 콕콕

정답과 풀이 | 12쪽

1 다음 그림과 같은 평행사변형 ABCD의 넓이를 구하시오.

(1) 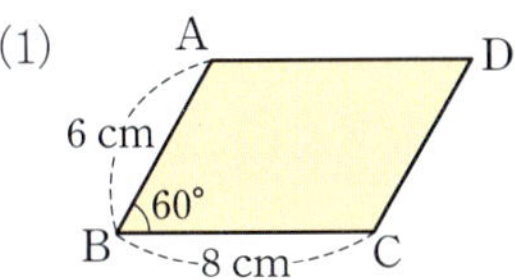

(2) 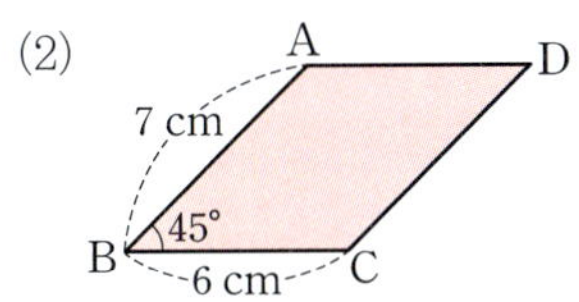

(3) 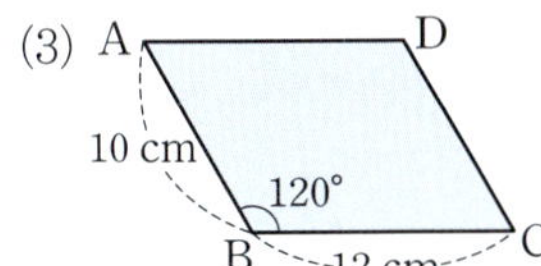

(4) 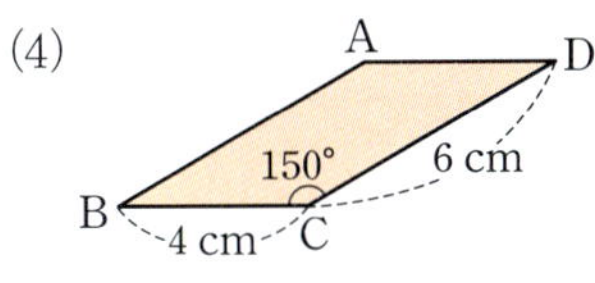

2 다음 그림과 같은 □ABCD의 넓이를 구하시오.

(1) 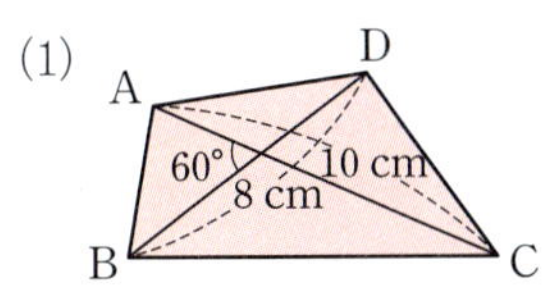

(2) 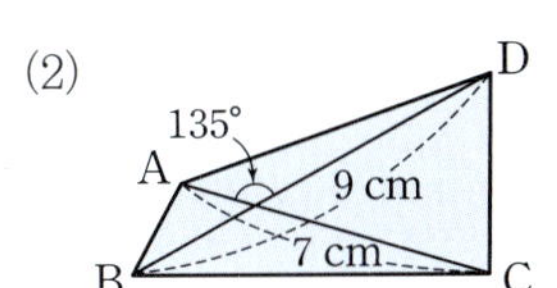

개념 체크

• 오른쪽 그림과 같은 평
행사변형 ABCD에서
$\angle x$가 예각일 때,
□ABCD
$= \boxed{\ \ \text{㉠}\ \ }$

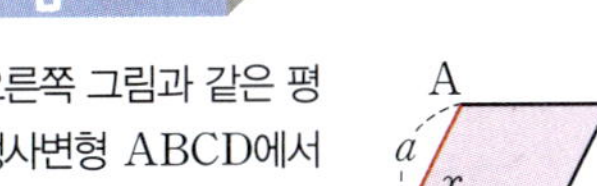

• 오른쪽 그림과 같은
□ABCD에서 $\angle x$가
예각일 때,
□ABCD
$= \boxed{\ \ \text{㉡}\ \ }$

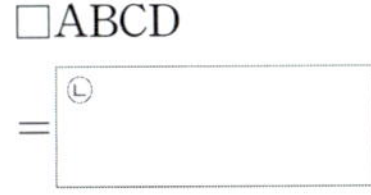

답 | ㉠ $ab \sin x$ ㉡ $\frac{1}{2}ab \sin x$

대표 유형 3 평행사변형의 넓이 구하기

오른쪽 그림과 같이 $\overline{AB}=8$ cm, $\angle B=30°$인 평행사변형 ABCD의 넓이가 40 cm²일 때, $\overline{BC}$의 길이를 구하시오.

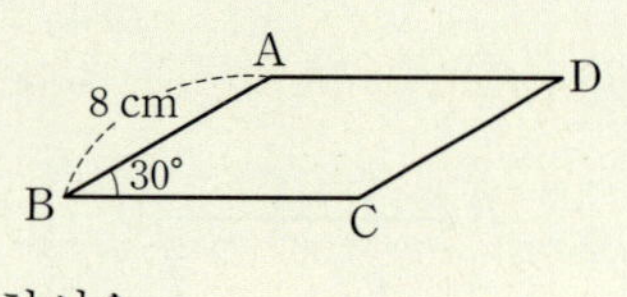

| 풀이 |

$8\times\overline{BC}\times\sin 30°=40$이므로 $8\times\overline{BC}\times\dfrac{1}{2}=40$

$4\overline{BC}=40$　　∴ $\overline{BC}=10$(cm)

| 답 | 10 cm

3-1 숫자 바꾸기

오른쪽 그림과 같이 $\overline{BC}=12$ cm, $\angle C=135°$인 평행사변형 ABCD의 넓이가 $42\sqrt{2}$ cm²일 때, $\overline{DC}$의 길이를 구하시오.

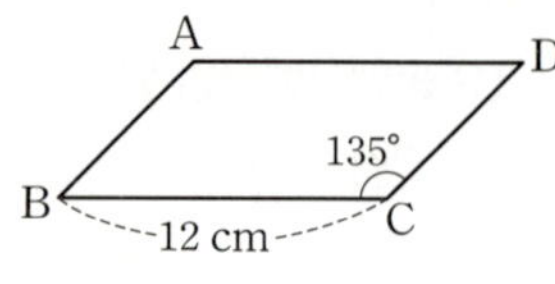

3-2 표현 바꾸기

오른쪽 그림과 같은 평행사변형 ABCD에서 점 P는 두 대각선 AC, BD의 교점이고 $\overline{AB}=4$ cm, $\overline{AD}=6$ cm, $\angle ABC=60°$일 때, △APD의 넓이는?

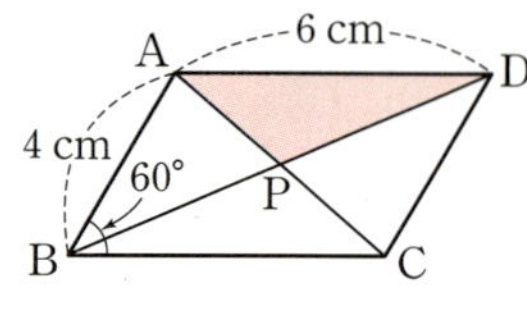

① $2\sqrt{3}$ cm²　　② $3\sqrt{3}$ cm²　　③ $6\sqrt{3}$ cm²

④ $12\sqrt{3}$ cm²　　⑤ $24\sqrt{3}$ cm²

대표 유형 4 사각형의 넓이 구하기

오른쪽 그림과 같은 □ABCD에서 $\overline{AC}=10$ cm, $\overline{BD}=14$ cm이고 $\angle ACB=36°$, $\angle DBC=24°$일 때, □ABCD의 넓이를 구하시오.
(단, 점 O는 두 대각선의 교점이다.)

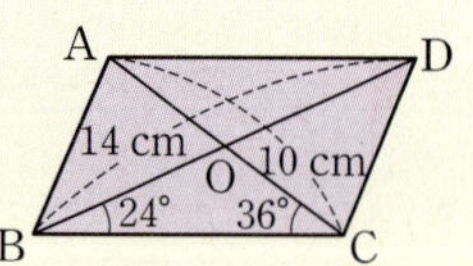

| 풀이 |

△OBC에서 $\angle BOC=180°-(24°+36°)=120°$

∴ $\square ABCD=\dfrac{1}{2}\times10\times14\times\sin(180°-120°)$

$\qquad\qquad=\dfrac{1}{2}\times10\times14\times\dfrac{\sqrt{3}}{2}=35\sqrt{3}$(cm²)

| 답 | $35\sqrt{3}$ cm²

4-1 숫자 바꾸기

오른쪽 그림과 같은 □ABCD에서 $\overline{AC}=7$ cm, $\overline{BD}=8$ cm이고 $\angle ADB=15°$, $\angle DAC=30°$일 때, □ABCD의 넓이는? (단, 점 O는 두 대각선의 교점이다.)

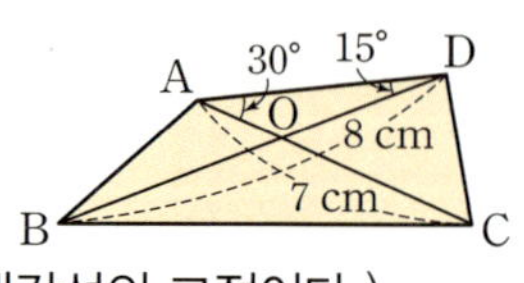

① 14 cm²　　② $14\sqrt{2}$ cm²　　③ $14\sqrt{3}$ cm²

④ 28 cm²　　⑤ $28\sqrt{3}$ cm²

4-2 표현 바꾸기

오른쪽 그림과 같은 □ABCD에서 $\overline{AC}=12$ cm, $\overline{BD}=10$ cm이고 □ABCD의 넓이가 30 cm²일 때, $\angle x$의 크기를 구하시오.
(단, 점 O는 두 대각선의 교점이고 $0°<\angle x<90°$이다.)

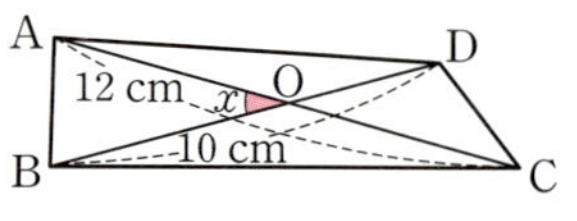

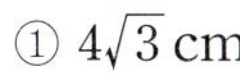

01 오른쪽 그림과 같이 $\overline{BC}=5\sqrt{3}$ cm, $\angle C=60°$인 △ABC의 넓이가 30 cm^{2}일 때, $\overline{AC}$의 길이는?

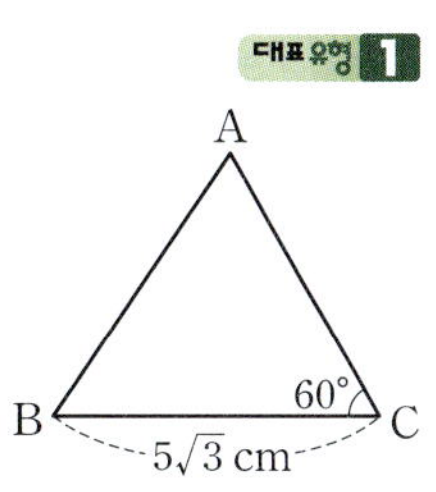

① $4\sqrt{3}$ cm ② 7 cm
③ $5\sqrt{2}$ cm ④ 8 cm
⑤ $6\sqrt{2}$ cm

02 오른쪽 그림에서 점 G가 △ABC의 무게중심이고 $\angle A=45°$, $\overline{AB}=6$ cm, $\overline{AC}=8$ cm일 때, △GBC의 넓이를 구하시오.

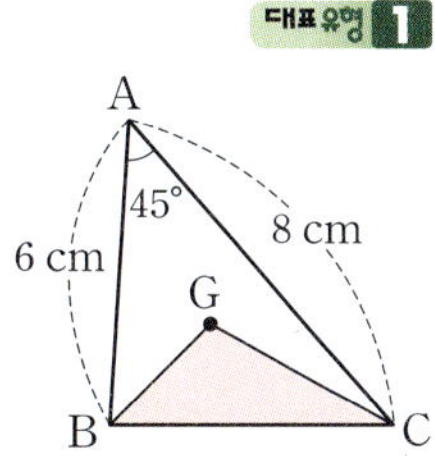

03 오른쪽 그림과 같이 반지름의 길이가 4 cm인 원 O에 내접하는 정팔각형의 넓이를 구하시오.

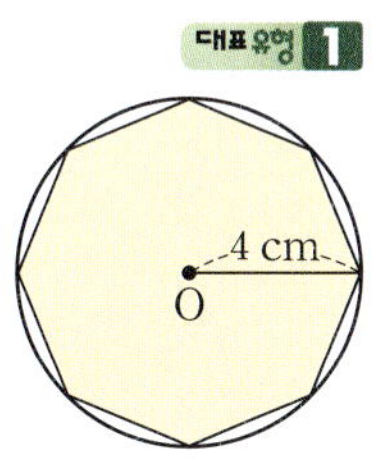

04 오른쪽 그림과 같이 $\overline{AB}=13$ cm, $\overline{BC}=12$ cm인 △ABC의 넓이가 $39\sqrt{2}$ cm^{2}일 때, $\angle B$의 크기를 구하시오.

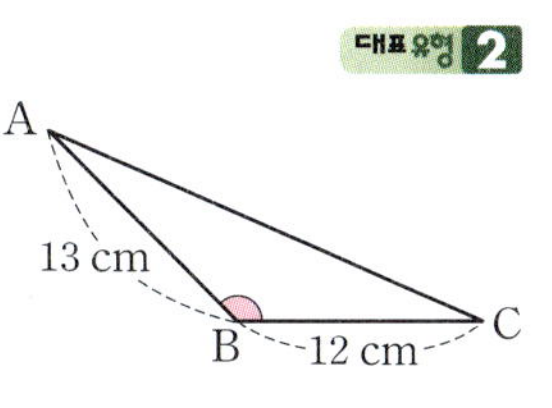

(단, $90°<\angle B<180°$)

05 오른쪽 그림과 같은 □ABCD의 넓이를 구하시오.

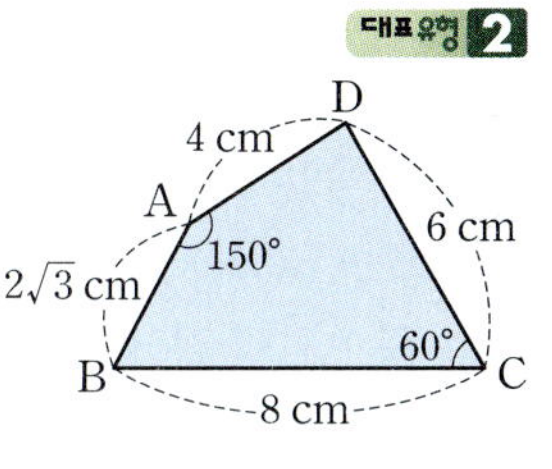

06 오른쪽 그림과 같이 한 변의 길이가 10 cm이고 $\angle B=30°$인 마름모 ABCD의 넓이를 구하시오.

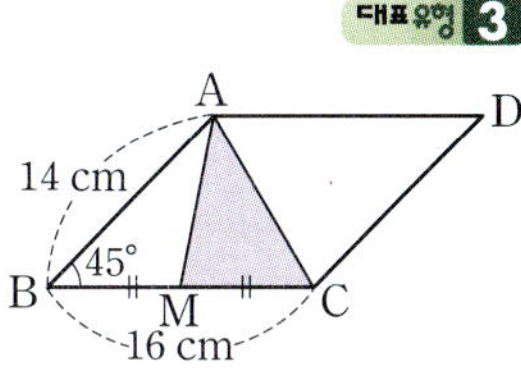

07 오른쪽 그림과 같은 평행사변형 ABCD에서 점 M은 $\overline{BC}$의 중점이고 $\overline{AB}=14$ cm, $\overline{BC}=16$ cm, $\angle B=45°$일 때, △AMC의 넓이는?

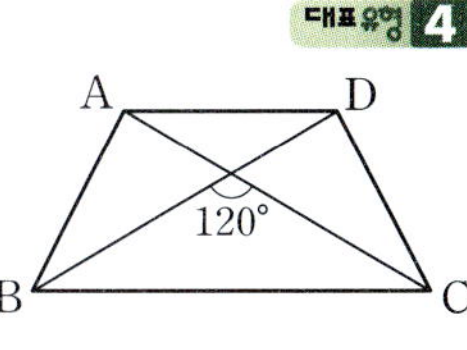

① $24\sqrt{2}$ cm^2 ② $26\sqrt{2}$ cm^2 ③ $28\sqrt{2}$ cm^2
④ $30\sqrt{2}$ cm^2 ⑤ $32\sqrt{2}$ cm^2

08 오른쪽 그림과 같이 두 대각선이 이루는 각의 크기가 $120°$인 등변사다리꼴 ABCD의 넓이가 $16\sqrt{3}$ cm^{2}일 때, $\overline{BD}$의 길이는?

① 6 cm ② 7 cm ③ 8 cm
④ 9 cm ⑤ 10 cm

01 오른쪽 그림과 같이 ∠B=90°인 직각삼각형 ABC에서 $\overline{AC}=7$, ∠C=51°일 때, 다음 중 $\overline{AB}$의 길이를 나타내는 것을 모두 고르면? (정답 2개)

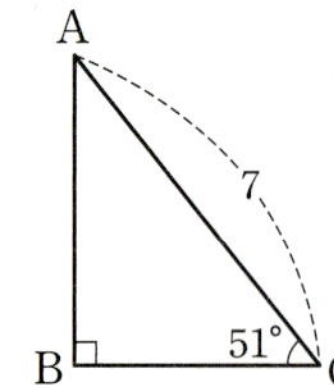

① 7 sin 39° ② 7 cos 39°

③ 7 sin 51° ④ 7 cos 51°

⑤ 7 tan 51°

02 오른쪽 그림과 같이 모선의 길이가 4 cm인 원뿔이 있다. 모선과 밑면이 이루는 각의 크기가 60°일 때, 이 원뿔의 부피를 구하시오.

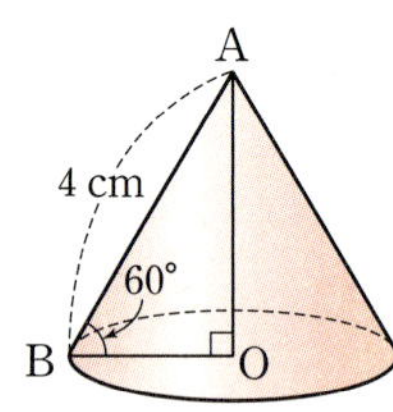

03 오른쪽 그림과 같이 정민이가 나무로부터 10 m 떨어진 A 지점에서 나무의 꼭대기 B를 올려다본 각의 크기가 50°이었다. 정민이의 눈의 높이가 1.6 m일 때, 나무의 높이는?

(단, tan 50°=1.2로 계산한다.)

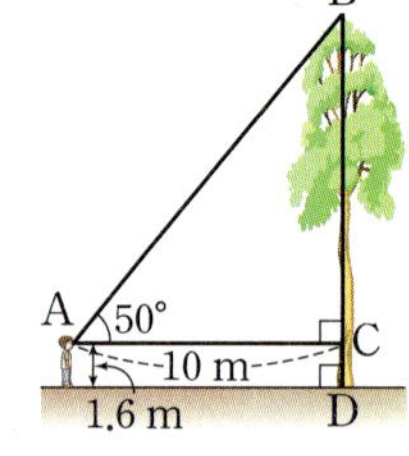

① 7.6 m ② 11.6 m ③ 13.6 m

④ 18.6 m ⑤ 28 m

04 오른쪽 그림과 같이 길이가 12 cm인 추가 B 지점과 B′ 지점 사이를 일정한 속력으로 움직이고 있다. ∠AOB=30°일 때, B 지점은 A 지점을 기준으로 몇 cm의 높이에 있는지 구하시오.

(단, 추의 크기는 생각하지 않는다.)

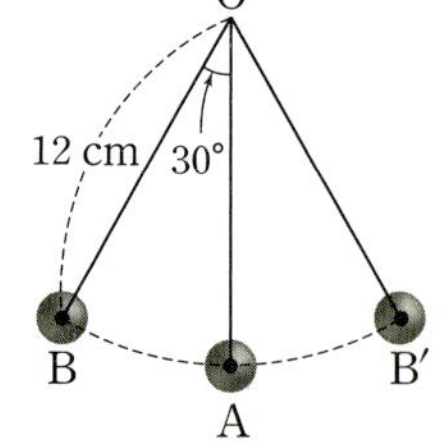

05 오른쪽 그림은 산의 높이인 $\overline{CH}$의 길이를 측정하기 위하여 수평면 위에 두 지점 A, B를 그 거리가 100 m가 되도록 잡고, 필요한 부분을 측량한 것이다. 이때 이 산의 높이를 구하시오.

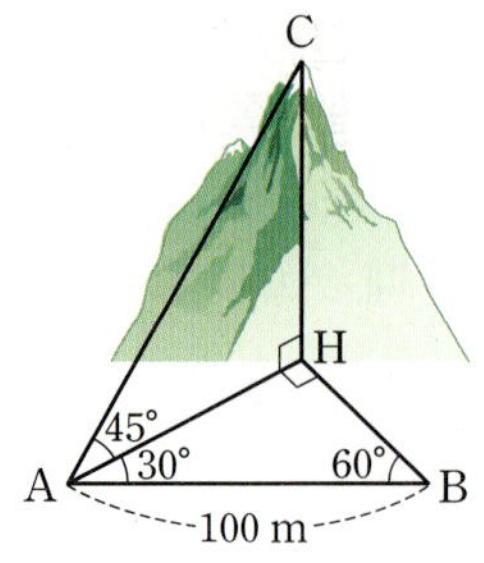

06 오른쪽 그림과 같은 △ABC에서 $\overline{AB}=15$, $\overline{BC}=18$이고 $\sin B=\dfrac{3}{5}$, $\cos B=\dfrac{4}{5}$일 때, $\overline{AC}$의 길이는?

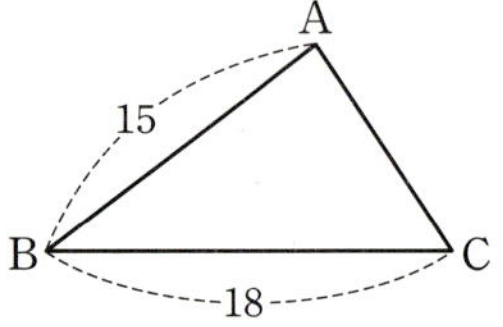

① $\sqrt{73}$ ② $4\sqrt{5}$ ③ $\sqrt{89}$

④ $3\sqrt{13}$ ⑤ $2\sqrt{30}$

07 오른쪽 그림과 같은 △ABC에서 $\overline{AC}=24$, ∠B=60°, ∠C=75°일 때, $\overline{BC}$의 길이를 구하시오.

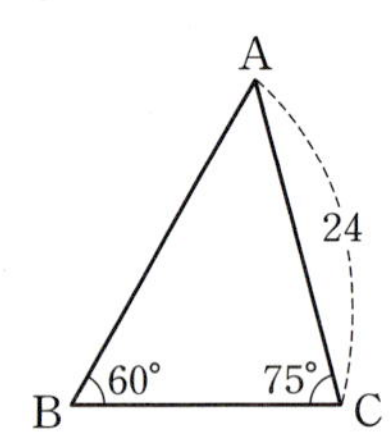

08 오른쪽 그림과 같은 △ABC에서 $\overline{AH}\perp\overline{BC}$이고 $\overline{BC}=12$, ∠B=50°, ∠C=40°일 때, 다음 중 $\overline{AH}$의 길이를 구하는 식은?

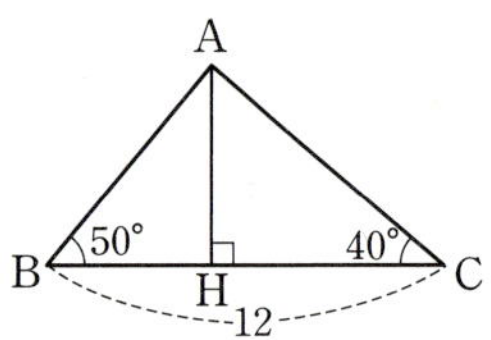

① $12(\tan 50°+\tan 40°)$ ② $\dfrac{12}{\tan 50°-\tan 40°}$

③ $\dfrac{12}{\tan 40°+\tan 50°}$ ④ $\dfrac{24}{\tan 50°-\tan 40°}$

⑤ $\dfrac{24}{\tan 40°+\tan 50°}$

09 건물의 높이를 구하기 위해 오른쪽 그림과 같이 측량하였을 때, 건물의 높이를 구하시오.

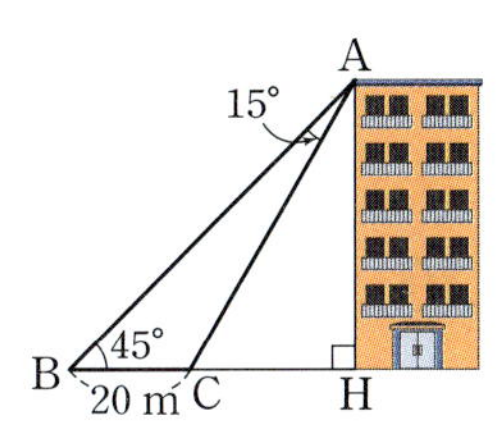

13 오른쪽 그림과 같이 한 변의 길이가 8 cm인 정사각형 ABCD의 변 AD를 빗변으로 하는 직각삼각형 ADE에서 ∠ADE=60°일 때, △ABE의 넓이는?

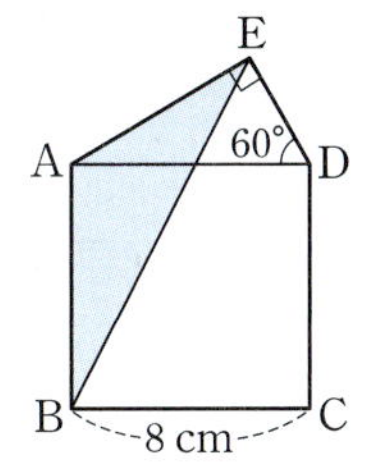

① 18 cm^2 　　② 21 cm^2

③ 24 cm^2 　　④ 21$\sqrt{3}$ cm^2

⑤ 24$\sqrt{3}$ cm^2

10 오른쪽 그림에서 $\overline{AE} /\!/ \overline{DC}$이고 $\overline{AB}=4$ cm, $\overline{BC}=9$ cm, ∠B=60°일 때, □ABED의 넓이를 구하시오.

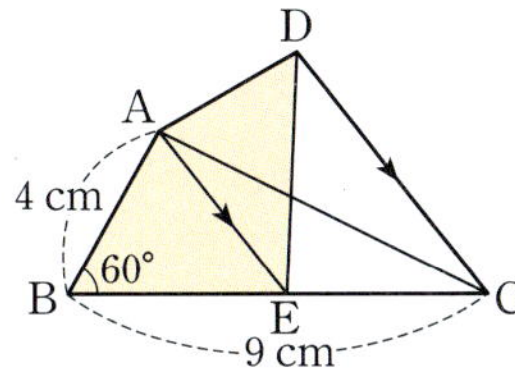

14 오른쪽 그림과 같이 ∠A=120°인 마름모 ABCD의 넓이가 8$\sqrt{3}$ cm^{2}일 때, 마름모 ABCD의 둘레의 길이를 구하시오.

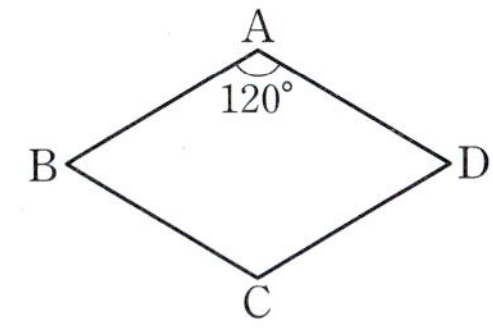

11 오른쪽 그림과 같은 □ABCD에서 $\overline{AB}=3\sqrt{2}$ cm, $\overline{BC}=5$ cm이고 ∠A=90°, ∠ADB=45°, ∠DBC=30°일 때, □ABCD의 넓이는?

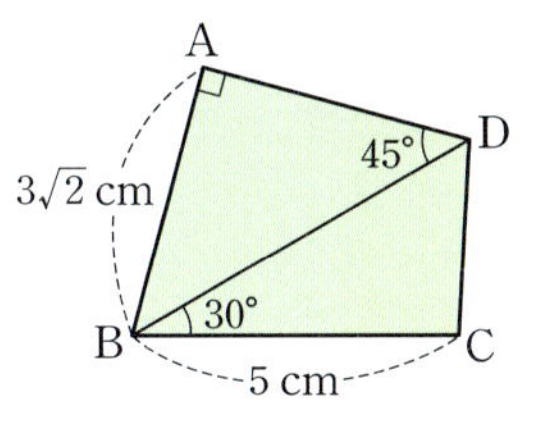

① 15 cm^2 　　② $\dfrac{33}{2}$ cm^2 　　③ 18 cm^2

④ $\dfrac{39}{2}$ cm^2 　　⑤ 21 cm^2

15 오른쪽 그림과 같은 평행사변형 ABCD에서 점 O는 두 대각선 AC, BD의 교점이다. $\overline{AB}=4$ cm, $\overline{BC}=8$ cm이고 ∠A : ∠B=3 : 1일 때, △ABO의 넓이를 구하시오.

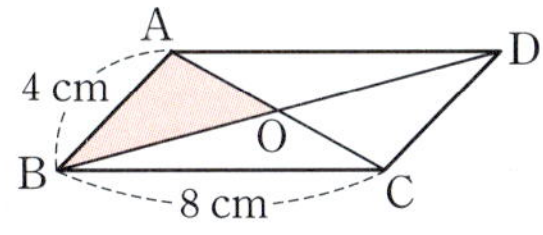

12 오른쪽 그림과 같은 □ABCD의 넓이를 구하시오.

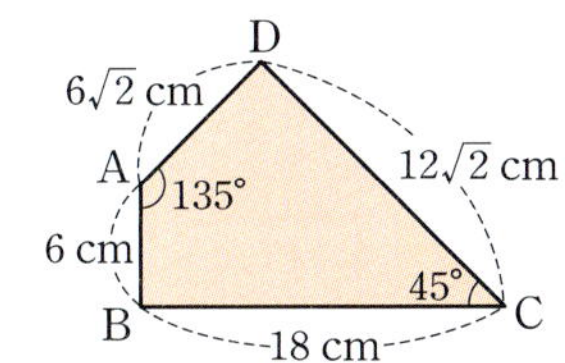

16 오른쪽 그림과 같은 □ABCD에서 두 대각선이 이루는 예각의 크기가 60°이고 $\overline{BD}=2\overline{AC}$이다. □ABCD의 넓이가 18$\sqrt{3}$ cm^{2}일 때, $\overline{BD}$의 길이는?

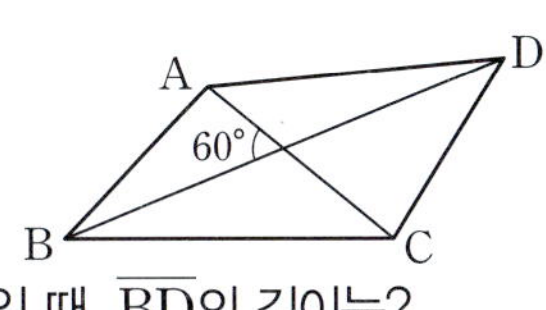

① 6 cm 　　② 10 cm 　　③ 6$\sqrt{3}$ cm

④ 12 cm 　　⑤ 10$\sqrt{2}$ cm

서술형 문제

17 오른쪽 그림과 같이 건물로부터 10 m 떨어진 지점에서 국기 게양대의 양 끝을 올려다본 각의 크기가 각각 45°, 60°일 때, 국기 게양대의 높이를 구하시오.

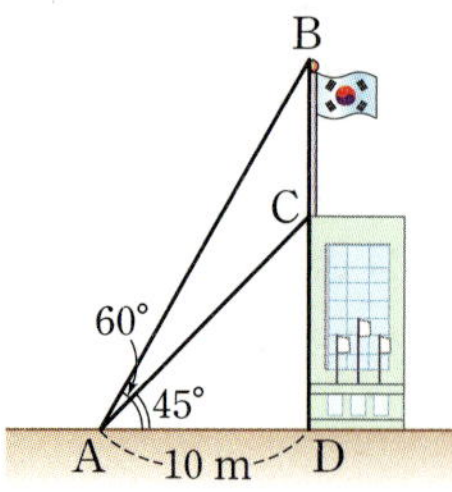

풀이

답 ______________

18 오른쪽 그림과 같은 $\triangle ABC$에서 $\overline{AC}=4$, $\overline{BC}=3$, $\angle C=120°$일 때, $\overline{AB}$의 길이를 구하시오.

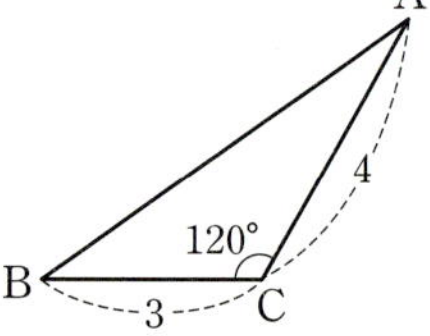

풀이

답 ______________

19 오른쪽 그림과 같이 반지름의 길이가 6 cm인 반원 O에서 $\angle CAB=30°$일 때, 색칠한 부분의 넓이를 구하시오.

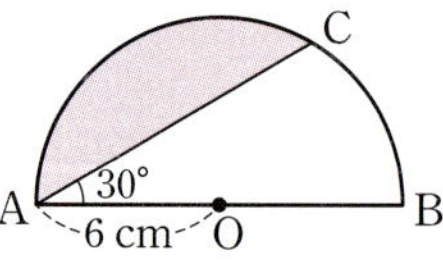

풀이

답 ______________

발전 문제

20 오른쪽 그림과 같이 한 변의 길이가 5 cm인 정사각형 ABCD를 점 B를 중심으로 시계 반대 방향으로 30°만큼 회전시켜 정사각형 A′BC′D′을 만들었다. 이때 □ABC′E의 넓이를 구하시오.

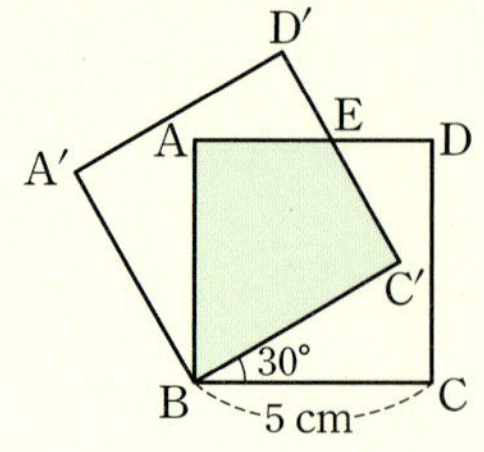

● 해결 Point $\triangle BEA \equiv \triangle BEC'$임을 이용한다.

21 오른쪽 그림과 같은 $\triangle ABC$에서 $\angle BAD=\angle CAD$이고 $\overline{AB}=4$, $\overline{AC}=6$, $\angle BAC=60°$일 때, $\overline{AD}$의 길이를 구하시오.

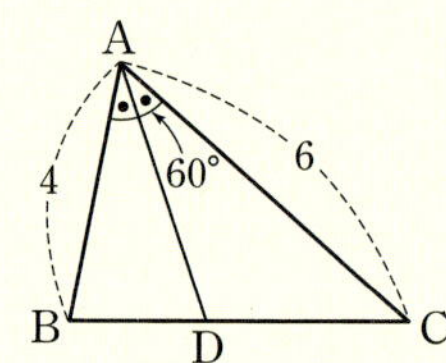

● 해결 Point $\triangle ABC=\triangle ABD+\triangle ADC$임을 이용한다.

22 오른쪽 그림과 같이 두 대각선의 길이가 각각 7 cm, 10 cm인 □ABCD의 넓이 중 가장 큰 값은?

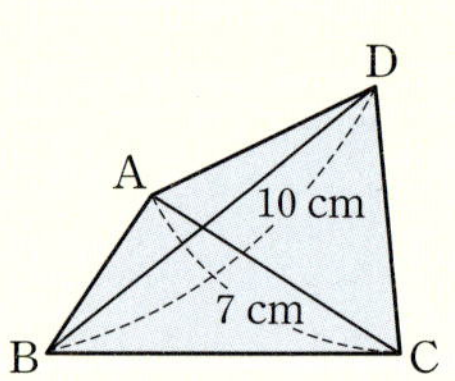

① $30\sqrt{2}$ cm^2 ② $30\sqrt{3}$ cm^2
③ 35 cm^2 ④ $35\sqrt{3}$ cm^2
⑤ 40 cm^2

● 해결 Point 두 대각선이 이루는 예각의 크기를 $\angle x$라 하고 $\sin x$의 값 중 가장 큰 값을 구한다.

1 원과 직선

개념 되짚어 보기

- **원** : 평면 위의 한 점으로부터 일정한 거리에 있는 모든 점으로 이루어진 도형
- **호** : 원 위의 두 점을 양 끝으로 하는 원의 일부분
- **현** : 원 위의 두 점을 이은 선분

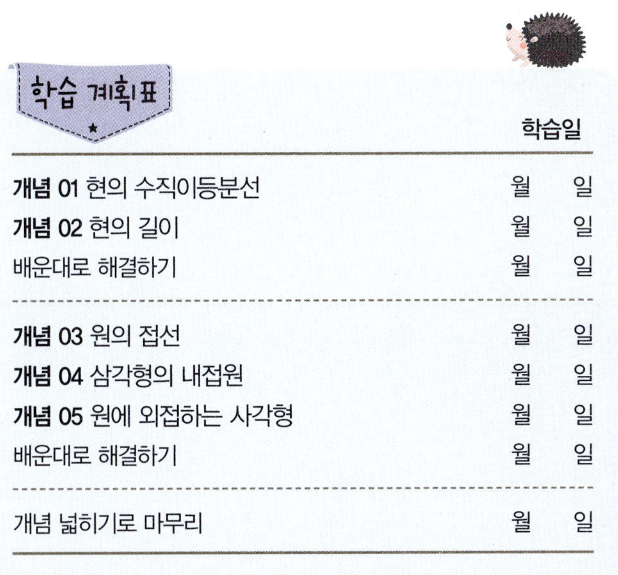

현의 수직이등분선

(1) 원의 중심에서 현에 그은 수선은 그 현을 이등분한다.
  ➡ $\overline{AB}\perp\overline{OM}$이면 $\overline{AM}=\overline{BM}$

(2) 원에서 현의 수직이등분선은 그 원의 중심을 지난다.

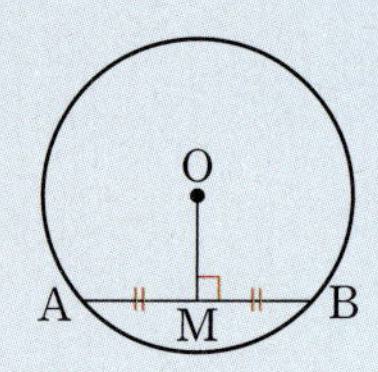

- 왼쪽 그림에서 $\overline{AM}=\overline{BM}$이므로
  $$\overline{AB}=2\overline{AM}=2\overline{BM}$$

용어

현(활시위 弦)
원 위의 두 점을 이은 선분

바이블 Point

원의 중심과 현의 수직이등분선

(1) 오른쪽 그림과 같이 원 O의 중심에서 현
   AB에 내린 수선의 발을 M이라고 하면
   △OAM과 △OBM에서
   $\overline{OA}=\overline{OB}$ (반지름),
   $\angle OMA=\angle OMB=90°$,
   $\overline{OM}$은 공통이므로
   △OAM≡△OBM (RHS 합동)
   ∴ $\overline{AM}=\overline{BM}$

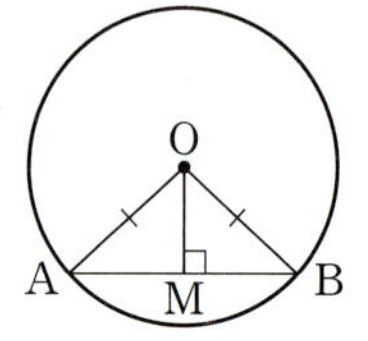

(2) 오른쪽 그림과 같이 원 O의 현 AB의 중
   점을 M이라고 하면
   △OAM과 △OBM에서
   $\overline{OA}=\overline{OB}$ (반지름), $\overline{AM}=\overline{BM}$,
   $\overline{OM}$은 공통이므로
   △OAM≡△OBM (SSS 합동)
   이때 $\angle OMA=\angle OMB$이고 $\angle OMA+\angle OMB=180°$이
   므로 $\angle OMA=\angle OMB=90°$
   ∴ $\overline{OM}\perp\overline{AB}$

개념 콕콕

정답과 풀이 | 16쪽

1 다음 그림의 원 O에서 x의 값을 구하시오.

(1)
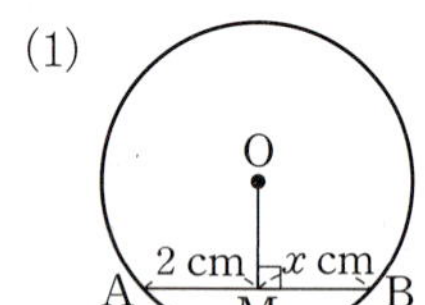

(2)
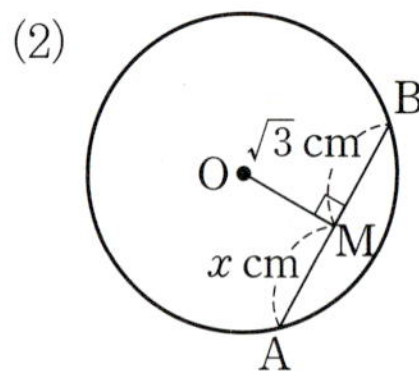

(3)
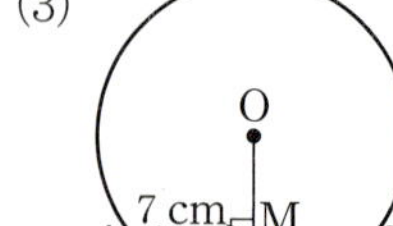

(4)
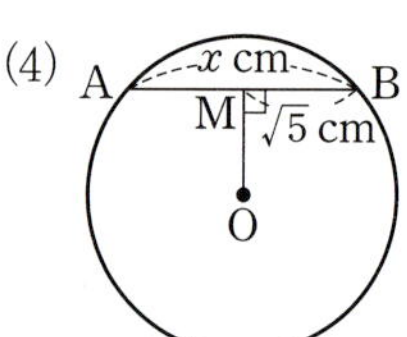

(5)
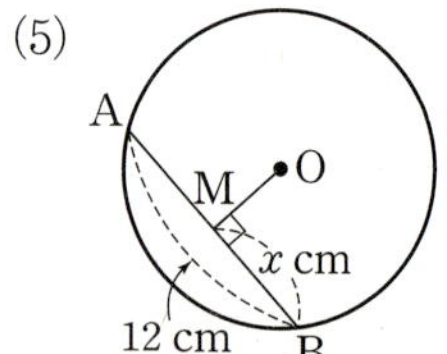

(6)
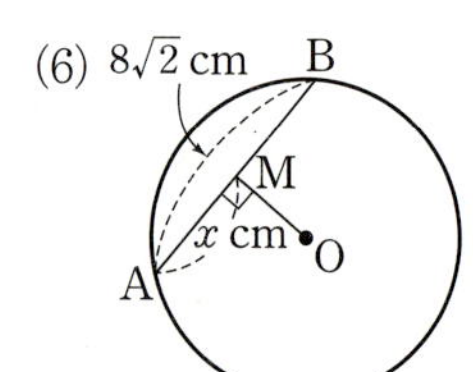

개념 체크

- 오른쪽 그림과 같은 원
  O에서 $\overline{AB}\perp\overline{OM}$일 때
  ① $\overline{AM}=$ ⑤
  ② $\overline{AB}=$ ⑥ $\overline{AM}$
  ③ $\overline{BM}=$ ⑦ $\overline{AB}$

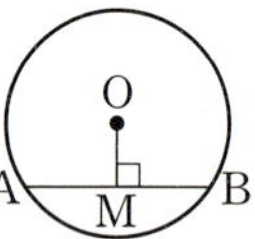

답 | ⑤ $\overline{BM}$　⑥ 2　⑦ $\dfrac{1}{2}$

대표 유형 1 현의 수직이등분선 (1)

오른쪽 그림과 같은 원 O에서 $\overline{AB} \perp \overline{OM}$이고 $\overline{OA}=5$ cm, $\overline{OM}=4$ cm일 때, $\overline{AB}$의 길이를 구하시오.

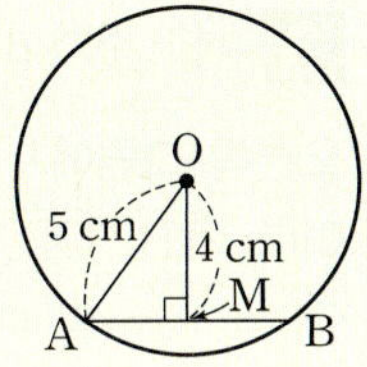

| 풀이 |

직각삼각형 OAM에서 $\overline{AM}=\sqrt{5^2-4^2}=\sqrt{9}=3(\mathrm{cm})$

$\therefore \overline{AB}=2\overline{AM}=2\times3=6(\mathrm{cm})$

| 답 | 6 cm

1-1 숫자 바꾸기

오른쪽 그림과 같은 원 O에서 $\overline{AB} \perp \overline{OM}$이고 $\overline{OB}=2\sqrt{2}$ cm, $\overline{OM}=2$ cm일 때, $\overline{AB}$의 길이를 구하시오.

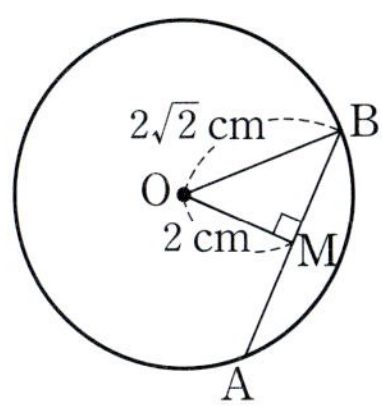

1-2 표현 바꾸기

오른쪽 그림과 같은 원 O에서 $\overline{AB} \perp \overline{OM}$이고 $\overline{AB}=30$ cm, $\overline{OM}=8$ cm일 때, 원 O의 둘레의 길이는?

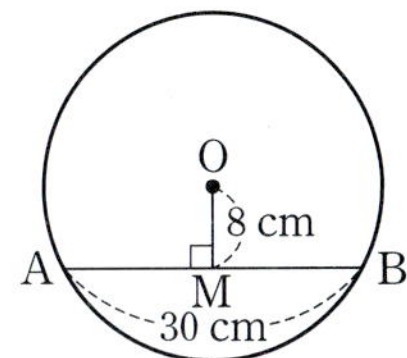

① 12π cm ② 17π cm

③ 20π cm ④ 26π cm

⑤ 34π cm

대표 유형 2 현의 수직이등분선 (2)

오른쪽 그림과 같은 원 O에서 $\overline{AB} \perp \overline{OC}$이고 $\overline{MB}=3$ cm, $\overline{MC}=1$ cm일 때, $\overline{OA}$의 길이를 구하시오.

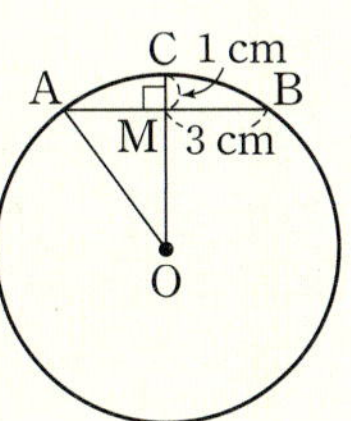

| 풀이 |

$\overline{OA}=r$ cm라고 하면 $\overline{OC}=\overline{OA}=r(\mathrm{cm})$이므로

$\overline{OM}=r-1(\mathrm{cm})$

$\overline{AM}=\overline{BM}=3(\mathrm{cm})$이므로 직각삼각형 AOM에서

$r^2=3^2+(r-1)^2$, $r^2=9+r^2-2r+1$

$2r=10$ $\therefore r=5$

$\therefore \overline{OA}=5(\mathrm{cm})$

| 답 | 5 cm

2-1 숫자 바꾸기

오른쪽 그림과 같은 원 O에서 $\overline{AB} \perp \overline{OC}$이고 $\overline{AM}=8$ cm, $\overline{MC}=6$ cm일 때, $\overline{OB}$의 길이를 구하시오.

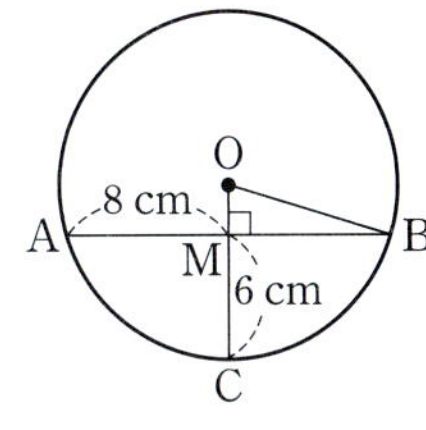

2-2 표현 바꾸기

오른쪽 그림과 같은 원 O에서 $\overline{AB} \perp \overline{OC}$이고 $\overline{OB}=6$ cm, $\overline{CM}=3$ cm일 때, $\overline{AB}$의 길이는?

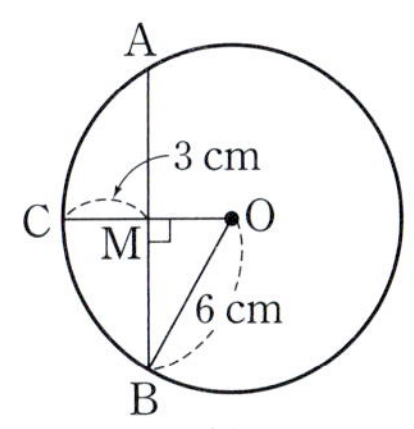

① $2\sqrt{3}$ cm ② $4\sqrt{3}$ cm

③ $6\sqrt{3}$ cm ④ $8\sqrt{3}$ cm

⑤ $10\sqrt{3}$ cm

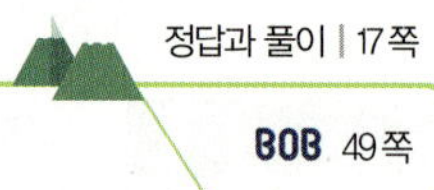

대표 유형 **3** 원의 일부분이 주어진 경우

오른쪽 그림은 원의 일부분이다.
$\overline{AB}\perp\overline{CD}$이고 $\overline{AD}=\overline{BD}=9\,\text{cm}$,
$\overline{CD}=3\,\text{cm}$일 때, 이 원의 반지름의
길이를 구하시오.

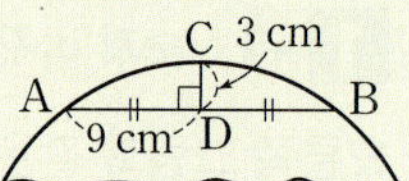

| 풀이 |

현의 수직이등분선은 원의 중심을 지나므로 원의
중심을 O, 반지름의 길이를 r cm라고 하면
$$\overline{OA}=r\,\text{cm},\ \overline{OD}=r-3\,(\text{cm})$$
직각삼각형 AOD에서
$$r^2=9^2+(r-3)^2,\ r^2=81+r^2-6r+9$$
$$6r=90\qquad \therefore r=15$$
따라서 원의 반지름의 길이는 15 cm이다.

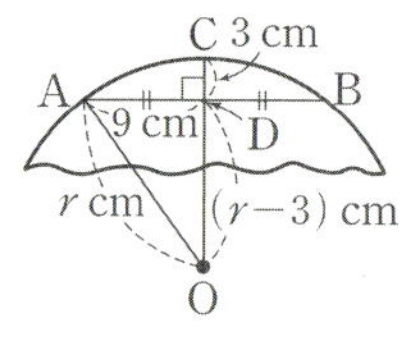

| 답 | 15 cm

3-1 숫자 바꾸기

오른쪽 그림에서 $\overparen{AB}$는 원의 일부분
이다. $\overline{AB}\perp\overline{CD}$, $\overline{AD}=\overline{BD}=8\,\text{cm}$,
$\overline{CD}=4\,\text{cm}$일 때, 이 원의 반지름의
길이를 구하시오.

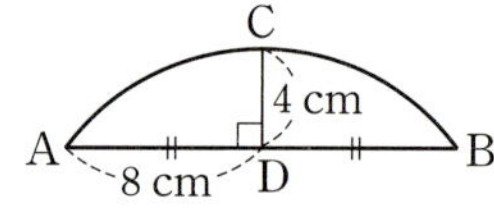

3-2 표현 바꾸기

오른쪽 그림에서 $\overparen{AB}$는 반지름의 길이
가 13 cm인 원의 일부분이다.
$\overline{AB}\perp\overline{CD}$, $\overline{AD}=\overline{BD}$이고
$\overline{AB}=24\,\text{cm}$일 때, $\overline{CD}$의 길이는?

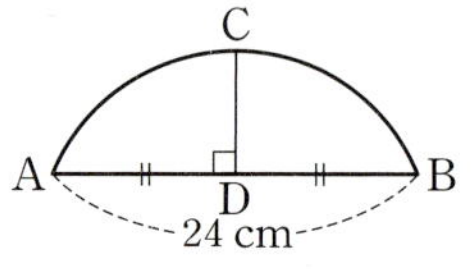

① 7 cm ② 8 cm ③ 9 cm
④ 10 cm ⑤ 11 cm

대표 유형 **4** 접은 원에서 현의 수직이등분선

오른쪽 그림은 원 O의 원주 위의 한
점이 원의 중심 O에 겹쳐지도록 접은
것이다. 원 O의 반지름의 길이가
8 cm일 때, $\overline{AB}$의 길이를 구하시오.

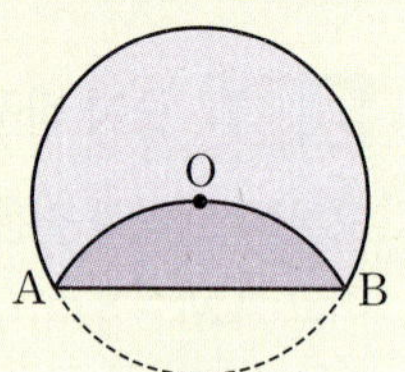

| 풀이 |

오른쪽 그림과 같이 $\overline{OA}$를 긋고 점 O에서 $\overline{AB}$에 내
린 수선의 발을 M이라고 하면
$$\overline{OA}=8\,\text{cm},\ \overline{OM}=\frac{1}{2}\overline{OA}=\frac{1}{2}\times 8=4\,(\text{cm})$$
직각삼각형 OAM에서
$$\overline{AM}=\sqrt{8^2-4^2}=\sqrt{48}=4\sqrt{3}\,(\text{cm})$$
$$\therefore \overline{AB}=2\overline{AM}=2\times 4\sqrt{3}=8\sqrt{3}\,(\text{cm})$$

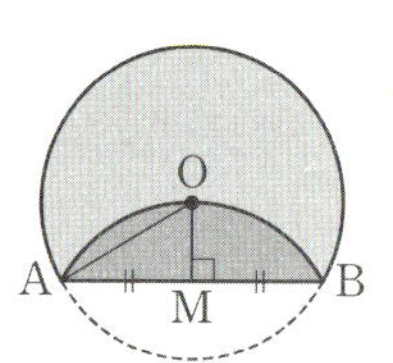

| 답 | $8\sqrt{3}$ cm

4-1 숫자 바꾸기

오른쪽 그림은 원 O의 원주 위의 한 점이
원의 중심 O에 겹쳐지도록 접은 것이다.
원 O의 반지름의 길이가 $4\sqrt{2}\,\text{cm}$일 때,
$\overline{AB}$의 길이를 구하시오.

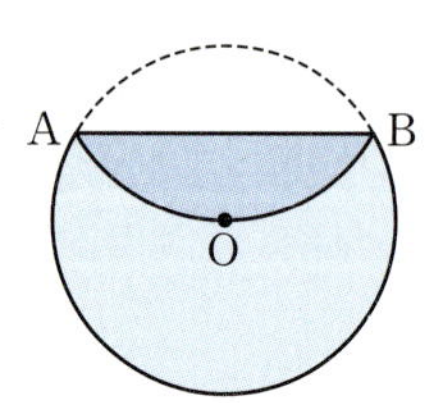

4-2 표현 바꾸기

오른쪽 그림은 원 O의 원주 위의 한 점이
원의 중심 O에 겹쳐지도록 접은 것이다.
$\overline{AB}=14\sqrt{3}\,\text{cm}$일 때, 원 O의 반지름의
길이는?

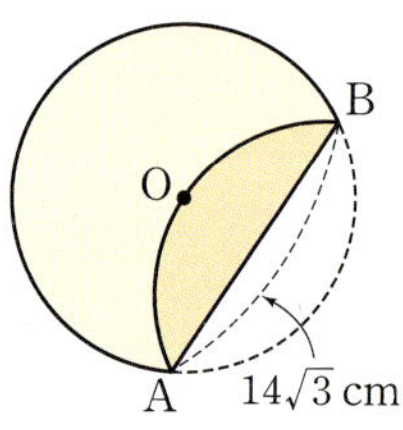

① $8\sqrt{3}$ cm ② 14 cm
③ $10\sqrt{2}$ cm ④ 15 cm
⑤ $9\sqrt{3}$ cm

(1) 한 원에서 중심으로부터 같은 거리에 있는 두 현의 길이는 같다.
  ➡ $\overline{OM}=\overline{ON}$이면 $\overline{AB}=\overline{CD}$

(2) 한 원에서 길이가 같은 두 현은 원의 중심으로부터 같은 거리에 있다.
  ➡ $\overline{AB}=\overline{CD}$이면 $\overline{OM}=\overline{ON}$

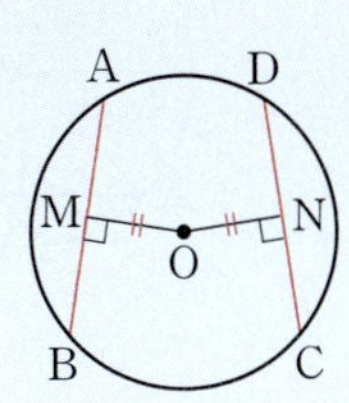

- 원 O에 내접하는 $\triangle ABC$에서 $\overline{OM}=\overline{ON}$이면 $\overline{AB}=\overline{AC}$이므로 $\triangle ABC$는 이등변삼각형이다.

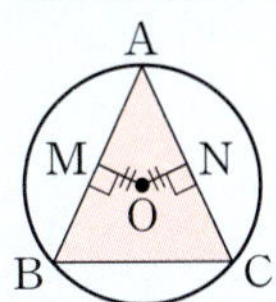

바이블 Point

원의 중심과 현의 길이

(1) 오른쪽 그림의 $\triangle OAM$과 $\triangle OCN$에서
  $\overline{OA}=\overline{OC}$ (반지름),
  $\angle OMA=\angle ONC=90°$,
  $\overline{OM}=\overline{ON}$이므로
  $\triangle OAM \equiv \triangle OCN$(RHS 합동)
  $\therefore \overline{AM}=\overline{CN}$
  이때 $\overline{AB}=2\overline{AM}$, $\overline{CD}=2\overline{CN}$이므로
  $\overline{AB}=\overline{CD}$

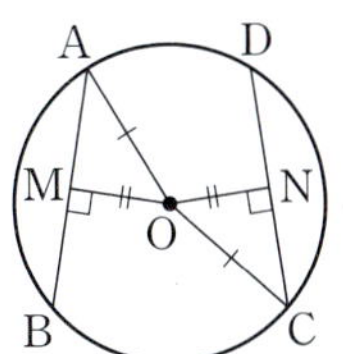

(2) 오른쪽 그림에서 $\overline{AB}\perp\overline{OM}$, $\overline{CD}\perp\overline{ON}$
  이므로 $\overline{AM}=\overline{BM}$, $\overline{CN}=\overline{DN}$
  그런데 $\overline{AB}=\overline{CD}$이므로 $\overline{AM}=\overline{CN}$
  $\triangle OAM$과 $\triangle OCN$에서
  $\overline{OA}=\overline{OC}$ (반지름),
  $\angle OMA=\angle ONC=90°$,
  $\overline{AM}=\overline{CN}$이므로
  $\triangle OAM \equiv \triangle OCN$(RHS 합동) $\therefore \overline{OM}=\overline{ON}$

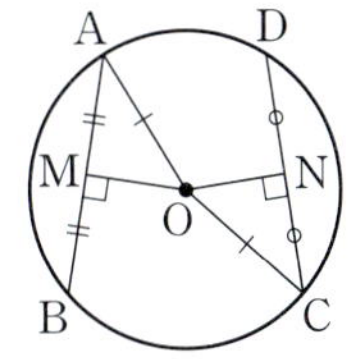

개념 콕콕

정답과 풀이 | 17쪽

1 다음 그림의 원 O에서 x의 값을 구하시오.

(1) 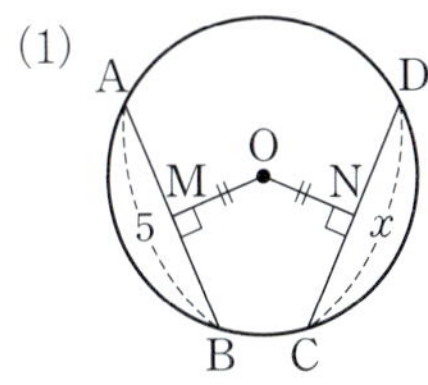

(2) 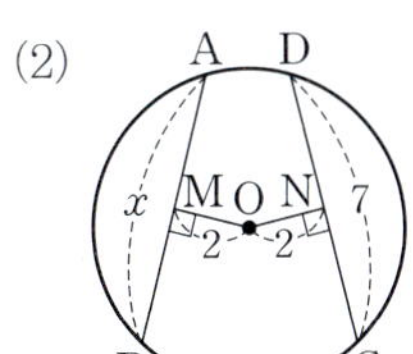

(3) 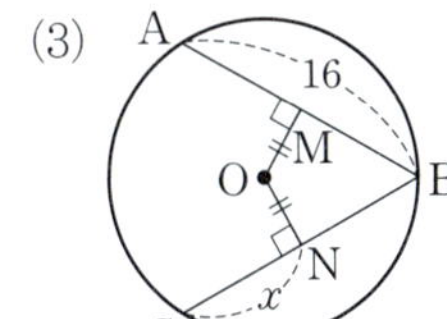

(4) 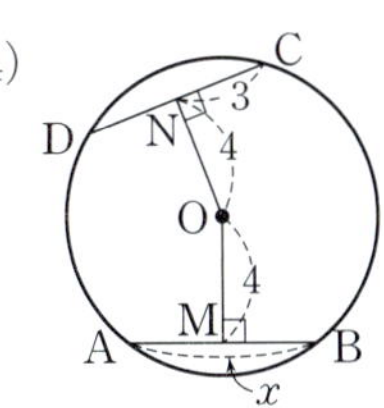

2 다음 그림의 원 O에서 x의 값을 구하시오.

(1) 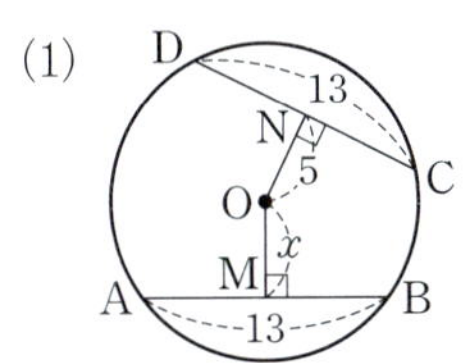

(2) 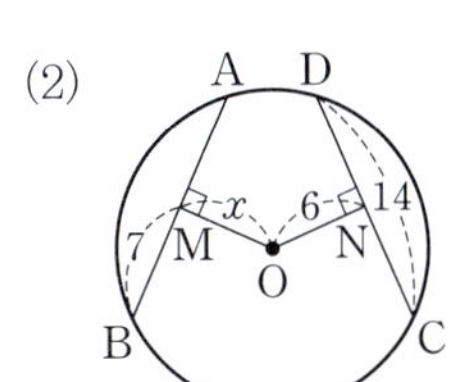

개념 체크

- 한 원에서 중심으로부터 같은 거리에 있는 두 현의 길이는 ㉠ [   ].

- 한 원에서 길이가 같은 두 현은 원의 ㉡ [   ]으로부터 같은 거리에 있다.

답 | ㉠ 같다 ㉡ 중심

대표 유형 **5** 현의 길이

오른쪽 그림과 같은 원 O에서
$\overline{AB}\perp\overline{OM}$, $\overline{CD}\perp\overline{ON}$이고
$\overline{OA}=4$ cm, $\overline{OM}=\overline{ON}=\sqrt{7}$ cm일
때, $\overline{CD}$의 길이를 구하시오.

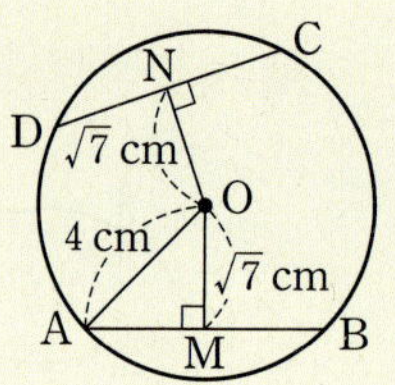

| 풀이 |
직각삼각형 OAM에서 $\overline{AM}=\sqrt{4^2-(\sqrt{7})^2}=\sqrt{9}=3$(cm)
$\therefore \overline{AB}=2\overline{AM}=2\times3=6$(cm)
이때 $\overline{OM}=\overline{ON}$이므로 $\overline{CD}=\overline{AB}=6$(cm)

| 답 | 6 cm

5-1 숫자 바꾸기

오른쪽 그림과 같은 원 O에서
$\overline{AB}\perp\overline{OM}$, $\overline{CD}\perp\overline{ON}$이고
$\overline{OD}=2\sqrt{5}$ cm, $\overline{OM}=\overline{ON}=2$ cm일
때, $\overline{AB}$의 길이를 구하시오.

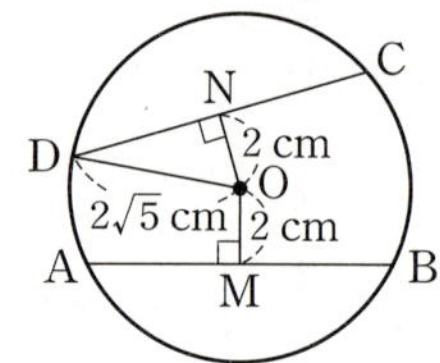

5-2 표현 바꾸기

오른쪽 그림과 같은 원 O에서
$\overline{AB}\perp\overline{OM}$, $\overline{CD}\perp\overline{ON}$이고 $\overline{AM}=6$ cm,
$\overline{CD}=12$ cm, $\overline{OC}=10$ cm일 때, $\overline{OM}$의
길이는?

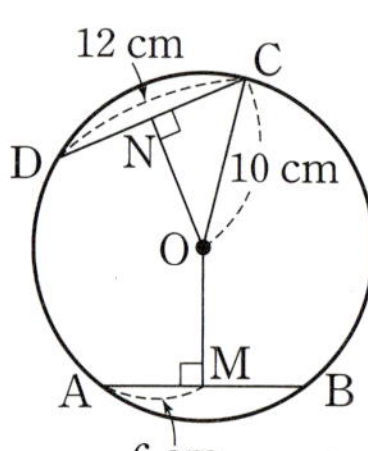

① 6 cm   ② 7 cm
③ 8 cm   ④ 9 cm
⑤ 10 cm

대표 유형 **6** 현의 길이의 활용

오른쪽 그림과 같은 원 O에서
$\overline{AB}\perp\overline{OM}$, $\overline{AC}\perp\overline{ON}$, $\overline{OM}=\overline{ON}$이
고 $\angle BAC=50°$일 때, $\angle ABC$의 크기
를 구하시오.

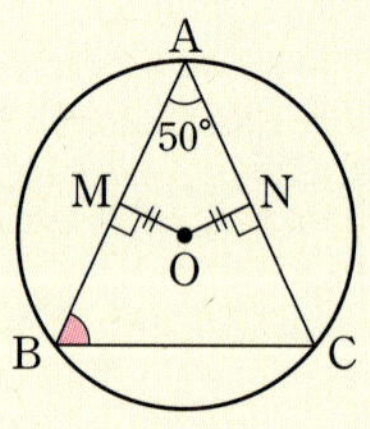

| 풀이 |
$\overline{OM}=\overline{ON}$이므로 $\overline{AB}=\overline{AC}$
따라서 $\triangle ABC$는 이등변삼각형이므로
$\angle ABC=\dfrac{1}{2}\times(180°-50°)=65°$

| 답 | 65°

6-1 숫자 바꾸기

오른쪽 그림과 같은 원 O에서
$\overline{AB}\perp\overline{OM}$, $\overline{AC}\perp\overline{ON}$, $\overline{OM}=\overline{ON}$이고
$\angle BAC=64°$일 때, $\angle ACB$의 크기를
구하시오.

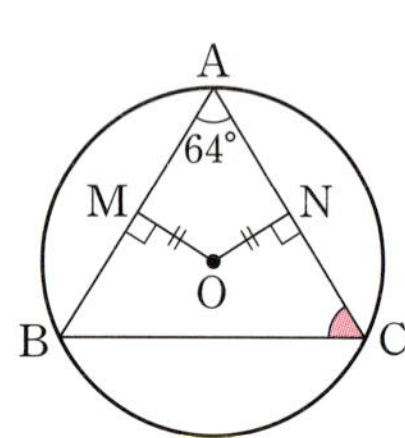

6-2 표현 바꾸기

오른쪽 그림과 같이 원 O의 중심에서
$\overline{AB}$, $\overline{BC}$, $\overline{CA}$에 내린 수선의 발을 각각
D, E, F라고 하자. $\overline{OD}=\overline{OE}=\overline{OF}$이
고 $\overline{AB}=12$ cm일 때, $\triangle ABC$의 둘레
의 길이는?

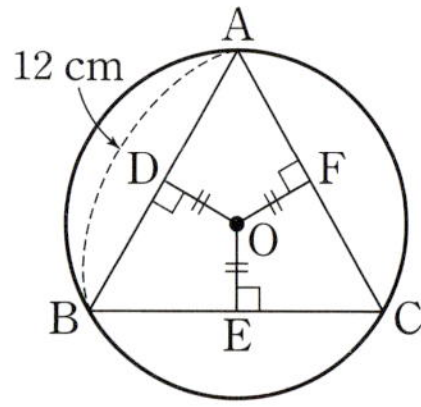

① 28 cm   ② 30 cm   ③ 32 cm
④ 34 cm   ⑤ 36 cm

01 반지름의 길이가 4 cm인 원의 중심에서 길이가 6 cm인 현 까지의 거리는?   대표유형 **1**

① $\sqrt{5}$ cm   ② $\sqrt{6}$ cm   ③ $\sqrt{7}$ cm

④ $2\sqrt{2}$ cm   ⑤ 3 cm

02 오른쪽 그림과 같이 반지름의 길이가 10 cm인 원 O에서 $\overline{AB} \perp \overline{OC}$이고 $\overline{OM} = \overline{CM}$일 때, $\overline{AM}$의 길이는?   대표유형 **2**

① $2\sqrt{17}$ cm   ② $\sqrt{70}$ cm

③ $6\sqrt{2}$ cm   ④ $5\sqrt{3}$ cm

⑤ $4\sqrt{5}$ cm

03 오른쪽 그림과 같은 원 O에서 $\overline{AB} \perp \overline{OC}$이고 $\overline{BC} = 2\sqrt{6}$ cm, $\overline{CM} = 3$ cm일 때, 원 O의 넓이를 구하시오.   대표유형 **2**

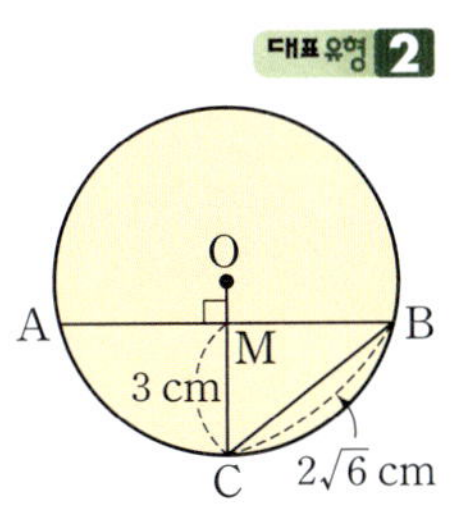

04 오른쪽 그림은 원 모양의 접시가 깨 지고 남은 부분이다. 원래의 접시의 지름 의 길이를 구하시오.   대표유형 **3**

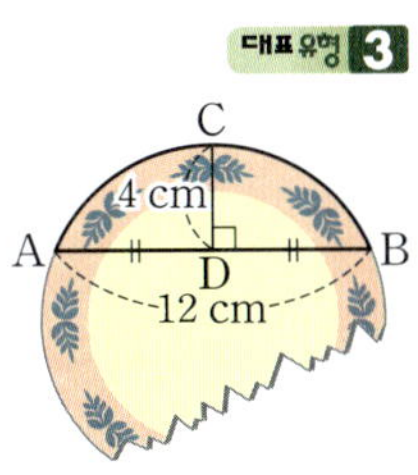

05 오른쪽 그림과 같이 원 모양의 종이를 원주 위의 한 점이 원의 중심 O에 겹쳐지도 록 접었다. $\overline{AB} \perp \overline{OM}$이고 $\overline{OM} = 2$ cm일 때, $\overline{AB}$의 길이를 구하시오.   대표유형 **4**

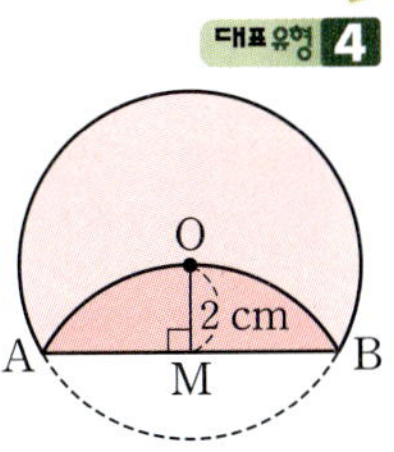

06 오른쪽 그림과 같은 원 O에서 $\overline{AB} \perp \overline{OM}$, $\overline{CD} \perp \overline{ON}$이고 $\overline{CD} = 8$ cm, $\overline{OM} = \overline{ON} = 4$ cm일 때, $\overline{OA}$의 길이를 구하시오.   대표유형 **5**

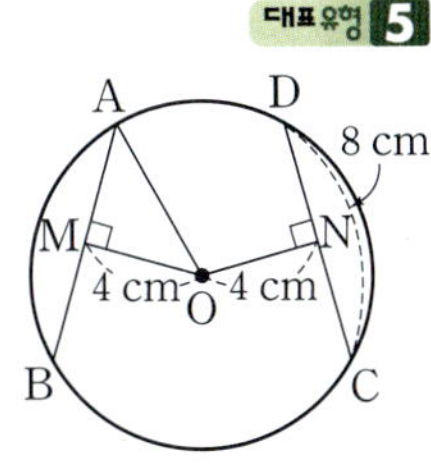

생각이 쑥쑥

07 오른쪽 그림과 같은 원 O에서 $\overline{AB} = \overline{CD}$이고 $\overline{AB} \perp \overline{OM}$이다. $\overline{OD} = 7$ cm, $\overline{OM} = 2\sqrt{6}$ cm일 때, $\triangle OCD$의 넓이는?   대표유형 **5**

① $9\sqrt{6}$ cm²   ② 24 cm²

③ $10\sqrt{6}$ cm²   ④ 25 cm²

⑤ $11\sqrt{6}$ cm²

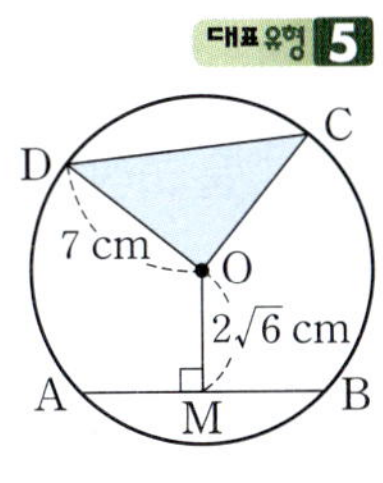

08 오른쪽 그림과 같은 원 O에서 $\overline{AB} \perp \overline{OM}$, $\overline{AC} \perp \overline{ON}$, $\overline{OM} = \overline{ON}$이고 $\angle ABC = 70°$일 때, $\angle BAC$의 크기를 구하시오.   대표유형 **6**

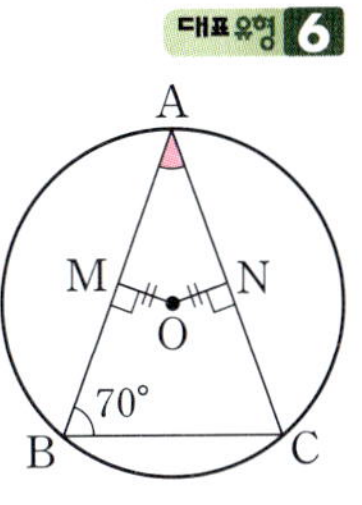

(1) 원 밖의 한 점에서 그 원에 그을 수 있는 접선은 2개이다.

(2) **접선의 길이** : 원 O 밖의 한 점 P에서 두 접점 A, B까지의 거리를 각각 점 P에서 원 O에 그은 접선의 길이라고 한다.

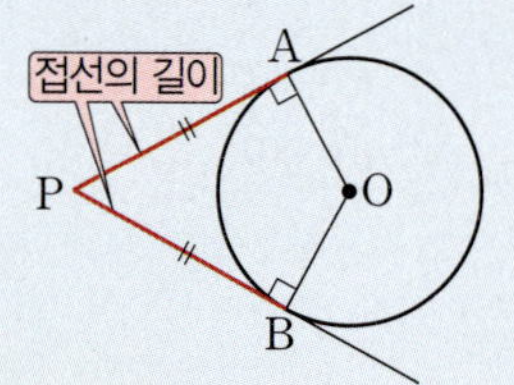

(3) **원의 접선의 성질** : 원 밖의 한 점에서 그 원에 그은 두 접선의 길이는 같다.

➡ $\overline{PA}=\overline{PB}$

참고 위의 그림에서 $\angle PAO=\angle PBO=90°$이므로 $\angle P+\angle AOB=180°$

$\llcorner$ □APBO에서 $90°+\angle P+90°+\angle AOB=360°$이므로 $\angle P+\angle AOB=180°$

• 원의 접선은 그 접점을 지나는 반지름에 수직이다. ➡ $\overline{OT}\perp l$

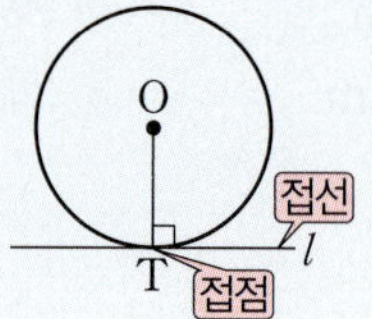

바이블 Point

원의 접선의 길이

오른쪽 그림과 같이 원 O 밖의 한 점 P에서 원 O에 접선을 긋고 그 접점을 각각 A, B라고 하자.
△PAO와 △PBO에서
$\angle PAO=\angle PBO=90°$, $\overline{OA}=\overline{OB}$ (반지름), $\overline{OP}$는 공통이므로
△PAO≡△PBO (RHS 합동)
∴ $\overline{PA}=\overline{PB}$

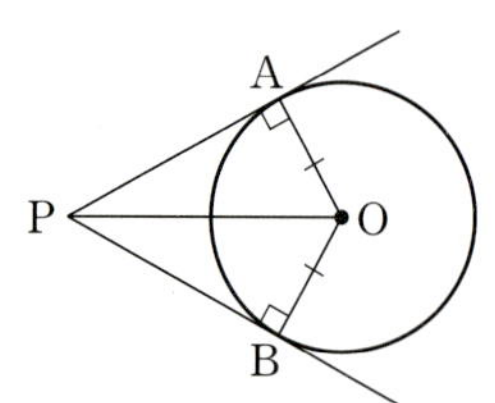

개념 콕콕

정답과 풀이 | 19쪽

1 다음 그림에서 $\overrightarrow{PT}$가 원 O의 접선이고 점 T가 접점일 때, x의 값을 구하시오.

(1)
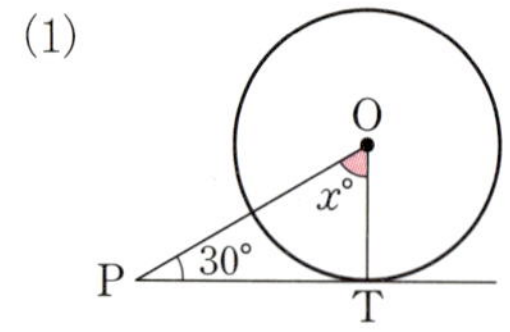

(2)
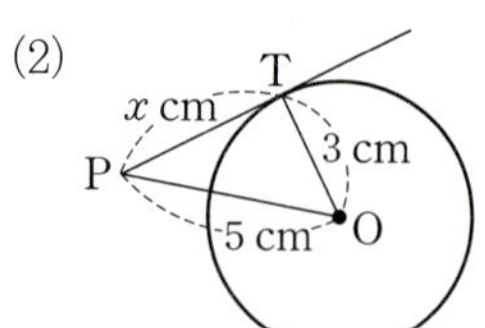

2 다음 그림에서 $\overrightarrow{PA}$, $\overrightarrow{PB}$가 원 O의 접선이고 두 점 A, B가 접점일 때, $\angle x$의 크기를 구하시오.

(1)
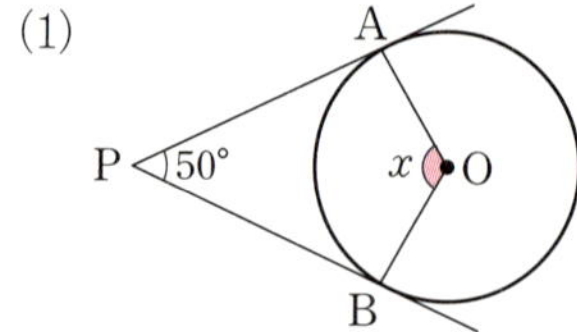

(2)
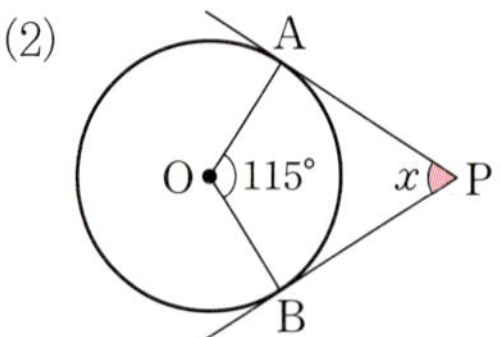

3 다음 그림에서 $\overrightarrow{PA}$, $\overrightarrow{PB}$가 원 O의 접선이고 두 점 A, B가 접점일 때, x의 값을 구하시오.

(1)
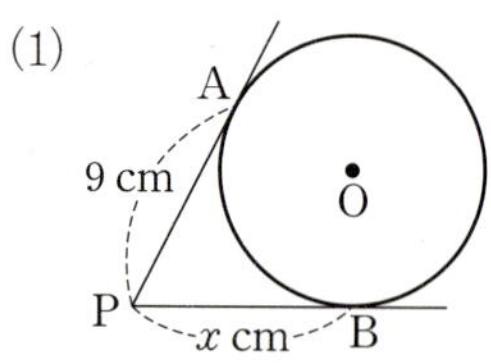

(2)
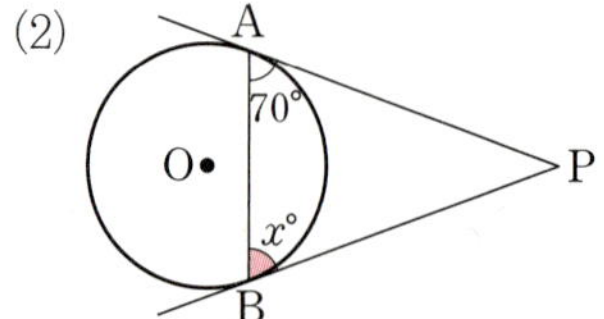

개념 체크

• 원의 접선은 그 접점을 지나는 반지름에 ⑦ 이다.

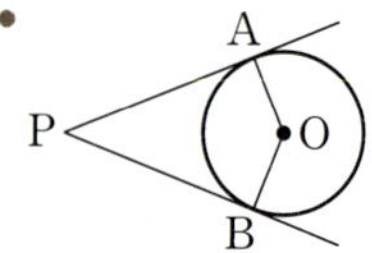

위의 그림에서 $\overrightarrow{PA}$, $\overrightarrow{PB}$가 원 O의 접선이고 두 점 A, B가 접점일 때,
$\angle PAO=\angle PBO=$ ⓒ °이므로
□APBO에서
$\angle P+\angle AOB=$ ⓒ °

• 원 밖의 한 점에서 그 원에 그은 두 접선의 길이는 ⓔ .

답 | ⑦ 수직 ⓒ 90 ⓒ 180 ⓔ 같다

대표 유형 1 원의 접선의 성질 (1)

오른쪽 그림에서 $\overline{PT}$는 원 O의 접선이고 점 T는 접점이다. $\overline{PT}=8$ cm, $\overline{OT}=6$ cm일 때, $\overline{PA}$의 길이를 구하시오.

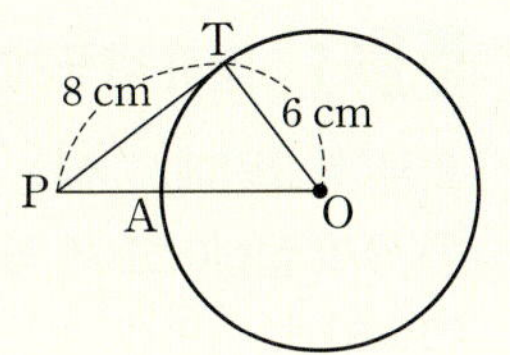

| 풀이 |

∠PTO$=90°$이므로 직각삼각형 POT에서
$\overline{PO}=\sqrt{8^2+6^2}=\sqrt{100}=10(\text{cm})$
∴ $\overline{PA}=\overline{PO}-\overline{AO}=10-6=4(\text{cm})$

| 답 | 4 cm

1-1 숫자 바꾸기

오른쪽 그림에서 $\overline{PT}$는 원 O의 접선이고 점 T는 접점이다. $\overline{PT}=3\sqrt{3}$ cm, $\overline{OT}=3$ cm일 때, $\overline{PA}$의 길이를 구하시오.

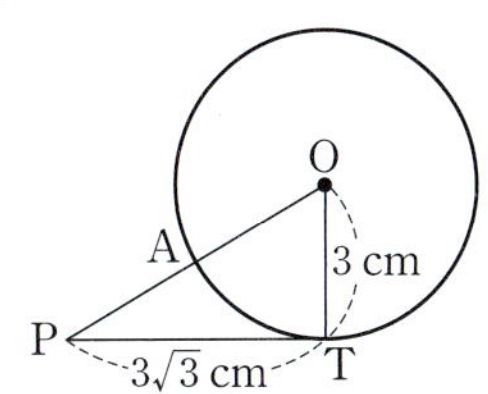

1-2 표현 바꾸기

오른쪽 그림에서 $\overline{PT}$는 원 O의 접선이고 점 T는 접점이다. $\overline{PA}=8$ cm, $\overline{PT}=12$ cm일 때, 원 O의 반지름의 길이를 구하시오.

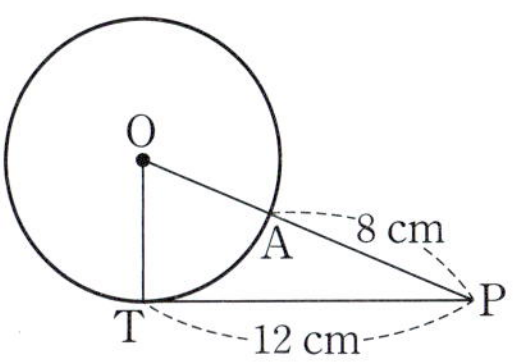

대표 유형 2 원의 접선의 성질 (2)

오른쪽 그림에서 $\overrightarrow{PA}$, $\overrightarrow{PB}$는 원 O의 접선이고 두 점 A, B는 접점이다. $\overline{OB}=5$ cm, $\overline{PQ}=5$ cm일 때, $\overline{PA}$의 길이를 구하시오.

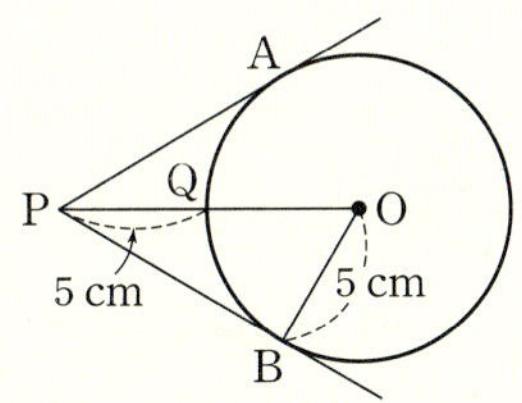

| 풀이 |

$\overline{OQ}=\overline{OB}=5(\text{cm})$이므로 $\overline{PO}=5+5=10(\text{cm})$
∠PBO$=90°$이므로 직각삼각형 PBO에서
$\overline{PB}=\sqrt{10^2-5^2}=\sqrt{75}=5\sqrt{3}(\text{cm})$
∴ $\overline{PA}=\overline{PB}=5\sqrt{3}(\text{cm})$

| 답 | $5\sqrt{3}$ cm

2-1 숫자 바꾸기

오른쪽 그림에서 $\overrightarrow{PA}$, $\overrightarrow{PB}$는 원 O의 접선이고 두 점 A, B는 접점이다. $\overline{OA}=3$ cm, $\overline{PQ}=4$ cm일 때, $\overline{PB}$의 길이를 구하시오.

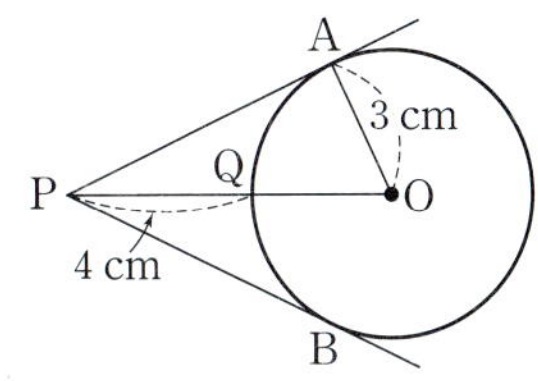

2-2 표현 바꾸기

오른쪽 그림에서 $\overrightarrow{PA}$, $\overrightarrow{PB}$는 원 O의 접선이고 두 점 A, B는 접점이다. $\overline{AC}$는 원 O의 지름이고 ∠BAC$=22°$일 때, ∠APB의 크기는?

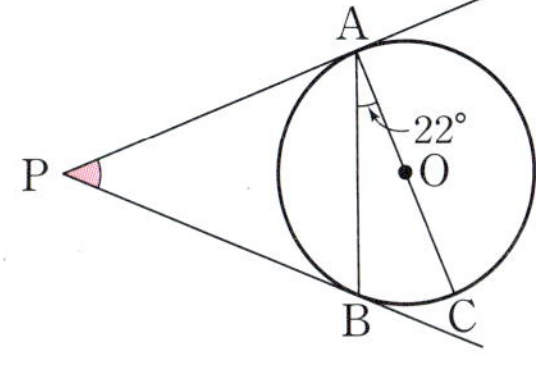

① $40°$ ② $42°$ ③ $44°$

④ $46°$ ⑤ $48°$

대표 유형 ③ 원의 접선의 성질의 활용

BOB 52쪽

오른쪽 그림에서 $\overrightarrow{AD}$, $\overrightarrow{AF}$, $\overline{BC}$는 원 O의 접선이고 세 점 D, E, F는 접점이다. $\overline{AB}=4$ cm, $\overline{AC}=5$ cm, $\overline{AD}=7$ cm일 때, $\overline{BC}$의 길이를 구하시오.

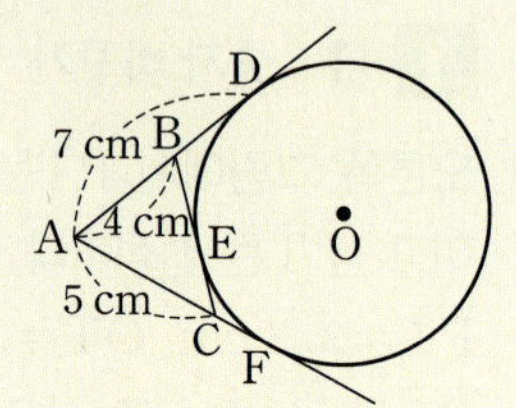

| 풀이 |

$\overline{BE}=\overline{BD}=7-4=3(\text{cm})$

$\overline{AF}=\overline{AD}=7(\text{cm})$이므로

$\overline{CE}=\overline{CF}=7-5=2(\text{cm})$

$\therefore \overline{BC}=\overline{BE}+\overline{CE}=3+2=5(\text{cm})$

| 답 | 5 cm

③-1 숫자 바꾸기

오른쪽 그림에서 $\overrightarrow{AD}$, $\overrightarrow{AF}$, $\overline{BC}$는 원 O의 접선이고 세 점 D, E, F는 접점이다. $\overline{AB}=16$ cm, $\overline{AC}=14$ cm, $\overline{AF}=20$ cm일 때, $\overline{BC}$의 길이를 구하시오.

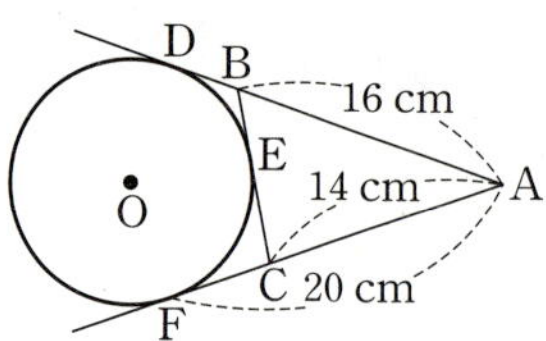

③-2 표현 바꾸기

오른쪽 그림에서 $\overrightarrow{AD}$, $\overrightarrow{AF}$, $\overline{BC}$는 원 O의 접선이고 세 점 D, E, F는 접점이다. $\overline{AB}=7$ cm, $\overline{AC}=9$ cm, $\overline{BC}=8$ cm일 때, $\overline{BD}$의 길이를 구하시오.

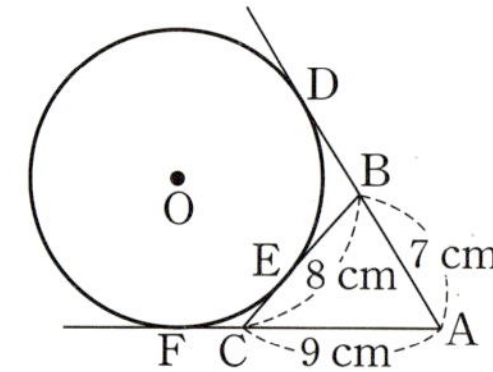

대표 유형 ④ 반원에서의 접선의 길이

BOB 53쪽

오른쪽 그림에서 $\overline{AB}$는 반원 O의 지름이고 $\overline{AC}$, $\overline{BD}$, $\overline{CD}$는 반원 O의 접선이다. $\overline{AC}=4$ cm, $\overline{BD}=9$ cm일 때, $\overline{AB}$의 길이를 구하시오.

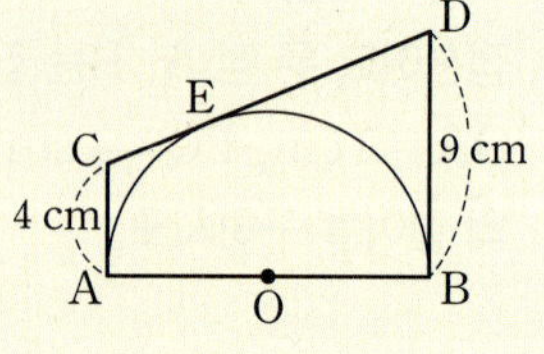

| 풀이 |

$\overline{CE}=\overline{CA}=4(\text{cm})$, $\overline{DE}=\overline{DB}=9(\text{cm})$이므로

$\overline{CD}=4+9=13(\text{cm})$

오른쪽 그림과 같이 꼭짓점 C에서 $\overline{BD}$에 내린 수선의 발을 H라고 하면

$\overline{HB}=\overline{CA}=4(\text{cm})$이므로

$\overline{DH}=9-4=5(\text{cm})$

직각삼각형 CHD에서

$\overline{CH}=\sqrt{13^2-5^2}=\sqrt{144}=12(\text{cm})$

$\therefore \overline{AB}=\overline{CH}=12(\text{cm})$

| 답 | 12 cm

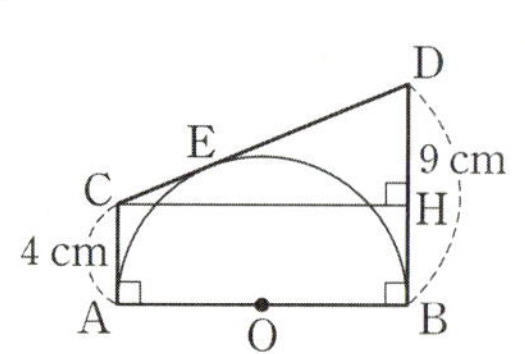

④-1 숫자 바꾸기

오른쪽 그림에서 $\overline{AB}$는 반원 O의 지름이고 $\overline{AC}$, $\overline{BD}$, $\overline{CD}$는 반원 O의 접선이다. $\overline{AC}=8$ cm, $\overline{BD}=12$ cm일 때, $\overline{AB}$의 길이를 구하시오.

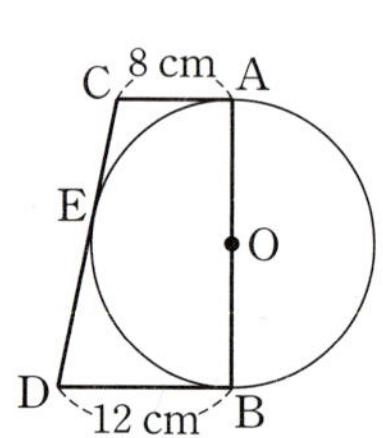

④-2 표현 바꾸기

오른쪽 그림에서 $\overline{AB}$는 반원 O의 지름이고 $\overline{AC}$, $\overline{BD}$, $\overline{CD}$는 반원 O의 접선이다. $\overline{AC}=7$ cm, $\overline{CD}=11$ cm일 때, 반원 O의 넓이를 구하시오.

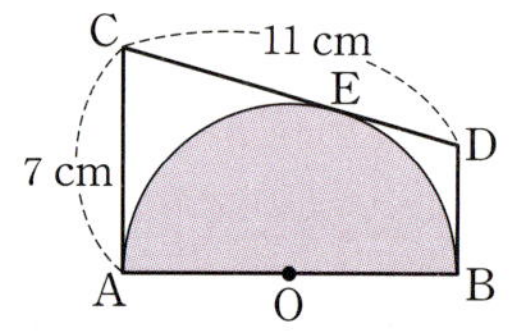

반지름의 길이가 r인 원 O가 $\triangle ABC$의 내접원이고 세 점 D, E, F
가 접점일 때

(1) $\overline{AD}=\overline{AF}$, $\overline{BD}=\overline{BE}$, $\overline{CE}=\overline{CF}$
　　원 밖의 한 점에서 그 원에 그은 두 접선의 길이는 같다.

(2) $(\triangle ABC$의 둘레의 길이$)=a+b+c=2(x+y+z)$

(3) $\triangle ABC=\dfrac{1}{2}r(a+b+c)$

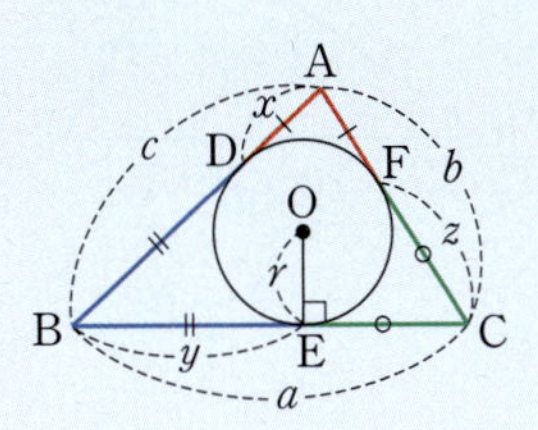

- 반지름의 길이가 r인 원 O가 $\angle C=90°$
인 직각삼각형 ABC의 내접원일 때,
$\square OECF$는 한 변의 길이가 r인 정사각
형이다.

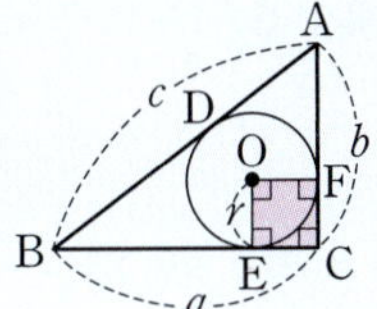

바이블 Point

삼각형의 내접원

(1) 오른쪽 그림에서 $\overline{AF}=\overline{AD}=x$,
$\overline{BD}=\overline{BE}=y$, $\overline{CE}=\overline{CF}=z$이므로
$(\triangle ABC$의 둘레의 길이$)$
$=a+b+c$
$=(y+z)+(z+x)+(x+y)$
$=2(x+y+z)$

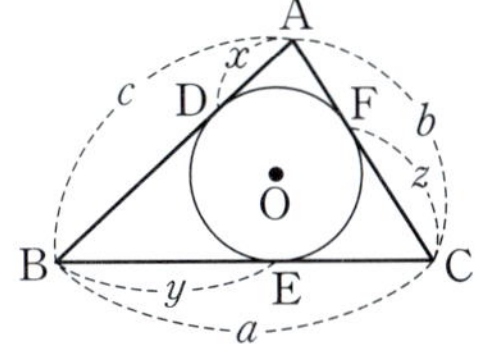

(2) 오른쪽 그림에서
$\triangle ABC$
$=\triangle OBC+\triangle OCA+\triangle OAB$
$=\dfrac{1}{2}ar+\dfrac{1}{2}br+\dfrac{1}{2}cr$
$=\dfrac{1}{2}r(a+b+c)$
　　　$\triangle ABC$의 둘레의 길이

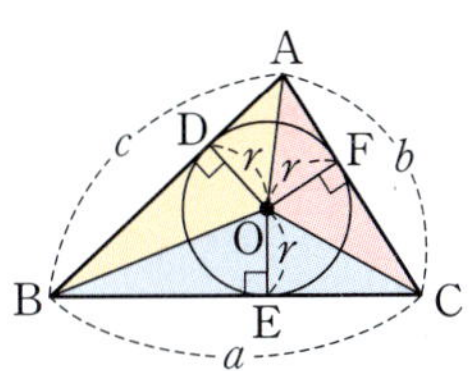

개념 콕콕

정답과 풀이 | 20쪽

1 다음 그림에서 원 O가 $\triangle ABC$의 내접원이고 세 점 D, E, F가 접점일 때, x, y, z의
값을 각각 구하시오.

(1) 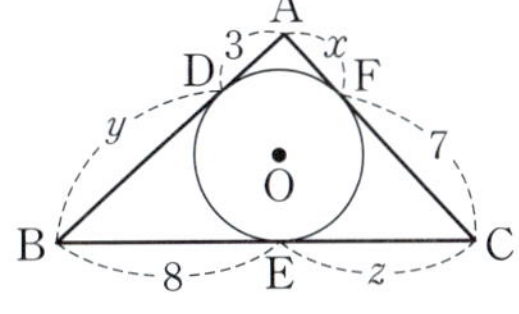

(2) 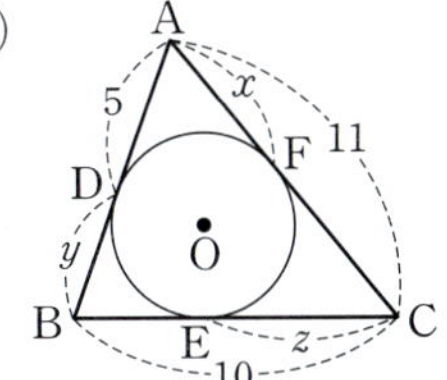

2 다음 그림에서 원 O가 $\triangle ABC$의 내접원이고 세 점 D, E, F가 접점일 때, x의 값을
구하시오.

(1) 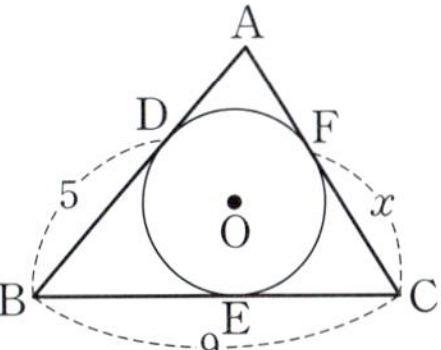

(2) 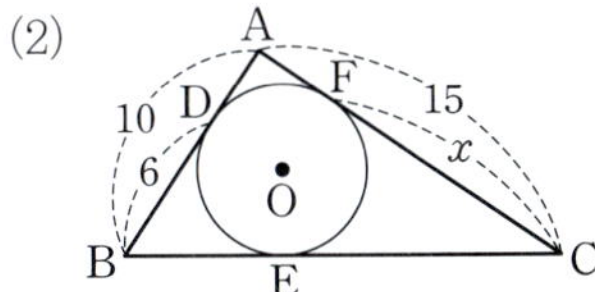

개념 체크

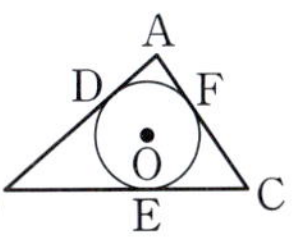

- 오른쪽 그림에서 원
O는 $\triangle ABC$의 내
접원이고 세 점 D,
E, F는 접점일 때,
$\triangle ABC$의 세 변은 원 O의 접선이므로
$\overline{AD}=$ ㉠ , $\overline{BD}=$ ㉡ ,
$\overline{CE}=$ ㉢

답 | ㉠ $\overline{AF}$ ㉡ $\overline{BE}$ ㉢ $\overline{CF}$

대표 유형 **5** 삼각형의 내접원

BOB 54쪽

오른쪽 그림에서 원 O는 △ABC의 내접원이고 세 점 D, E, F는 접점이다. $\overline{AB}=12$ cm, $\overline{BC}=14$ cm, $\overline{CA}=8$ cm일 때, $\overline{AD}$의 길이를 구하시오.

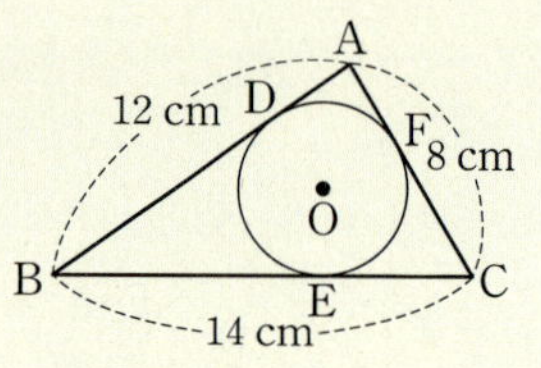

| 풀이 |
$\overline{AD}=x$ cm라고 하면 $\overline{AF}=\overline{AD}=x$(cm)
$\overline{BE}=\overline{BD}=12-x$(cm), $\overline{CE}=\overline{CF}=8-x$(cm)
이때 $\overline{BC}=\overline{BE}+\overline{CE}$이므로
$14=(12-x)+(8-x)$, $2x=6$ ∴ $x=3$
∴ $\overline{AD}=3$(cm)

| 답 | 3 cm

5-1 숫자 바꾸기

오른쪽 그림에서 원 O는 △ABC의 내접원이고 세 점 D, E, F는 접점이다. $\overline{AB}=22$ cm, $\overline{BC}=17$ cm, $\overline{CA}=15$ cm일 때, $\overline{BD}$의 길이를 구하시오.

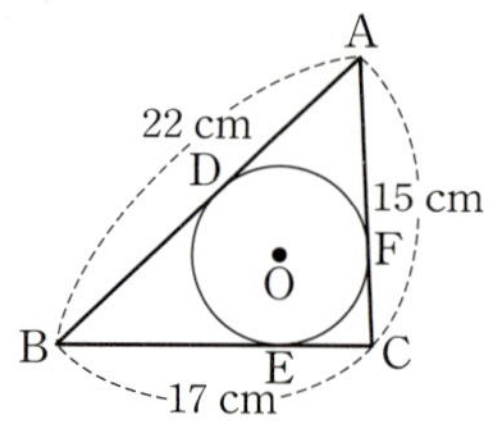

5-2 표현 바꾸기

오른쪽 그림에서 원 O는 △ABC의 내접원이고 세 점 D, E, F는 접점이다. $\overline{AF}=4$ cm, $\overline{BD}=6$ cm, $\overline{CE}=8$ cm일 때, △ABC의 둘레의 길이를 구하시오.

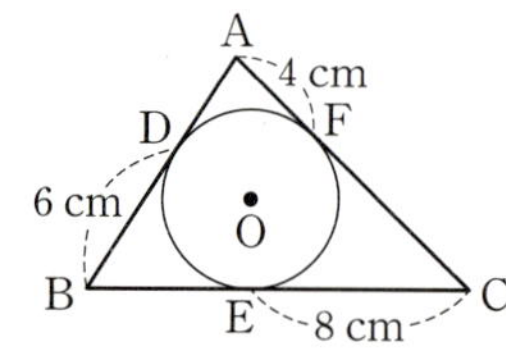

대표 유형 **6** 직각삼각형의 내접원

BOB 54쪽

오른쪽 그림에서 원 O는 ∠C=90°인 직각삼각형 ABC의 내접원이고 세 점 D, E, F는 접점이다. $\overline{AC}=3$ cm, $\overline{BC}=4$ cm일 때, 원 O의 반지름의 길이를 구하시오.

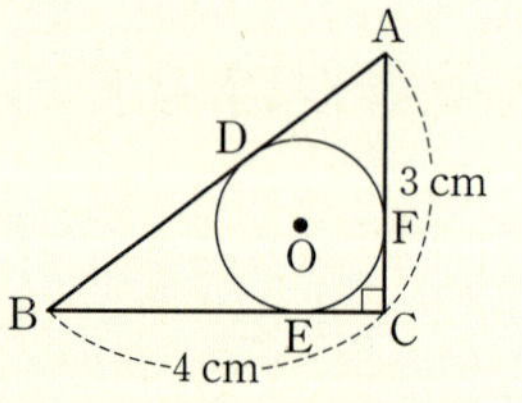

| 풀이 |
오른쪽 그림과 같이 $\overline{OE}$, $\overline{OF}$를 긋고 원 O의 반지름의 길이를 r cm라고 하면 □OECF는 정사각형이므로
$\overline{CE}=\overline{CF}=\overline{OF}=r$(cm),
$\overline{AD}=\overline{AF}=3-r$(cm),
$\overline{BD}=\overline{BE}=4-r$(cm)
이때 직각삼각형 ABC에서 $\overline{AB}=\sqrt{4^2+3^2}=\sqrt{25}=5$(cm)이고
$\overline{AB}=\overline{AD}+\overline{BD}$이므로
$5=(3-r)+(4-r)$, $2r=2$ ∴ $r=1$
따라서 원 O의 반지름의 길이는 1 cm이다.

| 답 | 1 cm

6-1 숫자 바꾸기

오른쪽 그림에서 원 O는 ∠B=90°인 직각삼각형 ABC의 내접원이고 세 점 D, E, F는 접점이다. $\overline{AB}=5$ cm, $\overline{BC}=12$ cm일 때, 원 O의 반지름의 길이를 구하시오.

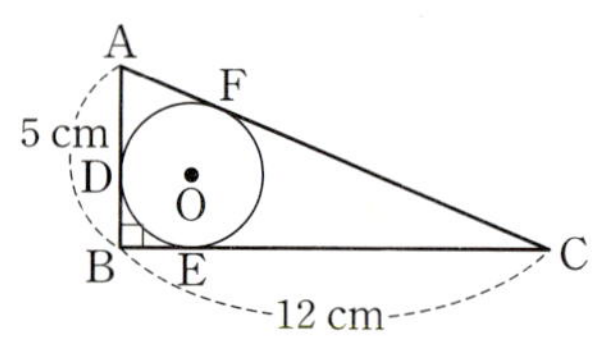

6-2 표현 바꾸기

오른쪽 그림에서 원 O는 ∠A=90°인 직각삼각형 ABC의 내접원이고 세 점 D, E, F는 접점이다. $\overline{BE}=6$ cm, $\overline{CE}=9$ cm일 때, 원 O의 넓이를 구하시오.

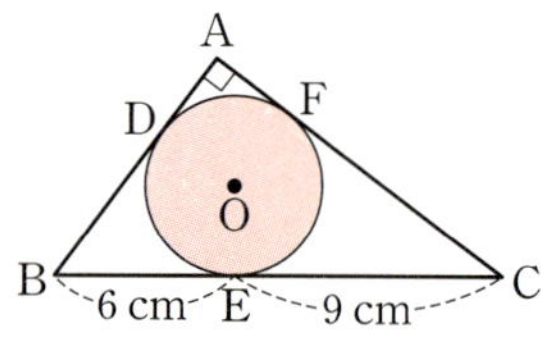

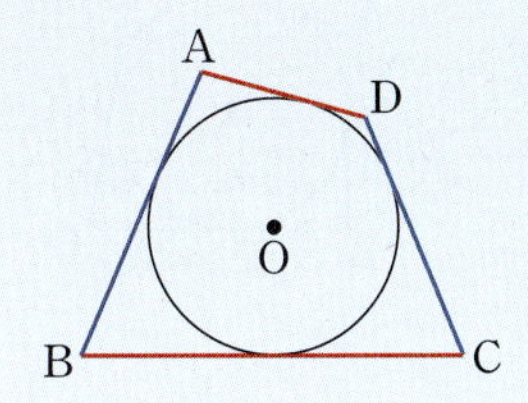

• 한 다각형의 모든 변이 원에 접할 때, 다각형은 원에 외접한다고 한다.

(1) 원에 외접하는 사각형의 두 쌍의 대변의 길이의 합은 같다.

➡ $\overline{AB}+\overline{CD}=\overline{AD}+\overline{BC}$

(2) 대변의 길이의 합이 서로 같은 사각형은 원에 외접한다.

• '대변의 길이의 합'을 '이웃하는 변의 길이의 합'으로 혼동하지 않도록 주의한다.

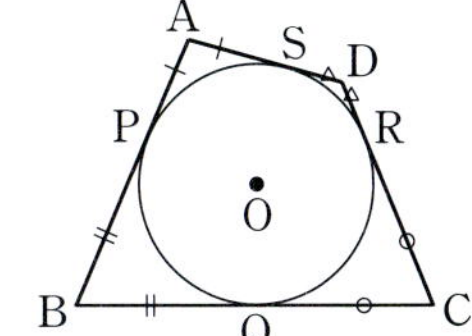

용어

대변 (마주할 對, 가장자리 邊)
다각형에서 서로 마주 보는 두 변

바이블 Point

원에 외접하는 사각형

오른쪽 그림과 같이 사각형 ABCD가 원 O에 외접할 때, 네 접점을 각각 P, Q, R, S라고 하면

$\overline{AP}=\overline{AS}$, $\overline{BP}=\overline{BQ}$, $\overline{CQ}=\overline{CR}$, $\overline{DR}=\overline{DS}$

$$\therefore \ \overline{AB}+\overline{CD}=(\overline{AP}+\overline{BP})+(\overline{CR}+\overline{DR})$$
$$=(\overline{AS}+\overline{BQ})+(\overline{CQ}+\overline{DS})$$
$$=(\overline{AS}+\overline{DS})+(\overline{BQ}+\overline{CQ})$$
$$=\overline{AD}+\overline{BC}$$

개념 콕콕

정답과 풀이 | 20쪽

1 다음 그림에서 □ABCD가 원 O에 외접할 때, $\overline{AD}+\overline{BC}$의 길이를 구하시오.

(1) 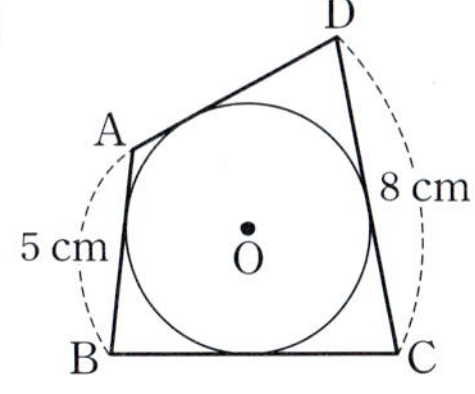

(2) 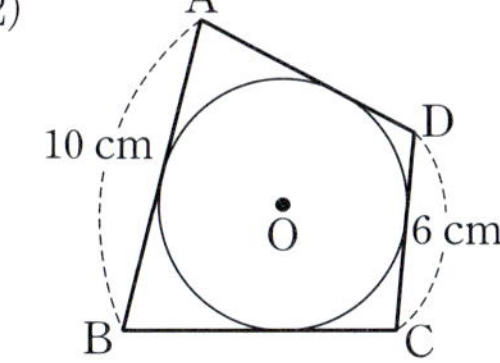

2 다음 그림에서 □ABCD가 원 O에 외접할 때, x의 값을 구하시오.

(1) 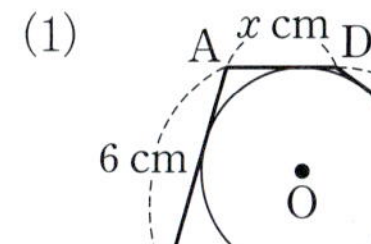

(2) 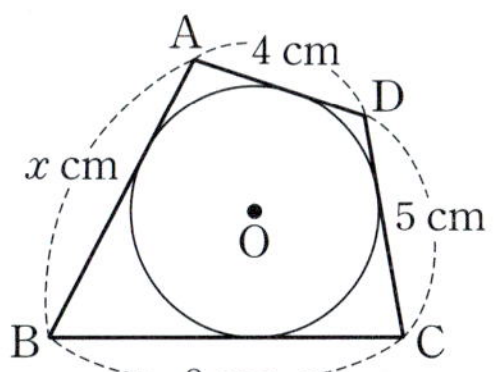

(3) 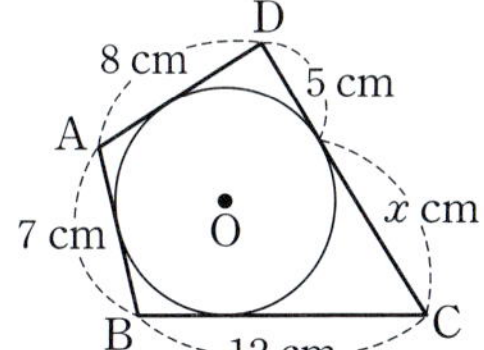

(4) 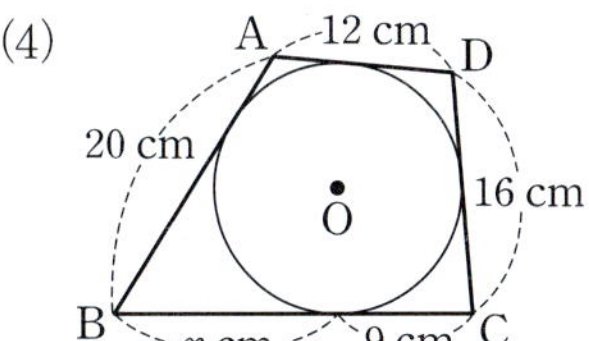

개념 체크

• 오른쪽 그림과 같이 □ABCD가 원 O에 외접할 때,

$$\overline{AB}+\overline{CD}=\boxed{\ \ \textcircled{\tiny ㉠}\ \ }+\overline{BC}$$

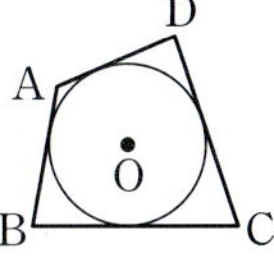

답 | ㉠ $\overline{AD}$

대표 유형 7 원에 외접하는 사각형의 성질

BOB 55쪽

오른쪽 그림에서 □ABCD는 원 O에 외접하고 네 점 E, F, G, H는 접점이다. $\overline{AB}=8$ cm, $\overline{CF}=6$ cm, $\overline{DG}=7$ cm일 때, □ABCD의 둘레의 길이를 구하시오.

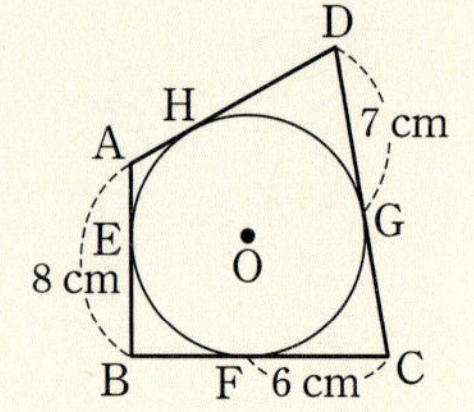

| 풀이 |

$\overline{CG}=\overline{CF}=6$(cm)이므로 $\overline{DC}=7+6=13$(cm)

이때 $\overline{AB}+\overline{CD}=\overline{AD}+\overline{BC}$이므로 □ABCD의 둘레의 길이는

$$\overline{AB}+\overline{BC}+\overline{CD}+\overline{DA}=2(\overline{AB}+\overline{CD})$$
$$=2\times(8+13)=42(\text{cm})$$

| 답 | 42 cm

7-1 숫자 바꾸기

오른쪽 그림에서 □ABCD는 원 O에 외접하고 네 점 E, F, G, H는 접점이다. $\overline{AH}=3$ cm, $\overline{BC}=11$ cm, $\overline{DG}=3$ cm일 때, □ABCD의 둘레의 길이를 구하시오.

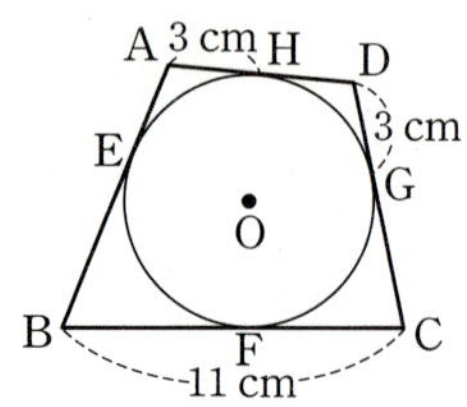

7-2 표현 바꾸기

오른쪽 그림에서 □ABCD는 원 O에 외접하고 $\angle C=90°$, $\overline{AB}=11$ cm, $\overline{BC}=12$ cm, $\overline{BD}=13$ cm일 때, $\overline{AD}$의 길이는?

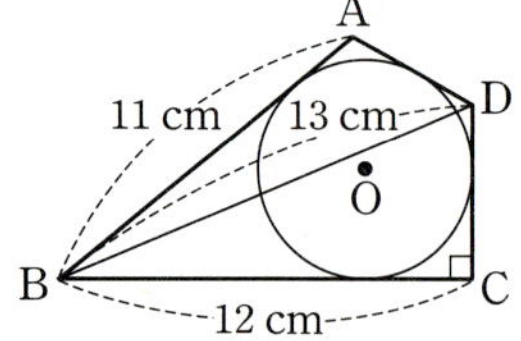

① 2 cm   ② 3 cm

③ 4 cm   ④ 5 cm

⑤ 6 cm

대표 유형 8 원에 외접하는 사각형의 성질의 활용

BOB 56쪽

오른쪽 그림에서 원 O는 직사각형 ABCD의 세 변 AD, BC, CD에 접하고 $\overline{BE}$는 원 O의 접선이다. $\overline{AB}=8$ cm, $\overline{BE}=10$ cm일 때, $\overline{DE}$의 길이를 구하시오.

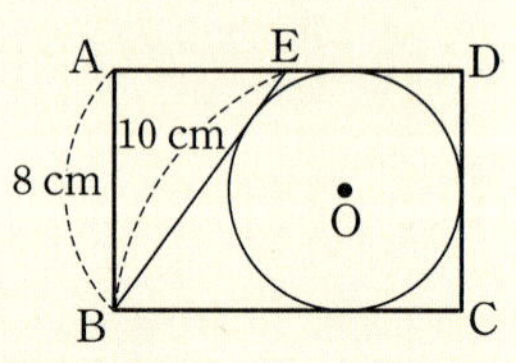

| 풀이 |

직각삼각형 ABE에서 $\overline{AE}=\sqrt{10^2-8^2}=\sqrt{36}=6$(cm)

$\overline{DE}=x$ cm라고 하면 $\overline{BC}=\overline{AD}=6+x$(cm)

이때 □EBCD가 원 O에 외접하므로 $\overline{EB}+\overline{CD}=\overline{ED}+\overline{BC}$

$10+8=x+(6+x)$, $2x=12$ $\therefore x=6$

$\therefore \overline{DE}=6$(cm)

| 답 | 6 cm

8-1 숫자 바꾸기

오른쪽 그림에서 원 O는 직사각형 ABCD의 세 변 AB, AD, BC에 접하고 $\overline{DE}$는 원 O의 접선이다. $\overline{CD}=12$ cm, $\overline{DE}=13$ cm일 때, $\overline{AD}$의 길이를 구하시오.

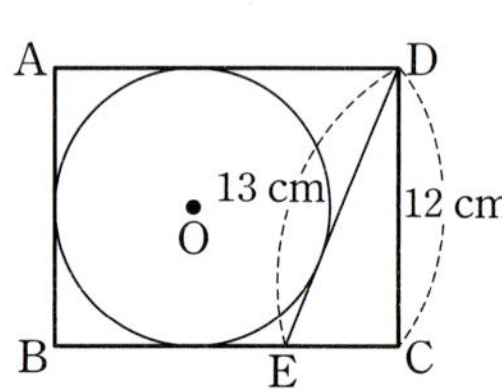

8-2 표현 바꾸기

오른쪽 그림에서 원 O는 직사각형 ABCD의 세 변 AB, AD, BC에 접하고 $\overline{DE}$는 원 O의 접선이다. $\overline{AB}=4$ cm, $\overline{AD}=5$ cm일 때, $\overline{CE}$의 길이를 구하시오.

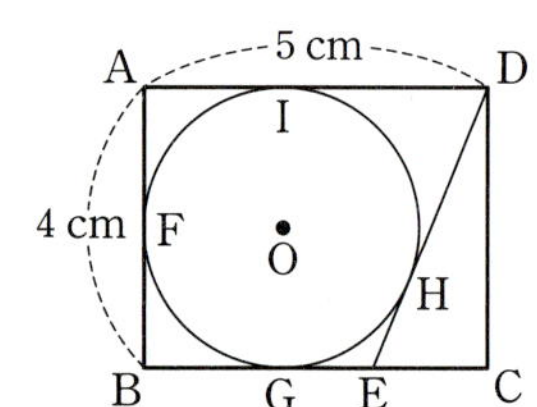

01 오른쪽 그림에서 $\overrightarrow{PT}$는 원 O의 접선이고 점 T는 접점이다. $\overline{PA}=8$ cm, $\overline{PT}=16$ cm일 때, 원 O의 둘레의 길이는? 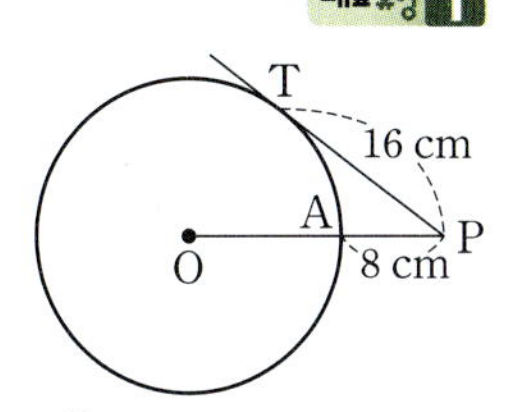

① 20π cm ② 22π cm ③ 24π cm
④ 26π cm ⑤ 28π cm

02 오른쪽 그림에서 $\overline{PA}$, $\overline{PB}$는 원 O의 접선이고 두 점 A, B는 접점이다. $\overline{PA}=4$ cm, $\angle APB=60°$일 때, $\triangle APB$의 넓이를 구하시오. 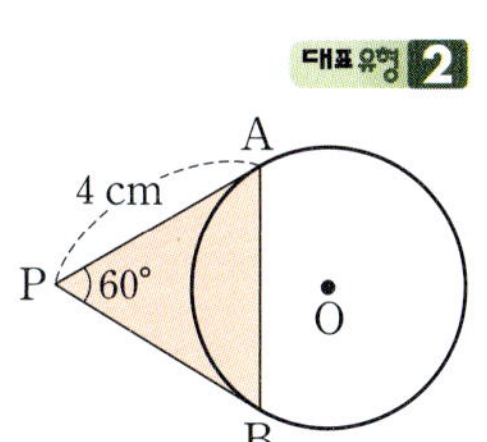

03 오른쪽 그림에서 $\overline{AD}$, $\overline{AF}$, $\overline{BC}$는 원 O의 접선이고 세 점 D, E, F는 접점이다. $\overline{AO}=6$ cm, $\overline{OD}=2$ cm일 때, $\triangle ACB$의 둘레의 길이는? 

① $2\sqrt{2}$ cm ② 4 cm ③ $4\sqrt{2}$ cm
④ 8 cm ⑤ $8\sqrt{2}$ cm

04 오른쪽 그림에서 $\overline{CD}$는 반원 O의 지름이고 $\overline{AB}$, $\overline{AD}$, $\overline{BC}$는 반원 O의 접선이다. $\overline{AB}=8$ cm, $\overline{BC}=5$ cm일 때, $\square ABCD$의 넓이를 구하시오. 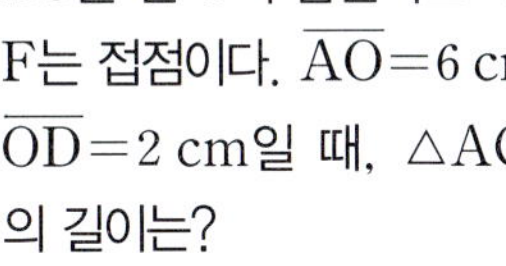

05 오른쪽 그림에서 원 O는 $\triangle ABC$의 내접원이고 세 점 D, E, F는 접점이다. $\overline{AB}=11$ cm, $\overline{AD}=4$ cm, $\overline{AC}=10$ cm일 때, $\overline{BC}$의 길이는? 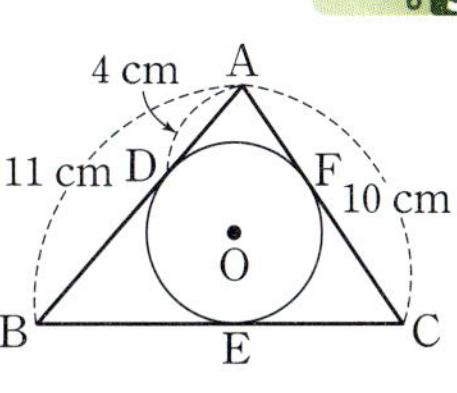

① 12 cm ② 13 cm ③ 14 cm
④ 15 cm ⑤ 16 cm

06 오른쪽 그림에서 원 O는 $\angle B=90°$인 직각삼각형 ABC의 내접원이고 세 점 D, E, F는 접점이다. 원 O의 반지름의 길이가 3 cm이고 $\overline{BC}=8$ cm일 때, $\overline{AC}$의 길이를 구하시오. 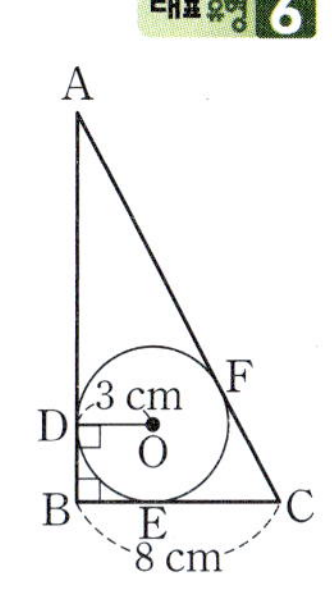

07 오른쪽 그림과 같이 $\square ABCD$가 원 O에 외접할 때, x의 값은? 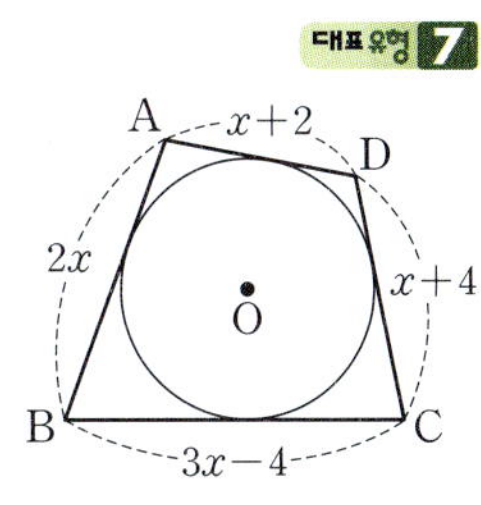

① 5 ② 6
③ 7 ④ 8
⑤ 9

08 오른쪽 그림에서 원 O는 직사각형 ABCD의 세 변 AD, BC, CD와 $\overline{AE}$에 접하고 네 점 F, G, H, I는 접점이다. $\overline{AB}=6$ cm, $\overline{AD}=9$ cm일 때, $\overline{AE}$의 길이를 구하시오. 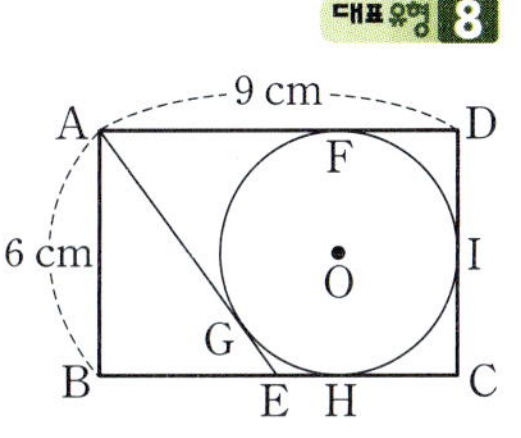

01 오른쪽 그림에서 $\overline{AB}\perp\overline{CD}$, $\overline{AM}=\overline{BM}$이고 $\overline{CD}=18$ cm일 때, 원의 반지름의 길이를 구하시오.

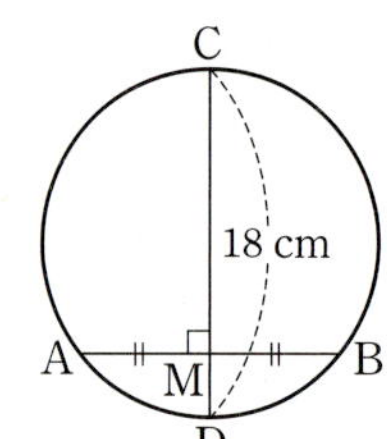

02 오른쪽 그림에서 $\overline{AB}$는 원 O의 지름이고 $\overline{AB}\perp\overline{CD}$이다. $\overline{AB}=20$, $\overline{BM}=4$일 때, $\overline{CD}$의 길이는?

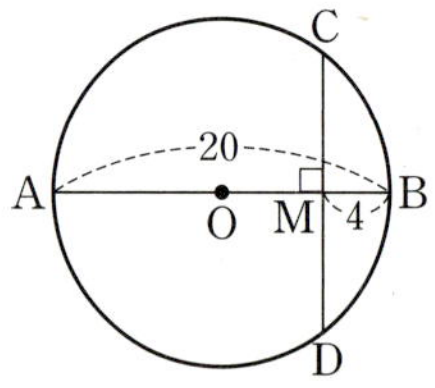

① 13   ② 14
③ 15   ④ 16
⑤ 17

03 오른쪽 그림과 같이 중심이 같은 두 원의 반지름의 길이가 각각 3 cm, 5 cm이다. 큰 원의 현 AB가 작은 원의 접선일 때, 현 AB의 길이를 구하시오.

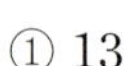

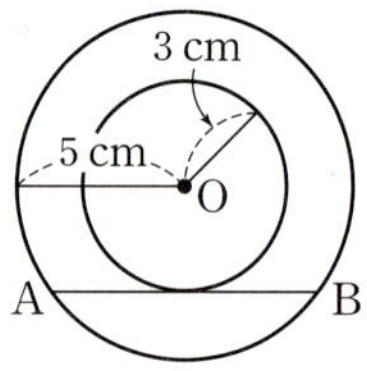

04 땅에 묻힌 원 모양의 타이어의 일부분을 실제로 측정하였더니 오른쪽 그림과 같을 때, 이 타이어의 반지름의 길이를 구하시오.

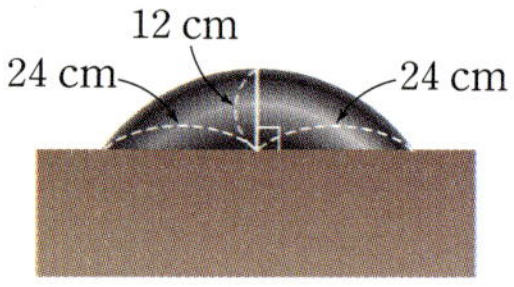

05 오른쪽 그림은 원 O의 원주 위의 한 점이 원의 중심 O에 겹쳐지도록 접은 것이다. $\overline{AB}=12$ cm일 때, 원 O의 넓이는?

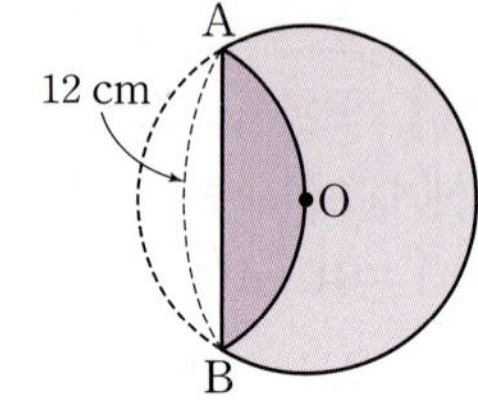

① 40π cm^2 ② 44π cm^2
③ 48π cm^2 ④ 52π cm^2
⑤ 56π cm^2

06 오른쪽 그림과 같이 반지름의 길이가 8 cm인 원 O에서 $\overline{AB}\perp\overline{OM}$, $\overline{CD}\perp\overline{ON}$이고 $\overline{OM}=\overline{ON}=4$ cm일 때, $\overline{AB}+\overline{CD}$의 길이를 구하시오.

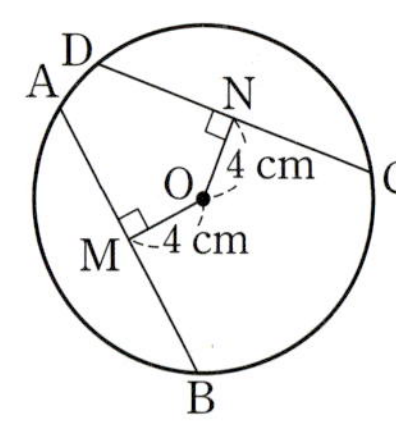

07 오른쪽 그림과 같이 원 O의 중심에서 $\overline{AB}$, $\overline{BC}$, $\overline{CA}$에 내린 수선의 발을 각각 D, E, F라고 하자. $\overline{OD}=\overline{OF}$이고 $\angle BAC=56°$일 때, $\angle DOE$의 크기는?

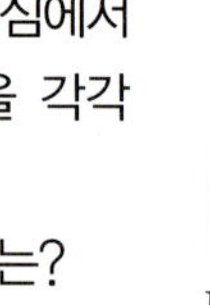

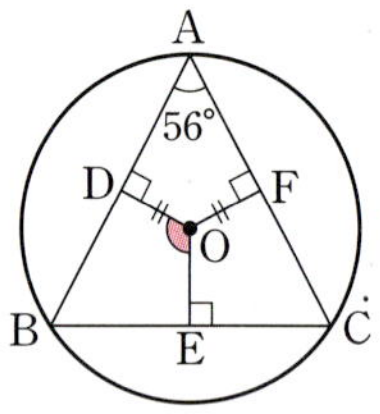

① 112°   ② 114°
③ 116°   ④ 118°
⑤ 120°

08 오른쪽 그림에서 $\overrightarrow{PA}$, $\overrightarrow{PB}$는 원 O의 접선이고 두 점 A, B는 접점이다. $\angle APB=45°$, $\overline{OA}=4$ cm일 때, 다음 중 옳지 <u>않은</u> 것은?

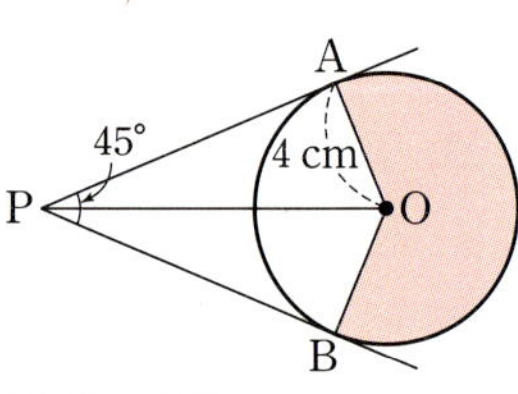

① $\overline{PA}=\overline{PB}$ ② $\angle PAO=90°$
③ $\angle AOB=135°$ ④ $\triangle PAO\equiv\triangle PBO$
⑤ (색칠한 부분의 넓이)$=12\pi$ cm^2

09 오른쪽 그림에서 $\overrightarrow{PA}$, $\overrightarrow{PB}$는 반지름의 길이가 6 cm인 원 O의 접선이고 두 점 A, B는 접점이다. $\angle APB=60°$일 때, $\overline{AB}$의 길이를 구하시오.

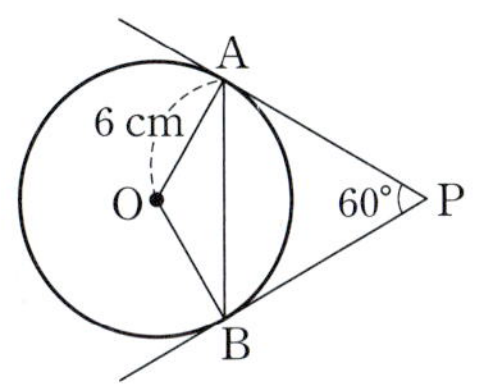

10 오른쪽 그림에서 $\overrightarrow{AD}$, $\overrightarrow{AF}$, $\overline{BC}$는 원 O의 접선이고 세 점 D, E, F는 접점이다. $\overline{AD}\perp\overline{BC}$이고 $\overline{AB}=5$ cm, $\overline{BC}=12$ cm일 때, $\overline{AD}$의 길이를 구하시오.

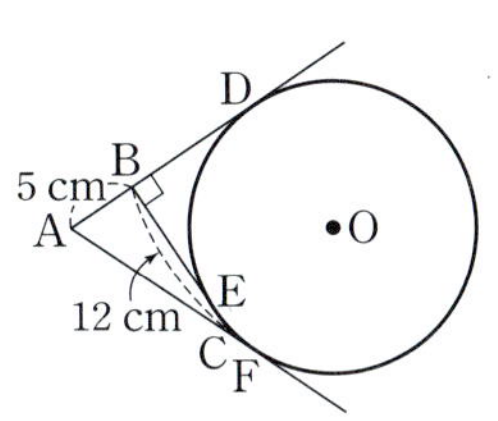

11 오른쪽 그림은 한 변의 길이가 8 cm인 정사각형 ABCD에서 변 BC를 지름으로 하는 반원 O를 그린 것이다. $\overline{DE}$가 반원 O의 접선이고 점 P가 접점일 때, $\overline{EB}$의 길이를 구하시오.

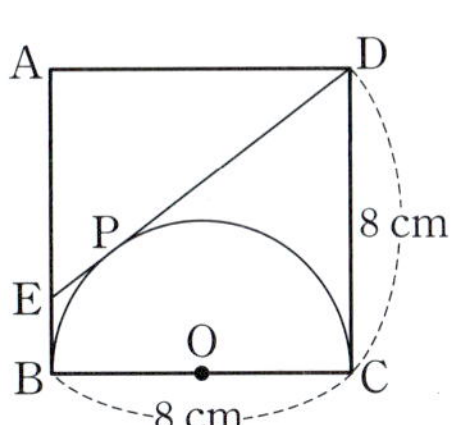

12 오른쪽 그림에서 원 O는 △ABC의 내접원이고 세 점 D, E, F는 접점이다. $\overline{AD}=3$ cm, $\overline{AC}=8$ cm이고 △ABC의 둘레의 길이가 30 cm일 때, $\overline{BE}$의 길이를 구하시오.

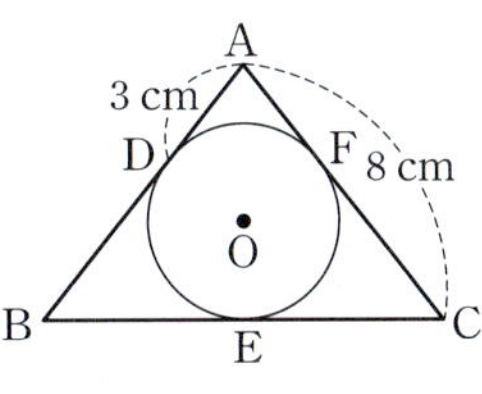

13 오른쪽 그림에서 원 O는 △ABC의 내접원이고 △DEF의 외접원이다. $\angle A=50°$, $\angle B=66°$일 때, $\angle x$의 크기는?

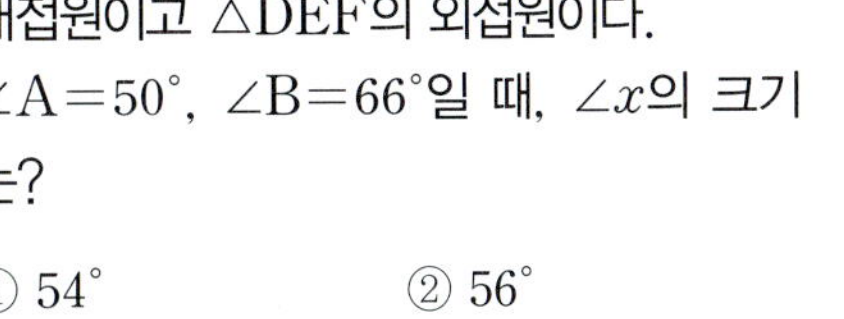

① 54° ② 56°
③ 58° ④ 60°
⑤ 62°

14 오른쪽 그림에서 원 O는 $\angle C=90°$인 직각삼각형 ABC의 내접원이고 세 점 D, E, F는 접점이다. $\overline{BE}=4$ cm, $\overline{CE}=2$ cm일 때, △ABC의 둘레의 길이를 구하시오.

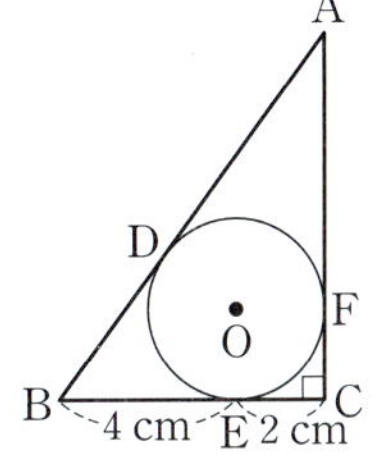

15 오른쪽 그림과 같이 $\angle A=\angle B=90°$인 사다리꼴 ABCD가 원 O에 외접한다. 원 O의 반지름의 길이가 4 cm이고 $\overline{CD}=12$ cm일 때, $\square ABCD$의 넓이를 구하시오.

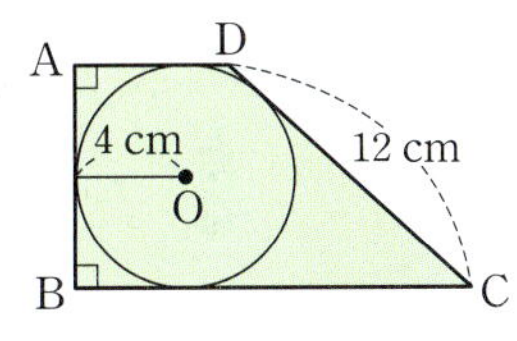

16 오른쪽 그림과 같이 원 O에 외접하는 등변사다리꼴 ABCD에서 $\overline{AD}=4$ cm, $\overline{BC}=8$ cm일 때, 원 O의 지름의 길이를 구하시오.

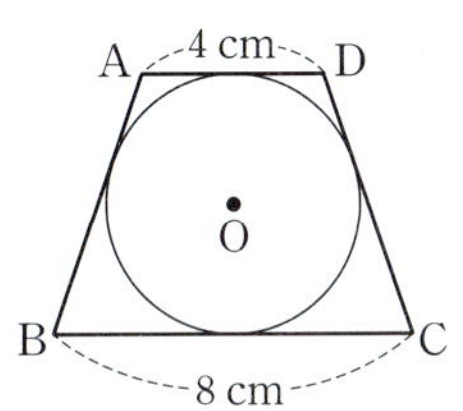

서술형 문제

17 오른쪽 그림의 원 O에서 $\overline{OD} \perp \overline{AB}$이고 $\overline{OC} = 6\,cm$, $\overline{CD} = 4\,cm$일 때, $\overline{AB}$의 길이를 구하시오.

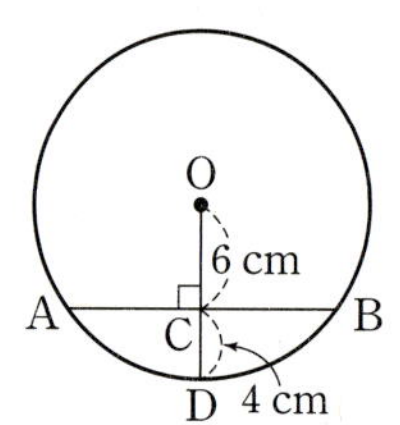

풀이

답 ______________

18 오른쪽 그림에서 원 O는 $\triangle ABC$의 내접원이고 세 점 D, E, F는 접점이다. $\overline{AB} = 9\,cm$, $\overline{BC} = 10\,cm$, $\overline{CA} = 7\,cm$일 때, $\overline{BE}$의 길이를 구하시오.

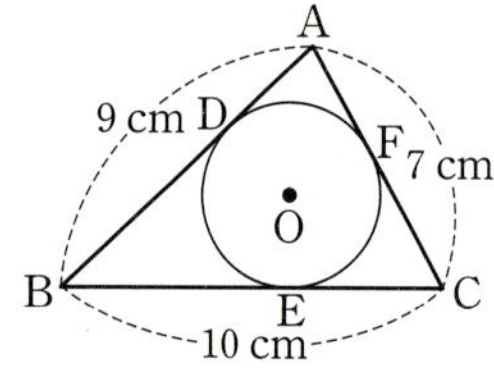

풀이

답 ______________

19 오른쪽 그림과 같이 □ABCD는 원 O에 외접하고 $\overline{AB} : \overline{CD} = 2 : 3$이다. $\overline{AD} = 18\,cm$, $\overline{BC} = 12\,cm$일 때, $\overline{CD}$의 길이를 구하시오.

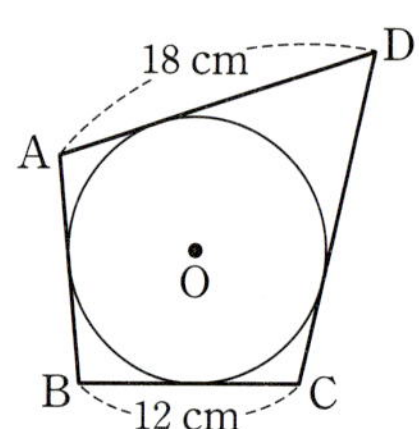

풀이

답 ______________

발전 문제

20 오른쪽 그림과 같이 점 O를 중심으로 하는 두 원에서 작은 원의 접선과 큰 원의 교점을 각각 A, B라고 하자. $\overline{AB} = 10\,cm$일 때, 색칠한 부분의 넓이를 구하시오.

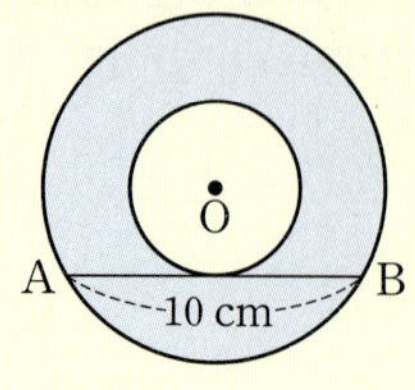

> **해결 Point** 원의 중심에서 현에 그은 수선은 그 현을 이등분함을 이용한다.

21 오른쪽 그림에서 $\overrightarrow{AD}$, $\overrightarrow{AE}$, $\overline{BC}$는 원 O의 접선이고 두 점 D, E는 접점이다. $\angle DAE = 60°$, $\overline{AO} = 6\,cm$일 때, $\triangle ACB$의 둘레의 길이를 구하시오.

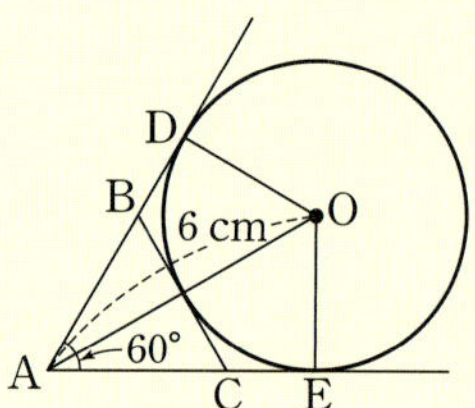

> **해결 Point** 원 밖의 한 점에서 그 원에 그은 두 접선의 길이는 같음을 이용한다.

22 오른쪽 그림에서 $\overline{AB}$는 반원 O의 지름이고 $\overline{AC}$, $\overline{BD}$, $\overline{CD}$는 반원 O의 접선이다. $\overline{AC} = 6\,cm$, $\overline{BD} = 10\,cm$일 때, $\triangle COD$의 넓이를 구하시오.

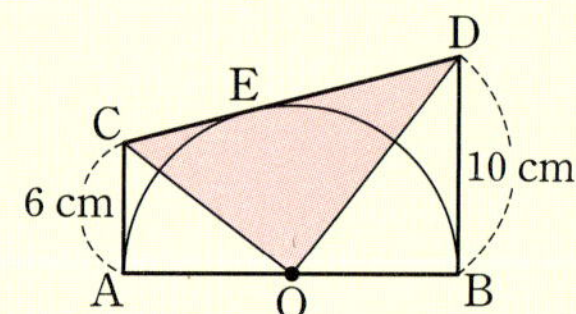

> **해결 Point** $\overline{CA} = \overline{CE}$, $\overline{DB} = \overline{DE}$임을 이용하여 반원 O의 반지름의 길이를 구한다.

2 원주각

개념 되짚어 보기

- **호의 길이와 중심각의 크기** : 한 원 또는 합동인 두 원에서 호의 길이는 중심각의 크기에 정비례한다.
- **삼각형의 외각의 성질** : 삼각형의 한 외각의 크기는 그와 이웃하지 않는 두 내각의 크기의 합과 같다.

학습 계획표

원주각과 중심각

(1) **원주각** : 원 O에서 호 AB 위에 있지 않은 원 위의 한 점 P에 대하여
 ∠APB를 호 AB에 대한 원주각이라고 한다.
  └ 호의 양 끝점을 지나는 두 현이 이루는 각

(2) **원주각과 중심각의 크기** : 원에서 한 호에 대한 원주각의 크기는 그 호
 에 대한 중심각의 크기의 $\frac{1}{2}$이다.
  └ 호의 양 끝점을 지나는 두 반지름이 이루는 각
 ➡ $\angle APB = \dfrac{1}{2}\angle AOB$

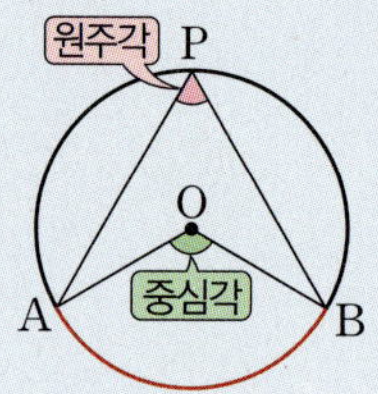

• 한 호에 대한 중심각은 하나이지만 원주각은 무수히 많다.

바이블 Point

원주각과 중심각의 크기

오른쪽 그림과 같이 $\overline{PO}$의 연장선과 원 O의 교점을 Q라고 하면 $\angle OPA = \angle OAP$, $\angle OPB = \angle OBP$이므로
$$\angle AOB = \angle AOQ + \angle BOQ$$
  └ △OPA와 △OPB는 이등변삼각형
$$= (\angle OPA + \angle OAP) + (\angle OPB + \angle OBP)$$
$$= 2\angle APQ + 2\angle BPQ = 2\angle APB$$
$$\therefore \angle APB = \frac{1}{2}\angle AOB$$

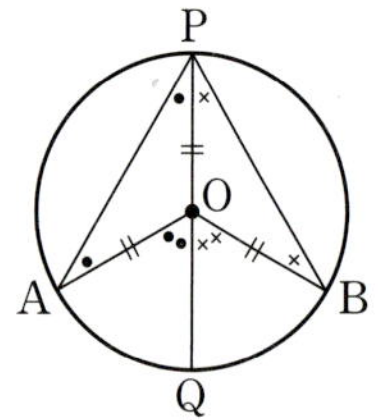

원의 중심 O가 ∠APB의 내부에 있는 경우 ┘

개념 콕콕

정답과 풀이 | 25쪽

1 다음 그림의 원 O에서 ∠x의 크기를 구하시오.

(1)
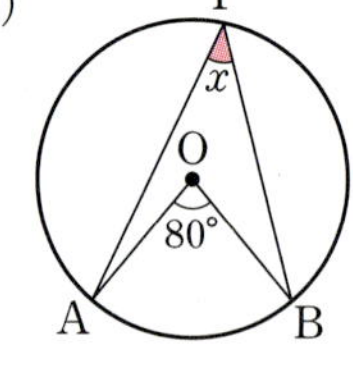

(2)
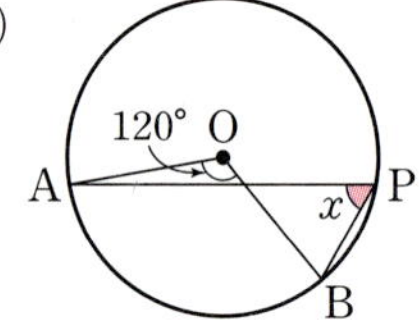

(3)
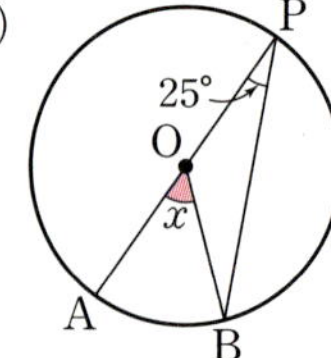

(4)
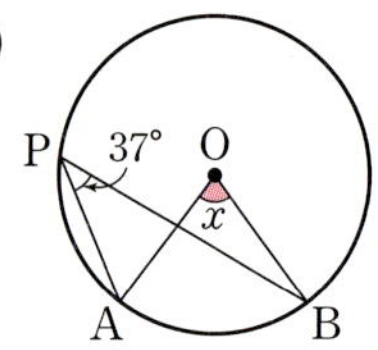

2 다음 그림의 원 O에서 ∠x의 크기를 구하시오.

(1)
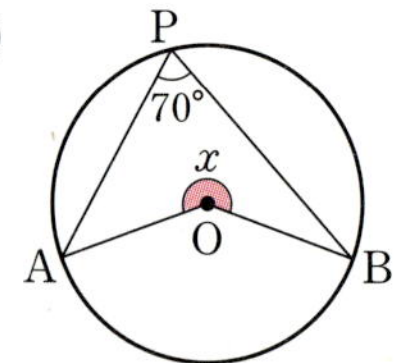

(2)
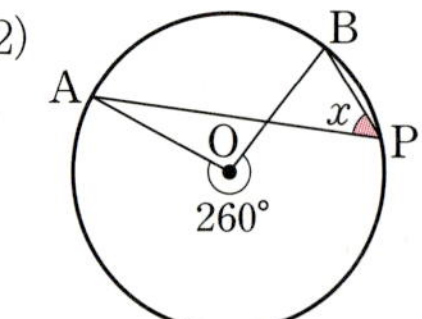

개념 체크

• 원에서 한 호에 대한 원주각의 크기는 그 호에 대한 중심각의 크기의 ⬚ 이다.

답 | ㉠ $\frac{1}{2}$

대표 유형 **1** 원주각과 중심각의 크기

오른쪽 그림과 같은 원 O에서
$\angle AOB = 130°$일 때, $\angle x$의 크기는?

① 110°　　② 115°

③ 120°　　④ 125°

⑤ 130°

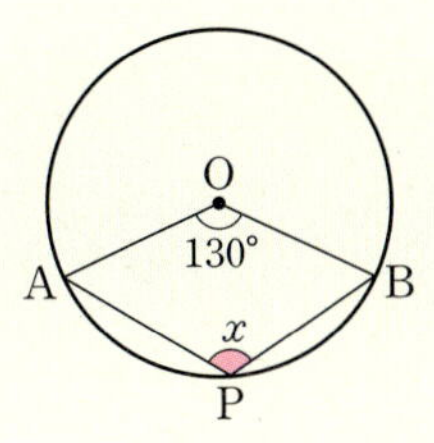

| 풀이 |

오른쪽 그림에서 $\overparen{ACB}$에 대한 중심각의 크기는
$360° - 130° = 230°$

$\therefore \angle x = \dfrac{1}{2} \times 230° = 115°$

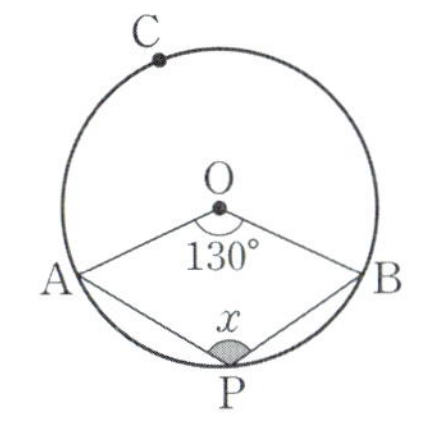

| 답 | ②

1-1 숫자 바꾸기

오른쪽 그림과 같은 원 O에서
$\angle APB = 110°$일 때, $\angle x$의 크기는?

① 125°　　② 130°

③ 135°　　④ 140°

⑤ 145°

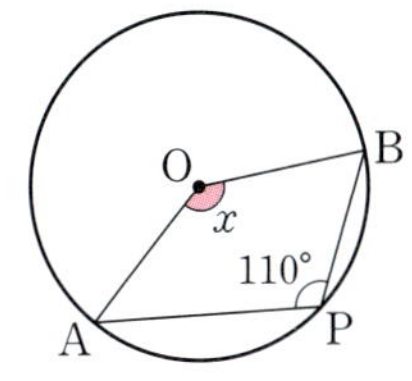

1-2 표현 바꾸기

오른쪽 그림과 같은 원 O에서
$\angle APB = 25°$, $\angle BQC = 35°$일 때, $\angle x$의
크기를 구하시오.

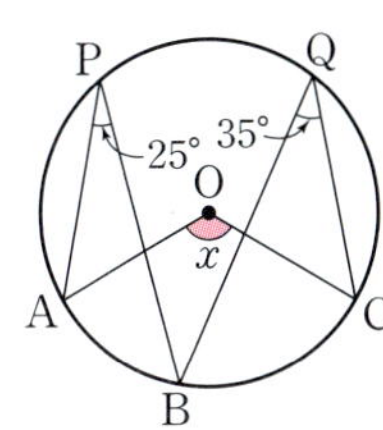

대표 유형 **2** 원의 접선과 원주각의 크기

오른쪽 그림에서 $\overrightarrow{PA}$, $\overrightarrow{PB}$는
원 O의 접선이고 두 점 A, B
는 접점이다. $\angle APB = 40°$일
때, $\angle ACB$의 크기를 구하시
오.

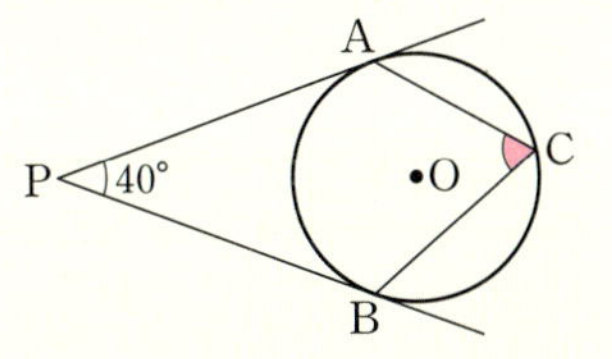

| 풀이 |

오른쪽 그림과 같이 $\overline{OA}$, $\overline{OB}$를 그으면
$\angle PAO = \angle PBO = 90°$이므로
□APBO에서
$\angle AOB = 360° - (90° + 40° + 90°)$
$\qquad\quad = 140°$

$\therefore \angle ACB = \dfrac{1}{2}\angle AOB = \dfrac{1}{2} \times 140° = 70°$

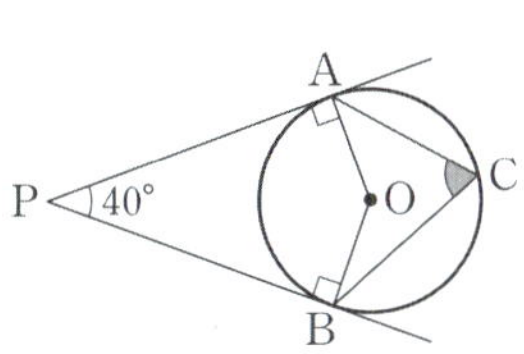

| 답 | 70°

2-1 숫자 바꾸기

오른쪽 그림에서 $\overrightarrow{PA}$, $\overrightarrow{PB}$는 원
O의 접선이고 두 점 A, B는 접
점이다. $\angle APB = 48°$일 때,
$\angle ACB$의 크기를 구하시오.

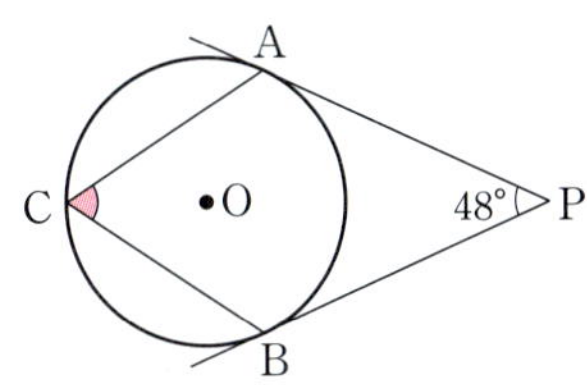

2-2 표현 바꾸기

오른쪽 그림에서 $\overrightarrow{PA}$, $\overrightarrow{PB}$는 원 O
의 접선이고 두 점 A, B는 접점이
다. $\angle APB = 56°$일 때, $\angle x$의 크기
를 구하시오.

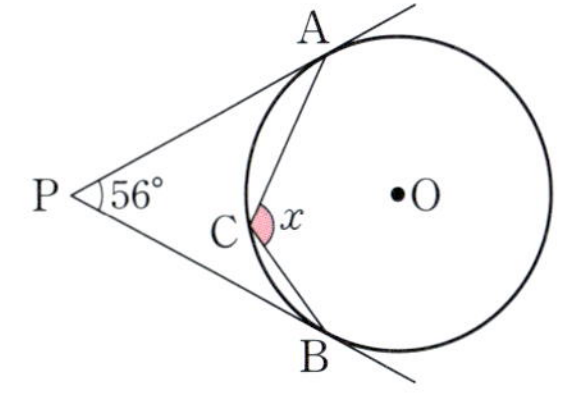

(1) 원에서 한 호에 대한 원주각의 크기는 모두 같다.
➡ $\angle APB = \angle AQB = \angle ARB$

(2) 반원에 대한 원주각의 크기는 90°이다.
➡ $\overline{AB}$가 원 O의 지름이면 $\angle APB = 90°$

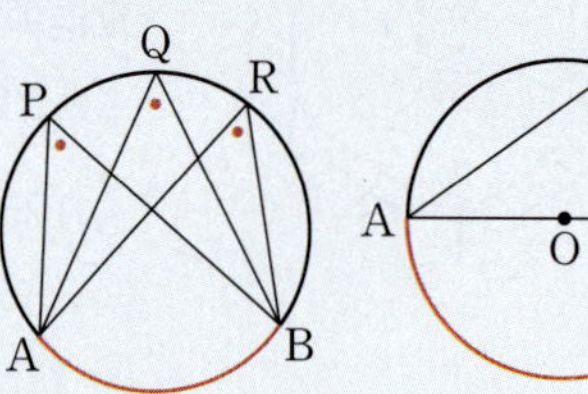

참고 반원에 대한 중심각의 크기는 180°이므로 원주각의 크기는 $\frac{1}{2} \times 180° = 90°$이다.

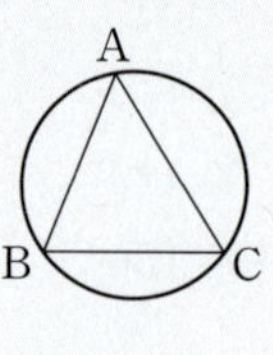

• 한 원에서 모든 호의 원주각의 크기의 합은 180°이다.
오른쪽 그림에서
$\angle ABC + \angle BCA + \angle CAB = 180°$

바이블 Point

한 호에 대한 원주각의 크기

오른쪽 그림과 같은 원 O에서 $\angle APB$, $\angle AQB$, $\angle ARB$는 모두 $\overgroup{AB}$에 대한 원주각이므로

$$\angle APB = \angle AQB = \angle ARB = \frac{1}{2} \angle AOB$$

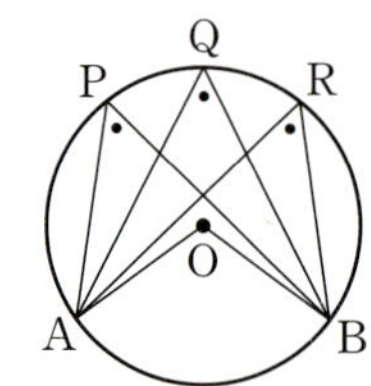

개념 콕콕 

정답과 풀이 | 25쪽

1 다음 그림의 원에서 $\angle x$의 크기를 구하시오.

(1)
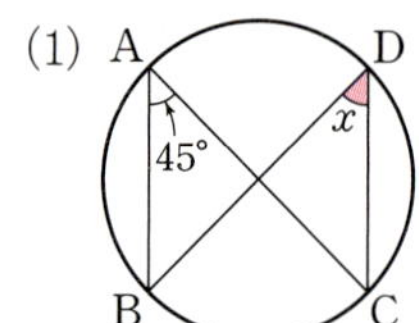

(2)
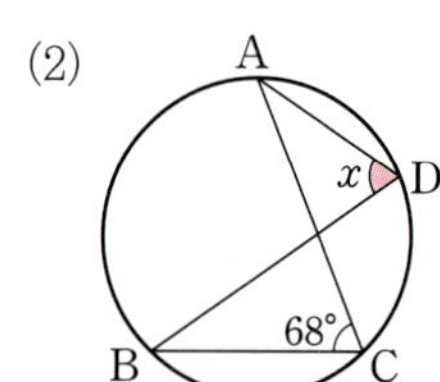

2 다음 그림의 원에서 $\angle x$, $\angle y$의 크기를 각각 구하시오.

(1)
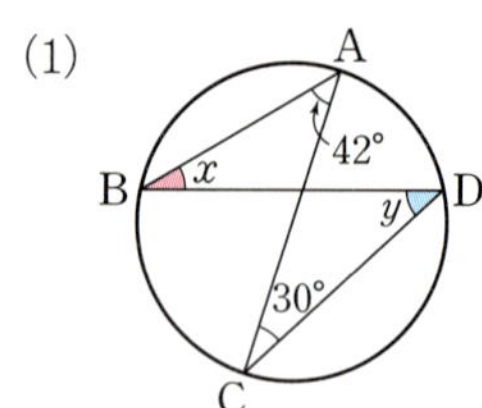

(2)
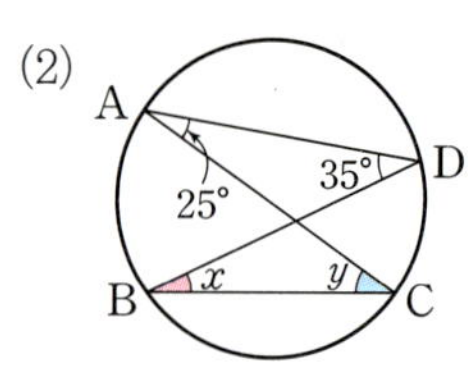

3 다음 그림의 원 O에서 $\angle x$의 크기를 구하시오.

(1)
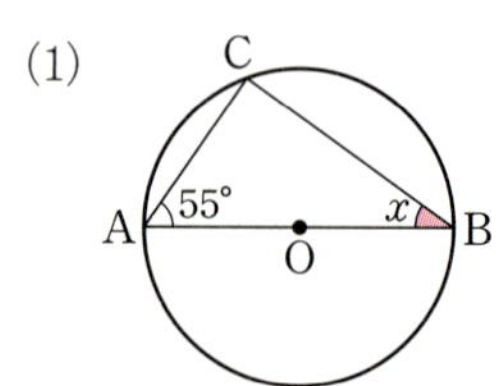

(2)
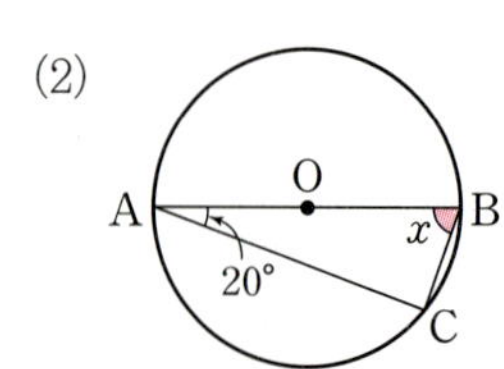

개념 체크

• 원에서 한 호에 대한 원주각의 크기는 모두 ⓐ .

• 반원에 대한 원주각의 크기는 ⓑ °이다.

답 | ㉠ 같다 ㉡ 90

대표 유형 **3** 한 호에 대한 원주각의 크기

오른쪽 그림과 같은 원에서
$\angle ACD=40°$, $\angle APD=85°$일 때,
$\angle x$의 크기를 구하시오.

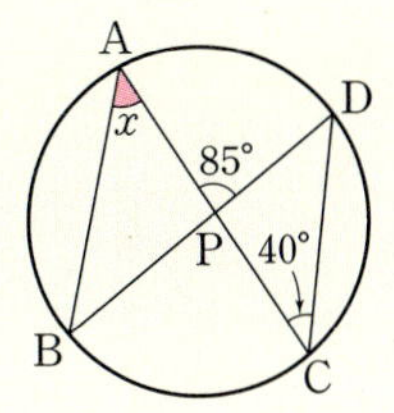

| 풀이 |

$\angle ABD=\angle ACD=40°$

$\triangle ABP$에서 $\angle x+40°=85°$ $\qquad \therefore \angle x=45°$

| 답 | $45°$

3-**1** 숫자 바꾸기

오른쪽 그림과 같은 원에서 $\angle ACD=45°$,
$\angle BAC=35°$일 때, $\angle x$의 크기를 구하시
오.

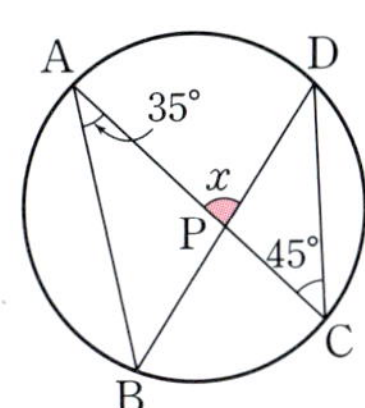

3-**2** 표현 바꾸기

오른쪽 그림과 같은 원에서 $\angle AQC=55°$,
$\angle BRC=30°$일 때, $\angle x$의 크기는?

① $20°$ ② $25°$

③ $30°$ ④ $35°$

⑤ $40°$

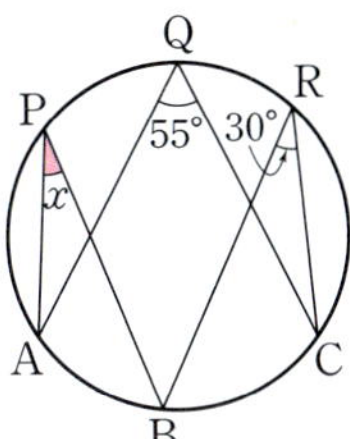

대표 유형 **4** 반원에 대한 원주각의 크기

오른쪽 그림에서 $\overline{AB}$는 원 O의 지
름이고 $\angle ABD=24°$일 때, $\angle x$의
크기를 구하시오.

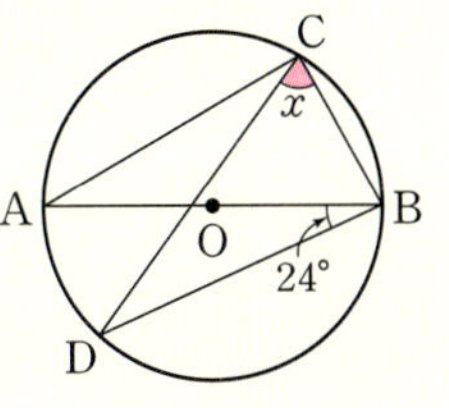

| 풀이 |

$\overline{AB}$는 원 O의 지름이므로 $\angle ACB=90°$

이때 $\angle ACD=\angle ABD=24°$이므로

$\angle x=\angle ACB-\angle ACD=90°-24°=66°$

| 답 | $66°$

4-**1** 숫자 바꾸기

오른쪽 그림에서 $\overline{AB}$는 원 O의 지름이고
$\angle DAB=32°$일 때, $\angle x$의 크기를 구하시
오.

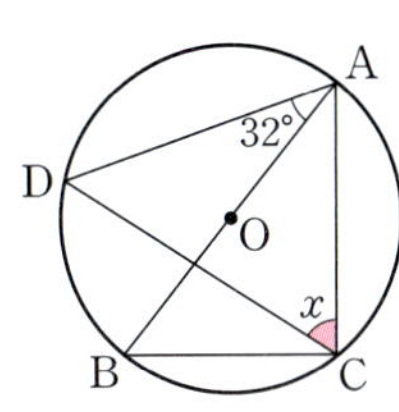

4-**2** 표현 바꾸기

오른쪽 그림에서 $\overline{AC}$는 원 O의 지름이
고 $\angle BQC=47°$일 때, $\angle x$의 크기는?

① $40°$ ② $41°$

③ $42°$ ④ $43°$

⑤ $44°$

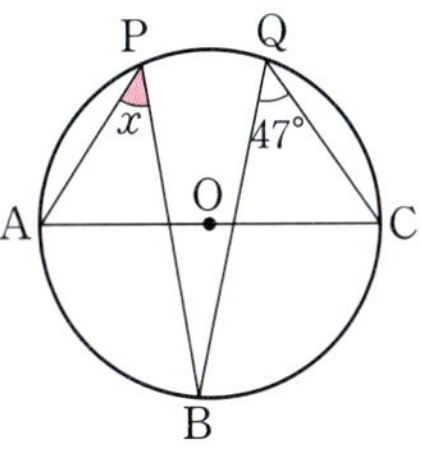

한 원 또는 합동인 두 원에서

(1) 길이가 같은 호에 대한 원주각의 크기는 같다.
→ $\overset{\frown}{AB}=\overset{\frown}{CD}$이면 $\angle APB=\angle CQD$

(2) 크기가 같은 원주각에 대한 호의 길이는 같다.
→ $\angle APB=\angle CQD$이면 $\overset{\frown}{AB}=\overset{\frown}{CD}$

(3) 호의 길이는 그 호에 대한 원주각의 크기에 정비례한다.
→ $\angle APB : \angle CQD=\overset{\frown}{AB} : \overset{\frown}{CD}$

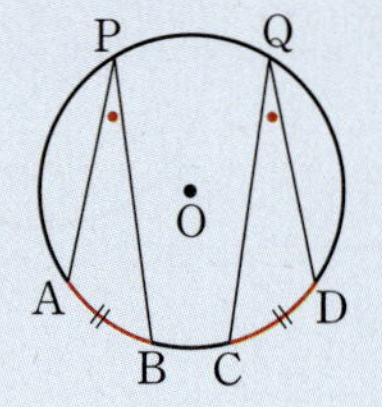

● **중심각의 크기와 호의 길이**
한 원 또는 합동인 두 원에서
① 길이가 같은 호에 대한 중심각의 크기는 같다.
② 크기가 같은 중심각에 대한 호의 길이는 같다.
③ 호의 길이는 그 호에 대한 중심각의 크기에 정비례한다.

바이블 Point

길이가 같은 호에 대한 원주각의 크기

오른쪽 그림과 같은 원 O에서 $\overset{\frown}{AB}=\overset{\frown}{CD}$이면 $\angle AOB=\angle COD$이므로

$$\angle APB=\frac{1}{2}\angle AOB=\frac{1}{2}\angle COD=\angle CQD$$

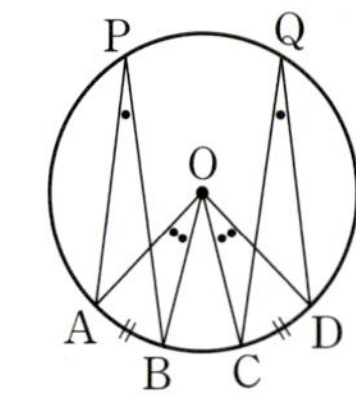

개념 콕콕

정답과 풀이 | 26쪽

1 다음 그림의 원에서 x의 값을 구하시오.

(1) 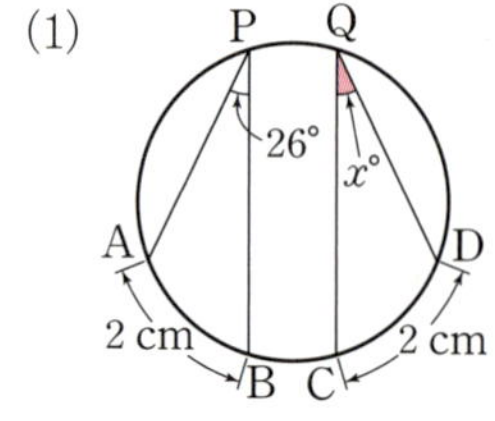

(2) 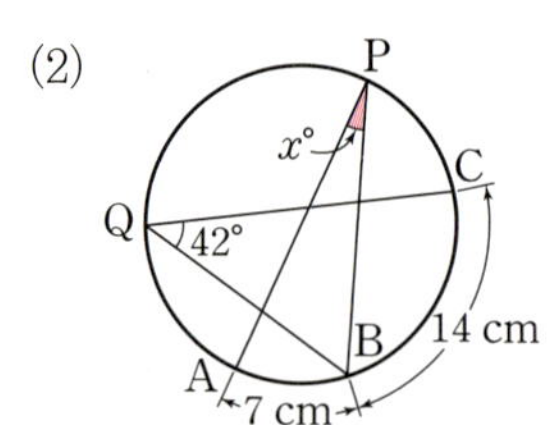

2 다음 그림의 원에서 x의 값을 구하시오.

(1) 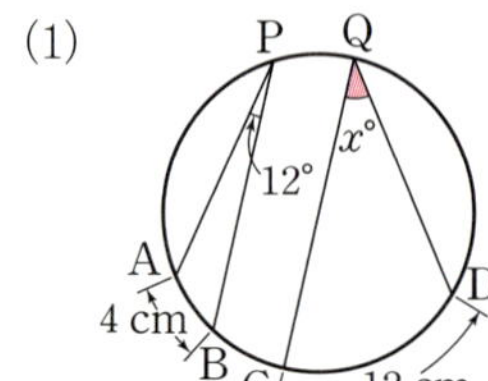

(2)

(3) 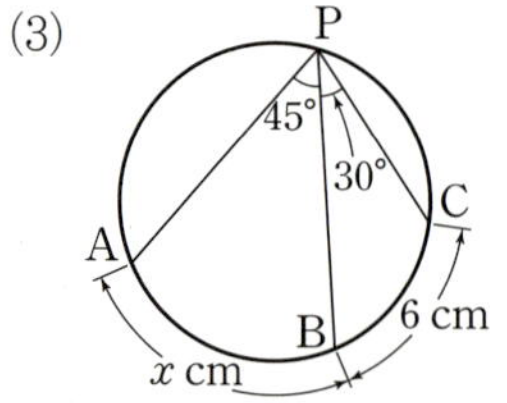

(4) 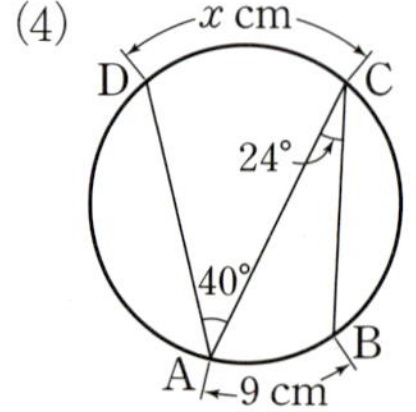

● 개념 체크

● 한 원 또는 합동인 두 원에서
① 길이가 같은 호에 대한 원주각의 크기는 ⑦ ____ .
② 크기가 같은 원주각에 대한 호의 길이는 ⑥ ____ .

● 오른쪽 그림과 같은 원에서
$\angle APB : \angle CQD$
$=\overset{\frown}{AB} : $ ⑥ ____

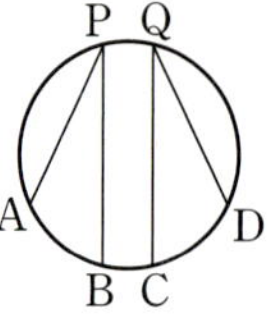

답 | ⑦ 같다 ⑥ 같다 ⑥ $\overset{\frown}{CD}$

대표 유형 **5** 원주각의 크기와 호의 길이 (1)

오른쪽 그림과 같은 원에서
$\overset{\frown}{AC}=\overset{\frown}{BD}$이고 $\angle ABC=24°$일 때,
$\angle x$의 크기는?

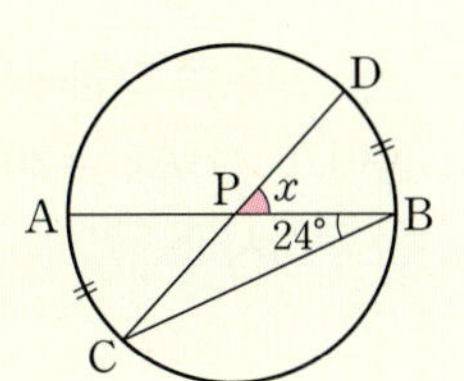

① 42°   ② 44°

③ 46°   ④ 48°

⑤ 50°

| 풀이 |

$\overset{\frown}{AC}=\overset{\frown}{BD}$이므로 $\angle DCB=\angle ABC=24°$

$\triangle PCB$에서 $\angle x=24°+24°=48°$

| 답 | ④

5-1 숫자 바꾸기

오른쪽 그림과 같은 원에서 $\overset{\frown}{AC}=\overset{\frown}{BD}$
이고 $\angle APC=30°$일 때, $\angle x$의 크기
는?

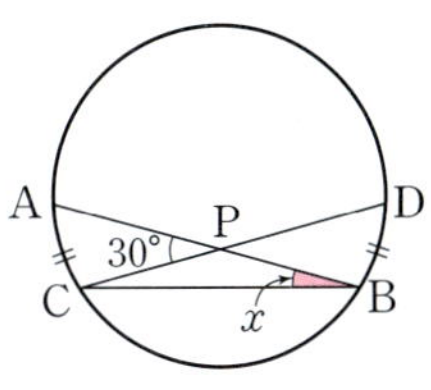

① 14°   ② 15°

③ 16°   ④ 17°

⑤ 18°

5-2 표현 바꾸기

오른쪽 그림과 같은 원에서 점 P는 두 현
AC, BD의 교점이고 $\overset{\frown}{BC}=10\ cm$,
$\angle ABD=20°$, $\angle BPC=60°$일 때, $\overset{\frown}{AD}$의
길이를 구하시오.

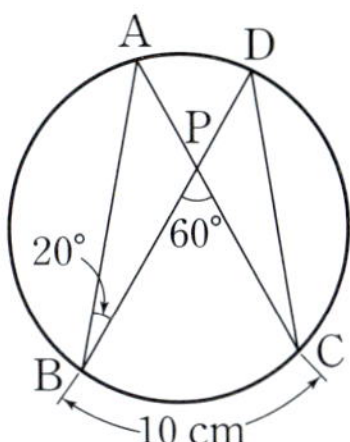

대표 유형 **6** 원주각의 크기와 호의 길이 (2)

오른쪽 그림과 같은 원에서
$\overset{\frown}{AB}:\overset{\frown}{BC}:\overset{\frown}{CA}=2:3:4$일 때,
$\angle x$의 크기를 구하시오.

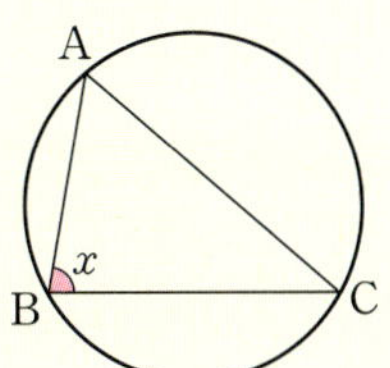

| 풀이 |

$\angle ACB:\angle BAC:\angle ABC=\overset{\frown}{AB}:\overset{\frown}{BC}:\overset{\frown}{CA}=2:3:4$

$\therefore \angle x=180°\times\dfrac{4}{2+3+4}=80°$

| 답 | 80°

6-1 숫자 바꾸기

오른쪽 그림과 같은 원에서
$\overset{\frown}{AB}:\overset{\frown}{BC}:\overset{\frown}{CA}=4:5:6$일 때, $\angle x$의
크기를 구하시오.

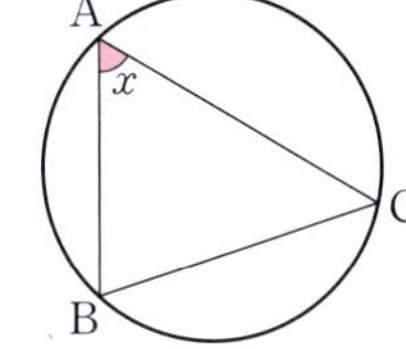

6-2 표현 바꾸기

오른쪽 그림에서
$\overset{\frown}{AB}=\overset{\frown}{BC}=\overset{\frown}{CD}=\overset{\frown}{DE}=\overset{\frown}{EA}$일 때,
$\angle BEC$의 크기를 구하시오.

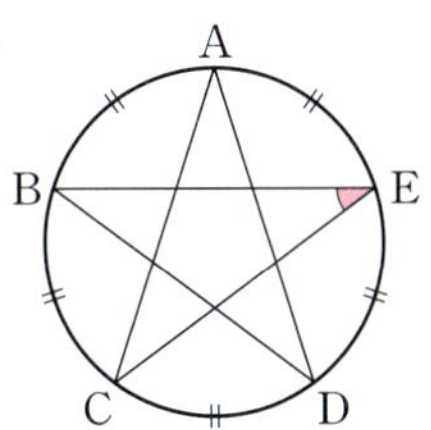

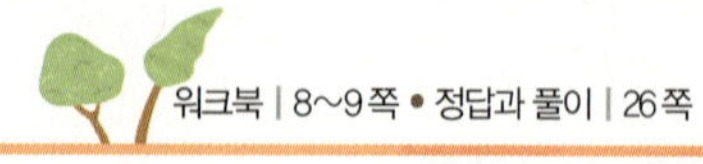

01 오른쪽 그림과 같은 원 O에서 ∠APB=46°일 때, ∠x의 크기는?

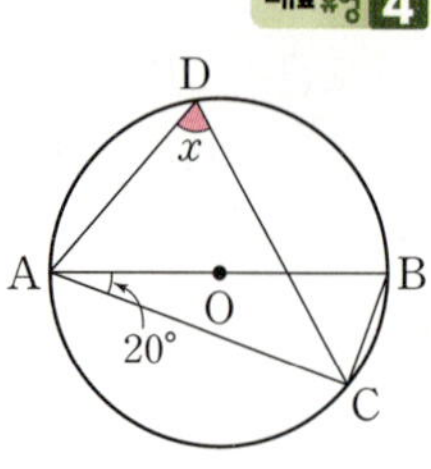

① 36° ② 38°

③ 40° ④ 42°

⑤ 44°

05 오른쪽 그림에서 $\overline{AB}$는 원 O의 지름이고 ∠BAC=20°일 때, ∠x의 크기를 구하시오.

02 오른쪽 그림과 같이 반지름의 길이가 8 cm인 원 O에서 ∠APB=60°일 때, △OAB의 넓이를 구하시오.

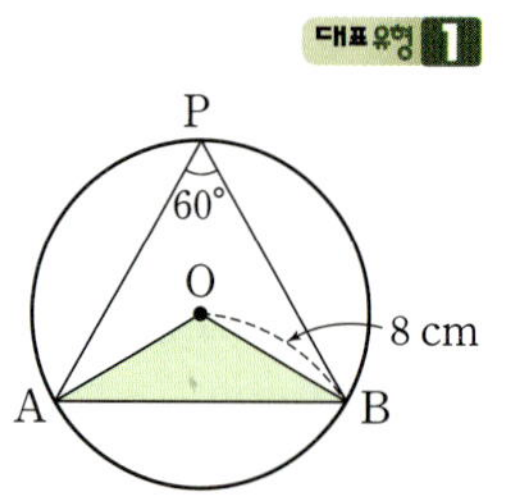

06 오른쪽 그림과 같은 원에서 $\overset{\frown}{BC}=\overset{\frown}{CD}$이고 ∠BAC=44°일 때, ∠BCD의 크기는?

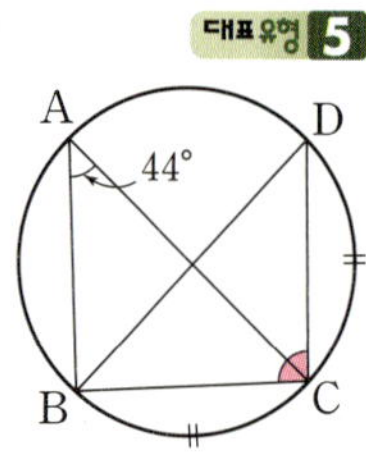

① 84° ② 88°

③ 92° ④ 96°

⑤ 100°

03 오른쪽 그림에서 $\overline{PA}$, $\overline{PB}$는 원 O의 접선이고 두 점 A, B는 접점이다. ∠ACB=64°일 때, ∠x의 크기를 구하시오.

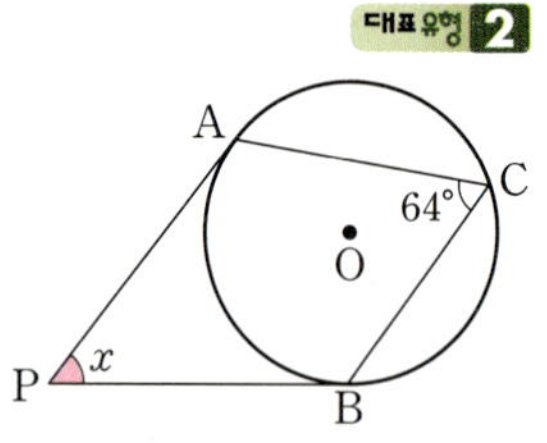

07 오른쪽 그림에서 $\overline{AB}$는 원 O의 지름이고 ∠ADC=30°, $\overset{\frown}{AC}$=4 cm일 때, $\overset{\frown}{BC}$의 길이는?

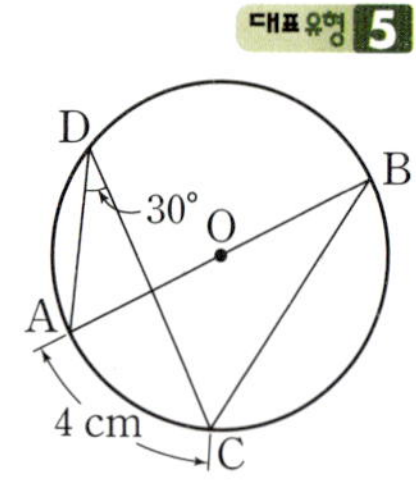

① 6 cm ② 8 cm

③ 10 cm ④ 12 cm

⑤ 14 cm

04 오른쪽 그림과 같은 원 O에서 ∠AOB=70°, ∠APC=85°일 때, ∠x의 크기는?

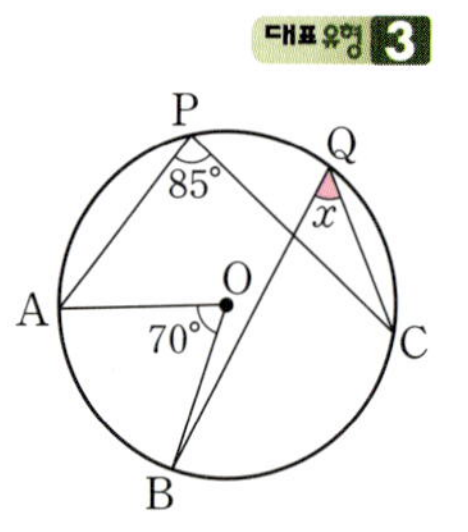

① 40° ② 45°

③ 50° ④ 55°

⑤ 60°

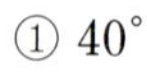

08 오른쪽 그림과 같은 원에서 $\overset{\frown}{AB}$의 길이는 원의 둘레의 길이의 $\dfrac{1}{5}$이고 $\overset{\frown}{CD}$의 길이는 원의 둘레의 길이의 $\dfrac{1}{9}$일 때, ∠x의 크기를 구하시오.

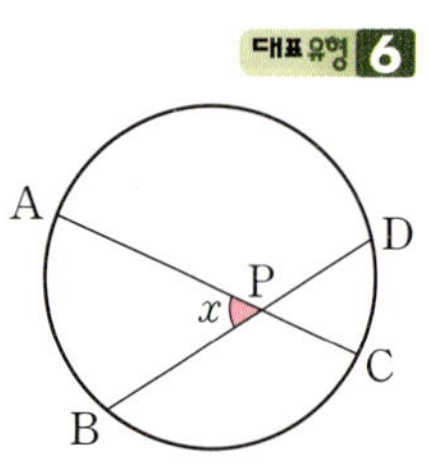

네 점이 한 원 위에 있을 조건

두 점 C, D가 직선 AB에 대하여 같은 쪽에 있을 때,

$$\angle ACB = \angle ADB$$

이면 네 점 A, B, C, D는 한 원 위에 있다.

참고 네 점 A, B, C, D가 한 원 위에 있으면 $\angle ACB = \angle ADB$이다.

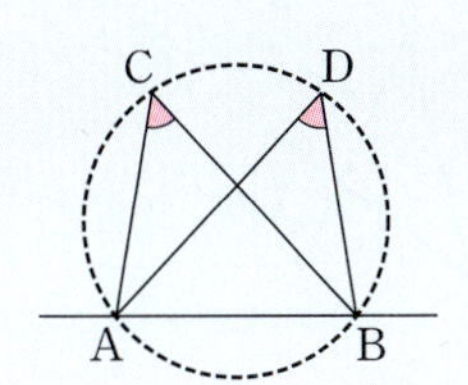

● 왼쪽 그림에서 네 점 A, B, C, D가 한 원 위에 있다.
➡ □ABDC는 원에 내접하는 사각형이다.

바이블 Point

네 점이 한 원 위에 있을 조건

두 점 C, D가 직선 AB에 대하여 같은 쪽에 있을 때, 점 D의 위치에 따른 $\angle ACB$와 $\angle ADB$의 대소 관계는 다음과 같다.

(1) 점 D가 원 위에 있는 경우	(2) 점 D가 원의 내부에 있는 경우	(3) 점 D가 원의 외부에 있는 경우
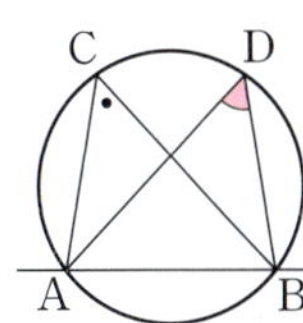	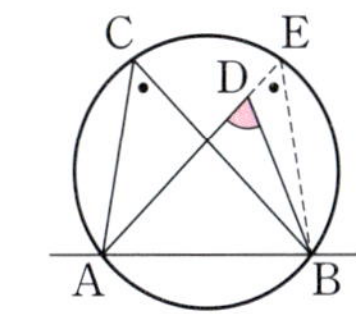	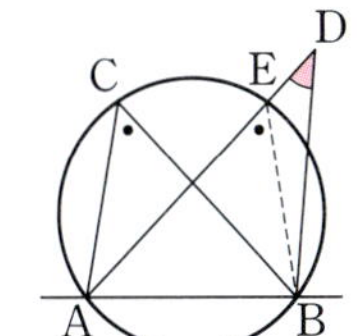
$\angle ACB$와 $\angle ADB$는 모두 $\overarc{AB}$에 대한 원주각이므로 $\angle ACB = \angle ADB$	$\angle ADB = \angle DEB + \angle EBD$ $= \angle ACB + \angle EBD$ $\therefore \angle ACB < \angle ADB$	$\angle ADB = \angle AEB - \angle DBE$ $= \angle ACB - \angle DBE$ $\therefore \angle ACB > \angle ADB$

따라서 $\angle ACB = \angle ADB$이면 네 점 A, B, C, D가 한 원 위에 있다.

개념 콕콕

정답과 풀이 | 27쪽

1 다음 보기 중 네 점 A, B, C, D가 한 원 위에 있는 것을 모두 고르시오.

보기

ㄱ. 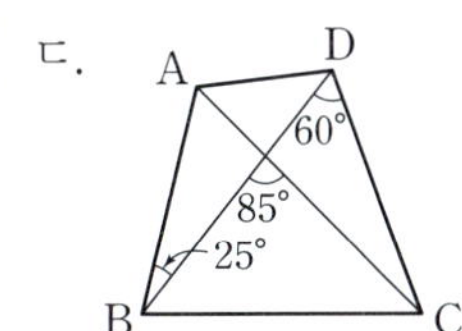

ㄴ. 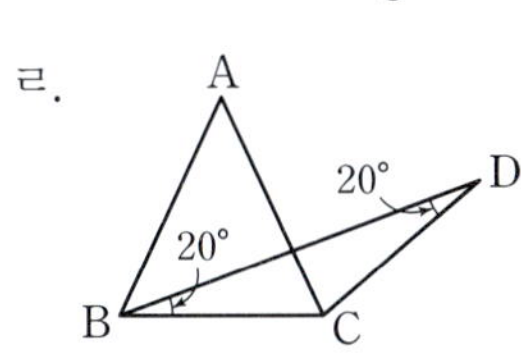

ㄷ. 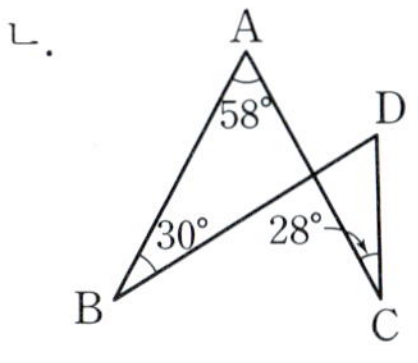

ㄹ.

2 다음 그림에서 네 점 A, B, C, D가 한 원 위에 있을 때, $\angle x$의 크기를 구하시오.

(1) 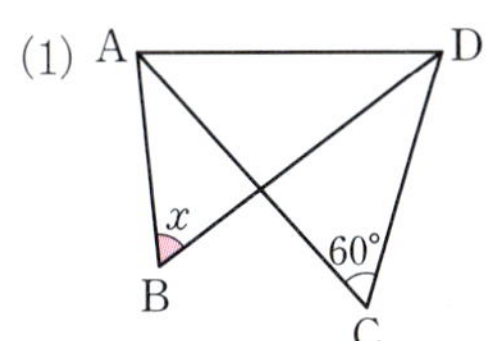

(2) 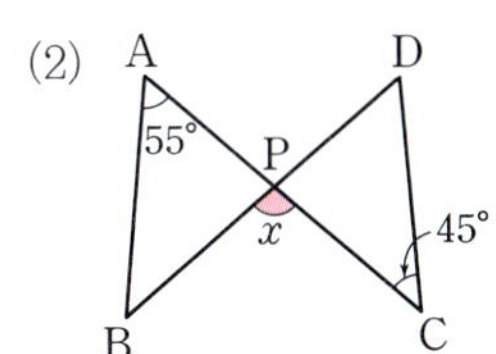

개념 체크

● 네 점이 한 원 위에 있는지 알아보는 순서
❶ 기준이 되는 직선을 찾는다.
❷ 그 직선에 대하여 같은 쪽에 있는 두 각의 크기가 ⊙ [   ]지 확인한다.

● 오른쪽 그림에서 네 점 A, B, C, D가 한 원 위에 있으려면 $\angle ACB$ = ⊙ [   ]

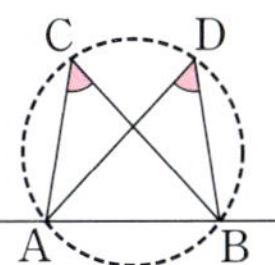

답 | ⊙ 같은 ⊙ $\angle ADB$

대표 유형 **1** 네 점이 한 원 위에 있을 조건 (1)

BOB 78쪽

다음 중 네 점 A, B, C, D가 한 원 위에 있지 <u>않은</u> 것은?

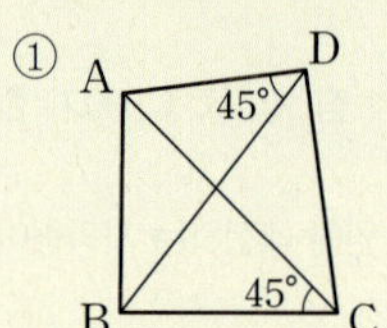

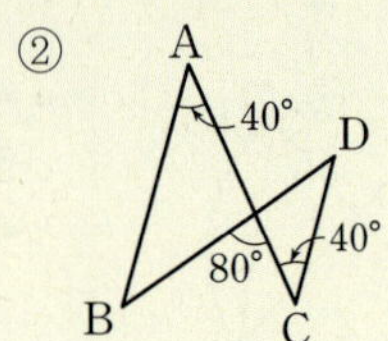

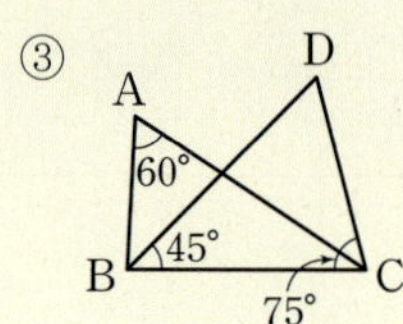

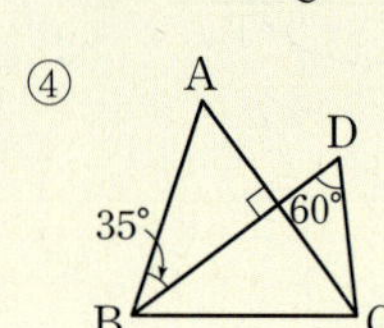

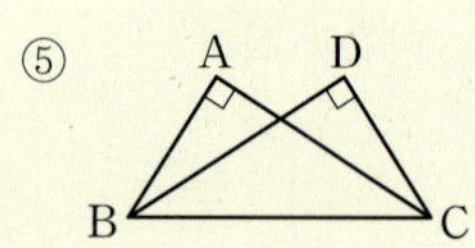

| 풀이 |

① ∠ADB＝∠ACB이므로 네 점 A, B, C, D는 한 원 위에 있다.

② ∠ABD＝80°−40°＝40°

　즉, ∠ABD＝∠ACD이므로 네 점 A, B, C, D는 한 원 위에 있다.

③ ∠BDC＝180°−(45°+75°)＝60°

　즉, ∠BAC＝∠BDC이므로 네 점 A, B, C, D는 한 원 위에 있다.

④ ∠BAC＝180°−(35°+90°)＝55°

　즉, ∠BAC≠∠BDC이므로 네 점 A, B, C, D는 한 원 위에 있지 않다.

⑤ ∠BAC＝∠BDC이므로 네 점 A, B, C, D는 한 원 위에 있다.

따라서 네 점 A, B, C, D가 한 원 위에 있지 않은 것은 ④이다.

| 답 | ④

1-1 숫자 바꾸기

다음 보기 중 네 점 A, B, C, D가 한 원 위에 있는 것을 모두 고르시오.

보기

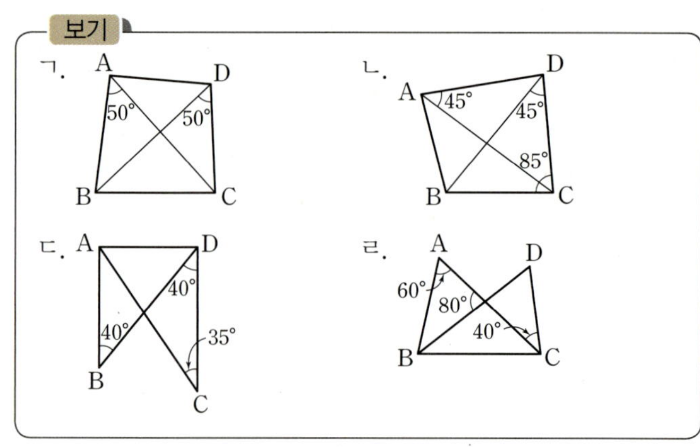

대표 유형 **2** 네 점이 한 원 위에 있을 조건 (2)

BOB 78쪽

오른쪽 그림에서 네 점 A, B, C, D가 한 원 위에 있을 때, $\angle x$의 크기를 구하시오.

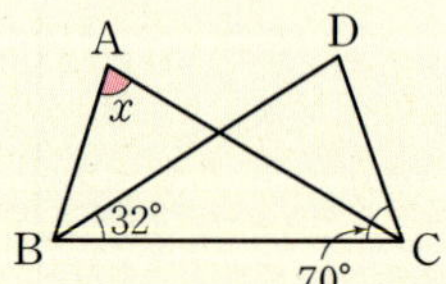

| 풀이 |

△BCD에서 ∠BDC＝180°−(32°+70°)＝78°

네 점 A, B, C, D가 한 원 위에 있으므로

$\angle x$＝∠BDC＝78°

| 답 | 78°

2-1 숫자 바꾸기

오른쪽 그림에서 네 점 A, B, C, D가 한 원 위에 있을 때, $\angle x$의 크기를 구하시오.

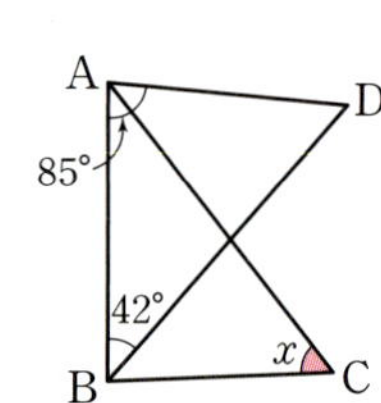

2-2 표현 바꾸기

오른쪽 그림에서 네 점 A, B, C, D가 한 원 위에 있을 때, $\angle x$의 크기는?

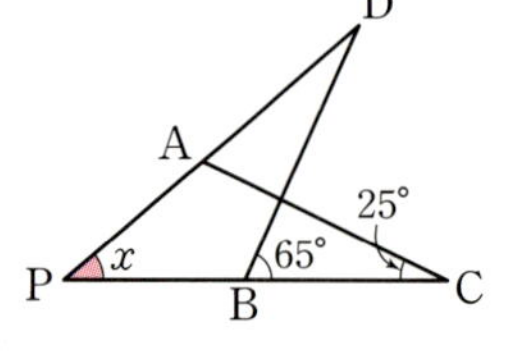

① 25°　　② 30°

③ 35°　　④ 40°

⑤ 45°

원에 내접하는 사각형의 성질

(1) 원에 내접하는 사각형의 성질

① 원에 내접하는 사각형에서 한 쌍의 대각의 크기의 합은 $180°$이다.

➡ $\angle A + \angle C = 180°$, $\angle B + \angle D = 180°$

② 원에 내접하는 사각형에서 한 외각의 크기는 그와 이웃하는 내각의 대각의 크기와 같다.

➡ $\angle DCE = \angle A$

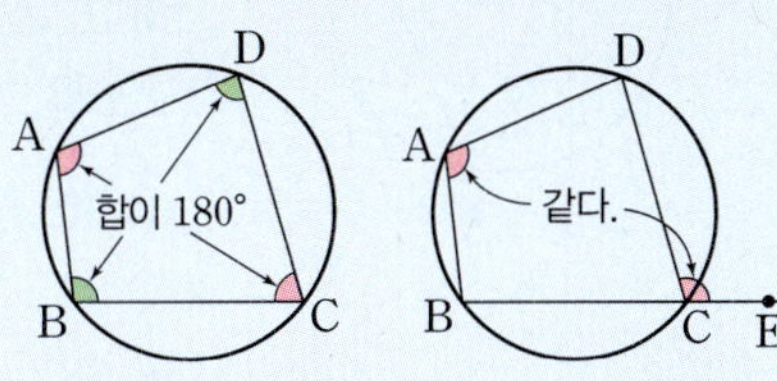

(2) 사각형이 원에 내접하기 위한 조건

① 한 쌍의 대각의 크기의 합이 $180°$인 사각형은 원에 내접한다.

② 한 외각의 크기가 그와 이웃한 내각의 대각의 크기와 같은 사각형은 원에 내접한다.

• 직사각형, 정사각형, 등변사다리꼴은 모두 한 쌍의 대각의 크기의 합이 $180°$이므로 항상 원에 내접한다.

용어

대각 (마주할 對, 뿔 角)
서로 마주 보고 있는 각

바이블 Point

원에 내접하는 사각형의 성질

오른쪽 그림에서

① $\angle BAD = \dfrac{1}{2}\angle x$, $\angle BCD = \dfrac{1}{2}\angle y$이고 $\angle x + \angle y = 360°$이므로

$\angle BAD + \angle BCD = \dfrac{1}{2}\angle x + \dfrac{1}{2}\angle y = \dfrac{1}{2}(\angle x + \angle y) = \dfrac{1}{2} \times 360° = 180°$

② 위의 ①에 의하여 $\angle BAD + \angle BCD = 180°$이고 $\angle BCD + \angle DCE = 180°$이므로 $\angle BAD = \angle DCE$

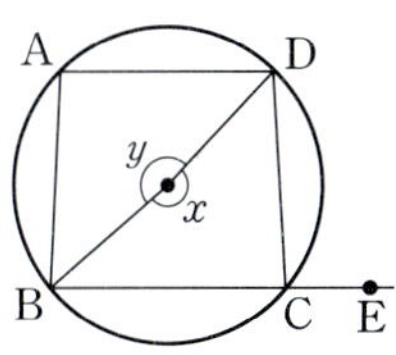

개념 콕콕

정답과 풀이 | 28쪽

1 다음 그림에서 □ABCD가 원에 내접할 때, $\angle x$, $\angle y$의 크기를 각각 구하시오.

(1)
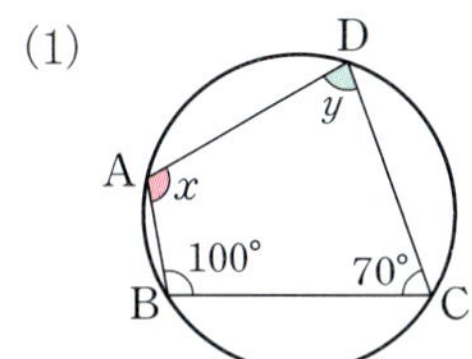

(2)
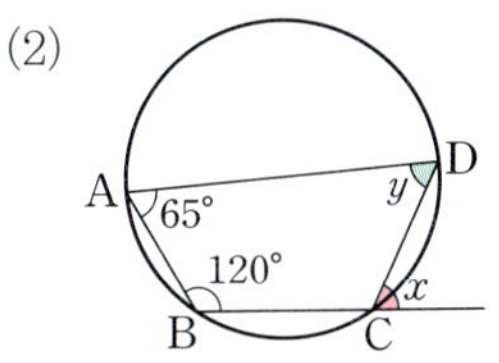

2 다음 보기 중 □ABCD가 원에 내접하는 것을 모두 고르시오.

보기

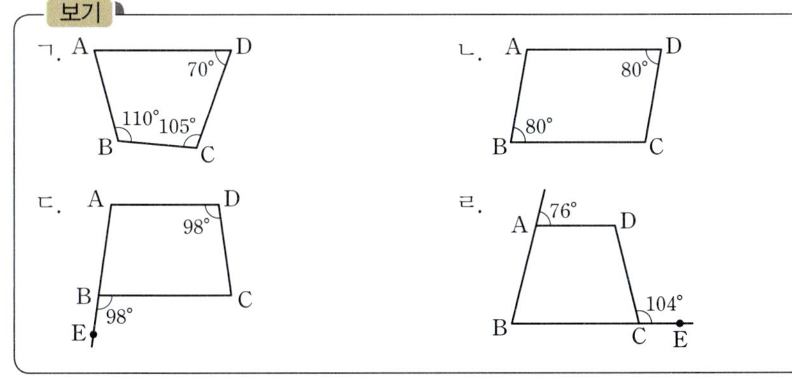

개념 체크

• 오른쪽 그림에서 □ABCD가 원에 내접하면

① $\angle A + \boxed{㉠} = 180°$

② $\angle B + \boxed{㉡} = 180°$

③ $\angle A = \boxed{㉢}$

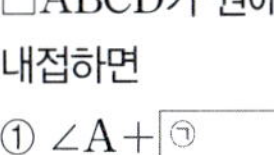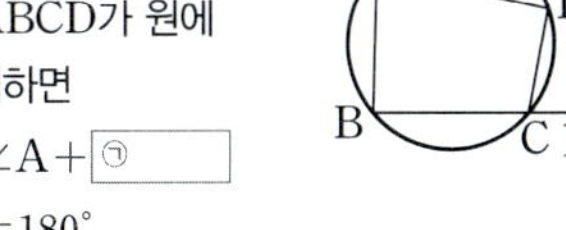

• 오른쪽 그림에서

① $\angle A + \angle BCD = \boxed{㉣}°$

② $\angle B + \angle D = \boxed{㉤}°$

③ $\angle A = \boxed{㉥}$

중의 하나이면 □ABCD는 원에 내접한다.

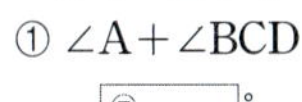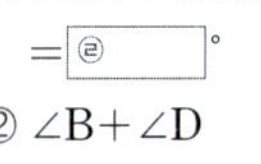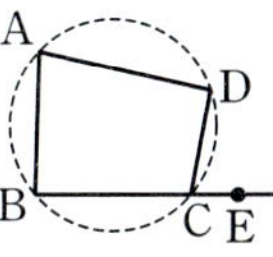

답 | ㉠ $\angle BCD$ ㉡ $\angle D$ ㉢ $\angle DCE$
㉣ 180 ㉤ 180 ㉥ $\angle DCE$

대표 유형 **3** 원에 내접하는 사각형의 성질 (1)

BOB 78쪽

오른쪽 그림과 같이 □ABCD가 원
에 내접하고 ∠BDC=65°,
∠DBC=55°일 때, ∠x의 크기는?

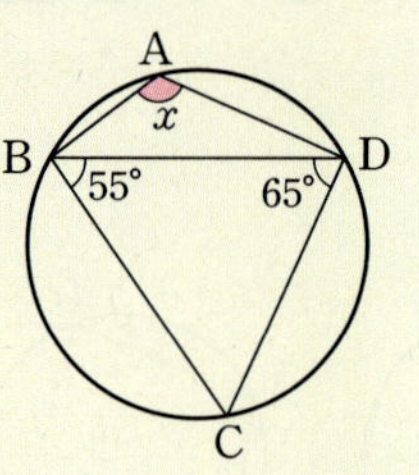

① 100°　　　② 105°

③ 110°　　　④ 115°

⑤ 120°

| 풀이 |

△BCD에서 ∠BCD=180°−(55°+65°)=60°

□ABCD가 원에 내접하므로

∠x=180°−∠BCD=180°−60°=120°

| 답 | ⑤

3-1 숫자 바꾸기

오른쪽 그림과 같이 □ABCD가 원에 내접
하고 ∠ABD=32°, ∠ADB=50°일 때,
∠x의 크기는?

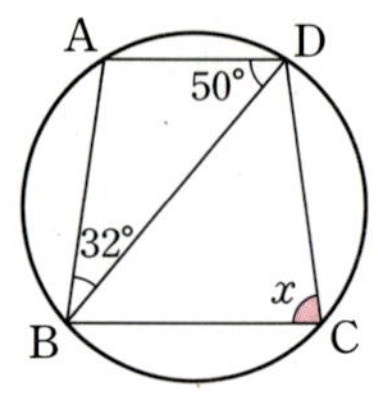

① 80°　　　② 82°

③ 84°　　　④ 86°

⑤ 88°

3-2 표현 바꾸기

오른쪽 그림에서 $\overline{BC}$는 원 O의 지름이고
□ABCD가 원 O에 내접한다.
∠DBC=32°일 때, ∠x의 크기를 구하
시오.

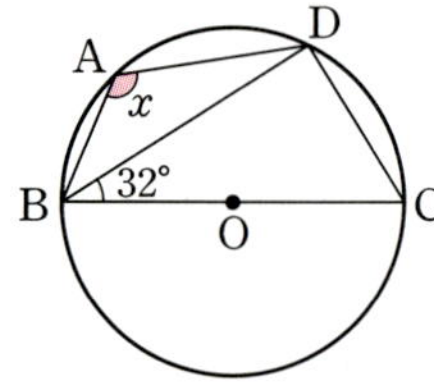

대표 유형 **4** 원에 내접하는 사각형의 성질 (2)

BOB 79쪽

오른쪽 그림과 같이 □ABCD가 원
O에 내접하고 ∠BOD=140°일 때,
∠x의 크기는?

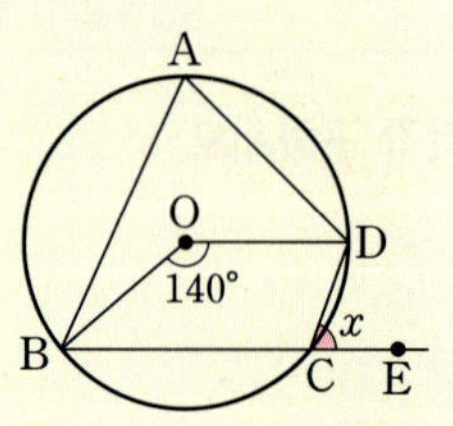

① 65°　　　② 70°

③ 75°　　　④ 80°

⑤ 85°

| 풀이 |

∠BAD=$\dfrac{1}{2}$∠BOD=$\dfrac{1}{2}$×140°=70°

□ABCD가 원 O에 내접하므로 ∠x=∠BAD=70°

| 답 | ②

4-1 숫자 바꾸기

오른쪽 그림과 같이 □ABCD가 원 O에
내접하고 ∠BOD=114°일 때, ∠x의
크기는?

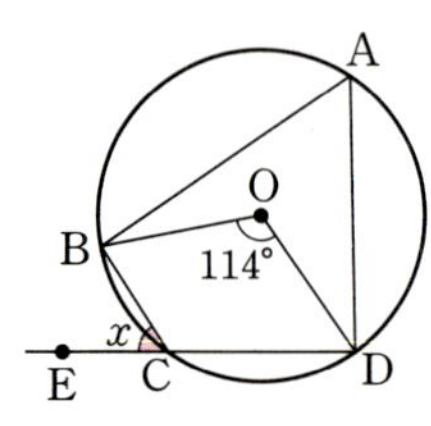

① 54°　　　② 55°

③ 56°　　　④ 57°

⑤ 58°

4-2 표현 바꾸기

오른쪽 그림과 같이 □ABCD가 원
에 내접하고 ∠ABD=60°,
∠DAC=40°, ∠DCE=100°일 때,
∠x+∠y의 크기를 구하시오.

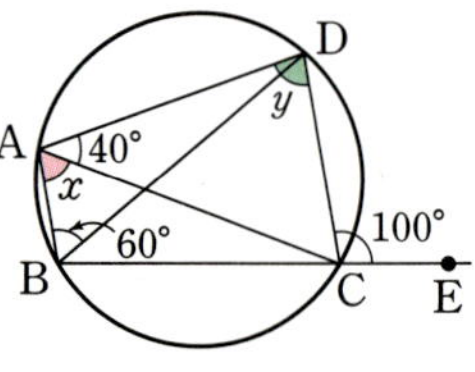

대표 유형 5 원에 내접하는 다각형

오른쪽 그림과 같이 오각형 ABCDE가 원 O에 내접하고 $\angle AED=105°$, $\angle COD=50°$일 때, $\angle ABC$의 크기를 구하시오.

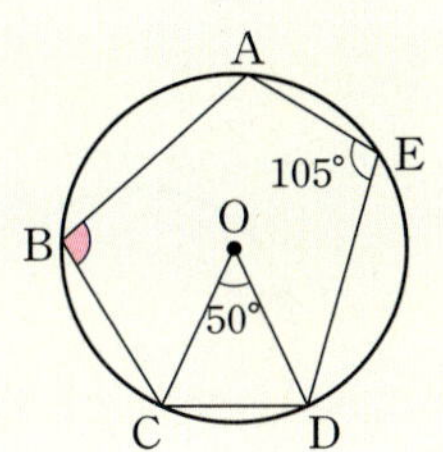

| 풀이 |

오른쪽 그림과 같이 $\overline{CE}$를 그으면

$\angle CED=\dfrac{1}{2}\angle COD=\dfrac{1}{2}\times50°=25°$이므로

$\angle AEC=\angle AED-\angle CED=105°-25°=80°$

이때 □ABCE가 원 O에 내접하므로

$\angle ABC=180°-\angle AEC=180°-80°=100°$

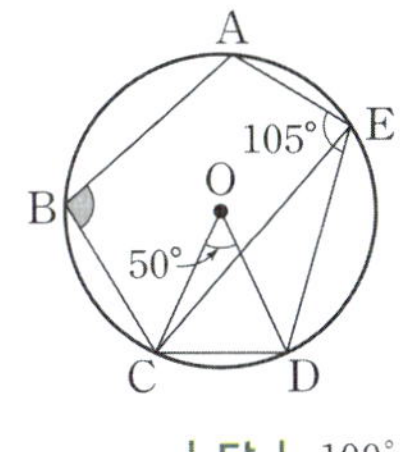

| 답 | $100°$

5-1 표현 바꾸기

오른쪽 그림과 같이 원에 내접하는 육각형 ABCDEF에 대하여 $\angle ABC=105°$, $\angle CDE=120°$일 때, $\angle AFE$의 크기는?

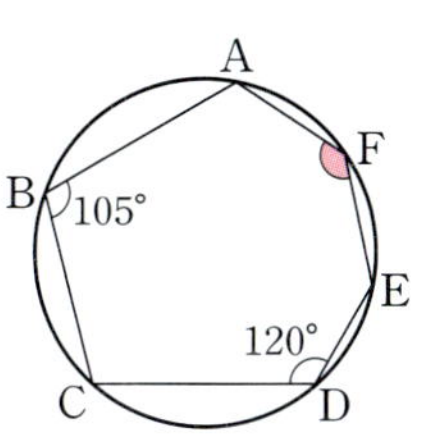

① $125°$　　② $130°$

③ $135°$　　④ $140°$

⑤ $145°$

대표 유형 6 사각형이 원에 내접하기 위한 조건

다음 중 □ABCD가 원에 내접하는 것을 모두 고르면?

(정답 2개)

① 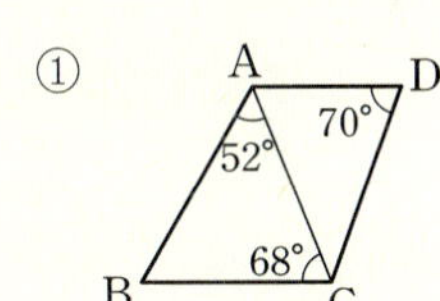　　② 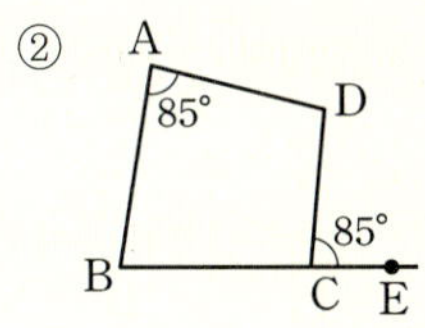

③ 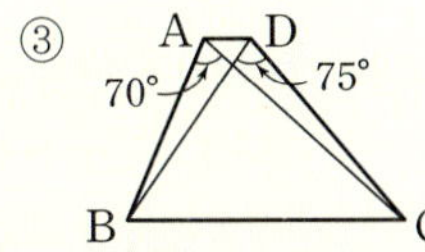　　④ 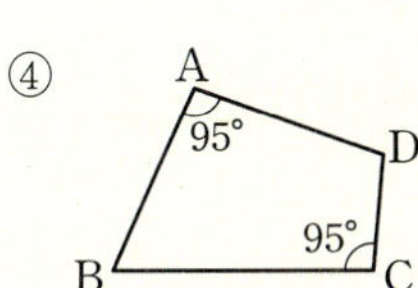

⑤ 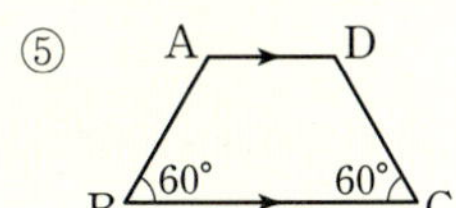

| 풀이 |

① $\angle B=180°-(52°+68°)=60°$

　즉, $\angle B+\angle D\neq180°$이므로 □ABCD는 원에 내접하지 않는다.

② $\angle DCE=\angle A$이므로 □ABCD는 원에 내접한다.

③ $\angle BAC\neq\angle BDC$이므로 □ABCD는 원에 내접하지 않는다.

④ $\angle A+\angle C\neq180°$이므로 □ABCD는 원에 내접하지 않는다.

⑤ $\angle A=180°-60°=120°$

　즉, $\angle A+\angle C=180°$이므로 □ABCD는 원에 내접한다.

따라서 □ABCD가 원에 내접하는 것은 ②, ⑤이다.

| 답 | ②, ⑤

6-1 숫자 바꾸기

다음 보기 중 □ABCD가 원에 내접하지 <u>않는</u> 것을 모두 고르시오.

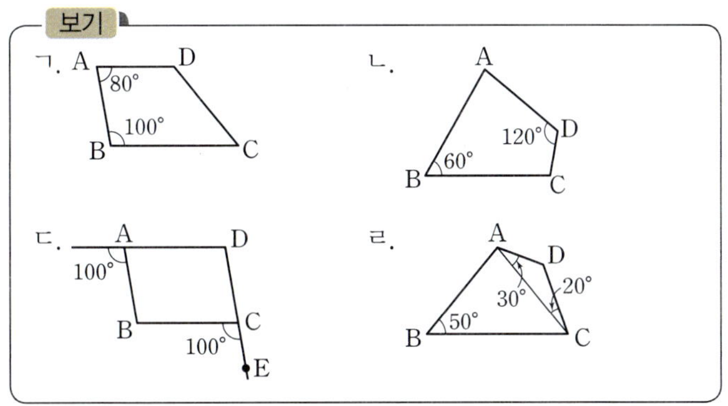

6-2 표현 바꾸기

오른쪽 그림과 같은 □ABCD에서 $\angle ADB=50°$, $\angle BAC=32°$, $\angle BDC=32°$일 때, $\angle ABC$의 크기를 구하시오.

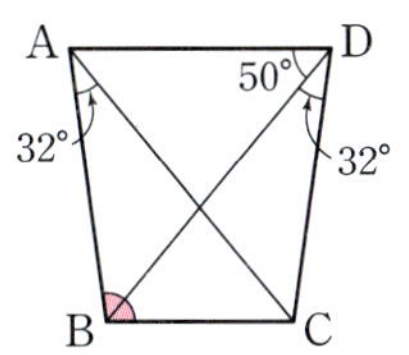

개념 **06** 원의 접선과 현이 이루는 각

원의 접선과 그 접점을 지나는 현이 이루는 각의 크기는 그 각의 내부
에 있는 호에 대한 원주각의 크기와 같다.

➡ **∠BAT = ∠BCA**

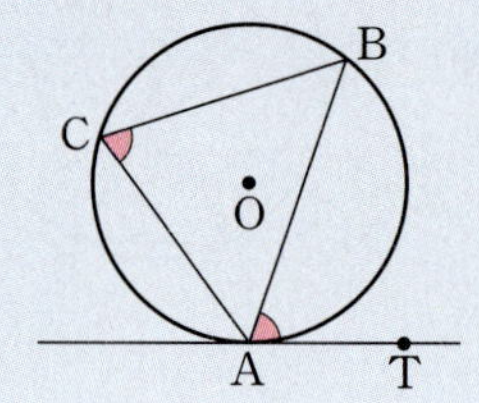

- **원의 접선이 되기 위한 조건**
  원 O에서 ∠BAT=∠BCA이면 직선
  AT는 세 점 A, B, C를 지나는 원 O의
  접선이다.

원의 접선과 현이 이루는 각

오른쪽 그림과 같이 원 O의 지름 AB′을 그으면
∠B′AT=∠B′CA=90°
이때 ∠BAT=90°−∠B′AB, ∠BCA=90°−∠B′CB이고 ∠B′AB=∠B′CB이므로
∠BAT=∠BCA

→ B′B에 대한 원주각

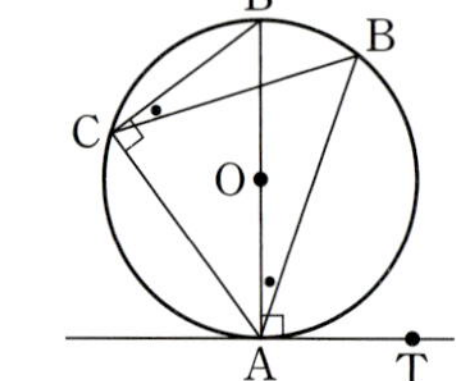

개념 콕콕

정답과 풀이 | 28쪽

1 다음 그림에서 $\overrightarrow{\text{AT}}$가 원의 접선이고 점 A가 접점일 때, ∠$x$의 크기를 구하시오.

(1) 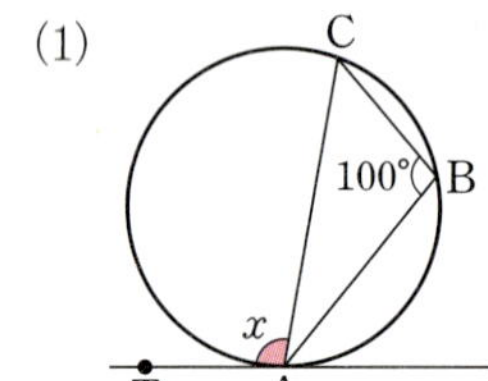

(2) 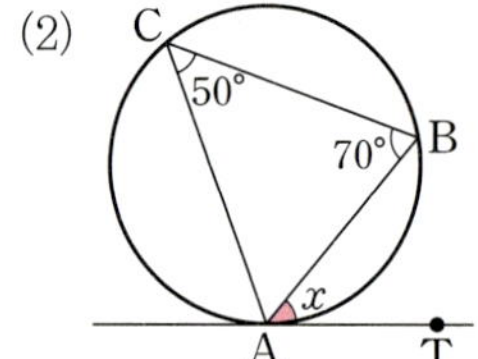

(3) 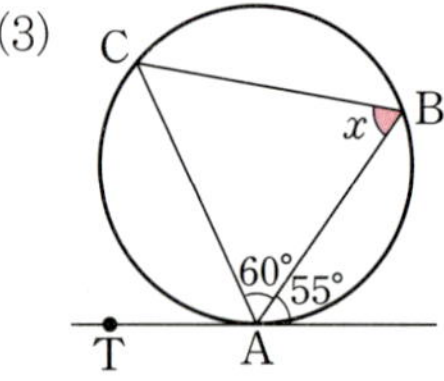

(4) 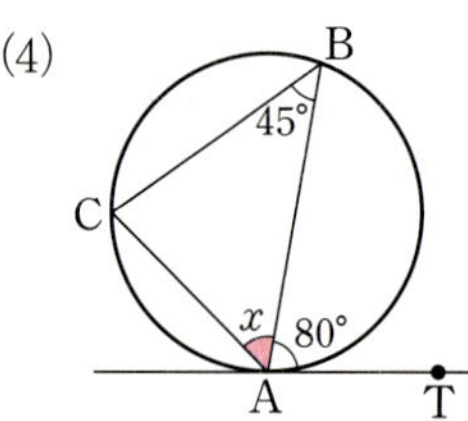

2 다음 그림에서 $\overrightarrow{\text{AT}}$가 원 O의 접선이고 점 A가 접점일 때, ∠x의 크기를 구하시오.

(1) 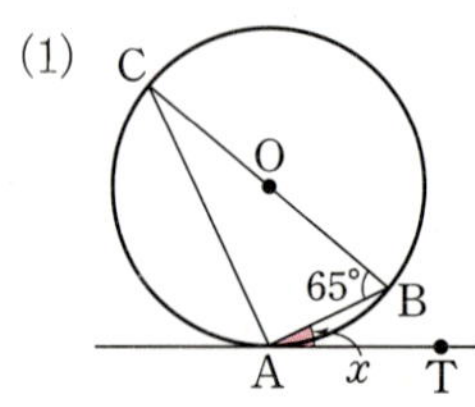

(2) 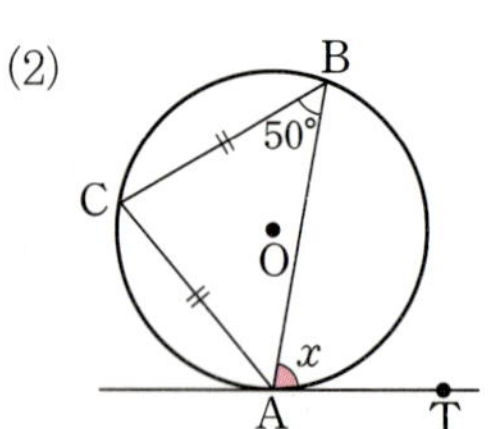

- 오른쪽 그림에서 $\overleftrightarrow{\text{TT}'}$
  이 원의 접선이고 점 A
  가 접점일 때

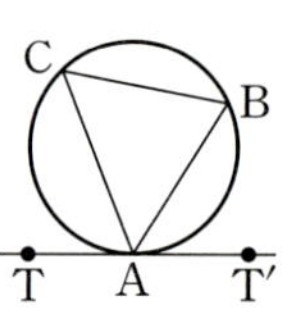

① ∠BAT′
  = ⑦

② ∠CAT= ⑥

답 | ⑦ ∠BCA ⑥ ∠CBA

대표 유형 7 · 접선과 현이 이루는 각 (1)

오른쪽 그림과 같이 □ABCD는 원에 내접하고 $\overleftrightarrow{CT}$는 점 C를 접점으로 하는 원의 접선이다.
∠BAD=80°, ∠BDC=45°일 때, ∠x의 크기를 구하시오.

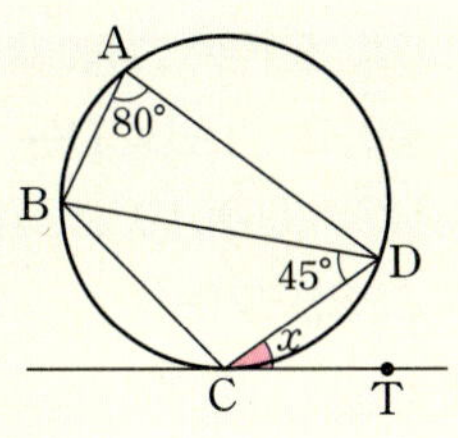

| 풀이 |

□ABCD가 원에 내접하므로 ∠BCD=180°−80°=100°
△BCD에서 ∠DBC=180°−(100°+45°)=35°
∴ ∠x=∠DBC=35°

| 답 | 35°

7-1 숫자 바꾸기

오른쪽 그림과 같이 □ABCD는 원에 내접하고 $\overleftrightarrow{CT}$는 점 C를 접점으로 하는 원의 접선이다. ∠BAD=102°, ∠BCT=38°일 때, ∠x의 크기를 구하시오.

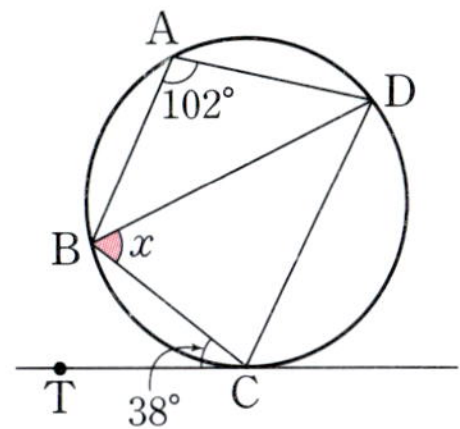

7-2 표현 바꾸기

오른쪽 그림에서 $\overleftrightarrow{AT}$는 원 O의 접선이고 점 A는 접점이다. ∠BAT=56°일 때, ∠x의 크기는?

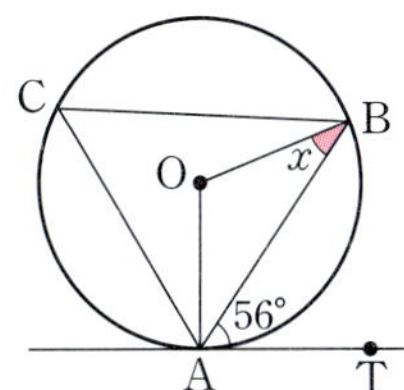

① 30° ② 32°
③ 34° ④ 36°
⑤ 38°

대표 유형 8 · 접선과 현이 이루는 각 (2)

오른쪽 그림에서 $\overleftrightarrow{PT}$는 점 T를 접점으로 하는 원 O의 접선이고 $\overline{PB}$는 원 O의 중심을 지난다.
∠BTC=65°일 때, ∠x의 크기를 구하시오.

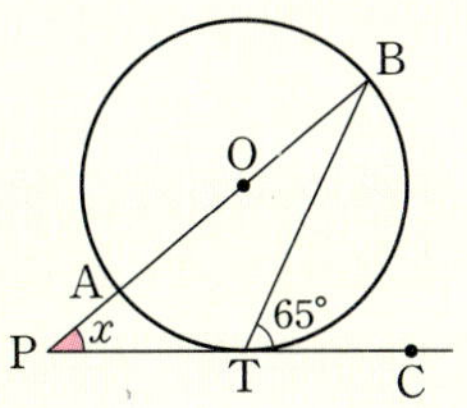

| 풀이 |

오른쪽 그림과 같이 $\overline{AT}$를 그으면
∠BAT=∠BTC=65°
∠ATB=90°이므로
∠ATP=180°−(90°+65°)=25°
따라서 △APT에서 ∠x+25°=65°이므로
∠x=40°

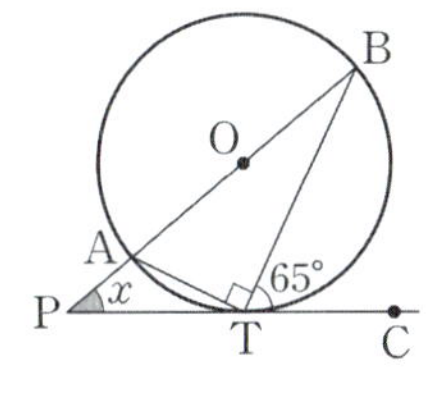

| 답 | 40°

8-1 숫자 바꾸기

오른쪽 그림에서 $\overleftrightarrow{PT}$는 점 T를 접점으로 하는 원 O의 접선이고 $\overline{PB}$는 원 O의 중심을 지난다.
∠BTC=58°일 때, ∠x의 크기를 구하시오.

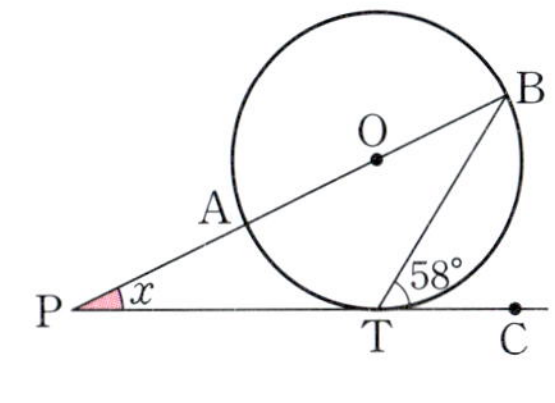

8-2 표현 바꾸기

오른쪽 그림에서 $\overleftrightarrow{CT}$는 원 O의 접선이고 점 C는 접점이다. ∠ABC=110°일 때, ∠DCT의 크기는?

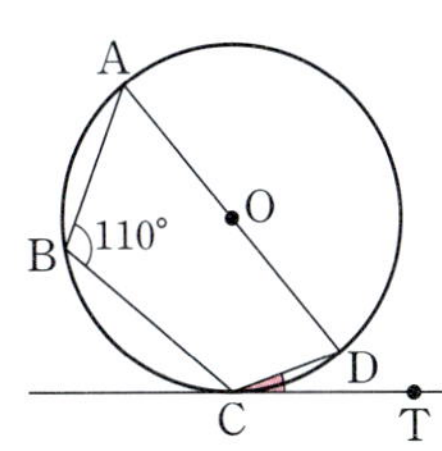

① 20° ② 21°
③ 22° ④ 23°
⑤ 24°

01 다음 중 네 점 A, B, C, D가 한 원 위에 있지 <u>않은</u> 것을 모두 고르면? (정답 2개)

① 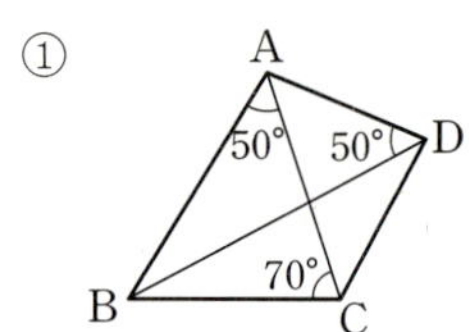

② 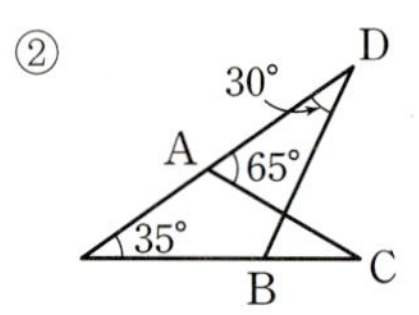

③ 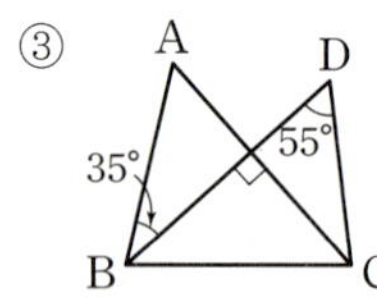

④ 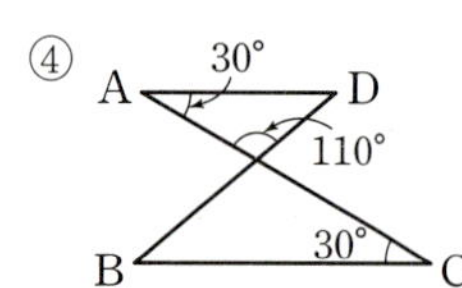

⑤

02 오른쪽 그림에서 $\angle BAD = 95°$, $\angle DBC = 35°$이고 네 점 A, B, C, D가 한 원 위에 있을 때, $\angle x$의 크기를 구하시오.

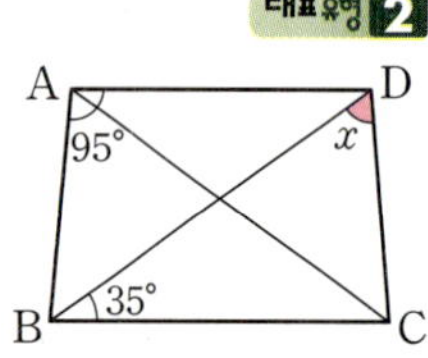

03 오른쪽 그림과 같이 □ABCD가 원에 내접하고 $\overline{AB} = \overline{AC}$, $\angle BAC = 40°$일 때, $\angle x$의 크기는?

① $100°$ ② $105°$
③ $110°$ ④ $115°$
⑤ $120°$

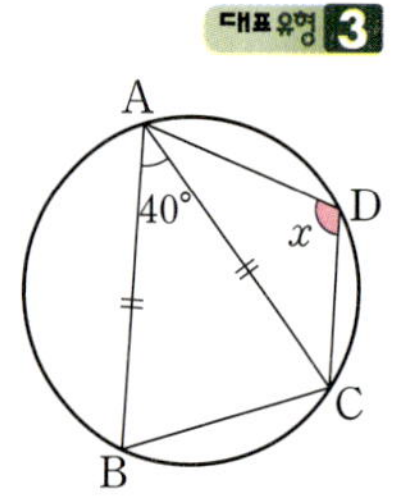

04 오른쪽 그림에서 $\overline{AB}$는 원 O의 지름이고 □ABCD는 원 O에 내접한다. $\overset{\frown}{BC} = \overset{\frown}{CD}$이고 $\angle CAB = 20°$일 때, $\angle x$의 크기는?

① $44°$ ② $46°$
③ $48°$ ④ $50°$
⑤ $52°$

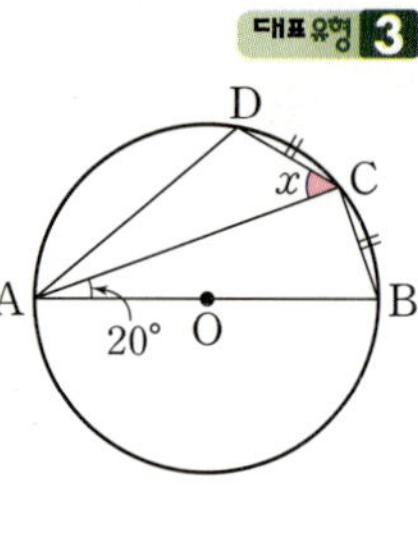

05 오른쪽 그림과 같이 □ABCD가 원에 내접하고 $\angle BAC = 47°$, $\angle BCA = 60°$일 때, $\angle CDE$의 크기를 구하시오.

06 오른쪽 그림과 같이 $\overline{AB}$와 $\overline{CD}$의 연장선의 교점을 P, $\overline{AD}$와 $\overline{BC}$의 연장선의 교점을 Q라고 하자. □ABCD가 원에 내접하고 $\angle ABC = 52°$, $\angle AQB = 40°$일 때, $\angle x$의 크기를 구하시오.

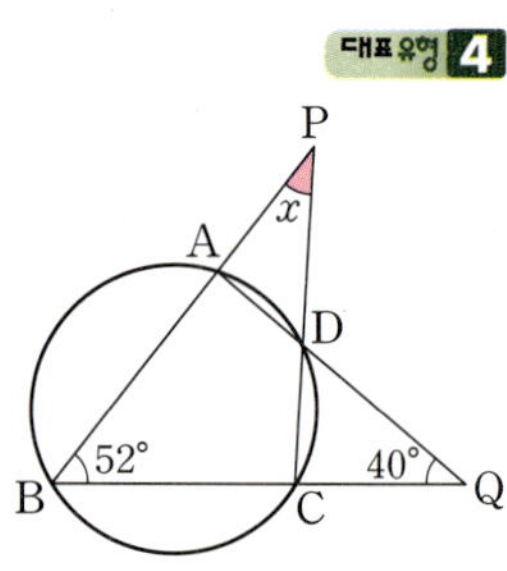

07 오른쪽 그림과 같이 두 원 O, O'이 두 점 P, Q에서 만난다. $\angle PAB = 78°$, $\angle ABQ = 86°$일 때, $\angle DCQ$의 크기를 구하시오.

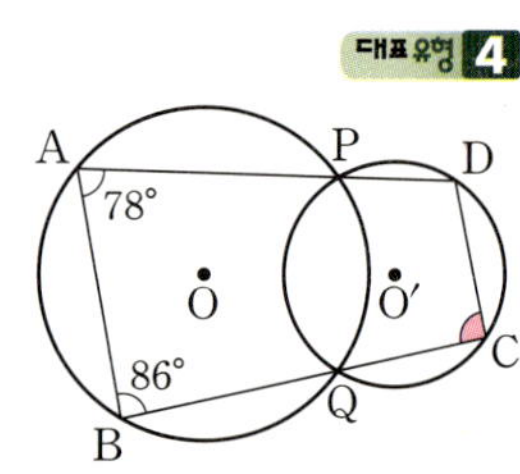

대표유형 5

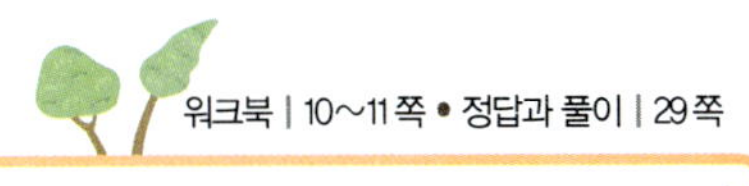

08 오른쪽 그림과 같이 오각형 ABCDE가 원 O에 내접하고 $\angle BAE=110°$, $\angle CDE=100°$일 때, $\angle x$의 크기는?

① $60°$　② $65°$　③ $70°$　④ $75°$　⑤ $80°$

대표유형 6

09 다음 중 □ABCD가 원에 내접하는 것은?

①

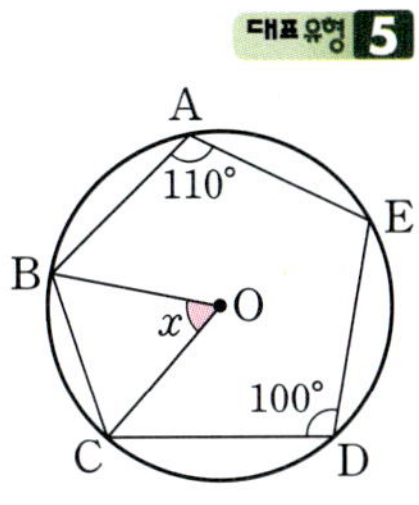

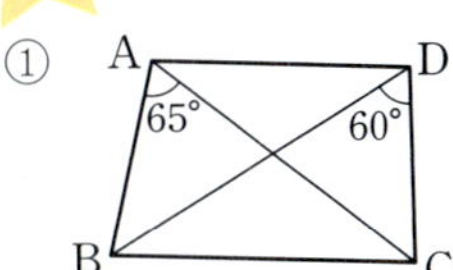

②

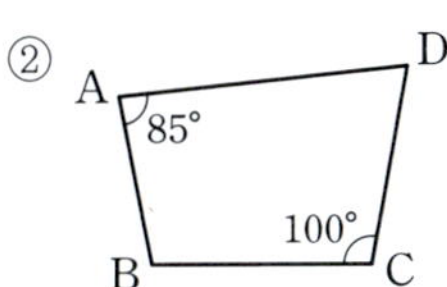

③

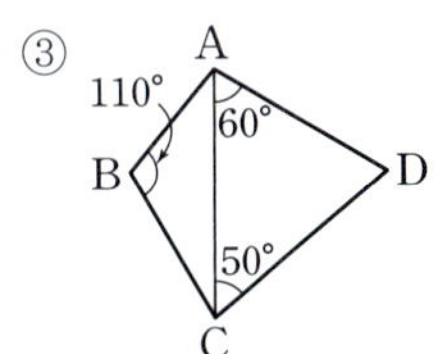

④

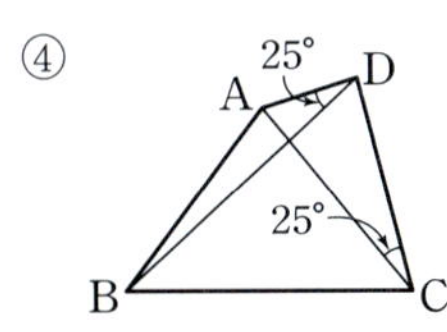

⑤

대표유형 7

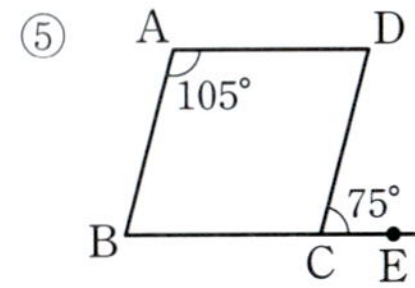

10 오른쪽 그림에서 $\overleftrightarrow{AT}$는 원 O의 접선이고 점 A는 접점이다. $\angle BAT=65°$일 때, $\angle BOA$의 크기는?

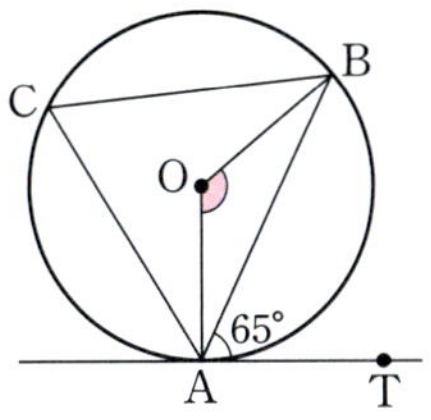

① $120°$　② $125°$　③ $130°$　④ $135°$　⑤ $140°$

대표유형 7

11 오른쪽 그림에서 원 O는 $\triangle ABC$의 내접원이면서 $\triangle DEF$의 외접원이다. $\angle B=30°$, $\angle FDE=55°$일 때, $\angle DEF$의 크기는?

① $40°$　② $45°$　③ $50°$　④ $55°$　⑤ $60°$

생각이 쑥쑥　대표유형 7

12 오른쪽 그림에서 $\overleftrightarrow{BT}$는 원의 접선이고 점 B는 접점이다. $\overset{\frown}{AB}:\overset{\frown}{BC}:\overset{\frown}{CA}=3:4:5$일 때, $\angle y-\angle x$의 크기를 구하시오.

대표유형 8

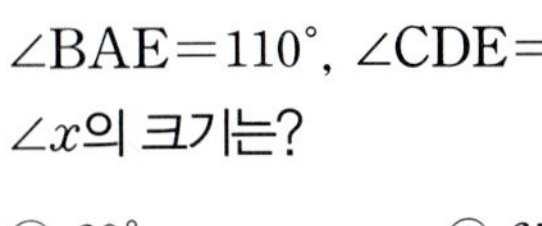

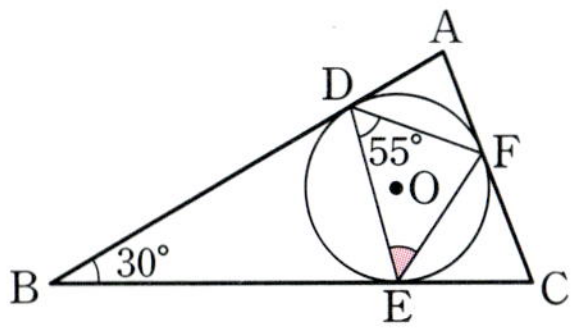

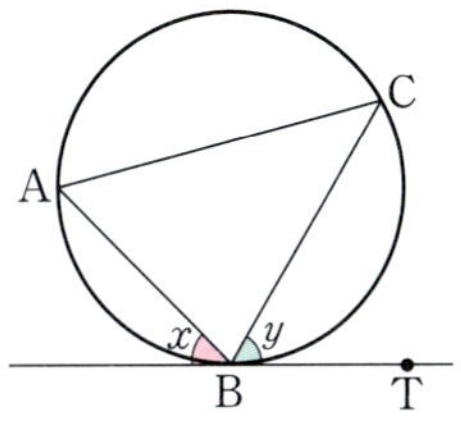

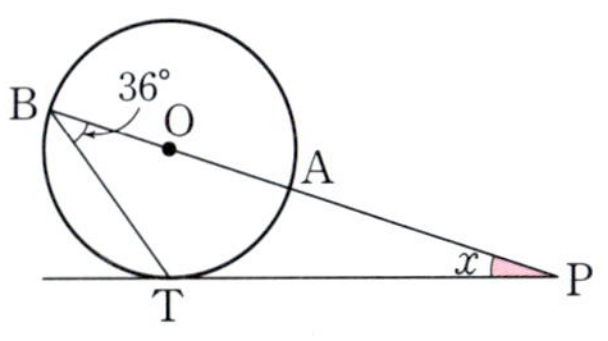

13 오른쪽 그림에서 $\overleftrightarrow{PT}$는 점 T를 접점으로 하는 원 O의 접선이고 $\overline{PB}$는 원 O의 중심을 지난다. $\angle PBT=36°$일 때, $\angle x$의 크기는?

① $16°$　② $17°$　③ $18°$　④ $19°$　⑤ $20°$

대표유형 8

14 오른쪽 그림에서 $\overleftrightarrow{BT}$는 점 B를 접점으로 하는 원 O의 접선이고 $\overline{AC}$는 원 O의 지름이다. $\angle ABT=57°$일 때, $\angle BDC$의 크기를 구하시오.

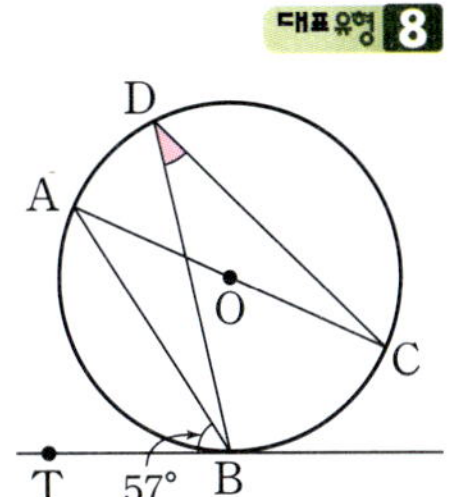

01 오른쪽 그림과 같은 원 O에서 ∠AOC=124°, ∠BQC=25°일 때, ∠APB의 크기는?

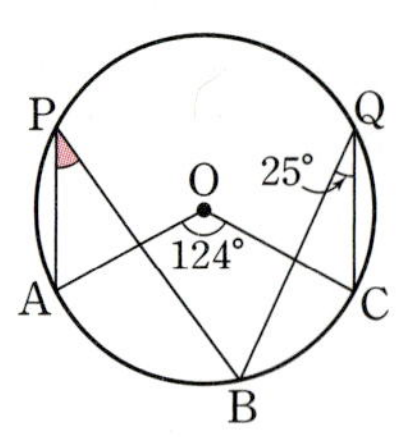

① 35° ② 36°

③ 37° ④ 38°

⑤ 39°

02 오른쪽 그림과 같이 원 모양의 공연장의 한쪽 끝에 가로의 길이가 10 m인 무대를 설치하였다. 공연장 경계의 한 지점에서 무대의 양 끝을 바라본 각의 크기가 30°일 때, 이 공연장의 지름의 길이를 구하시오.

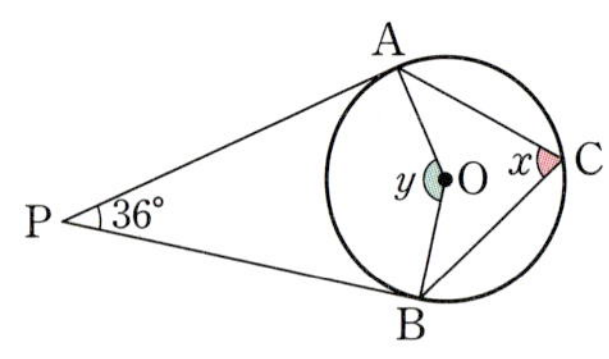

03 오른쪽 그림에서 $\overline{PA}$, $\overline{PB}$는 원 O의 접선이고 두 점 A, B는 접점이다. ∠APB=36°일 때, ∠x+∠y의 크기를 구하시오.

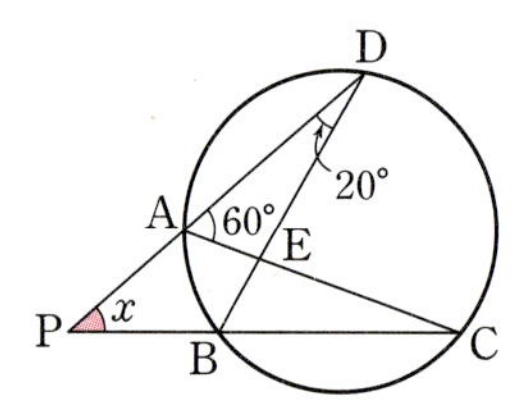

04 오른쪽 그림과 같은 원에서 ∠PDB=20°, ∠DAC=60°일 때, ∠x의 크기를 구하시오.

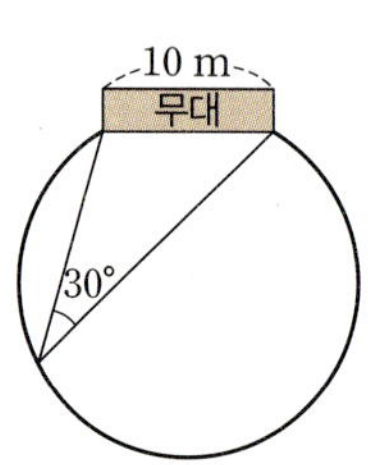

05 오른쪽 그림에서 $\overline{AB}$는 원 O의 지름이고 ∠ABC=36°, ∠DAC=82°일 때, ∠DPB의 크기는?

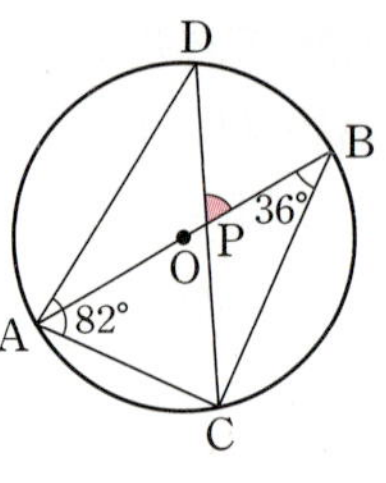

① 58° ② 60°

③ 62° ④ 64°

⑤ 66°

06 오른쪽 그림과 같은 원에서 점 P는 두 현 AC, BD의 교점이고 $\overparen{CD}$=6 cm, ∠ADB=35°, ∠APB=75°일 때, 원의 둘레의 길이를 구하시오.

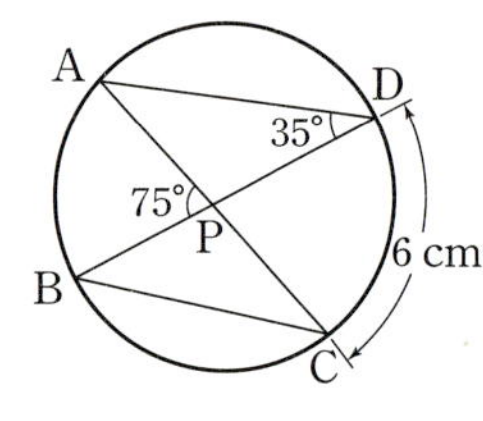

07 오른쪽 그림과 같은 원에서 $\overparen{AB}$: $\overparen{CD}$=3 : 1이고 ∠AEB=32°일 때, ∠x의 크기를 구하시오.

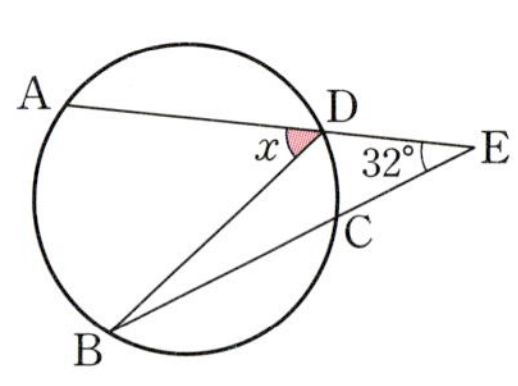

08 오른쪽 그림에서 네 점 A, B, C, D가 한 원 위에 있을 때, ∠y−∠x의 크기를 구하시오.

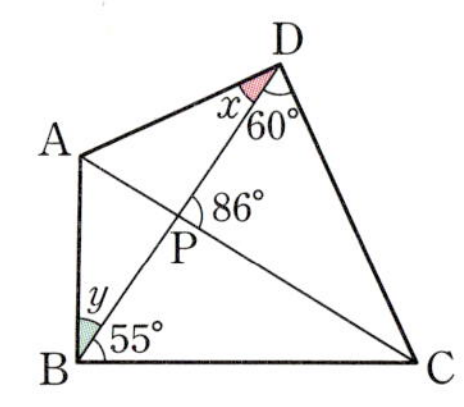

09 오른쪽 그림과 같이 □ABCD가 원 O에 내접하고 ∠BAD=52°일 때, ∠x+∠y의 크기를 구하시오.

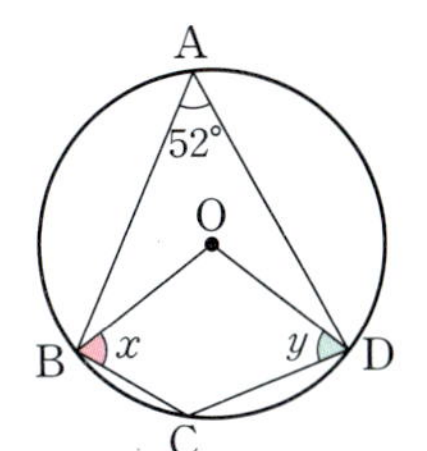

13 오른쪽 그림에서 $\overleftrightarrow{\text{AT}}$는 원의 접선이고 점 A는 접점이다. $\overarc{\text{BC}}=\overarc{\text{CA}}$, ∠BCA=110°일 때, ∠CAT의 크기는?

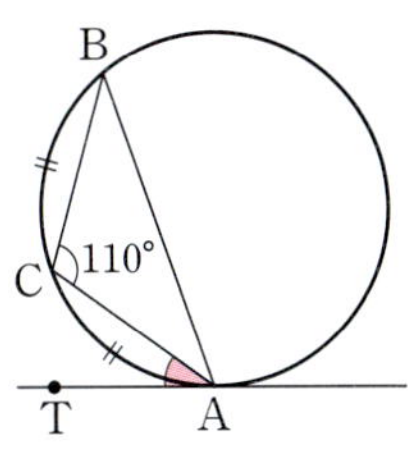

① 20° ② 25°
③ 30° ④ 35°
⑤ 40°

10 오른쪽 그림과 같이 $\overline{\text{AB}}$와 $\overline{\text{CD}}$의 연장선의 교점을 P, $\overline{\text{AD}}$와 $\overline{\text{BC}}$의 연장선의 교점을 Q라고 하자. □ABCD가 원에 내접하고 ∠BPC=35°, ∠DQC=43°일 때, ∠x의 크기를 구하시오.

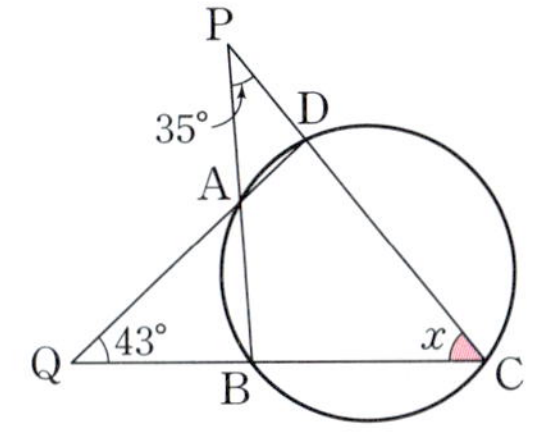

14 오른쪽 그림과 같이 지름의 길이가 12 cm인 원 O에서 $\overleftrightarrow{\text{PT}}$는 점 P를 접점으로 하는 접선이고 ∠BPT=60°일 때, △APB의 넓이를 구하시오.

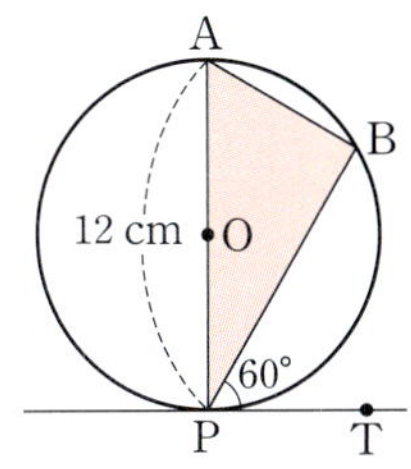

11 오른쪽 그림과 같이 두 원 O, O′이 두 점 P, Q에서 만나고 ∠PDC=115°일 때, ∠x의 크기는?

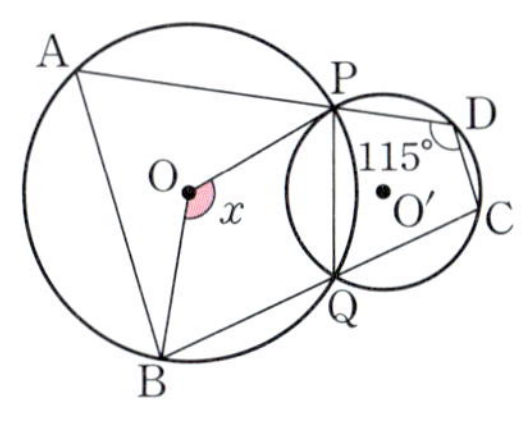

① 110° ② 120°
③ 130° ④ 140°
⑤ 150°

15 오른쪽 그림에서 $\overleftrightarrow{\text{PT}}$는 점 T를 접점으로 하는 원 O의 접선이고 $\overline{\text{PB}}$는 원 O의 중심을 지난다. ∠ATP=35°일 때, $\overarc{\text{AT}}$: $\overarc{\text{BT}}$는?

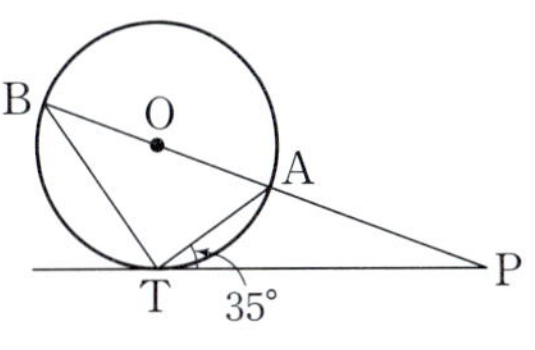

① 2 : 3 ② 3 : 5 ③ 4 : 7
④ 5 : 8 ⑤ 7 : 11

12 다음 보기의 사각형 중에서 항상 원에 내접하는 것을 모두 고르시오.

보기
ㄱ. 마름모   ㄴ. 평행사변형
ㄷ. 직사각형   ㄹ. 정사각형
ㅁ. 사다리꼴   ㅂ. 등변사다리꼴

16 오른쪽 그림에서 $\overleftrightarrow{\text{EF}}$는 두 원의 공통인 접선이고 ∠ABP=75°, ∠DCP=63°일 때, ∠x의 크기를 구하시오.

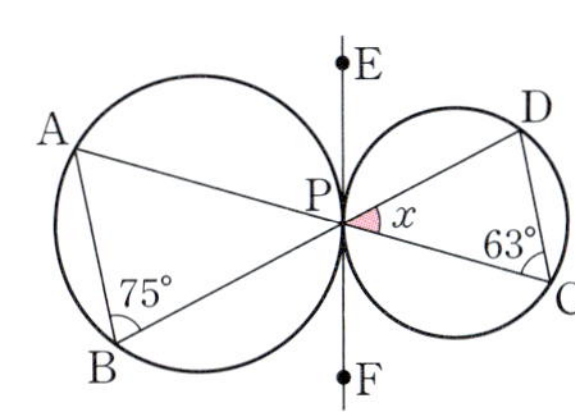

🏠 서술형 문제

발전 문제

17 오른쪽 그림에서 $\overline{AB}$는 반원 O의 지름이고 점 P는 $\overline{AC}$, $\overline{BD}$의 연장선의 교점이다. $\angle COD = 42°$ 일 때, $\angle x$의 크기를 구하시오.

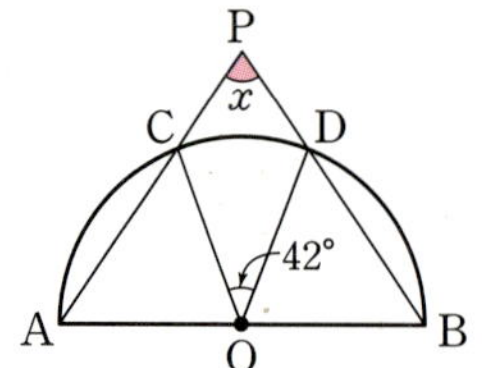

풀이

답 ________________

18 오른쪽 그림과 같은 원에서 $\widehat{AB}$의 길이는 원의 둘레의 길이의 $\dfrac{2}{9}$이고 $\widehat{AB} : \widehat{CD} = 2 : 3$일 때, $\angle CPD$의 크기를 구하시오.

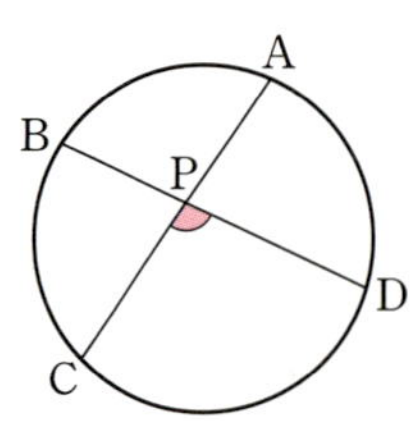

풀이

답 ________________

19 오른쪽 그림과 같이 $\square ABCD$는 원에 내접하고 $\overline{PC}$는 점 C를 접점으로 하는 원의 접선이다. $\angle BAC = 40°$, $\angle ADC = 108°$일 때, $\angle BPC$의 크기를 구하시오.

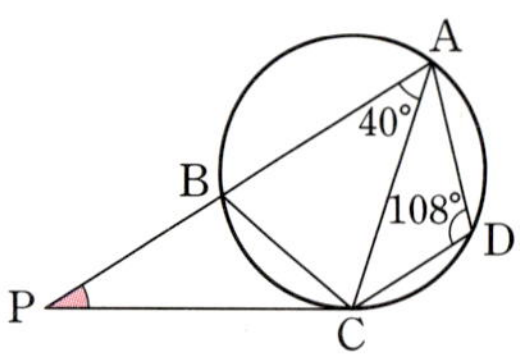

풀이

답 ________________

20 오른쪽 그림과 같이 반지름의 길이가 3인 원 O에 내접하는 $\triangle ABC$에서 $\overline{BC} = 4$일 때, $\cos A$의 값을 구하시오.

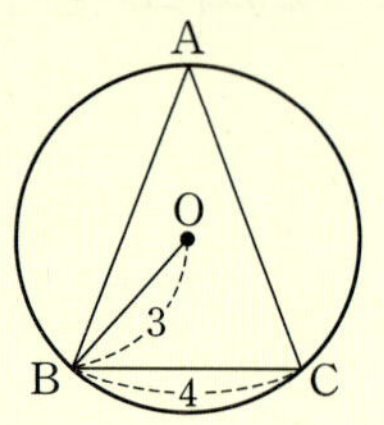

🔶**해결 Point** 반원에 대한 원주각의 크기는 90°이므로 직각삼각형을 찾아 $\cos A$의 값을 구한다.

21 오른쪽 그림과 같이 $\square ABCD$가 원에 내접하고 $\widehat{AE} = \widehat{DE}$이다. $\angle EBC = 55°$일 때, $\angle x$의 크기는?

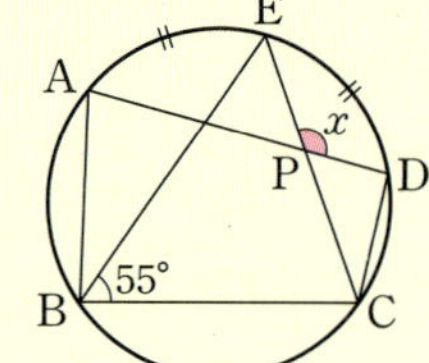

① 110° ② 115°
③ 120° ④ 125°
⑤ 130°

🔶**해결 Point** 길이가 같은 호에 대한 원주각의 크기는 같으므로 $\angle ABE = \angle ECD = \angle a$라 하고 $\angle ADC$의 크기를 $\angle a$에 대한 식으로 나타낸다.

22 오른쪽 그림에서 $\overline{AB}$는 원 O의 지름이고 $\overrightarrow{HT}$는 점 T를 접점으로 하는 원 O의 접선이다. $\overline{AH} \perp \overrightarrow{HT}$이고 $\overline{AB} = 15$, $\overline{AH} = 6$일 때, $\overline{HT}$의 길이를 구하시오.

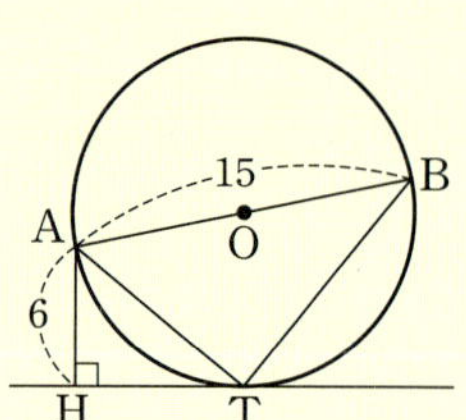

🔶**해결 Point** 닮음인 두 직각삼각형을 찾은 후 닮음비를 이용하여 변의 길이를 구한다.

1 대푯값, 산포도, 상관관계

개념 되짚어 보기

- **줄기와 잎 그림** : 줄기와 잎을 이용하여 자료를 나타낸 그림
- **도수분포표** : 전체 자료를 몇 개의 계급으로 나누고, 각 계급에 속하는 도수를 조사하여 나타낸 표
- **히스토그램** : 도수분포표에서 각 계급의 크기를 가로로, 그 계급의 도수를 세로로 하는 직사각형을 그린 그래프

개념 01 대푯값

(1) **대푯값** : 자료 전체의 특징을 대표적으로 나타내는 값

┌─ 자료를 수량으로 나타낸 것

(2) **평균** : 전체 변량의 총합을 변량의 개수로 나눈 값

$$(평균)=\dfrac{(변량의\ 총합)}{(변량의\ 개수)}$$

┌─ 자료에 극단적인 값이 있는 경우에는 중앙값을 대푯값으로 하는 것이 더 적절하다.

(3) **중앙값** : 자료를 작은 값에서부터 크기순으로 나열할 때, 한가운데에 있는 값

① 자료의 개수가 홀수이면 한가운데에 있는 값이 중앙값이다.

② 자료의 개수가 짝수이면 한가운데에 있는 두 값의 평균이 중앙값이다.

┌─ 자료가 수치로 주어지지 않은 경우에는 최빈값을 대푯값으로 하는 것이 더 적절하다.

(4) **최빈값** : 자료의 값 중 가장 많이 나타난 값

① 자료의 값 중 도수가 가장 큰 값이 한 개 이상 있으면 그 값이 모두 최빈값이다.

② 자료의 값이 모두 다르면 최빈값은 없다.

> • 대푯값에는 평균, 중앙값, 최빈값 등이 있으며, 이 중 가장 많이 사용되는 것은 평균이다.

용어

중앙(가운데 中, 가운데 央)**값**
한가운데에 있는 값

최빈(가장 最, 자주 頻)**값**
가장 자주 나타나는 값

바이블 Point

중앙값을 구하는 방법

n개의 변량을 작은 값에서부터 크기순으로 나열할 때, 중앙값은

(1) n이 홀수인 경우 : $\dfrac{n+1}{2}$번째 자료의 값

 예 자료가 1, 2, 3, 4, 5이면 중앙값은 **3**이다.

(2) n이 짝수인 경우 : $\dfrac{n}{2}$번째와 $\left(\dfrac{n}{2}+1\right)$번째 자료의 값의 평균

 예 자료가 1, 2, 3, 4이면 중앙값은 $\dfrac{2+3}{2}=2.5$이다.

 개념 콕콕

정답과 풀이 | 33쪽

1 다음 자료의 평균을 구하시오.

(1) 2, 3, 6, 6, 8

(2) 11, 13, 15, 17, 19, 21

2 다음은 주어진 자료의 중앙값을 구하는 과정이다. □ 안에 알맞은 수를 써넣으시오.

(1) 10, 13, 18, 15, 11

➡ 주어진 자료를 작은 값에서부터 크기순으로 나열하면

10, 11, ☐, ☐, 18

따라서 중앙값은 ☐이다.

(2) 22, 30, 23, 30, 24, 26

➡ 주어진 자료를 작은 값에서부터 크기순으로 나열하면

22, 23, ☐, ☐, 30, 30

따라서 중앙값은

$$\dfrac{☐+☐}{2}=☐$$

3 다음 자료의 최빈값을 구하시오.

(1) 1, 2, 3, 3, 4, 5

(2) 1, 2, 2, 3, 3, 4

(3) 1, 2, 3, 4, 5, 6

개념 체크

• ☐㉠ $=\dfrac{(변량의\ 총합)}{(변량의\ 개수)}$

• 자료를 작은 값에서부터 크기순으로 나열할 때, 한가운데에 있는 값을 ☐㉡ 이라고 한다.

• 자료의 값 중 가장 많이 나타난 값을 ☐㉢ 이라고 한다.

답 | ㉠ 평균 ㉡ 중앙값 ㉢ 최빈값

대표 유형 1 주어진 자료의 평균 구하기

BOB 94쪽

다음 표는 학생 6명의 몸무게를 조사하여 나타낸 것이다. 몸무게의 평균을 구하시오.

학생	A	B	C	D	E	F
몸무게(kg)	41	44	38	50	63	52

| 풀이 |

$$(\text{평균}) = \frac{41+44+38+50+63+52}{6}$$
$$= \frac{288}{6} = 48(\text{kg})$$

| 답 | 48 kg

1-1 숫자 바꾸기

다음 표는 재민이가 일주일 동안 받은 문자 메시지의 개수를 조사하여 나타낸 것이다. 받은 문자 메시지의 개수의 평균을 구하시오.

요일	월	화	수	목	금	토	일
개수(개)	4	3	2	5	4	2	1

1-2 표현 바꾸기

오른쪽 줄기와 잎 그림은 하윤이네 반 학생 8명이 1년 동안 읽은 책의 수를 조사하여 나타낸 것이다. 이 자료의 평균을 구하시오.

(0 | 4는 4권)

줄기	잎
0	4
1	0 2 5 8
2	1 1 3

대표 유형 2 평균이 주어졌을 때, 변량 구하기

BOB 94쪽

다음 자료는 우진이가 1학기 기말고사에서 얻은 5과목의 성적을 조사하여 나타낸 것이다. 성적의 평균이 90점일 때, x의 값을 구하시오.

(단위 : 점)

$$87, \quad 88, \quad 90, \quad x, \quad 93$$

| 풀이 |

5과목의 성적의 평균이 90점이므로

$$\frac{87+88+90+x+93}{5}=90, \ 358+x=450 \qquad \therefore x=92$$

| 답 | 92

2-1 숫자 바꾸기

다음 자료는 세현이의 7회에 걸친 턱걸이 횟수를 조사하여 나타낸 것이다. 턱걸이 횟수의 평균이 5회일 때, x의 값을 구하시오.

(단위 : 회)

$$2, \quad 3, \quad 5, \quad x, \quad 9, \quad 6, \quad 7$$

2-2 표현 바꾸기

3개의 변량 a, b, c의 평균이 6일 때, 5개의 변량 a, b, c, 10, 12의 평균은?

① 5 ② 6 ③ 7

④ 8 ⑤ 9

대표 유형 **3**　중앙값 구하기
BOB 95쪽

다음 자료는 지원이네 반 학생 6명의 일주일 동안의 컴퓨터 사용 시간을 조사하여 작은 값에서부터 크기순으로 나열한 것이다. 이 자료의 중앙값이 9시간일 때, x의 값을 구하시오.

(단위 : 시간)

$$2, \quad 7, \quad x, \quad 10, \quad 11, \quad 14$$

| 풀이 |

중앙값이 9시간이므로

$\dfrac{x+10}{2}=9,\ x+10=18 \qquad \therefore x=8$

| 답 | 8

3-1　숫자 바꾸기

다음 자료는 다은이네 반 학생 8명의 1분 동안의 맥박 수를 조사하여 작은 값에서부터 크기순으로 나열한 것이다. 이 자료의 중앙값이 72회일 때, x의 값을 구하시오.

(단위 : 회)

$$63, \quad 65, \quad 68, \quad 70, \quad x, \quad 74, \quad 75, \quad 78$$

3-2　표현 바꾸기

다음 자료는 두 야구팀 A, B의 타자들이 한 달 동안 친 안타의 수를 조사하여 나타낸 것이다. A팀의 안타의 수의 중앙값을 x개, B팀의 안타의 수의 중앙값을 y개라고 할 때, $x+y$의 값을 구하시오.

(단위 : 개)

A팀 : 4, 　9, 　8, 　7, 　6
B팀 : 7, 　5, 　9, 　8, 　9

대표 유형 **4**　최빈값 구하기
BOB 95쪽

오른쪽 표는 준희네 반 학생 22명이 선호하는 영화의 장르를 조사하여 나타낸 것이다. 이 자료의 최빈값은?

영화	학생 수(명)
액션	5
SF	3
코미디	8
멜로	4
스릴러	2

① 액션　　　② SF
③ 코미디　　④ 멜로
⑤ 스릴러

| 풀이 |

코미디를 선호하는 학생이 가장 많으므로 주어진 자료의 최빈값은 ③ 코미디이다.

| 답 | ③

4-1　숫자 바꾸기

오른쪽 표는 보라네 반 학생 25명이 선호하는 운동의 종류를 조사하여 나타낸 것이다. 이 자료의 최빈값은?

운동	학생 수(명)
농구	6
축구	4
야구	4
수영	9
태권도	2

① 농구　　　② 축구
③ 야구　　　④ 수영
⑤ 태권도

4-2　표현 바꾸기

다음 자료의 평균과 최빈값이 같을 때, x의 값을 구하시오.

$$9, \quad 8, \quad 11, \quad x, \quad 8, \quad 6, \quad 8$$

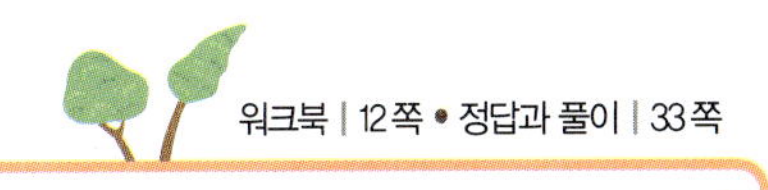

대표유형 1

01 다음 표는 학생 10명의 미술 실기 성적을 조사하여 나타낸 것이다. 미술 실기 성적의 평균을 구하시오.

성적(점)	6	7	8	9	10
학생 수(명)	1	2	3	3	1

대표유형 2

02 주형이의 4회에 걸친 국어 성적이 87점, 91점, 89점, 94점이다. 5회의 시험에서 몇 점을 받아야 5회까지의 평균이 91점이 되는가?

① 91점   ② 92점   ③ 93점

④ 94점   ⑤ 95점

대표유형 2

03 4개의 변량 a, b, c, d의 평균이 5일 때, 4개의 변량 $3a-1$, $3b-1$, $3c-1$, $3d-1$의 평균은?

① 12   ② 13   ③ 14

④ 15   ⑤ 16

대표유형 3

04 아래 자료는 학생 7명의 여름 방학 동안의 봉사활동 시간을 조사하여 나타낸 것이다. 다음 물음에 답하시오.

(단위 : 시간)

$$3, \quad 2, \quad 1, \quad 23, \quad 1, \quad 3, \quad 2$$

(1) 봉사활동 시간의 평균과 중앙값을 각각 구하시오.

(2) (1)에서 구한 평균과 중앙값 중 자료의 대푯값으로 더 적절한 것은 어느 것인지 쓰시오.

대표유형 3

05 다음 자료는 6개의 변량을 작은 값에서부터 크기순으로 나열한 것이다. 이 자료의 중앙값이 22일 때, x의 값을 구하시오.

$$15, \quad 18, \quad x, \quad 24, \quad 26, \quad 27$$

생각이 쑥쑥   **대표유형 3**

06 어느 동아리 학생 8명의 윗몸일으키기 횟수를 작은 값에서부터 크기순으로 나열하면 4번째 학생의 윗몸일으키기 횟수는 23회이고, 중앙값은 25회라고 한다. 이 동아리에 윗몸일으키기 횟수가 28회인 학생이 가입했을 때, 학생 9명의 윗몸일으키기 횟수의 중앙값을 구하시오.

대표유형 4

07 오른쪽 줄기와 잎 그림은 어느 도서관 회원 14명이 일 년 동안 빌린 책의 수를 조사하여 나타낸 것이다. 이 자료의 중앙값을 a권, 최빈값을 b권이라고 할 때, $a+b$의 값은?

(0 | 1은 1권)

줄기	잎			
0	1	2	3	7
1	0	4	4	6	8
2	3	5		
3	1	4	6	

① 26   ② 27   ③ 28

④ 29   ⑤ 30

대표유형 4

08 다음 자료는 학생 8명의 일주일 동안의 TV 시청 시간을 조사하여 나타낸 것이다. 이 자료의 최빈값이 7시간일 때, 중앙값을 구하시오.

(단위 : 시간)

$$7, \quad 7, \quad 8, \quad x, \quad 6, \quad 8, \quad 5, \quad 13$$

(1) 산포도

① 산포도 : 자료가 흩어져 있는 정도를 하나의 수로 나타낸 값

② 변량이 대푯값에 가까이 모여 있으면 산포도가 작고, 대푯값에서 멀리 흩어져 있으면 산포도가 크다.

(2) 편차

① 편차 : 어떤 자료의 각 변량에서 평균을 뺀 값

$$(\text{편차})=(\text{변량})-(\text{평균})$$ → 편차를 구하려면 먼저 평균을 구한다.

② 편차의 성질

㉠ 편차의 합은 0이다.
　① (변량)>(평균) ⇨ (편차)>0
　② (변량)<(평균) ⇨ (편차)<0

㉡ 평균보다 큰 변량의 편차는 양수이고, 평균보다 작은 변량의 편차는 음수이다.

㉢ 편차의 절댓값이 작을수록 변량은 평균에 가까이 모여 있고, 편차의 절댓값이 클수록 변량은 평균에서 멀리 떨어져 있다.

- 두 자료에서 자료의 평균은 같아도 흩어져 있는 정도는 다를 수 있기 때문에 두 자료를 비교하기에 대푯값만으로는 충분하지 않다.
 따라서 자료의 분포 상태를 알아보기 위하여 산포도를 이용한다.

- (편차)=(변량)−(평균)이므로
 (변량)=(편차)+(평균)이다.

용어

산포도(흩어지다 散, 펴다 布, 정도 度)
변량이 자료의 중심으로부터 흩어진 정도

바이블 Point

(1) 변량이 평균에 가까이 모여 있으면 '산포도가 작다.'고 한다.

예 변량 2, 3, 3, 4에 대하여

$$(\text{평균})=\frac{2+3+3+4}{4}=\frac{12}{4}=3$$

이때 아래 그림과 같이 변량이 평균에 가까이 모여 있으므로 산포도가 작다.

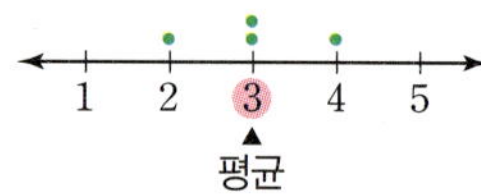

(2) 변량이 평균에서 멀리 흩어져 있으면 '산포도가 크다.'고 한다.

예 변량 1, 2, 4, 5에 대하여

$$(\text{평균})=\frac{1+2+4+5}{4}=\frac{12}{4}=3$$

이때 아래 그림과 같이 변량이 평균에서 멀리 흩어져 있으므로 산포도가 크다.

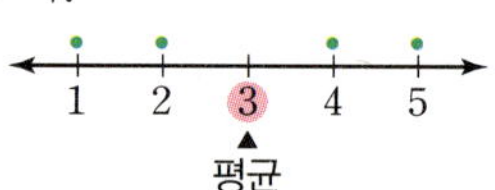

 **개념 콕콕**

정답과 풀이 | 34쪽

1 다음과 같이 자료의 평균이 주어질 때, 편차를 구하여 표를 완성하시오.

(1) 평균 : 5

변량	4	6	5	2	8
편차					

(2) 평균 : 12

변량	10	15	8	12	20	7
편차						

2 어떤 자료의 편차가 다음과 같을 때, x의 값을 구하시오.

(1) 1, −3, 0, −1, x

(2) 2, 4, −2, x, 3, −5

개념 체크

- (㉠)=(변량)−(평균)

- 평균보다 큰 변량의 편차는 ㉡ 이고, 평균보다 작은 변량의 편차는 ㉢ 이다.

- 편차의 합은 항상 ㉣ 이다.

답 | ㉠ 편차 ㉡ 양수 ㉢ 음수 ㉣ 0

대표 유형 **1** 편차

아래 자료는 학생 5명의 지난 1년 동안의 박물관 관람 횟수를 조사하여 나타낸 것이다. 다음을 구하시오.

(단위 : 회)

$$4, \quad 6, \quad 2, \quad 13, \quad 5$$

(1) 박물관 관람 횟수의 평균
(2) 각 변량의 편차

| 풀이 |

(1) (평균)$=\dfrac{4+6+2+13+5}{5}=\dfrac{30}{5}=6$(회)

(2) 각 변량의 편차는 차례대로
$4-6=-2$(회), $6-6=0$(회), $2-6=-4$(회),
$13-6=7$(회), $5-6=-1$(회)

| 답 | (1) 6회　(2) -2회, 0회, -4회, 7회, -1회

1-1 숫자 바꾸기

아래 자료는 학생 6명의 일주일 동안의 인터넷 사용 시간을 조사하여 나타낸 것이다. 다음을 구하시오.

(단위 : 시간)

$$9, \quad 5, \quad 14, \quad 10, \quad 3, \quad 7$$

(1) 인터넷 사용 시간의 평균
(2) 각 변량의 편차

1-2 표현 바꾸기

다음 보기 중 옳은 것을 모두 고르시오.

보기

ㄱ. 대푯값에는 평균, 중앙값, 최빈값 등이 있다.
ㄴ. 자료가 흩어져 있는 정도를 하나의 수로 나타낸 것을 평균이라고 한다.
ㄷ. 변량이 대푯값에 가까이 모여 있을수록 산포도가 작다.
ㄹ. 편차는 평균에서 변량을 뺀 값이다.

대표 유형 **2** 편차를 이용하여 변량 구하기

아래 표는 학생 5명의 줄넘기 기록의 편차를 조사하여 나타낸 것이다. 다음을 구하시오.

학생	창연	수영	진성	윤지	시환
편차(회)	-3	-2	3	5	x

(1) x의 값
(2) 줄넘기 기록의 평균이 78회일 때, 시환이의 줄넘기 기록

| 풀이 |

(1) 편차의 합은 0이므로
$-3+(-2)+3+5+x=0$ 　∴ $x=-3$

(2) 평균이 78회이므로 시환이의 줄넘기 기록은
$-3+78=75$(회)

| 답 | (1) -3　(2) 75회

2-1 숫자 바꾸기

아래 표는 학생 6명의 수학 성적의 편차를 조사하여 나타낸 것이다. 다음을 구하시오.

학생	A	B	C	D	E	F
편차(점)	-9	12	0	-12	x	3

(1) x의 값
(2) 수학 성적의 평균이 81점일 때, 학생 E의 수학 성적

2-2 표현 바꾸기

다음 표는 민선이의 5회에 걸친 100 m 달리기 기록의 편차를 조사하여 나타낸 것인데 일부가 찢어졌다. 100 m 달리기 기록의 평균이 15초일 때, 5회의 기록을 구하시오.

회차(회)	1	2	3	4	5
편차(초)	1	-2	3	-1	

(1) **분산** : 각 편차의 제곱의 총합을 변량의 개수로 나눈 값, 즉 편차의 제곱의 평균

$$(\text{분산}) = \frac{\{(\text{편차})^2 \text{의 총합}\}}{(\text{변량의 개수})}$$

(2) **표준편차** : 분산의 음이 아닌 제곱근

$$(\text{표준편차}) = \sqrt{(\text{분산})}$$

참고 표준편차를 구하는 순서

❶ 평균 ➡ ❷ 편차 ➡ ❸ (편차)²의 총합 ➡ ❹ 분산 ➡ ❺ 표준편차

- 평균, 편차, 표준편차는 주어진 변량과 단위가 같지만, 분산은 편차의 제곱의 평균이므로 단위를 표기하지 않는다.

 **용어**

분산(나누다 分, 흩어지다 散)
자료가 평균으로부터 흩어져 있는 정도를 나타낸 값

바이블 Point

산포도의 해석

(1) 분산(표준편차)이 작다.
➡ 편차의 절댓값이 작다.
➡ 변량이 평균을 중심으로 모여 있다.
➡ 변량의 분포가 고르다.
➡ 산포도가 작다.

(2) 분산(표준편차)이 크다.
➡ 편차의 절댓값이 크다.
➡ 변량이 평균으로부터 흩어져 있다.
➡ 변량의 분포가 고르지 않다.
➡ 산포도가 크다.

 **개념 콕콕**

정답과 풀이 | 35쪽

1 아래 표는 연수네 모둠 학생 4명의 하루 평균 수면 시간을 조사하여 나타낸 것이다. 다음 물음에 답하시오.

학생	연수	지호	라율	건우
수면 시간(시간)	9	7	5	7

(1) 평균을 구하시오.

(2) 편차를 구하여 다음 표를 완성하시오.

학생	연수	지호	라율	건우
수면 시간(시간)	9	7	5	7
편차(시간)				

(3) 분산을 구하시오.

(4) 표준편차를 구하시오.

2 어떤 자료의 편차가 다음과 같을 때, 이 자료의 분산과 표준편차를 각각 구하시오.

(1) 1, 0, −3, −1, 3

(2) −1, −2, 2, 4, −1, −2

○ 개념 체크

- 표준편차를 구하는 순서
❶ 자료의 ⑦ ☐ 구하기
❷ 편차 구하기
❸ (ⓒ ☐)²의 총합 구하기
❹ 분산 구하기
❺ ⓒ ☐ 구하기

- 편차의 제곱의 평균을 ② ☐ 이라 하고, 분산의 음이 아닌 제곱근을 ⑩ ☐ 라고 한다.

답 | ⑦ 평균 ⓒ 편차 ⓒ 표준편차 ② 분산
⑩ 표준편차

대표 유형 3 분산과 표준편차

BOB 97쪽

다음 표는 희성이의 5회에 걸친 제기차기 횟수의 편차를 조사하여 나타낸 것이다. 제기차기 횟수의 표준편차를 구하시오.

회차(회)	1	2	3	4	5
편차(회)	2	x	-2	0	3

| 풀이 |

편차의 합은 0이므로

$2+x+(-2)+0+3=0 \qquad \therefore x=-3$

$(분산)=\dfrac{2^2+(-3)^2+(-2)^2+0^2+3^2}{5}=\dfrac{26}{5}=5.2$

$\therefore (표준편차)=\sqrt{5.2}(회)$

| 답 | $\sqrt{5.2}$회

3-1 숫자 바꾸기

다음 표는 6명의 야구 선수가 지난 해에 친 홈런의 개수의 편차를 조사하여 나타낸 것이다. 홈런의 개수의 표준편차를 구하시오.

야구 선수	A	B	C	D	E	F
편차(개)	x	4	3	0	-3	-2

3-2 표현 바꾸기

아래 자료는 정진이네 반 학생 6명의 통학 시간을 조사하여 나타낸 것이다. 이 자료의 평균이 14분일 때, 다음을 구하시오.

(단위 : 분)

$$17, \quad 15, \quad 20, \quad x, \quad 14, \quad 9$$

(1) x의 값 (2) 분산 (3) 표준편차

대표 유형 4 산포도의 해석

BOB 100쪽

다음 표는 어느 중학교 3학년 다섯 반의 영어 성적의 평균과 분산을 조사하여 나타낸 것이다. 영어 성적이 가장 고른 반을 구하시오.

반	1	2	3	4	5
평균(점)	68	72	73	75	69
분산	6.5	14	9.25	18	7.3

| 풀이 |

분산이 작을수록 자료의 분포가 고르므로 영어 성적이 가장 고른 반은 분산이 가장 작은 1반이다.

| 답 | 1반

4-1 숫자 바꾸기

다음 표는 어느 중학교 3학년 다섯 반의 몸무게의 평균과 분산을 조사하여 나타낸 것이다. 몸무게가 가장 고른 반을 구하시오.

반	1	2	3	4	5
평균(kg)	59	62	58	60	63
분산	7.1	3.6	10.5	4.12	8.9

4-2 표현 바꾸기

오른쪽 표는 1, 2 두 반의 1학기 기말고사 성적의 평균과 표준편차를 조사하여 나타낸 것이다. 다음 설명 중 옳지 <u>않은</u> 것을 모두 고르면? (정답 2개)

반	1	2
평균(점)	68	68
표준편차(점)	2.1	1.9

① 두 반의 전체 평균은 68점이다.

② 2반의 분산이 1반의 분산보다 작다.

③ 2반의 성적이 1반의 성적보다 우수하다.

④ 1반의 성적이 2반의 성적보다 고르다.

⑤ 1반의 산포도가 2반의 산포도보다 크다.

배운대로 해결하기

01 다음 표는 어느 해 6개 도시의 연평균 기온에 대한 편차를 조사하여 나타낸 것이다. x의 값은?

도시	A	B	C	D	E	F
편차(℃)	-3	2	4	x	-2	1

① -2 　　② -1 　　③ 0

④ 1 　　⑤ 2

02 민희네 반 학생들의 음악 실기 성적의 평균은 78점이다. 민희의 음악 실기 성적의 편차가 4점일 때, 민희의 음악 실기 성적을 구하시오.

03 다음 표는 학생 4명이 한 달 동안 받은 전자메일 수와 그 편차를 조사하여 나타낸 것이다. $x+y$의 값은?

학생	시경	고은	진표	선희
전자메일 수(개)	174	163	x	169
편차(개)	3	y	7	-2

① 169 　　② 170 　　③ 171

④ 172 　　⑤ 173

04 아래 표는 학생 4명이 방학 동안 도서관을 방문한 횟수의 편차를 조사하여 나타낸 것이다. 다음 설명 중 옳지 <u>않은</u> 것은?

학생	A	B	C	D
편차(회)	1	-3	x	-2

① A의 방문 횟수는 평균보다 높다.
② B의 방문 횟수가 가장 적다.
③ C의 방문 횟수는 평균과 같다.
④ C의 방문 횟수는 D의 방문 횟수보다 6회가 많다.
⑤ 방문 횟수가 가장 적은 학생부터 차례로 나열하면 B, D, A, C이다.

05 다음 표는 성우가 지난 주 5일 동안 등교할 때 버스를 기다린 시간의 편차를 조사하여 나타낸 것인데 일부가 찢어졌다. 버스를 기다린 시간의 분산은?

요일	월	화	수	목	금
편차(분)	-1	0	2	-3	

① 1 　　② $\sqrt{3.6}$ 　　③ 2

④ 3.6 　　⑤ 4

06 다음 자료는 학생 6명의 일주일 동안의 휴대폰 사용 시간을 조사하여 나타낸 것이다. 휴대폰 사용 시간의 표준편차를 구하시오.

(단위 : 시간)

$$1, \quad 6, \quad 4, \quad 3, \quad 6, \quad 4$$

생각이 쑥쑥

07 5개의 변량 1, 7, x, y, 2의 평균이 3이고 분산이 4.4일 때, x^2+y^2의 값을 구하시오.

08 오른쪽 표는 두 영화 A, B를 관람한 10명의 평점의 평균과 표준편차를 조사하여 나타낸 것이다. 다음 설명 중 옳은 것을 모두 고르면? (정답 2개)

영화	A	B
평균(점)	70	70
표준편차(점)	5.4	6.9

① 영화 A의 평점이 영화 B의 평점보다 우수하다.
② 영화 A의 평점이 영화 B의 평점보다 고르다.
③ 영화 B의 분산이 영화 A의 분산보다 작다.
④ 가장 높은 평점을 받은 영화는 B이다.
⑤ 두 영화 A, B의 평점의 총합은 서로 같다.

두 변량 x, y 사이의 관계를 알아보기 위하여 두 변량 x, y의 순서쌍 (x, y)를 좌표평면 위에 점으로 나타낸 그림을 산점도라고 한다.

예 오른쪽 그림과 같은 키와 앉은키에 대한 산점도에서 키가 162 cm이고 앉은키가 85 cm인 사람은 점 A$(162, 85)$로 나타낼 수 있다.

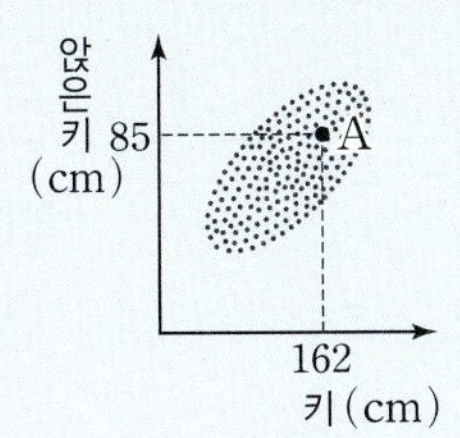

● 산점도를 그려 보면 두 변량 x, y 사이의 관계를 한눈에 알아볼 수 있으며, 관계성을 벗어나는 특이한 자료를 찾기에도 용이하다.

용어

산점(흩어지다 散, 점 點)도
두 변량을 흩어져 있는 점으로 나타낸 그림

바이블 Point

산점도에서 변량 비교하기

산점도에서 변량을 비교하고자 할 때에는 대각선 또는 세로축, 가로축과 평행한 기준선을 그어서 생각하면 편리하다.

즉, 두 변량 x, y에 대한 산점도에서 변량을 비교할 때에는 다음과 같이 기준선을 긋는다.

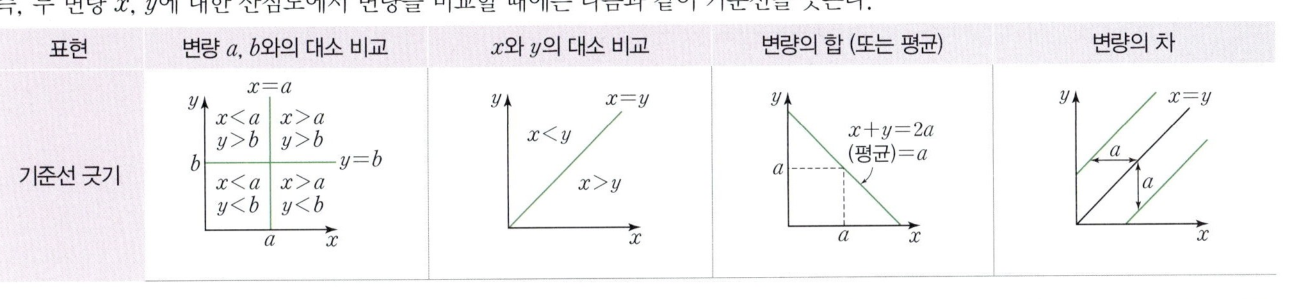

표현	변량 a, b와의 대소 비교	x와 y의 대소 비교	변량의 합 (또는 평균)	변량의 차
기준선 긋기				

개념 콕콕

정답과 풀이 | 36쪽

1 다음은 도현이네 반 학생 8명의 키 x cm와 발 크기 y mm를 조사하여 나타낸 표이다. 두 변량 x, y의 순서쌍 (x, y)를 좌표로 하는 점을 오른쪽 좌표평면 위에 나타내시오.

키(cm)	161	170	165	158	156	162	172	168
발 크기 (mm)	240	260	254	240	242	250	258	256

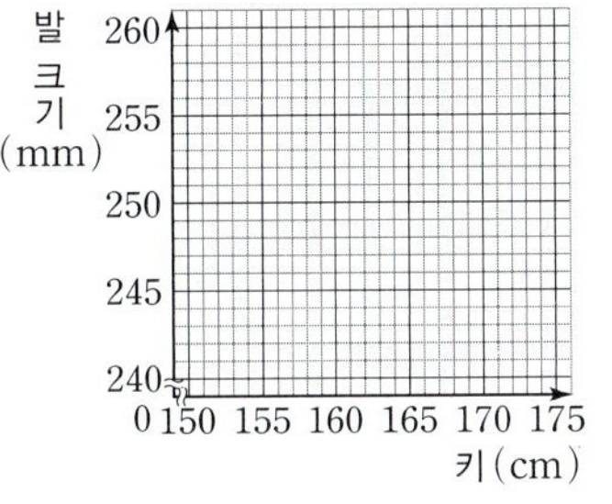

2 오른쪽 그림은 예준이네 반 학생 15명의 수학 성적과 과학 성적을 조사하여 나타낸 산점도이다. 다음을 구하시오.

(1) 수학 성적이 75점 이상인 학생 수

(2) 과학 성적이 80점 이상인 학생 수

(3) 수학 성적이 75점 이상이고 과학 성적이 80점 이상인 학생 수

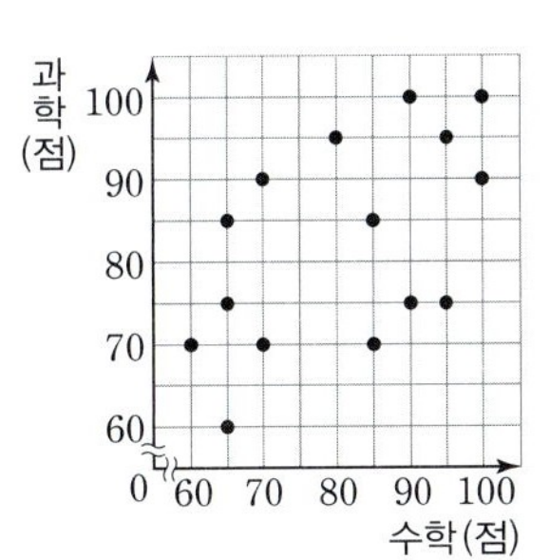

개념 체크

● 두 변량 x, y의 순서쌍을 좌표로 하는 점 (x, y)를 좌표평면 위에 나타낸 그래프를  라고 한다.

● 두 변량 x, y에 대한 산점도에서
① x(또는 y) 이상인, x(또는 y) 이하인, …
➡ 세로축, 가로축과 평행한 기준선 긋기
② x와 y가 같은, x가 y보다 작은, x가 y보다 큰, …
➡  긋기

답 | ㉠ 산점도 ㉡ 대각선

대표 유형 1 산점도의 해석 (1) – 대소 비교

BOB 113쪽

오른쪽 그림은 양궁 선수 10명의 2차에 걸친 양궁 점수를 조사하여 나타낸 산점도이다. 다음 물음에 답하시오.

(1) 1차 점수보다 2차 점수가 더 높은 선수의 수를 구하시오.

(2) 1차와 2차 점수가 모두 9점 이상인 선수는 전체의 몇 %인지 구하시오.

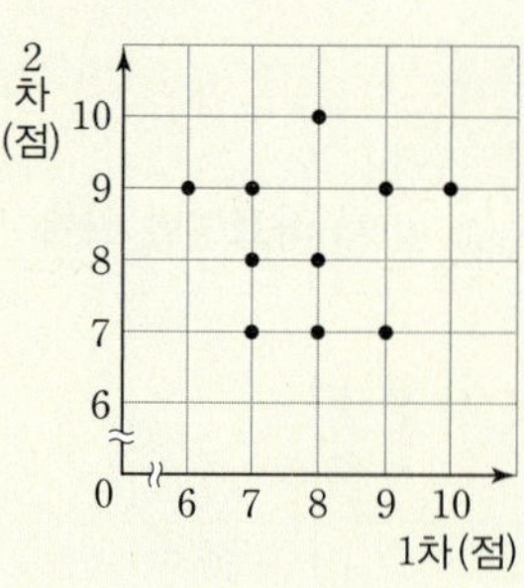

| 풀이 |

(1) 1차 점수보다 2차 점수가 더 높은 선수의 수는 오른쪽 그림에서 대각선의 위쪽에 있는 점의 개수와 같으므로 4명이다.

(2) 1차와 2차 점수가 모두 9점 이상인 선수의 수는 오른쪽 그림에서 어두운 부분과 그 경계에 속하는 점의 개수와 같으므로 2명이다.

$$\therefore \frac{2}{10} \times 100 = 20(\%)$$

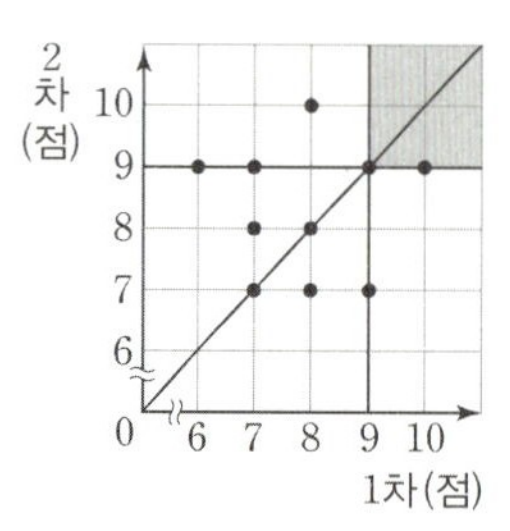

| 답 | (1) 4명   (2) 20 %

1-1 숫자 바꾸기

오른쪽 그림은 은진이네 반 학생 16명의 2차에 걸친 줄넘기 기록을 조사하여 나타낸 산점도이다. 다음 물음에 답하시오.

(1) 1차 기록과 2차 기록이 서로 같은 학생 수를 구하시오.

(2) 2차 기록보다 1차 기록이 더 좋은 학생 수를 구하시오.

(3) 1차와 2차 기록이 모두 50개 이상인 학생은 전체의 몇 %인지 구하시오.

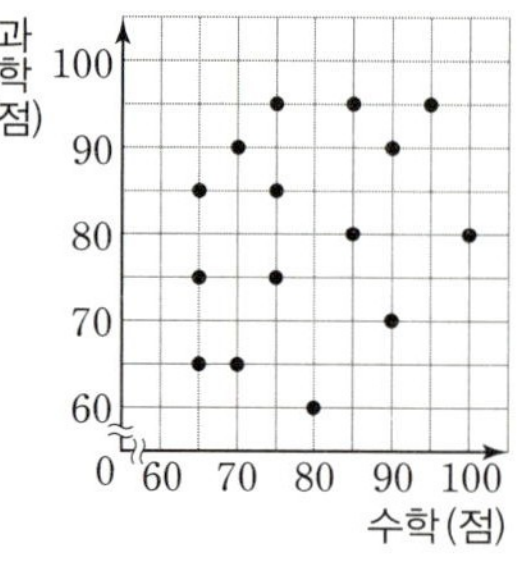

대표 유형 2 산점도의 해석 (2) – 합(평균), 차

BOB 113쪽

오른쪽 그림은 성민이네 반 학생 12명의 국어 성적과 영어 성적을 조사하여 나타낸 산점도이다. 다음을 구하시오.

(1) 두 과목의 성적의 평균이 85점 이상인 학생 수

(2) 국어 성적이 영어 성적보다 10점 높은 학생 수

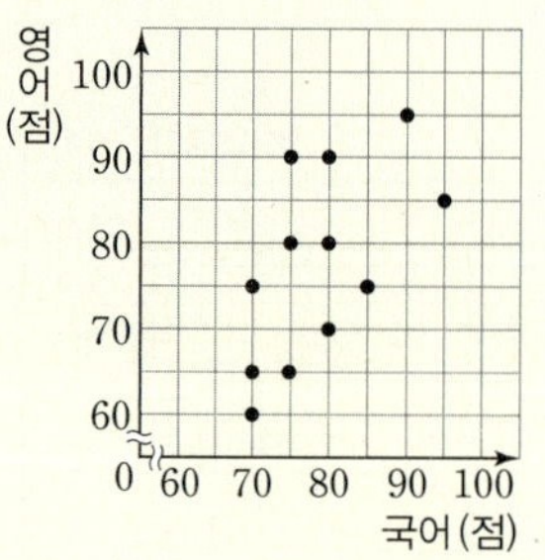

| 풀이 |

(1) 두 과목의 성적의 평균이 85점 이상인 학생 수는 오른쪽 그림에서 어두운 부분과 그 경계에 속하는 점의 개수와 같으므로 3명이다.

(2) 국어 성적이 영어 성적보다 10점 높은 학생 수는 오른쪽 그림에서 직선 l 위의 점의 개수와 같으므로 5명이다.

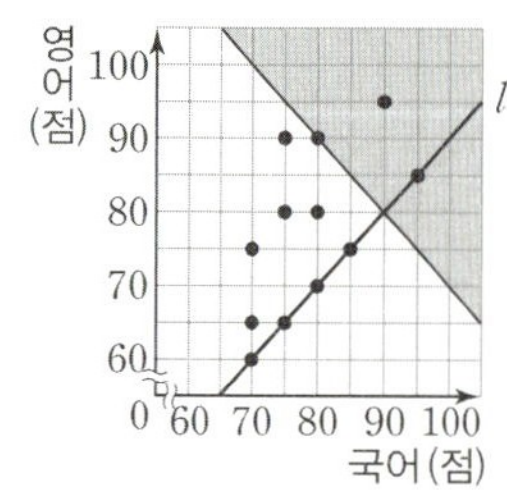

| 답 | (1) 3명   (2) 5명

2-1 숫자 바꾸기

오른쪽 그림은 가현이네 반 학생 15명의 수학 성적과 과학 성적을 조사하여 나타낸 산점도이다. 다음을 구하시오.

(1) 두 과목의 성적의 평균이 70점 이하인 학생 수

(2) 두 과목의 성적의 차가 20점인 학생 수

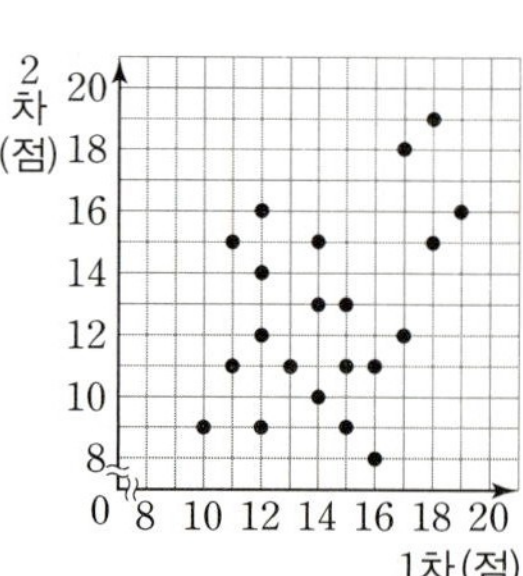

2-2 표현 바꾸기

오른쪽 그림은 우영이네 반 학생 21명의 2차에 걸친 체육 실기 성적을 조사하여 나타낸 산점도이다. 1차 성적과 2차 성적의 총점이 30점 이상인 학생들의 2차 성적의 평균을 구하시오.

개념 05 상관관계

(1) **상관관계** : 두 변량 x, y에 대하여 x의 값이 증가함에 따라 y의 값이 증가하거나 감소하는 경향이 있을 때, 이 두 변량 x, y 사이에 상관관계가 있다고 한다.

(2) **상관관계의 종류** : 두 변량 x, y에 대하여
 ① 양의 상관관계 : x의 값이 커짐에 따라 y의 값도 대체로 커지는 관계
  예 한 달 수입과 저축액, 여름 기온과 냉방비
 ② 음의 상관관계 : x의 값이 커짐에 따라 y의 값은 대체로 작아지는 관계
  예 물건의 가격과 소비량, 겨울 기온과 난방비
 ③ 상관관계가 없다. : x의 값이 커짐에 따라 y의 값이 커지는지 작아지는지 그 관계가 분명하지 않은 경우 상관관계가 없다고 한다.
  예 키와 수학 성적

- 상관관계와 직선 $y=ax$
 ① 양의 상관관계
  ➡ $a>0$인 직선 $y=ax$를 따라 점들이 그 주위에 분포
 ② 음의 상관관계
  ➡ $a<0$인 직선 $y=ax$를 따라 점들이 그 주위에 분포

바이블 Point

여러 가지 상관관계

산점도에서 점들이 한 직선 주위에 가까이 모여 있을수록 상관관계가 강하다고 하고, 흩어져 있을수록 상관관계가 약하다고 한다.

양의 상관관계		음의 상관관계		상관관계가 없다.
[강한 경우]	[약한 경우]	[강한 경우]	[약한 경우]	

 개념 콕콕

정답과 풀이 | 36쪽

1 다음 중 양의 상관관계가 있는 것은 '양', 음의 상관관계가 있는 것은 '음', 상관관계가 없는 것은 '무'를 써넣으시오.

(1) 통학 거리와 통학 시간 (　　　)

(2) 지능 지수와 머리카락의 길이 (　　　)

(3) 지면으로부터의 높이와 산소량 (　　　)

2 아래 보기의 산점도에 대하여 다음을 구하시오.

보기

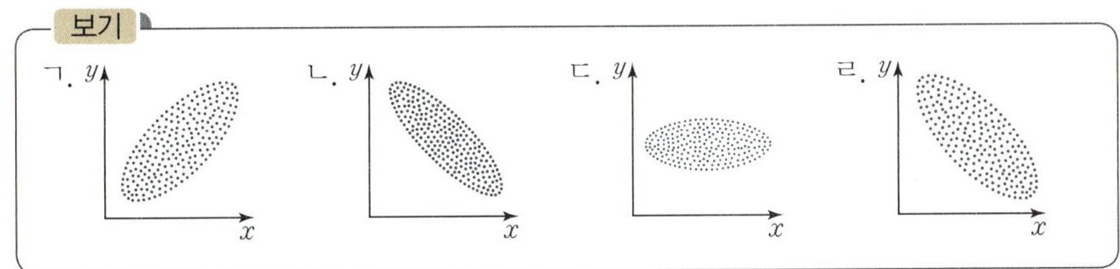

(1) 양의 상관관계가 있는 것

(2) 가장 강한 음의 상관관계가 있는 것

(3) 상관관계가 없는 것

개념 체크

- 두 변량 x, y 사이에 x의 값이 커짐에 따라
 ① y의 값도 대체로 커지는 관계
  ➡ 양의 상관관계
 ② y의 값은 대체로 작아지는 관계
  ➡ ㉠ 의 상관관계
 ③ y의 값이 커지는지 작아지는지 그 관계가 분명하지 않을 때
  ➡ ㉡ 가 없다.

- 산점도에서 점들이 한 직선 주위에 가까이 모여 있을수록 상관관계가 ㉢ 하다고 하고, 흩어져 있을수록 상관관계가 약하다고 한다.

답 | ㉠ 음 ㉡ 상관관계 ㉢ 강

대표 유형 **3** 상관관계

BOB 114쪽

다음 중 제품의 가격을 x, 소비량을 y라고 할 때, x와 y 사이의 상관관계를 나타내는 산점도는?

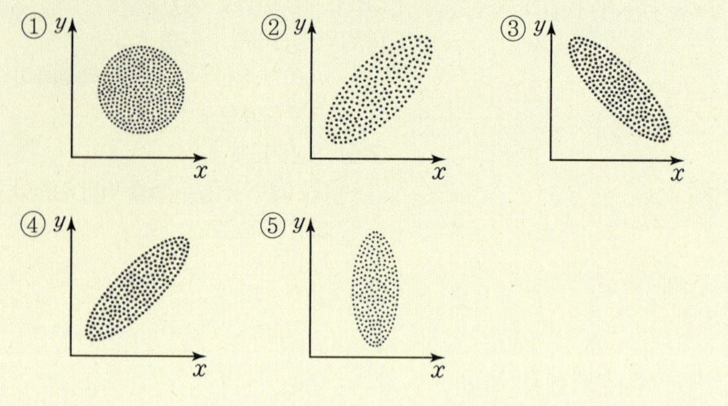

| 풀이 |

제품의 가격이 높을수록 소비량은 적으므로 x와 y 사이에는 음의 상관관계가 있다.

따라서 x와 y 사이의 상관관계를 나타내는 산점도는 ③이다.

| 답 | ③

3-1 숫자 바꾸기

다음 중 하루 동안 걸은 거리를 x, 이때 소모한 열량을 y라고 할 때, x와 y 사이의 상관관계를 나타내는 산점도는?

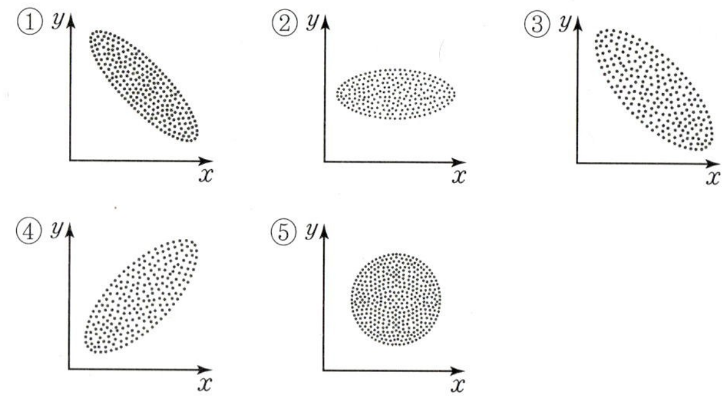

3-2 표현 바꾸기

다음 중 주어진 두 변량을 x, y로 하여 x와 y 사이의 관계를 산점도로 나타내었을 때, 오른쪽 그림과 같은 것은?

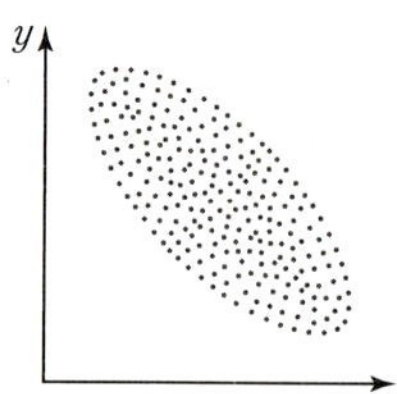

① 키와 몸무게
② 독서량과 국어 성적
③ 석유의 생산량과 가격
④ 전기 사용량과 수도 사용량
⑤ 자동차의 주행 거리와 휘발유 소모량

대표 유형 **4** 상관관계의 해석

BOB 115쪽

오른쪽 그림은 수현이네 학교 학생들의 용돈과 저축액을 조사하여 나타낸 산점도이다. 4명의 학생 A, B, C, D에 대하여 다음 물음에 답하시오.

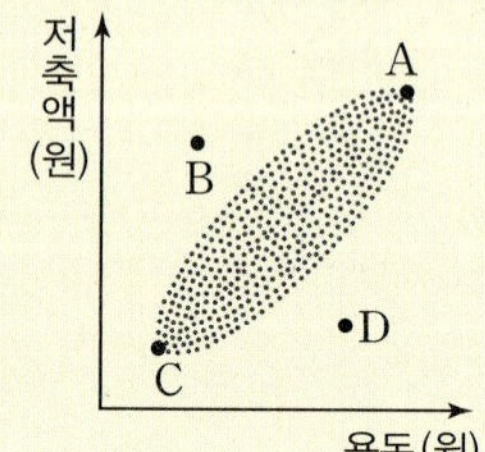

(1) 용돈이 많은 학생부터 순서대로 쓰시오.

(2) 용돈에 비하여 저축액이 가장 많은 학생은 누구인지 구하시오.

(3) 용돈도 적고 저축액도 적은 학생은 누구인지 구하시오.

| 풀이 |

(1) 오른쪽에 있을수록 용돈이 많으므로 용돈이 많은 학생부터 순서대로 쓰면 A, D, B, C이다.

(2) 용돈에 비하여 저축액이 가장 많은 학생은 대각선의 위쪽에 있는 점 중에서 대각선에서 가장 멀리 떨어져 있으므로 B이다.

(3) 용돈도 적고 저축액도 적은 학생은 두 좌표축의 교점에 가까이 있으므로 C이다.

| 답 | (1) A, D, B, C (2) B (3) C

4-1 표현 바꾸기

오른쪽 그림은 어느 중학교 학생들의 멀리뛰기 기록과 100 m 달리기 기록을 조사하여 나타낸 산점도이다. 4명의 학생 A, B, C, D에 대하여 다음 보기 중 옳은 것을 모두 고르시오.

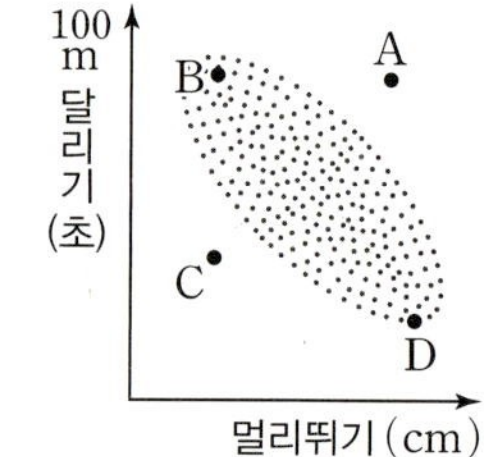

보기

ㄱ. 멀리뛰기 기록과 달리기 기록 사이에는 음의 상관관계가 있다.
ㄴ. A는 멀리뛰기와 달리기를 모두 못한다.
ㄷ. B는 멀리뛰기와 달리기를 모두 잘한다.
ㄹ. D는 C보다 멀리뛰기를 잘한다.

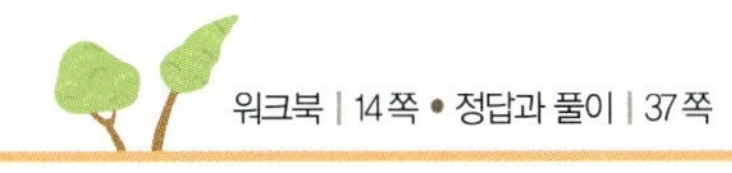

[01~02] 오른쪽 그림은 어느 육상 동호회 회원 12명의 2차에 걸친 윗몸일으키기 기록을 조사하여 나타낸 산점도이다. 다음 물음에 답하시오.

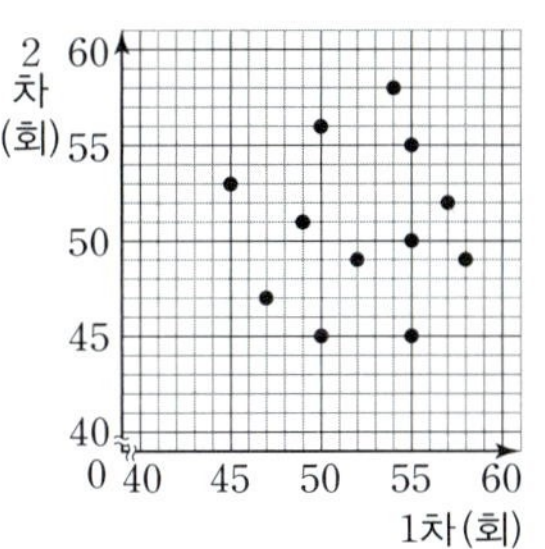

01 1차보다 2차에서 기록이 향상된 회원 수는?

① 1명 ② 2명 ③ 3명
④ 4명 ⑤ 5명

02 1차 기록이 55회 이상인 회원들의 2차 기록의 평균은?

① 50회 ② 50.2회 ③ 50.4회
④ 50.6회 ⑤ 50.8회

[03~04] 오른쪽 그림은 은우네 반 학생 15명의 1학기 성적과 2학기 성적을 조사하여 나타낸 산점도이다. 다음 물음에 답하시오.

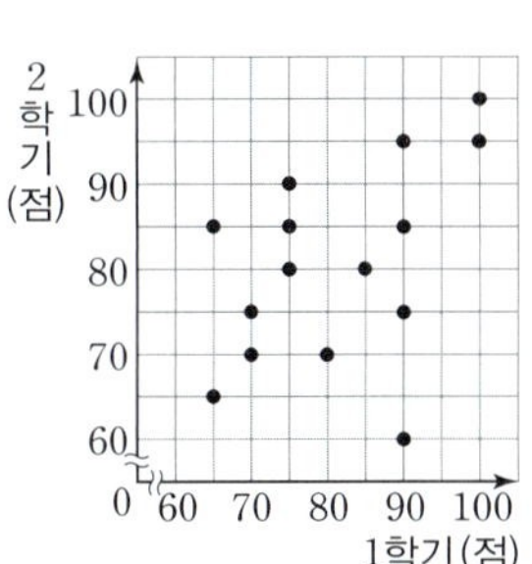

03 1학기 성적과 2학기 성적의 평균이 90점 이상인 학생은 전체의 몇 %인가?

① 20 % ② 22 % ③ 24 %
④ 26 % ⑤ 28 %

생각이 쑥쑥

04 1학기 성적과 2학기 성적의 차가 가장 큰 학생의 두 학기의 성적의 차를 구하시오.

05 다음 보기 중 주어진 두 변량을 x, y로 하여 x와 y 사이의 관계를 산점도로 나타내었을 때, 오른쪽 그림과 같은 것을 모두 고르면?

보기
ㄱ. 시력과 청력
ㄴ. 가족 수와 한달 식비
ㄷ. 자동차의 속력과 소요 시간
ㄹ. 여름 기온과 아이스크림의 판매량

① ㄱ ② ㄱ, ㄷ ③ ㄴ, ㄷ
④ ㄴ, ㄹ ⑤ ㄴ, ㄷ, ㄹ

06 다음 중 두 변량 사이의 관계가 나머지 넷과 다른 하나는?

① 강수량과 습도
② 머리 둘레와 모자 치수
③ 운동량과 심장 박동 수
④ 국제 유가와 휘발유의 가격
⑤ 하루 중 낮의 길이와 밤의 길이

07 오른쪽 그림은 산의 높이와 기온을 조사하여 나타낸 산점도이다. 5개의 산 A~E에 대하여 다음 중 옳은 것을 모두 고르면? (정답 2개)

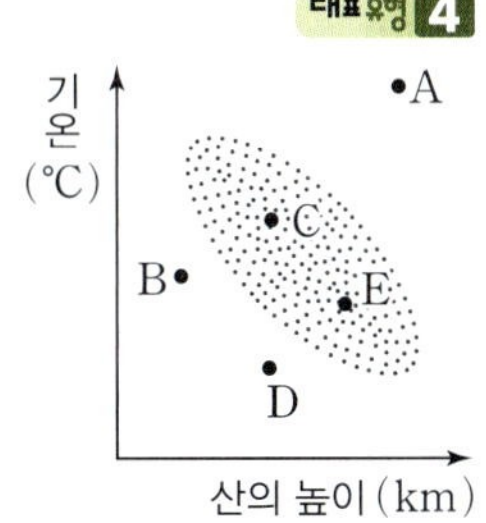

① 산의 높이가 높을수록 기온도 높은 편이다.
② 산의 높이와 기온 사이에는 음의 상관관계가 있다.
③ 기온이 가장 높은 산은 A이다.
④ 높이가 가장 낮은 산은 D이다.
⑤ 높이에 비하여 기온이 낮은 산은 C와 E이다.

01 다음 설명 중 옳지 <u>않은</u> 것은?

① 대푯값은 자료 전체의 특징을 대표하는 값이다.
② 중앙값은 자료에 있는 값이 아닐 수도 있다.
③ 최빈값은 반드시 존재한다.
④ 평균은 극단적인 값에 영향을 받는다.
⑤ 자료가 수치로 주어지지 않을 때에는 최빈값을 대푯값으로 하는 것이 적절하다.

02 다음 자료는 가영이네 반 학생 7명의 100 m 달리기 기록을 조사하여 나타낸 것이다. 100 m 달리기 기록의 평균을 구하시오.

(단위 : 초)

15, 16, 18, 15, 19, 15, 14

03 3개의 변량 a, b, c의 평균이 5일 때, 5개의 변량 2, $3a$, $3b$, $3c$, 8의 평균은?

① 10 ② 11 ③ 12
④ 13 ⑤ 14

04 어느 모임 회원 21명의 키의 평균은 165 cm이었다. 이 모임에서 회원 한 명이 탈퇴하여 키의 평균이 164.5 cm가 되었을 때, 탈퇴한 회원의 키를 구하시오.

05 오른쪽 그림은 승진이네 반 학생 17명의 수면 시간을 조사하여 나타낸 막대그래프이다. 이 자료의 중앙값과 최빈값이 각각 a시간, b시간일 때, $a+b$의 값을 구하시오.

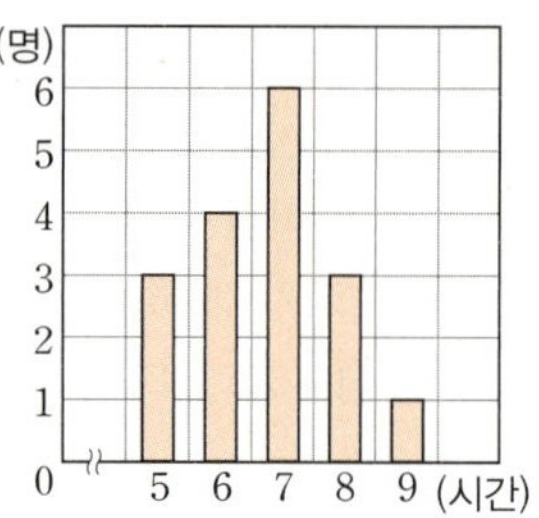

06 다음 자료의 평균과 최빈값이 같을 때, x의 값은?

23, 20, 23, 28, x, 23

① 20 ② 21 ③ 22
④ 23 ⑤ 24

07 아래 표는 학생 4명의 팔굽혀펴기 기록의 편차를 조사하여 나타낸 것이다. 팔굽혀펴기 기록의 평균이 12개일 때, 다음 설명 중 옳은 것을 모두 고르면? (정답 2개)

학생	경수	나래	소희	태윤
편차(개)	3	-4	x	1

① x의 값은 알 수 없다.
② 경수의 팔굽혀펴기 기록은 9개이다.
③ 나래의 팔굽혀펴기 기록은 평균보다 적다.
④ 태윤이의 팔굽혀펴기 기록은 소희보다 1개 많다.
⑤ 팔굽혀펴기 기록이 가장 좋은 학생은 나래이다.

08 다음 자료는 연석이네 반 학생 8명의 턱걸이 횟수를 조사하여 나타낸 것이다. 턱걸이 횟수의 평균이 5회일 때, 표준편차를 구하시오.

(단위 : 회)

1, 4, 8, 3, 3, 7, 10, x

09 다음 표는 어느 서점에서 일주일 동안 판매한 책의 수의 편차를 조사하여 나타낸 것이다. 이 자료의 표준편차가 $\sqrt{6}$권일 때, xy의 값은?

요일	월	화	수	목	금	토	일
편차(권)	-1	x	-3	y	1	1	5

① 2   ② 3   ③ 4
④ 5   ⑤ 6

10 아래 표는 어느 중학교 4개 반 학생들의 국어 성적의 평균과 표준편차를 조사하여 나타낸 것이다. 다음 설명 중 옳은 것을 모두 고르면? (정답 2개)

반	1	2	3	4
평균(점)	70	74	69	68
표준편차(점)	4.7	5.1	8.3	6.4

① 2반의 학생 수가 가장 많다.
② 편차의 합은 3반이 가장 크다.
③ 1반 학생들의 성적이 가장 고르다.
④ 분산이 가장 큰 반은 알 수 없다.
⑤ 최고 득점자가 어느 반에 있는지는 알 수 없다.

11 오른쪽 그림은 하연이네 반 학생 16명의 1학기, 2학기 영어 듣기 평가의 성적을 조사하여 나타낸 산점도이다. 1학기 성적보다 2학기 성적이 더 높은 학생이 전체의 $a\,\%$, 1학기와 2학기 모두 30점 이상인 학생이 전체의 $b\,\%$라고 할 때, $a+b$의 값은?

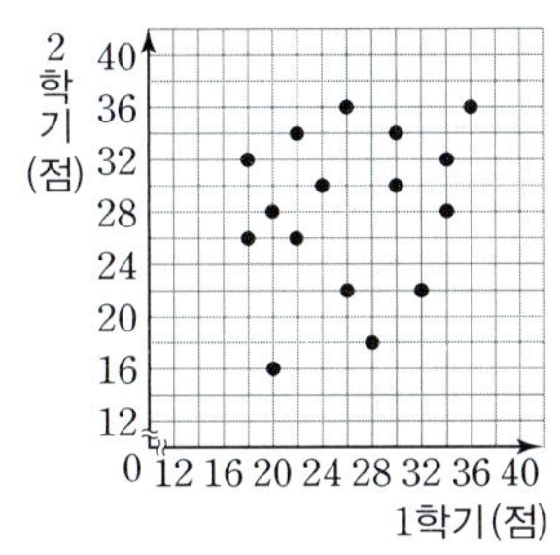

① 55   ② 60   ③ 65
④ 70   ⑤ 75

[12~13] 오른쪽 그림은 승재네 반 학생 15명의 2차에 걸친 수학 경시대회 성적을 조사하여 나타낸 산점도이다. 다음 물음에 답하시오.

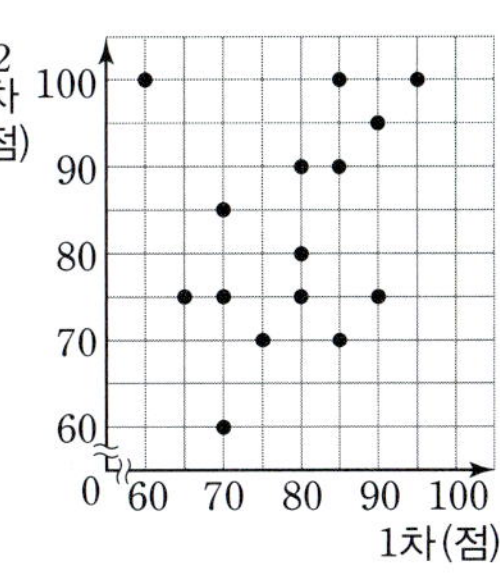

12 1차 성적과 2차 성적의 총합으로 등수를 매긴다고 할 때, 5등인 학생의 평균 성적을 구하시오.

13 1차 성적과 2차 성적의 차가 가장 큰 학생의 성적의 차는?

① 30점   ② 35점   ③ 40점
④ 45점   ⑤ 50점

14 다음 중 두 변량 사이의 상관관계가 석유 생산량과 가격 사이의 상관관계와 같은 것은?

① 교통량과 매연량
② 몸무게와 가슴둘레
③ 예금 금리와 대출 금리
④ 환자 수와 진료 대기 시간
⑤ 운행 중인 차량의 수와 평균 속력

15 오른쪽 그림은 소윤이네 학교 학생들의 키와 몸무게를 조사하여 나타낸 산점도이다. 5명의 학생 A~E에 대하여 다음 중 옳지 <u>않은</u> 것을 모두 고르면? (정답 2개)

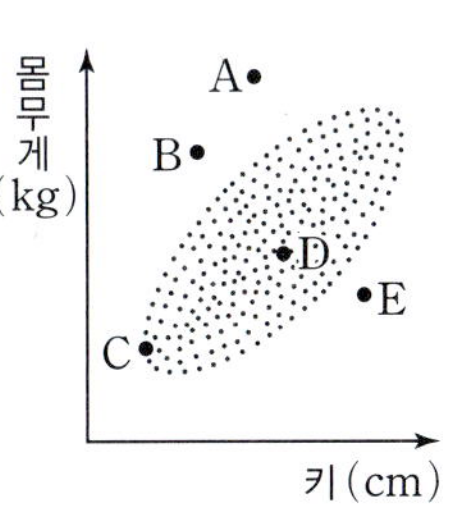

① 키가 큰 학생은 대체로 몸무게가 많이 나간다.
② 키가 가장 큰 학생은 A이다.
③ 몸무게가 가장 적게 나가는 학생은 C이다.
④ A와 B는 키에 비하여 몸무게가 많이 나간다.
⑤ E는 키도 크고 몸무게도 많이 나간다.

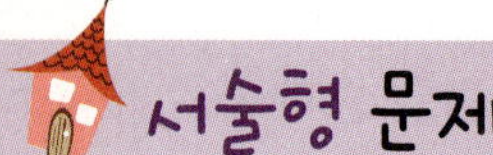 서술형 문제

16 다음은 어느 반 학생 6명의 여름방학 동안의 봉사활동 시간을 조사하여 나타낸 것이다. 봉사활동 시간의 평균, 중앙값, 최빈값을 각각 a시간, b시간, c시간이라고 할 때, a, b, c의 대소 관계를 < 또는 =를 사용하여 나타내시오.

(단위 : 시간)

> 4, 7, 8, 5, 3, 5

풀이

답 ____________

17 다음은 학생 7명이 가지고 있는 연필의 수를 조사하여 나타낸 것이다. 평균이 4자루일 때, 표준편차를 구하시오.

(단위 : 자루)

> 6, 3, 5, x, 2, 7, 4

풀이

답 ____________

18 오른쪽 그림은 성민이네 반 학생 18명의 국어 성적과 사회 성적을 조사하여 나타낸 산점도이다. 국어 성적보다 사회 성적이 낮은 학생들의 사회 성적의 평균을 구하시오.

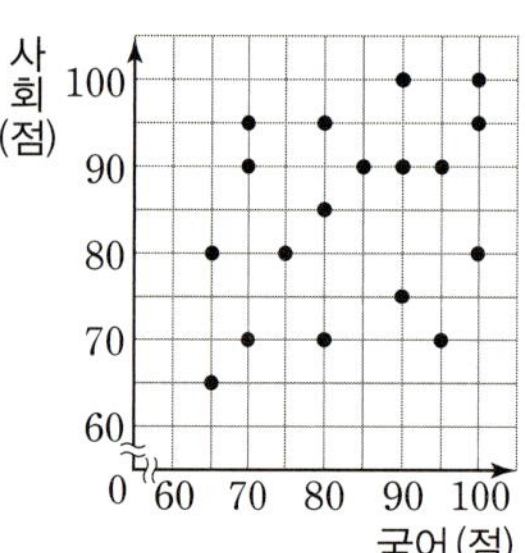

풀이

답 ____________

발전 문제 

19 지윤이가 중간고사 9과목의 성적의 평균을 구하는데 88점을 받은 어느 한 과목의 점수를 잘못 보아 평균이 1점 낮게 나왔다. 88점을 몇 점으로 잘못 보았는가?

① 77점 ② 79점 ③ 81점
④ 83점 ⑤ 85점

● **해결 Point** 지윤이가 88점을 받은 과목의 점수를 제외한 나머지 8과목의 점수의 총합은 변함이 없음을 이용한다.

20 다음 자료의 중앙값이 8, 최빈값이 10일 때, $a+b+c$의 값을 구하시오.

> 3, 6, 6, 10, 7, a, b, c

● **해결 Point** 최빈값이 10이 되려면 a, b, c의 값이 어떤 수가 되어야 하는지 생각해 본다.

21 다음 표는 A, B 두 반의 학생 수와 윗몸일으키기 횟수의 평균과 표준편차를 조사하여 나타낸 것이다. 두 반 전체의 윗몸일으키기 횟수의 표준편차를 구하시오.

반	학생 수(명)	평균(회)	표준편차(회)
A	20	24	$\sqrt{3}$
B	30	24	2

● **해결 Point** 각 반에서 (편차)^{2}의 총합은 (학생 수)×(표준편차)^{2}임을 이용한다.

MeMo

MeMo

MeMo

新 수학의 바이블

원리를 쉽게! **개념**을 빠르게! 생각을 우월하게!

개념

중학 **3-2**

워크북

이투스북

新 수학의
바이블

워크북

01 오른쪽 그림과 같이 $\angle C=90°$인 직각삼각형 ABC에서 다음 중 옳은 것은?

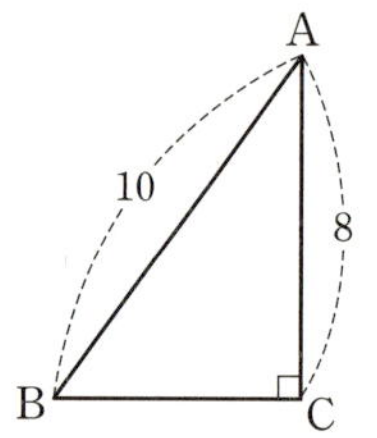

① $\sin A=\dfrac{5}{4}$ ② $\cos A=\dfrac{4}{5}$

③ $\tan A=\dfrac{4}{3}$ ④ $\sin B=\dfrac{3}{5}$

⑤ $\cos B=\dfrac{4}{5}$

02 오른쪽 그림과 같이 일차함수 $y=\dfrac{2}{3}x+4$의 그래프가 x축의 양의 방향과 이루는 각의 크기를 a라고 할 때, $\tan a$의 값을 구하시오.

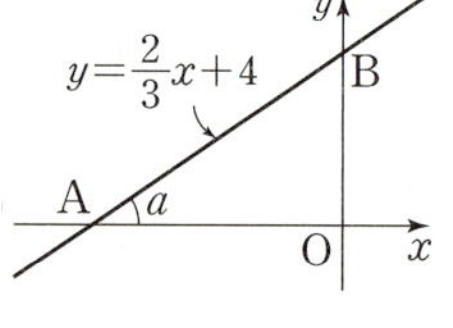

03 오른쪽 그림과 같이 $\angle C=90°$인 직각삼각형 ABC에서 $\overline{AB}=6$ cm, $\cos A=\dfrac{\sqrt{11}}{6}$일 때, $\overline{BC}$의 길이를 구하시오.

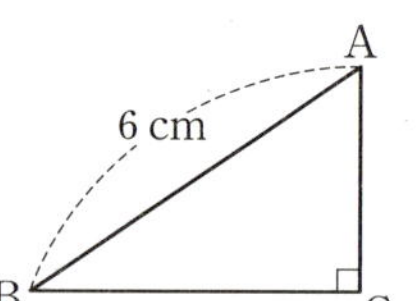

04 $\angle B=90°$인 직각삼각형 ABC에서 $\tan A=2$일 때, $\sin A+\cos A$의 값은?

① $\dfrac{\sqrt{5}}{5}$ ② $\dfrac{2\sqrt{5}}{5}$ ③ $\dfrac{3\sqrt{5}}{5}$

④ $\dfrac{4\sqrt{5}}{5}$ ⑤ $\sqrt{5}$

05 오른쪽 그림과 같이 $\angle BAC=90°$인 직각삼각형 ABC에서 $\overline{AD}\perp\overline{BC}$이고 $\overline{AB}=2$, $\overline{AC}=2\sqrt{3}$이다. $\angle BAD=x$, $\angle CAD=y$일 때, $\cos x+\sin y$의 값을 구하시오.

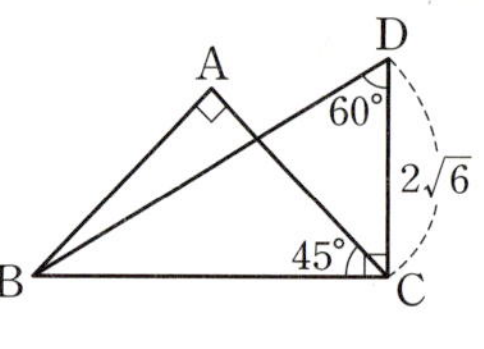

06 다음을 계산하시오.

$$\sin 60°\times\cos 30°-\tan 45°\div\sin 30°$$

07 오른쪽 그림에서 $\angle BAC=\angle BCD=90°$, $\angle ACB=45°$, $\angle D=60°$이고 $\overline{CD}=2\sqrt{6}$일 때, $\overline{AB}$의 길이는?

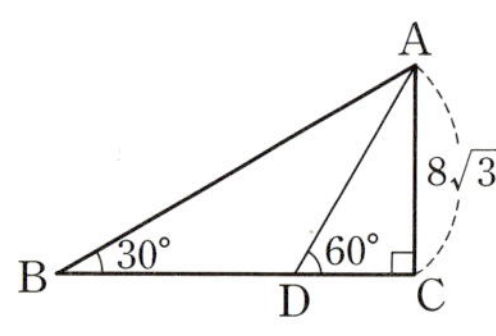

① 4 ② $4\sqrt{2}$ ③ 6

④ $6\sqrt{2}$ ⑤ $6\sqrt{3}$

08 오른쪽 그림과 같이 $\angle C=90°$인 직각삼각형 ABC에서 $\angle ABC=30°$, $\angle ADC=60°$이고 $\overline{AC}=8\sqrt{3}$일 때, $\overline{BD}$의 길이를 구하시오.

배운대로 복습하기

개념 03 ~ 개념 04

01 오른쪽 그림과 같이 반지름의 길이가 1인 사분원에서 다음 중 옳은 것을 모두 고르면? (정답 2개)

① $\cos x = \overline{AB}$ ② $\sin y = \overline{BC}$

③ $\cos y = \overline{AB}$ ④ $\tan y = \overline{DE}$

⑤ $\cos z = \overline{BC}$

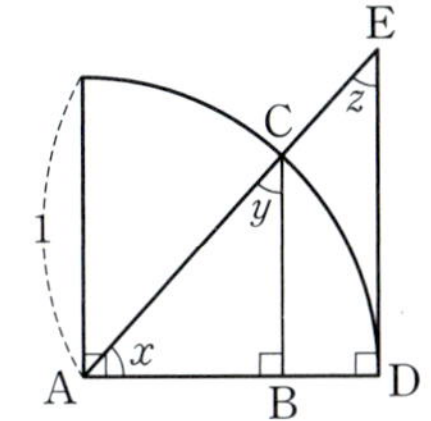

02 오른쪽 그림과 같이 좌표평면 위의 원점 O를 중심으로 하고 반지름의 길이가 1인 사분원에서
$\sin 38° + \cos 52° + \tan 52°$의 값을 구하시오.

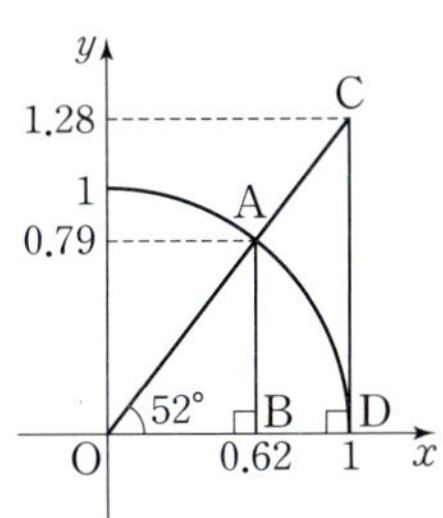

03 다음을 계산하시오.

$$\sin 30° \times \cos 0° \times \tan 45° - \sin 60° \times \sin 90° \times \tan 0°$$

04 다음 중 옳지 <u>않은</u> 것은?

① $\sin 0° + \cos 0° = 1$

② $\tan 45° - \sin 90° = 0$

③ $\cos 90° + \sin 90° \times \tan 0° = 0$

④ $\sin 30° \times \tan 45° - \cos 60° \times \cos 90° = 0$

⑤ $(\sin 90° + \tan 60°)(\cos 0° - \tan 60°) = -2$

05 다음 중 삼각비의 값의 대소 관계로 옳지 <u>않은</u> 것을 모두 고르면? (정답 2개)

① $\sin 66° > \sin 72°$ ② $\cos 15° > \cos 20°$

③ $\sin 90° = \tan 0°$ ④ $\cos 0° < \tan 50°$

⑤ $\tan 40° > \tan 31°$

06 다음 삼각비의 값 중 가장 큰 것은?

① $\cos 0°$ ② $\sin 50°$ ③ $\sin 45°$

④ $\sin 89°$ ⑤ $\tan 46°$

[07~08] 다음 삼각비의 표를 이용하여 물음에 답하시오.

각도	사인(sin)	코사인(cos)	탄젠트(tan)
49°	0.7547	0.6561	1.1504
50°	0.7660	0.6428	1.1918
51°	0.7771	0.6293	1.2349
52°	0.7880	0.6157	1.2799
53°	0.7986	0.6018	1.3270

07 다음 중 옳지 <u>않은</u> 것은?

① $\sin 52° = 0.7880$

② $\cos 49° = 0.6561$

③ $\tan 51° = 1.2349$

④ $\cos x = 0.6428$이면 $x = 50°$

⑤ $\tan x = 1.3270$이면 $x = 52°$

08 오른쪽 그림과 같이 $\angle B = 90°$인 직각삼각형 ABC에서 $\overline{AC} = 10$, $\angle A = 41°$일 때, $\overline{BC}$의 길이를 구하시오.

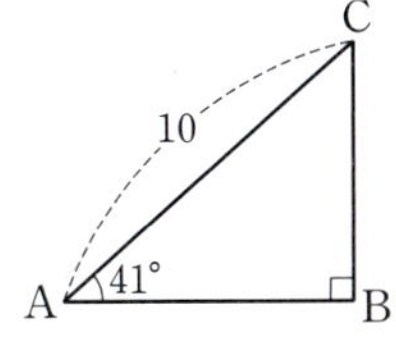

배운대로 복습하기 — 개념 01 ~ 개념 03

01 오른쪽 그림과 같이 $\angle C=90°$인 직각삼각형 ABC에서 다음 중 옳은 것을 모두 고르면? (정답 2개)

① $a=c \sin B$　　② $a=b \tan A$

③ $b=c \cos A$　　④ $b=\dfrac{a}{\tan B}$

⑤ $c=a \cos B$

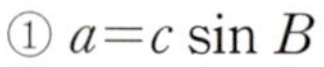

02 오른쪽 그림과 같은 직육면체에서 $\overline{AB}=3\sqrt{3}$ cm, $\overline{CF}=6$ cm, $\angle CFG=30°$일 때, 이 직육면체의 부피를 구하시오.

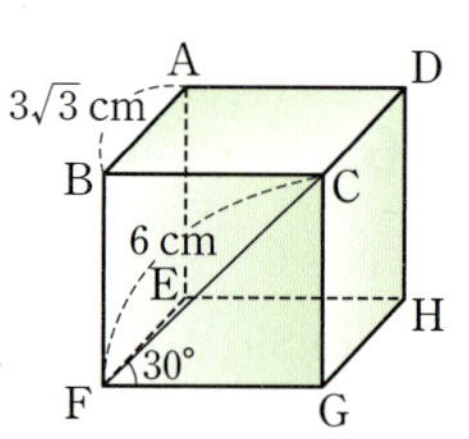

03 지면에 수직으로 서 있던 나무가 오른쪽 그림과 같이 부러져서 꼭대기 부분이 지면에 닿아 있다. $\angle ACB=35°$, $\overline{BC}=10$ m일 때, 부러지기 전의 나무의 높이는?

(단, $\cos 35°=0.8$, $\tan 35°=0.7$로 계산한다.)

① 12 m　　② 12.5 m　　③ 19 m

④ 19.5 m　　⑤ 20 m

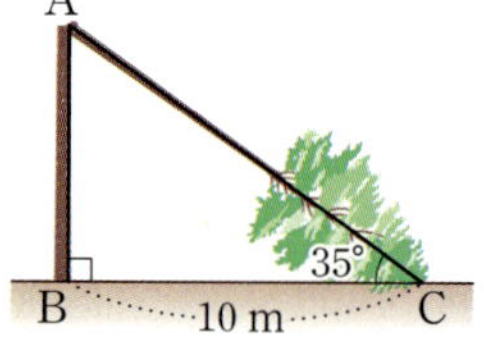

04 오른쪽 그림과 같이 20 m 떨어진 두 건물 A, B가 있다. 건물 A의 옥상에서 건물 B를 올려본각의 크기가 45°, 내려본각의 크기가 60°일 때, 건물 B의 높이를 구하시오.

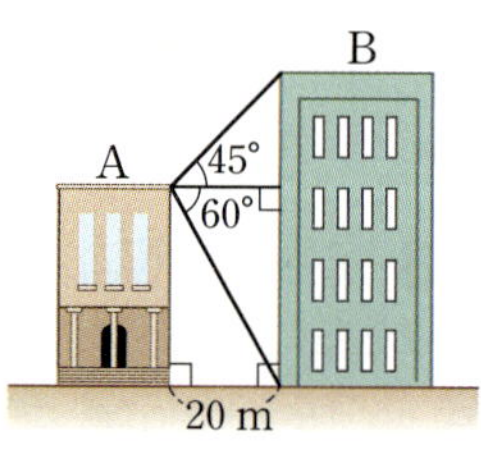

05 오른쪽 그림과 같은 평행사변형 ABCD에서 $\overline{AB}=6$, $\overline{BC}=10$, $\angle BCD=120°$일 때, 대각선 AC의 길이는?

① 6　　② $2\sqrt{15}$　　③ 8

④ $2\sqrt{19}$　　⑤ $4\sqrt{5}$

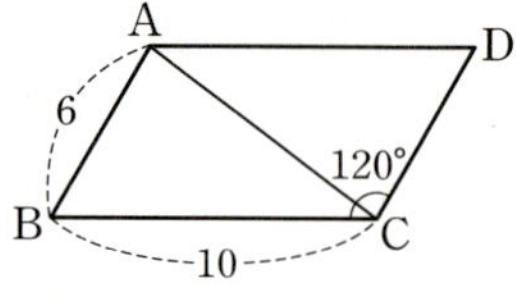

06 오른쪽 그림과 같은 $\triangle ABC$에서 $\angle B=45°$, $\angle C=75°$, $\overline{BC}=12$일 때, $\overline{AC}$의 길이를 구하시오.

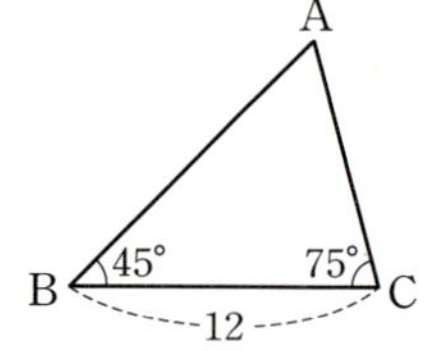

07 오른쪽 그림과 같이 30 m 떨어져 있는 두 지점 A, B에서 나무의 꼭대기 C를 올려본각의 크기가 각각 45°, 30°이었다. 이때 나무의 높이를 구하시오.

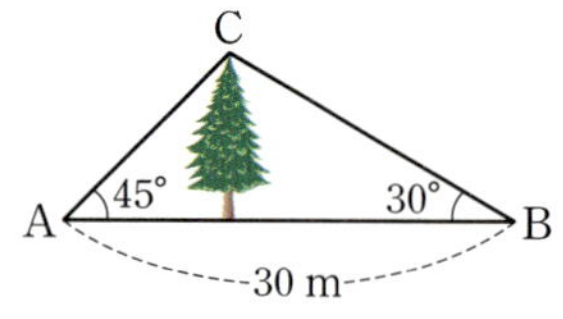

08 오른쪽 그림과 같은 $\triangle ABC$에서 $\overline{AH}\perp\overline{BH}$이고 $\overline{BC}=8$ cm, $\angle B=30°$, $\angle ACH=45°$일 때, $\triangle ABC$의 넓이를 구하시오.

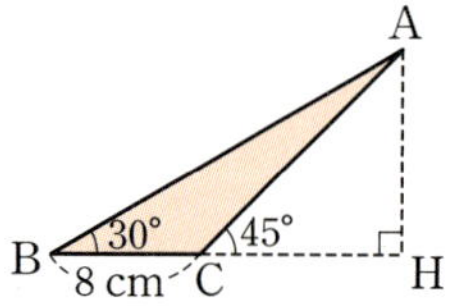

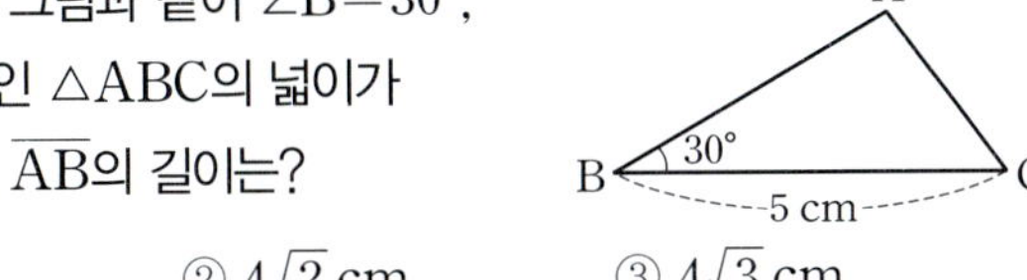
배운대로 복습하기 — 개념 04 ~ 개념 05

01 오른쪽 그림과 같이 ∠B=30°, $\overline{BC}$=5 cm인 △ABC의 넓이가 5 cm²일 때, $\overline{AB}$의 길이는?

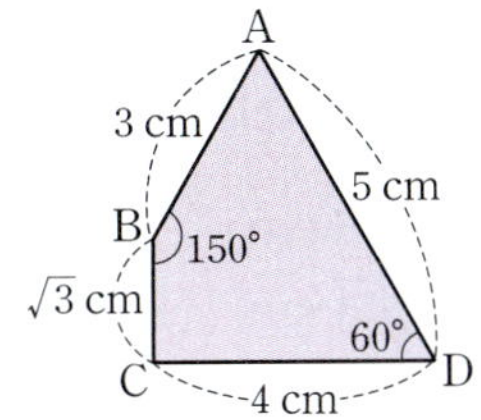

① 4 cm ② $4\sqrt{2}$ cm ③ $4\sqrt{3}$ cm
④ $5\sqrt{2}$ cm ⑤ $5\sqrt{3}$ cm

02 오른쪽 그림에서 점 G가 △ABC의 무게중심이고 ∠A=60°, $\overline{AB}$=9 cm, $\overline{AC}$=8 cm일 때, △GBC의 넓이를 구하시오.

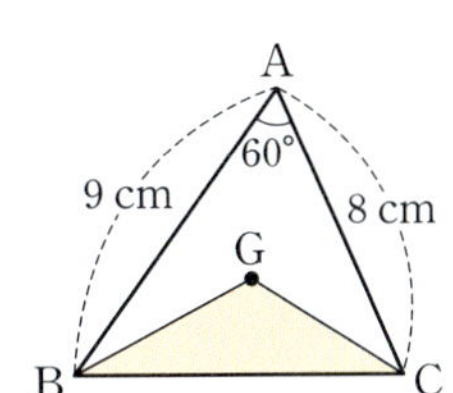

03 오른쪽 그림과 같이 반지름의 길이가 6 cm인 원 O에 내접하는 정팔각형의 넓이를 구하시오.

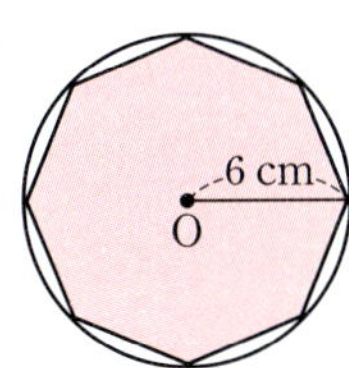

04 오른쪽 그림과 같이 $\overline{AB}$=$8\sqrt{3}$ cm, $\overline{BC}$=10 cm인 △ABC의 넓이가 60 cm²일 때, ∠B의 크기를 구하시오.
(단, 90°<∠B<180°)

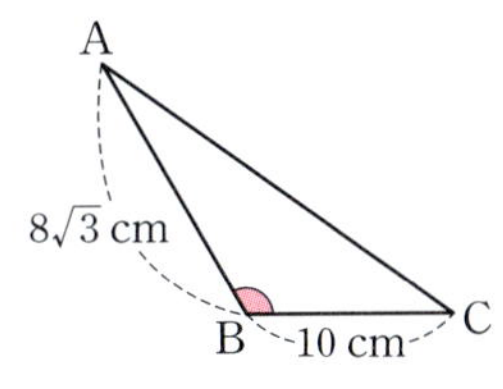

05 오른쪽 그림과 같은 □ABCD의 넓이를 구하시오.

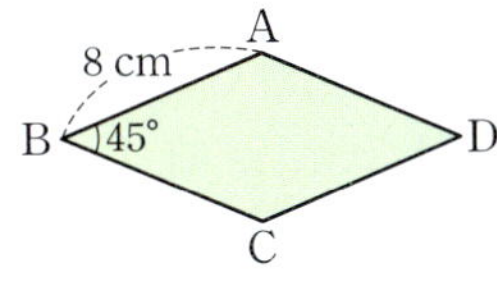

06 오른쪽 그림과 같이 한 변의 길이가 8 cm이고 ∠B=45°인 마름모 ABCD의 넓이를 구하시오.

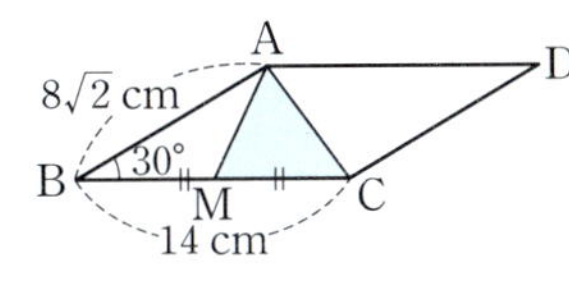

07 오른쪽 그림과 같은 평행사변형 ABCD에서 점 M은 $\overline{BC}$의 중점이다. $\overline{AB}$=$8\sqrt{2}$ cm, $\overline{BC}$=14 cm, ∠B=30°일 때, △AMC의 넓이는?

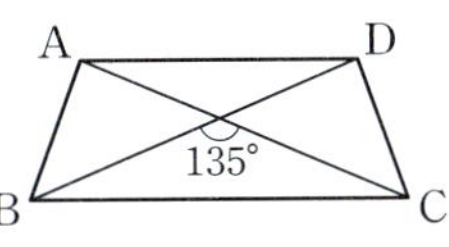

① $14\sqrt{2}$ cm² ② $14\sqrt{3}$ cm² ③ 28 cm²
④ $28\sqrt{2}$ cm² ⑤ $28\sqrt{3}$ cm²

08 오른쪽 그림과 같이 두 대각선이 이루는 각의 크기가 135°인 등변사다리꼴 ABCD의 넓이가 $20\sqrt{2}$ cm²일 때, $\overline{BD}$의 길이는?

① $4\sqrt{2}$ cm ② $2\sqrt{10}$ cm ③ $5\sqrt{2}$ cm
④ 8 cm ⑤ $4\sqrt{5}$ cm

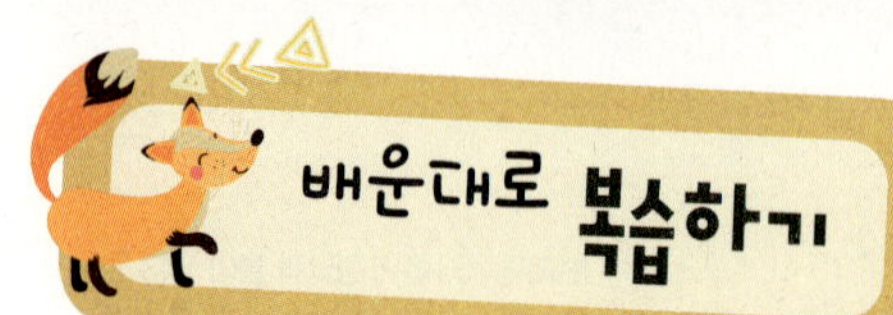

개념 01 ~ 개념 02

01 반지름의 길이가 7 cm인 원의 중심에서 길이가 10 cm인 현까지의 거리는?

① $2\sqrt{6}$ cm   ② $3\sqrt{5}$ cm   ③ $\sqrt{51}$ cm

④ $\sqrt{74}$ cm   ⑤ $4\sqrt{6}$ cm

02 오른쪽 그림과 같이 반지름의 길이가 14 cm인 원 O에서 $\overline{AB}\perp\overline{OC}$이고 $\overline{OM}=\overline{CM}$일 때, $\overline{BM}$의 길이는?

① $5\sqrt{3}$ cm   ② $4\sqrt{5}$ cm

③ $4\sqrt{6}$ cm   ④ $5\sqrt{5}$ cm

⑤ $7\sqrt{3}$ cm

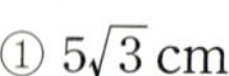

03 오른쪽 그림과 같은 원 O에서 $\overline{AB}\perp\overline{OC}$이고 $\overline{BC}=6\sqrt{5}$ cm, $\overline{CM}=6$ cm 일 때, 원 O의 넓이를 구하시오.

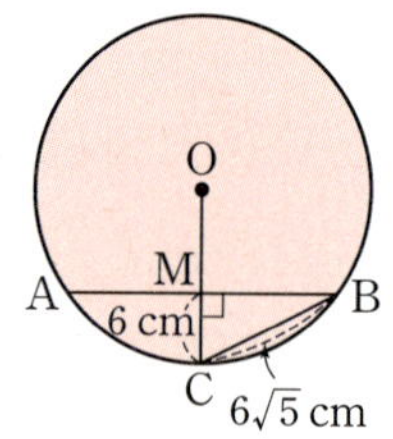

04 오른쪽 그림은 원 모양의 접시가 깨지고 남은 부분이다. 원래의 접시의 지름의 길이를 구하시오.

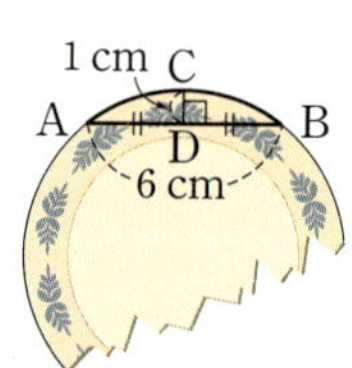

05 오른쪽 그림과 같이 원 모양의 종이를 원주 위의 한 점이 원의 중심 O에 겹쳐지도록 접었다. $\overline{AB}\perp\overline{OM}$이고 $\overline{OM}=2\sqrt{3}$ cm 일 때, $\overline{AB}$의 길이를 구하시오.

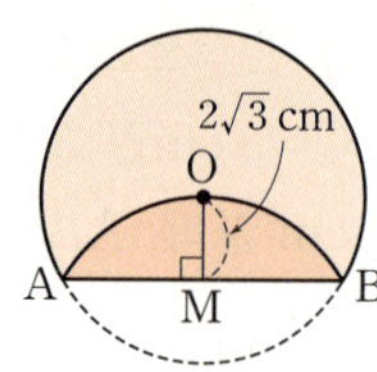

06 오른쪽 그림과 같은 원 O에서 $\overline{AB}\perp\overline{OM}$, $\overline{CD}\perp\overline{ON}$이고 $\overline{CD}=12$ cm, $\overline{OM}=\overline{ON}=8$ cm일 때, $\overline{OA}$의 길이를 구하시오.

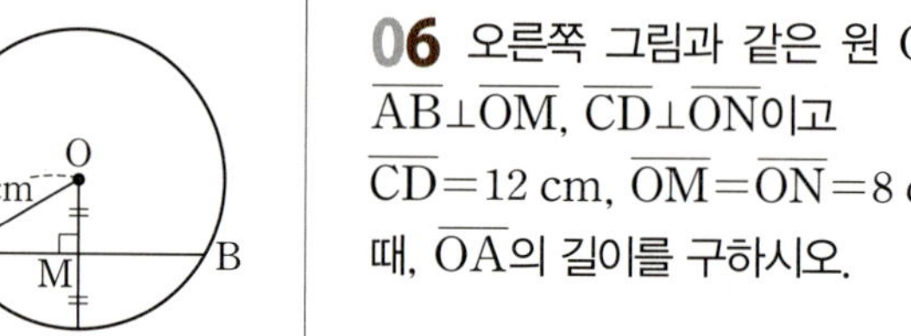

07 오른쪽 그림과 같은 원 O에서 $\overline{AB}=\overline{CD}$이고 $\overline{AB}\perp\overline{OM}$이다. $\overline{OD}=9$ cm, $\overline{OM}=4\sqrt{2}$ cm일 때, $\triangle OCD$의 넓이는?

① $21\sqrt{2}$ cm^2 ② $28\sqrt{2}$ cm^2

③ $35\sqrt{2}$ cm^2 ④ $49\sqrt{2}$ cm^2

⑤ $56\sqrt{2}$ cm^2

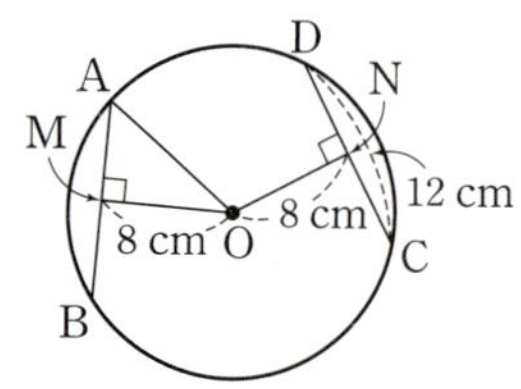

08 오른쪽 그림과 같은 원 O에서 $\overline{AB}\perp\overline{OM}$, $\overline{AC}\perp\overline{ON}$, $\overline{OM}=\overline{ON}$이고 $\angle ABC=62°$일 때, $\angle BAC$의 크기를 구하시오.

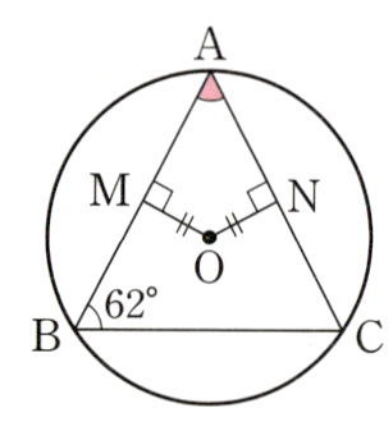
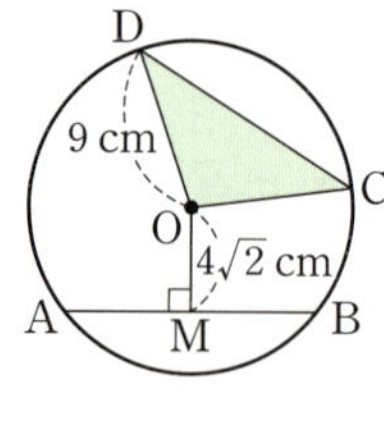

01 오른쪽 그림에서 $\overrightarrow{PT}$는 원 O의 접선이고 점 T는 접점이다. $\overline{PA}=4$ cm, $\overline{PT}=10$ cm일 때, 원 O의 둘레의 길이는?

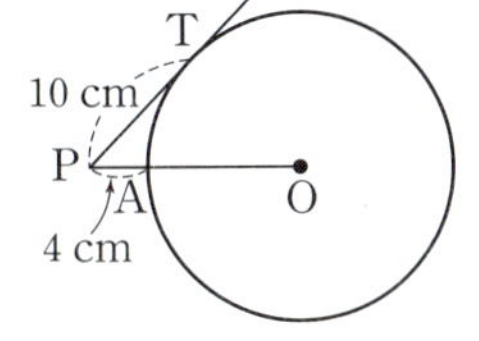

① 12π cm   ② 15π cm   ③ 18π cm
④ 21π cm   ⑤ 24π cm

02 오른쪽 그림에서 $\overline{PA}$, $\overline{PB}$는 원 O의 접선이고 두 점 A, B는 접점이다. $\overline{PA}=12$ cm, $\angle APB=60°$일 때, $\triangle APB$의 넓이를 구하시오.

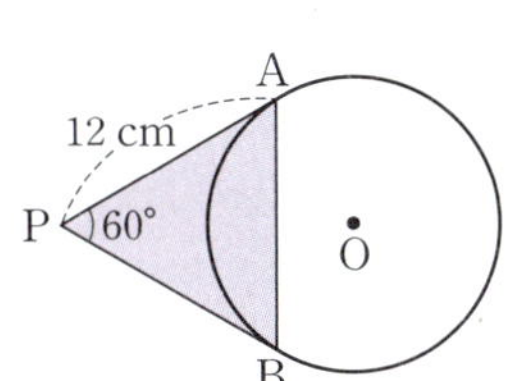

03 오른쪽 그림에서 $\overrightarrow{AD}$, $\overrightarrow{AF}$, $\overline{BC}$는 원 O의 접선이고 세 점 D, E, F는 접점이다. $\overline{AO}=9$ cm, $\overline{OD}=3$ cm일 때, $\triangle ACB$의 둘레의 길이는?

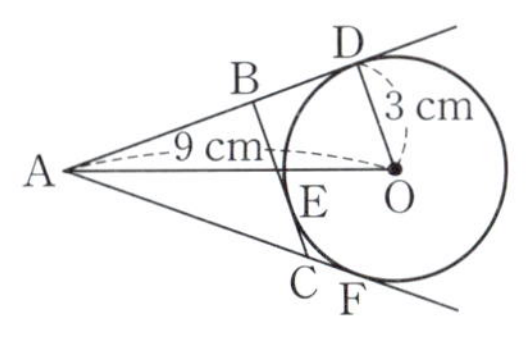

① $6\sqrt{2}$ cm   ② $8\sqrt{2}$ cm   ③ $10\sqrt{2}$ cm
④ $12\sqrt{2}$ cm   ⑤ $14\sqrt{2}$ cm

04 오른쪽 그림에서 $\overline{CD}$는 반원 O의 지름이고 $\overline{AB}$, $\overline{AD}$, $\overline{BC}$는 반원 O의 접선이다. $\overline{AB}=15$ cm, $\overline{BC}=9$ cm일 때, $\square ABCD$의 넓이를 구하시오.

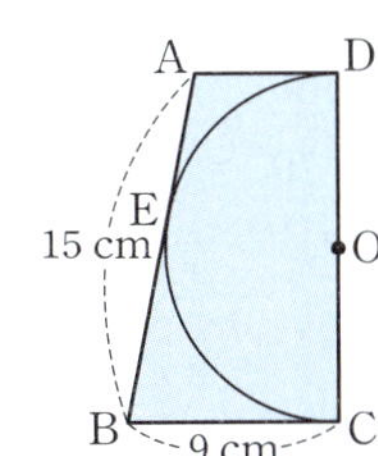

05 오른쪽 그림에서 원 O는 $\triangle ABC$의 내접원이고 세 점 D, E, F는 접점이다. $\overline{AB}=9$ cm, $\overline{AC}=12$ cm, $\overline{AF}=4$ cm일 때, $\overline{BC}$의 길이는?

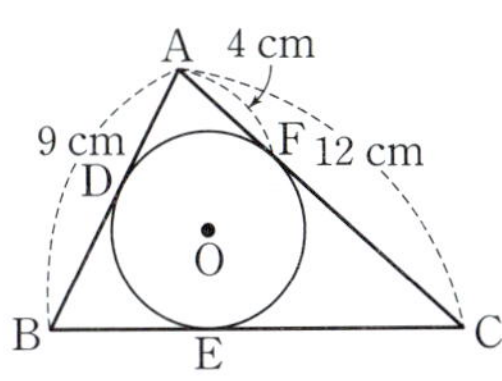

① 12 cm   ② 13 cm   ③ 14 cm
④ 15 cm   ⑤ 16 cm

06 오른쪽 그림에서 원 O는 $\angle B=90°$인 직각삼각형 ABC의 내접원이고 세 점 D, E, F는 접점이다. 원 O의 반지름의 길이가 4 cm이고 $\overline{BC}=10$ cm일 때, $\overline{AC}$의 길이를 구하시오.

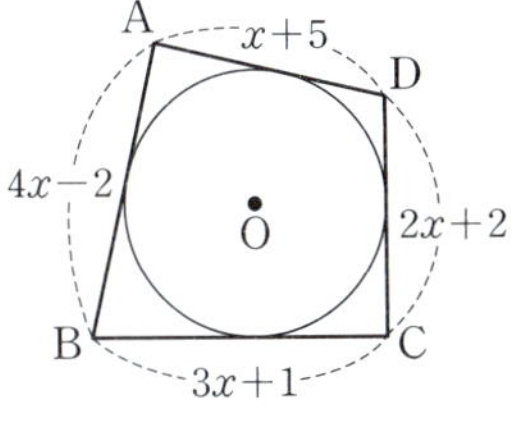

07 오른쪽 그림과 같이 $\square ABCD$가 원 O에 외접할 때, x의 값은?

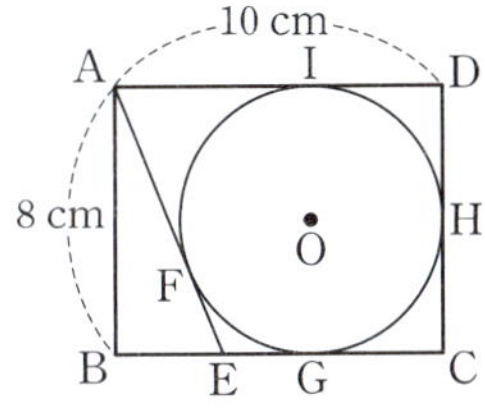

① 3   ② 4
③ 5   ④ 6
⑤ 7

08 오른쪽 그림에서 원 O는 직사각형 ABCD의 세 변 AD, BC, CD와 $\overline{AE}$에 접하고 네 점 F, G, H, I는 접점이다. $\overline{AB}=8$ cm, $\overline{AD}=10$ cm일 때, $\overline{AE}$의 길이를 구하시오.

개념 01 ~ 개념 03

01 오른쪽 그림과 같은 원 O에서 ∠APB=53°일 때, ∠x의 크기는?

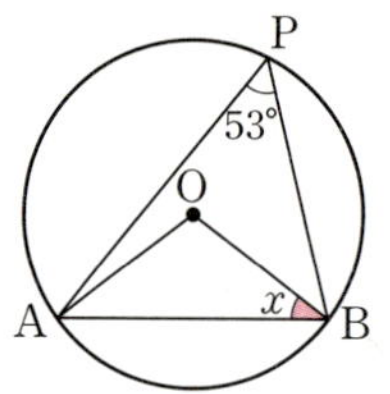

① 37° ② 38°
③ 39° ④ 40°
⑤ 41°

05 오른쪽 그림에서 $\overline{PA}$, $\overline{PB}$는 원 O의 접선이고 두 점 A, B는 접점이다. ∠ACB=72°일 때, ∠x의 크기는?

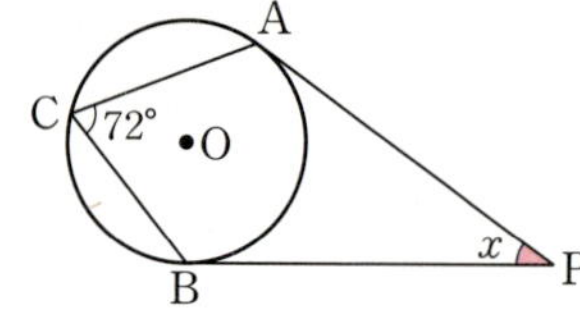
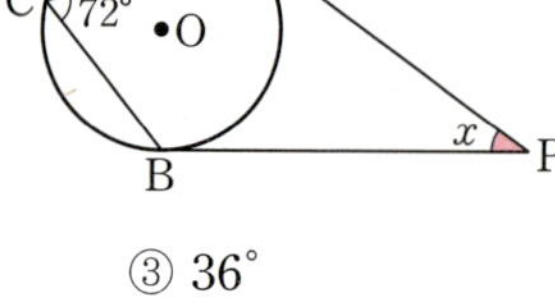

① 32° ② 34° ③ 36°
④ 38° ⑤ 40°

02 오른쪽 그림과 같이 반지름의 길이가 8 cm인 원 O에서 ∠APB=30°일 때, △OAB의 넓이를 구하시오.

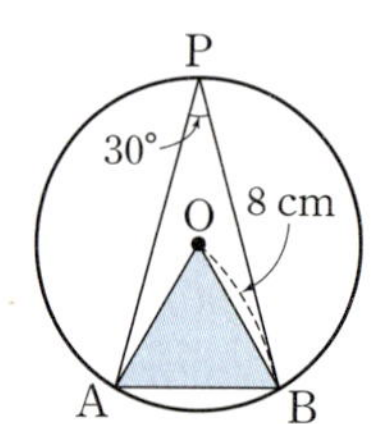

06 오른쪽 그림과 같은 원에서 ∠ACP=23°, ∠DBC=68°일 때, ∠x의 크기는?

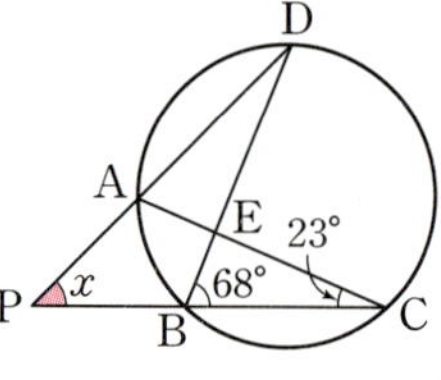

① 43° ② 45°
③ 47° ④ 49°
⑤ 51°

03 오른쪽 그림과 같은 원 O에서 ∠x−∠y의 크기를 구하시오.

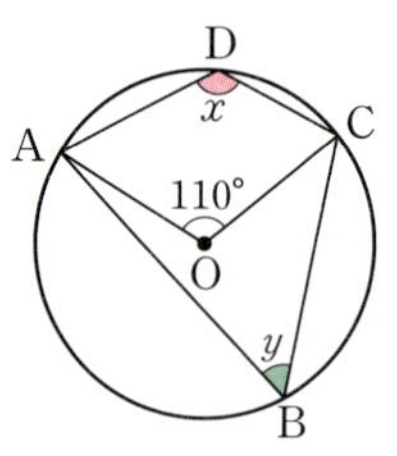

07 오른쪽 그림과 같은 원 O에서 ∠AOB=40°, ∠APC=90°일 때, ∠x의 크기는?

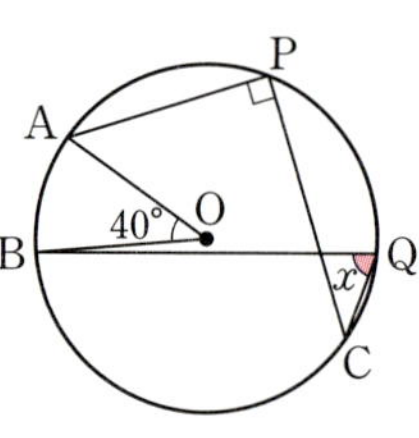

① 50° ② 55°
③ 60° ④ 65°
⑤ 70°

04 오른쪽 그림과 같은 원 O에서 ∠APB=16°, ∠AOC=70°일 때, ∠x의 크기는?

① 15° ② 17°
③ 19° ④ 21°
⑤ 23°

08 오른쪽 그림에서 $\overline{AB}$는 원 O의 지름이고 $\angle CAD=96°$, $\angle ABC=28°$일 때, $\angle APC$의 크기는?

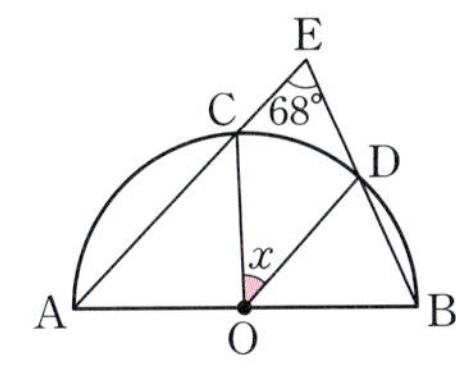

① 60° ② 62°
③ 64° ④ 66°
⑤ 68°

09 오른쪽 그림에서 $\overline{AB}$는 반원 O의 지름이고 점 E는 $\overline{AC}$, $\overline{BD}$의 연장선의 교점이다. $\angle AEB=68°$일 때, $\angle x$의 크기를 구하시오.

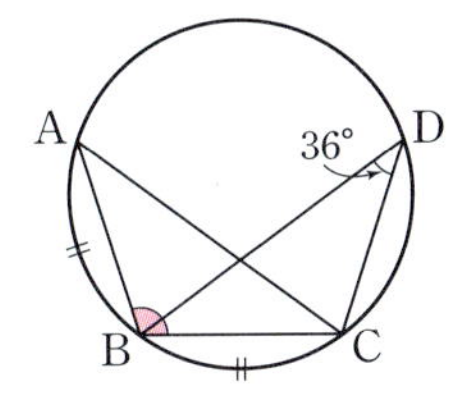

10 오른쪽 그림과 같은 원에서 $\widehat{AB}=\widehat{BC}$이고 $\angle BDC=36°$일 때, $\angle ABC$의 크기는?

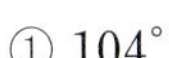
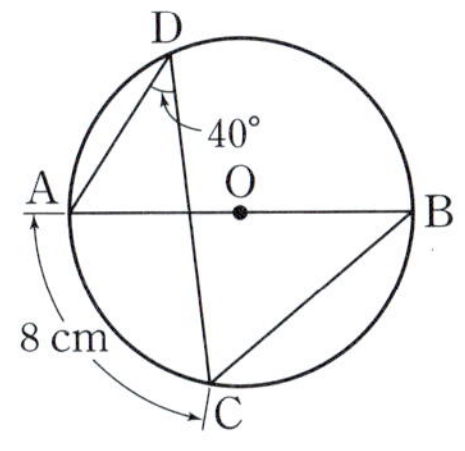

① 104° ② 108°
③ 112° ④ 116°
⑤ 120°

11 오른쪽 그림에서 $\overline{AB}$는 원 O의 지름이고 $\angle ADC=40°$, $\widehat{AC}=8$ cm일 때, $\widehat{BC}$의 길이는?

① 6 cm ② 8 cm
③ 10 cm ④ 12 cm
⑤ 14 cm

12 오른쪽 그림과 같은 원에서 $\widehat{AB}:\widehat{CD}=4:1$이고 $\angle AEB=30°$일 때, $\angle x$의 크기는?

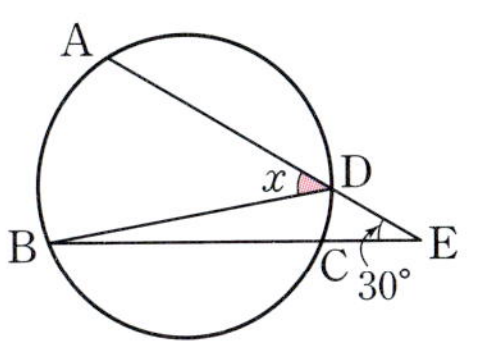

① 35° ② 40°
③ 45° ④ 50°
⑤ 55°

13 오른쪽 그림과 같은 원에서 $\widehat{AB}:\widehat{BC}:\widehat{CA}=3:1:5$일 때, $\angle ABC$의 크기는?

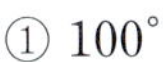
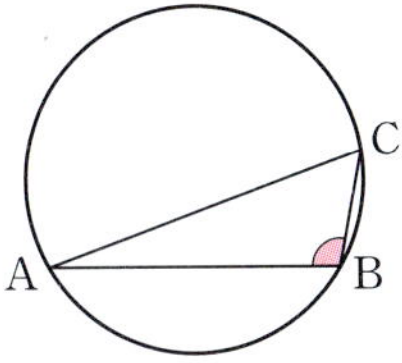

① 100° ② 102°
③ 105° ④ 108°
⑤ 110°

14 오른쪽 그림에서 $\widehat{AB}$의 길이는 원의 둘레의 길이의 $\frac{1}{6}$이고 $\widehat{AB}:\widehat{CD}=3:5$일 때, $\angle CPD$의 크기는?

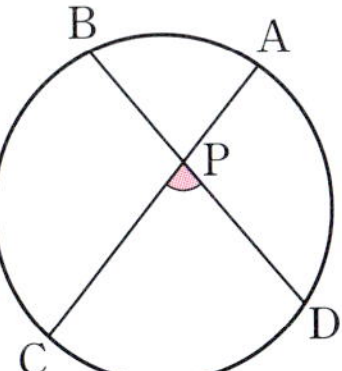

① 70° ② 75°
③ 80° ④ 85°
⑤ 90°

배운대로 복습하기 · 개념 04 ~ 개념 06

01 다음 중 네 점 A, B, C, D가 한 원 위에 있는 것을 모두 고르면? (정답 2개)

① 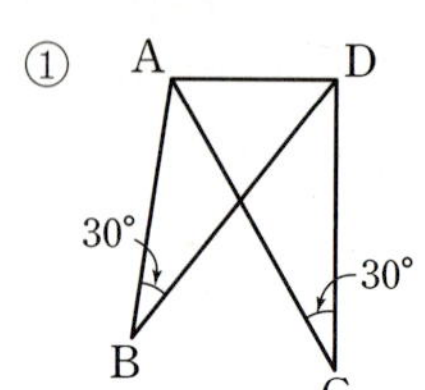

② 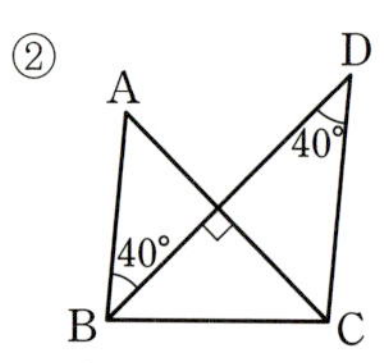

③ 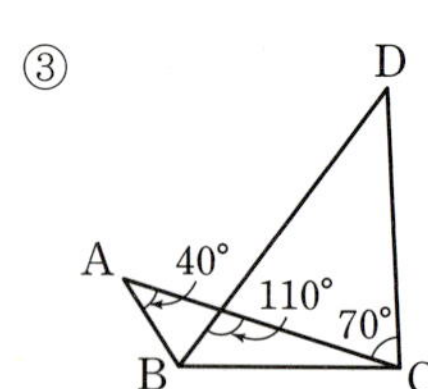

④ 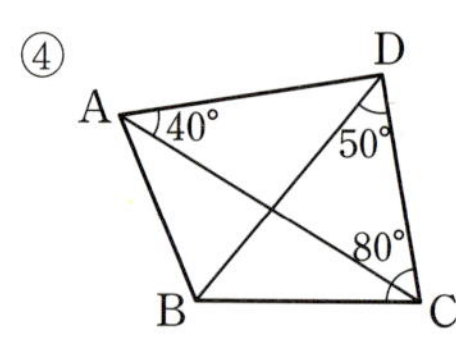

⑤ 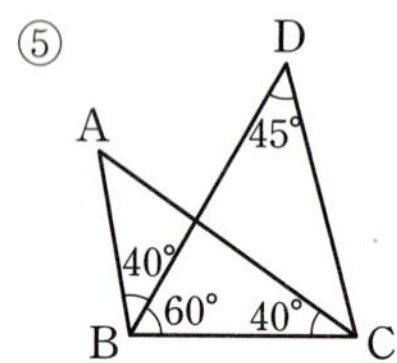

04 오른쪽 그림에서 $\overline{AD}$는 원 O의 지름이고 □ABCD는 원 O에 내접한다. $\overparen{AB}=\overparen{BC}$이고 ∠ADB=25°일 때, ∠$x$의 크기는?

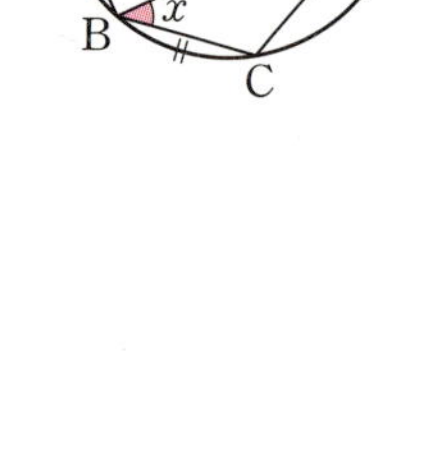

① 40° ② 42°

③ 44° ④ 46°

⑤ 48°

05 오른쪽 그림과 같이 □ABCD가 원에 내접하고 ∠DAC=63°, ∠DCA=55°일 때, ∠ABE의 크기를 구하시오.

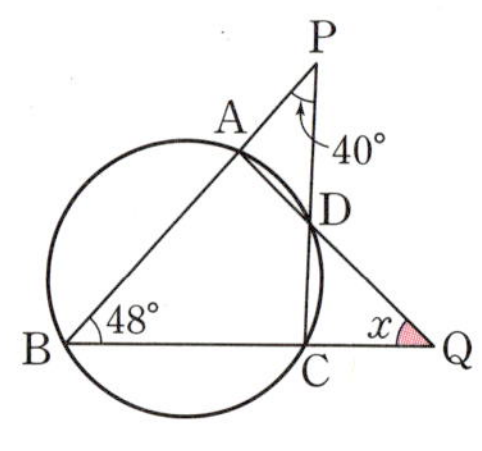

02 오른쪽 그림에서 ∠BAD=80°, ∠DBC=25°이고 네 점 A, B, C, D가 한 원 위에 있을 때, ∠x의 크기를 구하시오.

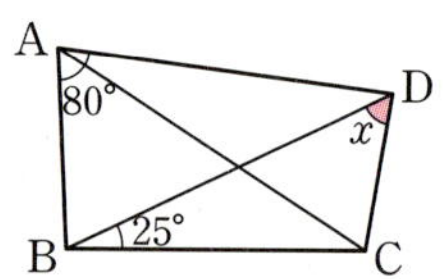

06 오른쪽 그림과 같이 $\overline{AB}$와 $\overline{CD}$의 연장선의 교점을 P, $\overline{AD}$와 $\overline{BC}$의 연장선의 교점을 Q라고 하자. □ABCD가 원에 내접하고 ∠ABC=48°, ∠BPC=40°일 때, ∠x의 크기를 구하시오.

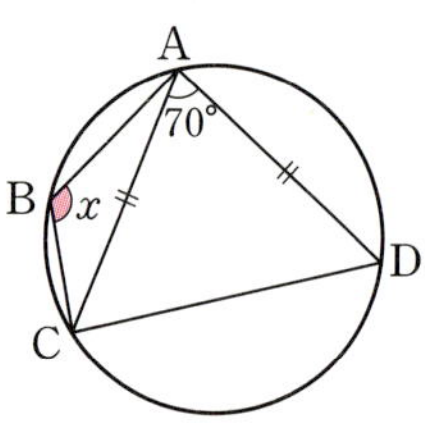

03 오른쪽 그림과 같이 □ABCD가 원에 내접하고 $\overline{AC}=\overline{AD}$, ∠CAD=70°일 때, ∠$x$의 크기는?

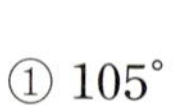

① 105° ② 110°

③ 115° ④ 120°

⑤ 125°

07 오른쪽 그림과 같이 두 원 O, O′이 두 점 P, Q에서 만난다. ∠PAB=64°, ∠ABQ=98°일 때, ∠x의 크기를 구하시오.

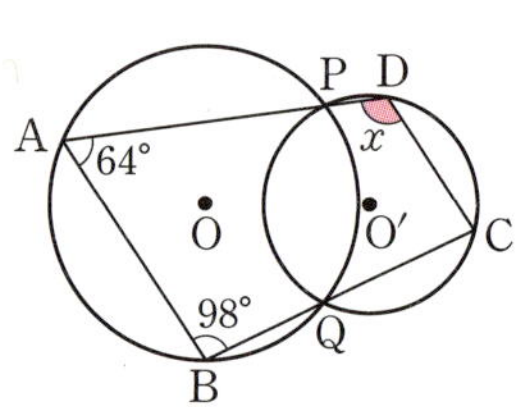

08 오른쪽 그림과 같이 오각형 ABCDE가 원 O에 내접하고 ∠BAE=120°, ∠CDE=95°일 때, ∠x의 크기는?

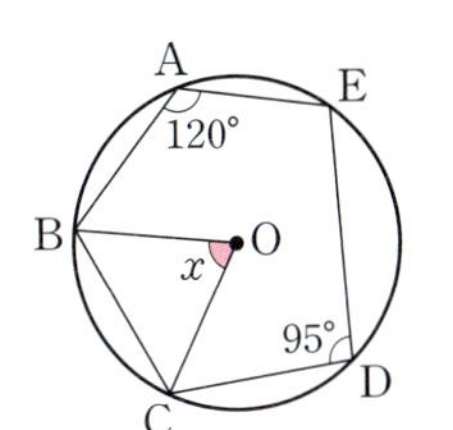

① 70° ② 75°

③ 80° ④ 85°

⑤ 90°

09 다음 중 □ABCD가 원에 내접하는 것을 모두 고르면?

(정답 2개)

① 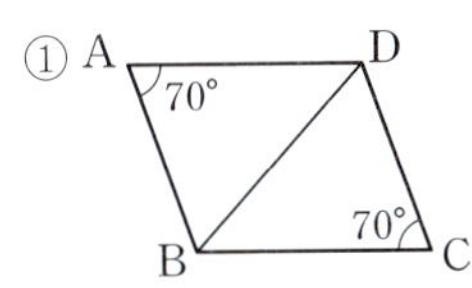

② 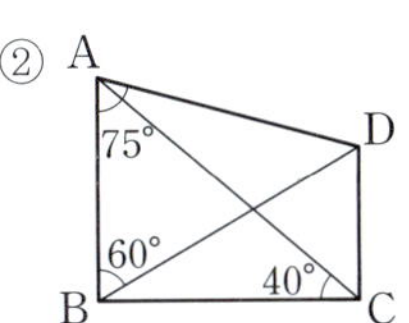

③ 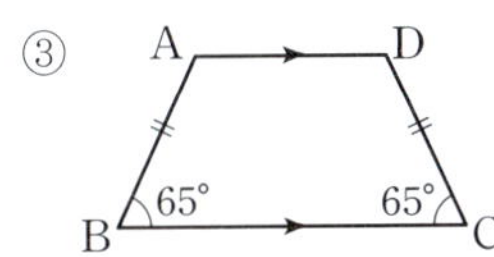

④ 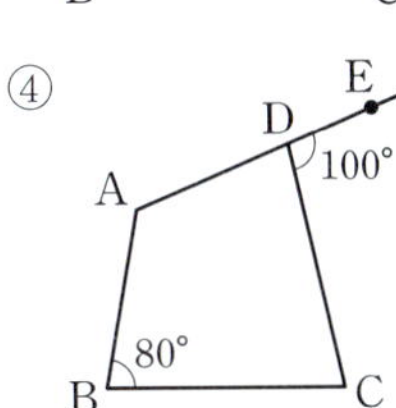

⑤ 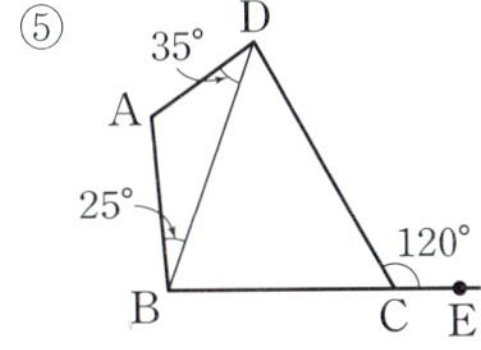

10 오른쪽 그림에서 $\overrightarrow{\text{AT}}$는 원 O의 접선이고 점 A는 접점이다. ∠BAT=54°일 때, ∠BOA의 크기는?

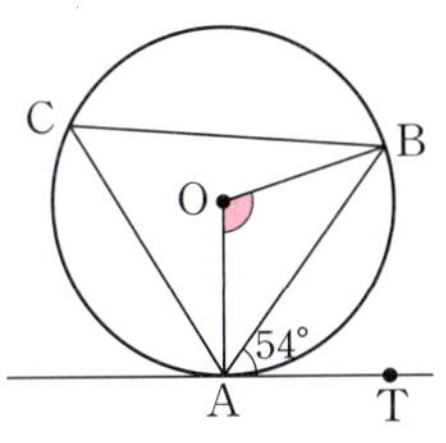

① 104° ② 108°

③ 112° ④ 116°

⑤ 120°

11 오른쪽 그림에서 원 O는 △ABC의 내접원이면서 △DEF의 외접원이다. ∠B=34°, ∠FDE=52°일 때, ∠DEF의 크기는?

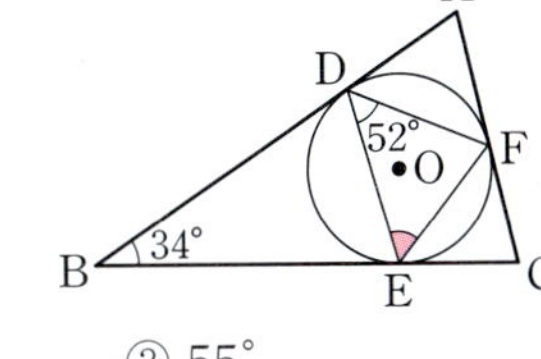

① 51° ② 53° ③ 55°

④ 57° ⑤ 59°

12 오른쪽 그림에서 $\overrightarrow{\text{BT}}$는 원의 접선이고 점 B는 접점이다. $\overparen{\text{AB}} : \overparen{\text{BC}} : \overparen{\text{CA}} = 1 : 2 : 3$일 때, ∠$y$−∠$x$의 크기를 구하시오.

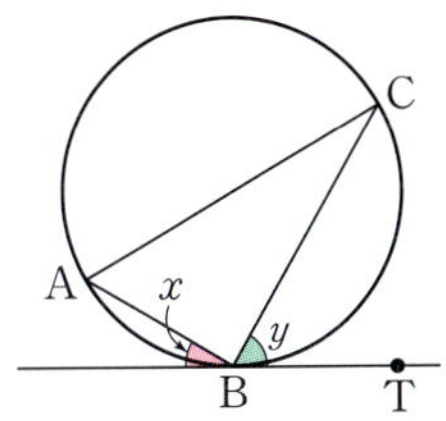

13 오른쪽 그림에서 $\overrightarrow{\text{PT}}$는 점 T를 접점으로 하는 원 O의 접선이고 $\overline{\text{PB}}$는 원 O의 중심을 지난다. ∠PBT=29°일 때, ∠x의 크기는?

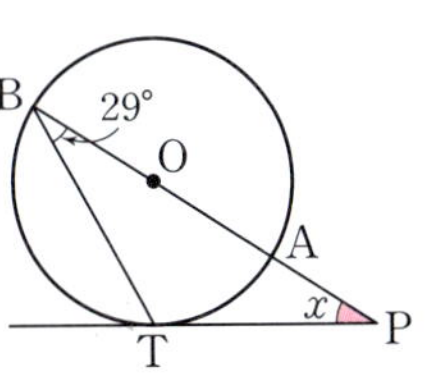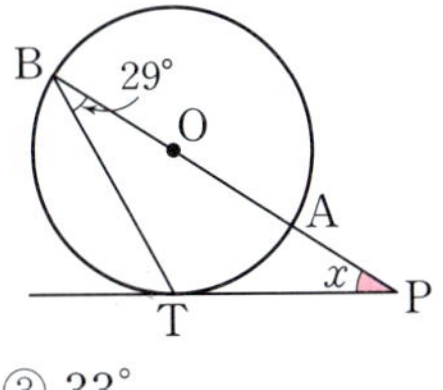

① 31° ② 32° ③ 33°

④ 34° ⑤ 35°

14 오른쪽 그림에서 $\overrightarrow{\text{BT}}$는 점 B를 접점으로 하는 원 O의 접선이고 $\overline{\text{AC}}$는 원 O의 지름이다. ∠CBT=48°일 때, ∠ADB의 크기를 구하시오.

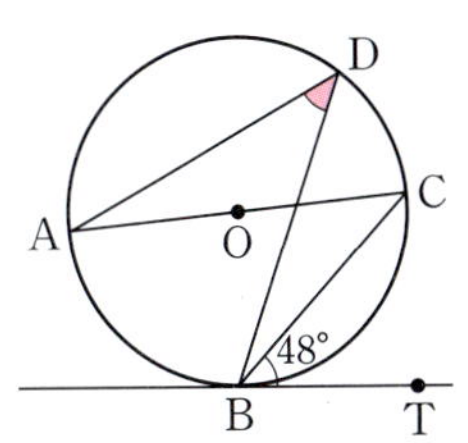

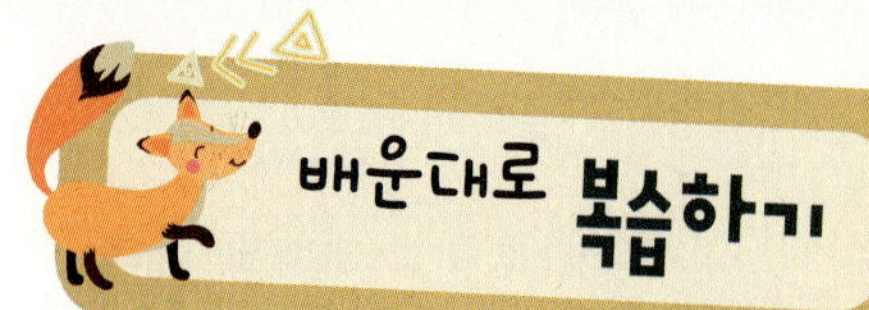

01 다음 표는 학생 12명의 음악 실기 성적을 조사하여 나타낸 것이다. 음악 실기 성적의 평균을 구하시오.

성적(점)	6	7	8	9	10
학생 수(명)	1	3	5	1	2

02 희수의 5회에 걸친 영어 시험 성적이 82점, 80점, 85점, 76점, 92점이다. 6회의 시험에서 몇 점을 받아야 6회까지의 평균이 84점이 되는가?

① 85점 ② 86점 ③ 87점
④ 88점 ⑤ 89점

03 5개의 변량 x_1, x_2, x_3, x_4, x_5의 평균이 4일 때, $2x_1+1$, $2x_2+1$, $2x_3+1$, $2x_4+1$, $2x_5+1$의 평균은?

① 8 ② 9 ③ 10
④ 11 ⑤ 12

04 아래 자료는 핸드볼 경기에서 선수 6명의 득점을 조사하여 나타낸 것이다. 다음 물음에 답하시오.

(단위 : 점)

6, 11, 4, 8, 10, 45

(1) 득점의 평균과 중앙값을 각각 구하시오.
(2) (1)에서 구한 평균과 중앙값 중 자료의 대푯값으로 적절한 것은 어느 것인지 쓰시오.

05 다음 자료는 8개의 변량을 작은 값에서부터 크기순으로 나열한 것이다. 이 자료의 중앙값이 18일 때, x의 값을 구하시오.

11, 13, 14, 16, x, 20, 20, 23

06 어느 모둠 학생 10명의 몸무게를 작은 값에서부터 크기순으로 나열하면 5번째 학생의 몸무게는 50 kg이고, 중앙값은 53 kg이라고 한다. 이 모둠에 몸무게가 57 kg인 학생이 한 명 들어왔을 때, 학생 11명의 몸무게의 중앙값을 구하시오.

07 오른쪽 줄기와 잎 그림은 어느 보드게임 동호회 회원 17명의 나이를 조사하여 나타낸 것이다. 이 자료의 중앙값을 a세, 최빈값을 b세라고 할 때, $a+b$의 값은?

(0 | 7 세는 7세)

줄기	잎
0	7 8 9
1	2 3 6 9
2	4 5 7 8 8
3	1 4 6
4	0 3

① 49 ② 51
③ 53 ④ 54
⑤ 55

08 다음 자료는 학생 6명의 일주일 동안의 인터넷 이용 횟수를 조사하여 나타낸 것이다. 이 자료의 최빈값이 9회일 때, 중앙값은?

(단위 : 회)

8, 4, 9, 7, 12, x

① 8회 ② 8.5회 ③ 9회
④ 9.5회 ⑤ 10회

01 다음 표는 학생 6명의 평균 수면 시간에 대한 편차를 조사하여 나타낸 것이다. x의 값을 구하시오.

학생	A	B	C	D	E	F
편차(시간)	-2	-4	5	-3	x	2

02 연수네 반 학생들의 키의 평균은 162 cm이다. 연수의 키의 편차가 -3 cm일 때, 연수의 키를 구하시오.

03 다음 표는 학생 5명의 몸무게와 그 편차를 조사하여 나타낸 것이다. $x-y$의 값은?

학생	혜진	태희	민수	승원	지민
몸무게(kg)	59	51	68	x	54
편차(kg)	1	-7	y	0	-4

① 42   ② 46   ③ 48
④ 52   ⑤ 56

04 아래 표는 학생 4명이 일주일 동안 독서한 시간의 편차를 조사하여 나타낸 것이다. 다음 설명 중 옳지 <u>않은</u> 것은?

학생	A	B	C	D
편차(시간)	-4	1	5	x

① A의 독서 시간은 평균보다 짧다.
② B의 독서 시간은 평균보다 길다.
③ C의 독서 시간이 가장 길다.
④ D의 독서 시간은 A의 독서 시간보다 2시간 길다.
⑤ 독서 시간이 가장 짧은 학생부터 차례로 나열하면 A, B, D, C이다.

05 다음 표는 지현이가 지난 주 5일 동안 받은 문자 메시지 수의 편차를 조사하여 나타낸 것이다. 문자 메시지 수의 분산은?

요일	월	화	수	목	금
편차(개)	3	0	1		-3

① 1   ② 2   ③ 3
④ 4   ⑤ 5

06 다음은 6회에 걸친 경희의 미술 수행평가 점수를 조사하여 나타낸 것이다. 미술 수행평가 점수의 표준편차를 구하시오.

(단위 : 점)

$$14, \quad 9, \quad 14, \quad 12, \quad 9, \quad 14$$

07 4개의 변량 x, 5, y, 9의 평균이 7이고 분산이 5일 때, x^2+y^2의 값을 구하시오.

08 오른쪽 표는 A, B 두 반의 수학 성적의 평균과 표준편차를 조사하여 나타낸 것이다. 다음 설명 중 옳은 것을 모두 고르면? (정답 2개)

반	A	B
평균(점)	72	72
표준편차(점)	6.2	5.9

① B반의 성적이 A반의 성적보다 우수하다.
② A반의 성적이 B반의 성적보다 고르다.
③ B반의 성적이 A반의 성적보다 고르다.
④ A반의 분산이 B반의 분산보다 크다.
⑤ A반의 편차의 합이 B반의 편차의 합보다 크다.

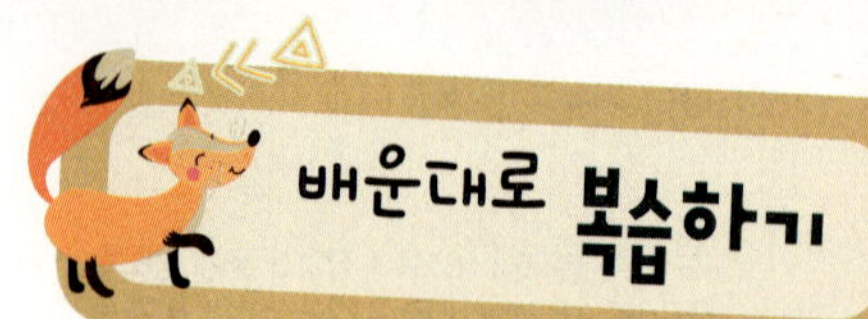

[01~02] 오른쪽 그림은 윤성이네 반 학생 18명의 2차에 걸친 제기 차기 기록을 조사하여 나타낸 산점도이다. 다음 물음에 답하시오.

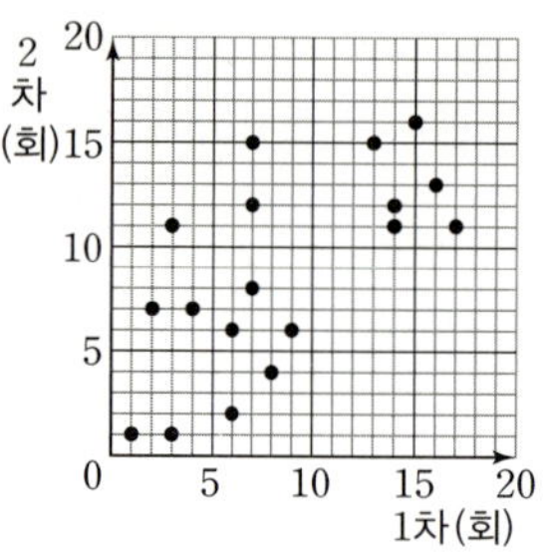

01 1차 기록보다 2차 기록이 더 좋은 학생 수는?

① 5명　　　　② 6명　　　　③ 7명
④ 8명　　　　⑤ 9명

02 1차 기록이 10회 이상인 학생들의 2차 기록의 평균은?

① 12회　　　　② 13회　　　　③ 14회
④ 15회　　　　⑤ 16회

[03~04] 오른쪽 그림은 민준이네 반 학생 16명의 수학 성적과 영어 성적을 조사하여 나타낸 산점도이다. 다음 물음에 답하시오.

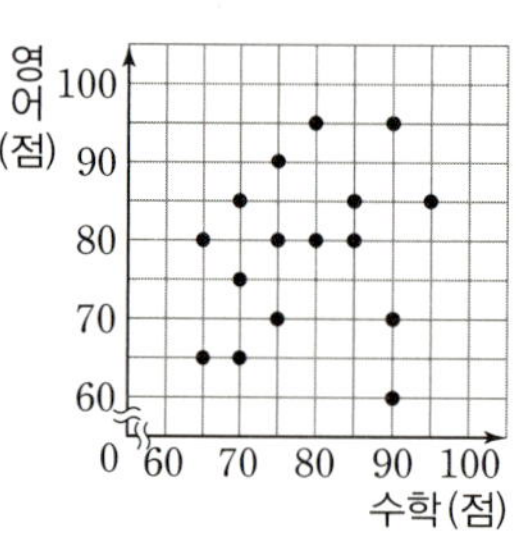

03 수학 성적과 영어 성적의 평균이 85점 이상인 학생은 전체의 몇 %인가?

① 25 %　　　　② 26 %　　　　③ 27 %
④ 28 %　　　　⑤ 29 %

04 수학 성적과 영어 성적의 차가 가장 큰 학생의 두 과목의 성적의 차는 몇 점인가?

① 30점　　　　② 35점　　　　③ 40점
④ 45점　　　　⑤ 50점

05 다음 보기 중 주어진 두 변량을 x, y로 하여 x와 y 사이의 관계를 산점도로 나타내었을 때, 오른쪽 그림과 같은 것을 모두 고르면?

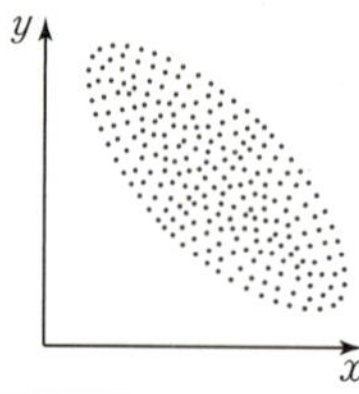

보기
ㄱ. 운동량과 비만도　　　　ㄴ. 시력과 충치의 수
ㄷ. 장난감의 생산량과 가격　　　　ㄹ. 인구의 증가와 쌀 소비량

① ㄱ, ㄷ　　　　② ㄱ, ㄹ　　　　③ ㄴ, ㄷ
④ ㄱ, ㄷ, ㄹ　　　　⑤ ㄴ, ㄷ, ㄹ

06 다음 중 두 변량 사이의 관계가 나머지 넷과 다른 하나를 고르면?

① 예금액과 이자
② 몸무게와 허리둘레
③ 운동량과 칼로리 소모량
④ 티셔츠의 가격과 판매량
⑤ 연극 관객 수와 입장료의 총액

07 오른쪽 그림은 수민이네 학교 학생들의 학습 시간과 성적을 조사하여 나타낸 산점도이다. 4명의 학생 A, B, C, D에 대하여 다음 중 옳은 것을 모두 고르면? (정답 2개)

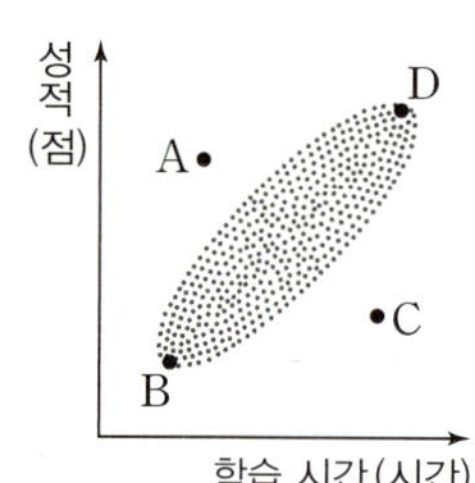

① 학습 시간과 성적 사이에는 상관관계가 없다.
② 성적이 가장 좋은 학생은 A이다.
③ 학습 시간이 가장 짧은 학생은 B이다.
④ C는 학습 시간에 비하여 성적이 낮다.
⑤ D는 학습 시간은 길지만 성적은 낮다.

워크북

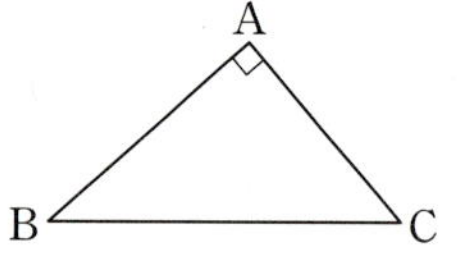

1 삼각비의 뜻 (1)

01 오른쪽 그림과 같이 $\angle A = 90°$인 직각삼각형 ABC에서 $\overline{AB} : \overline{AC} = 2 : \sqrt{3}$일 때, $\sin B$의 값을 구하시오.

STEP A 핵심 용어나 조건에는 밑줄을 긋고, 구하는 것에는 ○표를 하여라.

STEP B 이용할 개념과 공식을 떠올려라.

· 삼각비란?
→ 직각삼각형에서 두 변의 길이의 비를 삼각비라고 한다.
직각삼각형에서 $\angle A$의 삼각비는 다음과 같다.

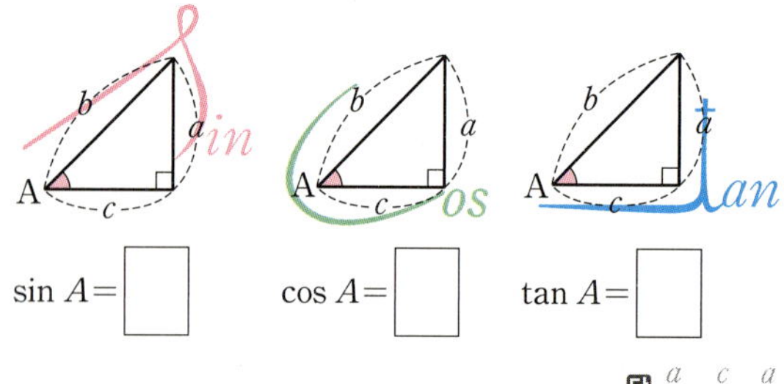

$\sin A = \boxed{}$　$\cos A = \boxed{}$　$\tan A = \boxed{}$

답 $\dfrac{a}{b}, \dfrac{c}{b}, \dfrac{a}{c}$

STEP C 암산도, 생략도 안 돼! 간단한 계산 과정도 꼼꼼히 써라.
❶ $\overline{AB} = 2k$, $\overline{AC} = \sqrt{3}k$라고 할 때, $\overline{BC}$의 길이를 k를 사용한 식으로 나타내면? [50%]

❷ $\sin B$의 값을 구하면? [50%]

STEP D 오류 점검은 필수! 스스로 감점 요인을 찾아라.

---

02 오른쪽 그림과 같이 $\angle B = 90°$인 직각삼각형 ABC에서 $\cos A = \dfrac{2}{3}$이고 $\overline{AC} = 9$일 때, $\overline{BC}$의 길이를 구하시오.

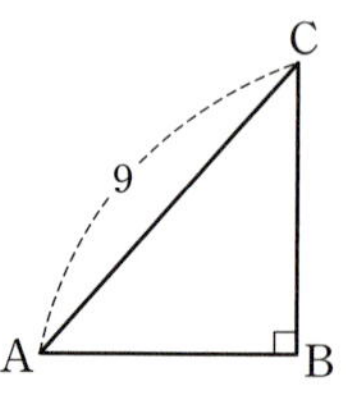

STEP C 암산도, 생략도 안 돼! 간단한 계산 과정도 꼼꼼히 써라.
❶ $\overline{AB}$의 길이를 구하면? [50%]
❷ $\overline{BC}$의 길이를 구하면? [50%]

03 $\tan A = 3$일 때, $\dfrac{\sin A + \cos A}{\sin A - \cos A}$의 값을 구하시오.
(단, $0° < A < 90°$)

STEP C 암산도, 생략도 안 돼! 간단한 계산 과정도 꼼꼼히 써라.
❶ $\tan A = 3$임을 이용하여 $\overline{AB} = 1$인 삼각형 ABC에서 $\overline{AC}$의 길이를 구하면? [20%]
❷ $\sin A$, $\cos A$의 값을 각각 구하면? [40%]
❸ $\dfrac{\sin A + \cos A}{\sin A - \cos A}$의 값을 구하면? [40%]

2 삼각비의 뜻 (2)

04
오른쪽 그림과 같이
$\angle A = 90°$인 직각삼각형
ABC에서 $\overline{DE} \perp \overline{BC}$,
$\overline{AB} = 16$, $\overline{BC} = 20$이고
$\angle BDE = x$일 때, $\tan x$의 값을 구하시오.

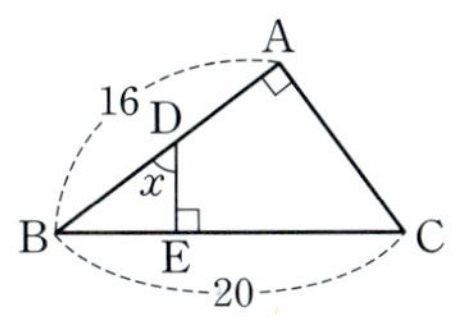

STEP A 핵심 용어나 조건에 밑줄을 긋고, 구하는 것에 ○표를 하여라.

STEP B 이용할 개념과 공식을 떠올려라.

- **직각삼각형의 닮음을 이용하여 삼각비의 값을 구하는 방법은?**
  → 오른쪽 그림과 같이 $\angle A = 90°$인 직각
  삼각형 ABC에서 $\overline{AD} \perp \overline{BC}$일 때,
  ① 닮음인 삼각형을 찾는다.
  ② 크기가 같은 대응 $\boxed{}$을 찾는다.
  ③ 삼각비의 값을 구한다.

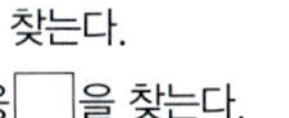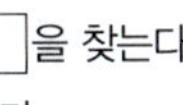

- **입체도형에서 삼각비의 값을 구하는 방법은?**
  → ① $\boxed{}\boxed{}$ 삼각형을 찾아 변의 길이를 구한다.
  ② 삼각비의 값을 구한다.

🔑 각, 직각

STEP C 암산도, 생략도 안 돼! 간단한 계산 과정도 꼼꼼히 써라.
❶ $\overline{AC}$의 길이를 구하면? [30%]

❷ $\angle x$와 크기가 같은 각을 찾으면? [30%]

❸ $\tan x$의 값을 구하면? [40%]

STEP D 오류 점검은 필수! 스스로 감점 요인을 찾아라.

05
오른쪽 그림과 같이 직사각
형 ABCD의 꼭짓점 A에
서 대각선 BD에 내린 수선
의 발을 H라고 하자.
$\overline{AB} = 9$, $\overline{BC} = 12$이고
$\angle DAH = x$일 때, $\sin x$의 값을 구하시오.

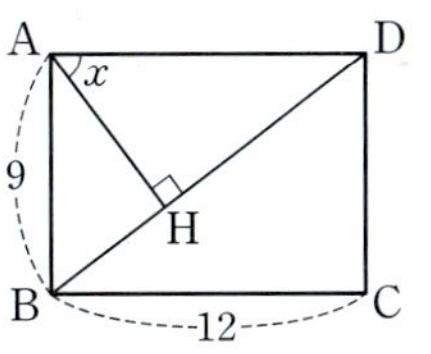

STEP C 암산도, 생략도 안 돼! 간단한 계산 과정도 꼼꼼히 써라.
❶ $\overline{BD}$의 길이를 구하면? [30%]
❷ $\angle x$와 크기가 같은 각을 찾으면? [30%]
❸ $\sin x$의 값을 구하면? [40%]

06
오른쪽 그림은 한 모서리의
길이가 5인 정육면체이다.
$\angle BHF = x$일 때, $\cos x$의
값을 구하시오.

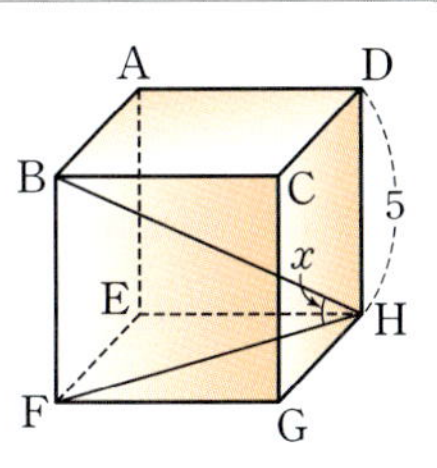

STEP C 암산도, 생략도 안 돼! 간단한 계산 과정도 꼼꼼히 써라.
❶ $\overline{FH}$의 길이를 구하면? [30%]
❷ $\overline{BH}$의 길이를 구하면? [30%]
❸ $\cos x$의 값을 구하면? [40%]

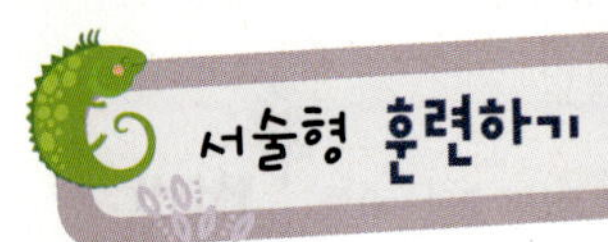

3 30°, 45°, 60°의 삼각비의 값

07 $\sin(4x-10°)=\dfrac{1}{2}$일 때, $\cos(3x+15°)$의 값을 구하시오. (단, $5°<x<25°$)

STEP A 핵심 용어나 조건에 밑줄을 긋고, 구하는 것에 ◯표를 하여라.

STEP B 이용할 개념과 공식을 떠올려라.

• 30°, 45°, 60°의 **삼각비의 값은?**

삼각비 ＼ A	30°	45°	60°
$\sin A$		$\dfrac{\sqrt{2}}{2}$	$\dfrac{\sqrt{3}}{2}$
$\cos A$	$\dfrac{\sqrt{3}}{2}$		$\dfrac{1}{2}$
$\tan A$	$\dfrac{\sqrt{3}}{3}$	1	

冒 $\dfrac{1}{2},\ \dfrac{\sqrt{2}}{2},\ \sqrt{3}$

STEP C 암산도, 생략도 안 돼! 간단한 계산 과정도 꼼꼼히 써라.

❶ x의 크기를 구하면? [50%]

❷ $\cos(3x+15°)$의 값을 구하면? [50%]

STEP D 오류 점검은 필수! 스스로 감점 요인을 찾아라.

---

08 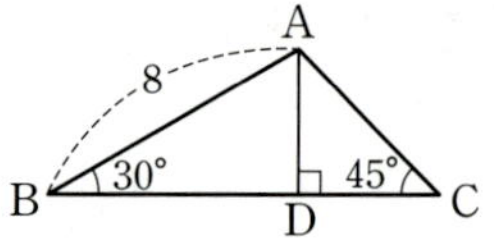
오른쪽 그림과 같은 $\triangle ABC$에서 $\overline{AD}\perp\overline{BC}$ 이고 $\angle B=30°$, $\angle C=45°$, $\overline{AB}=8$일 때, $\overline{BC}$의 길이를 구하시오.

STEP C 암산도, 생략도 안 돼! 간단한 계산 과정도 꼼꼼히 써라.
❶ $\overline{BD}$의 길이를 구하면? [40%]
❷ $\overline{CD}$의 길이를 구하면? [40%]
❸ $\overline{BC}$의 길이를 구하면? [20%]

---

09 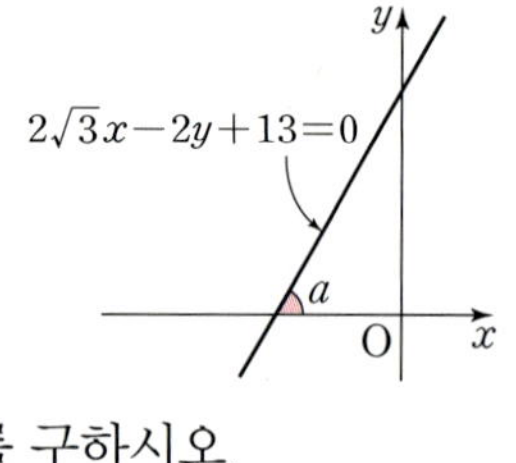
오른쪽 그림과 같이 일차 방정식 $2\sqrt{3}x-2y+13=0$의 그래프가 x축의 양의 방향과 이루는 각의 크기를 a라고 할 때, $\angle a$의 크기를 구하시오.

STEP C 암산도, 생략도 안 돼! 간단한 계산 과정도 꼼꼼히 써라.
❶ $\tan a$의 값을 구하면? [60%]
❷ $\angle a$의 크기를 구하면? [40%]

4 예각과 0°, 90°의 삼각비의 값

10 오른쪽 그림과 같이 좌표평면 위의 원점 O를 중심으로 하고 반지름의 길이가 1인 사분원에서 $\sin 40° + \tan 40°$의 값을 구하시오.

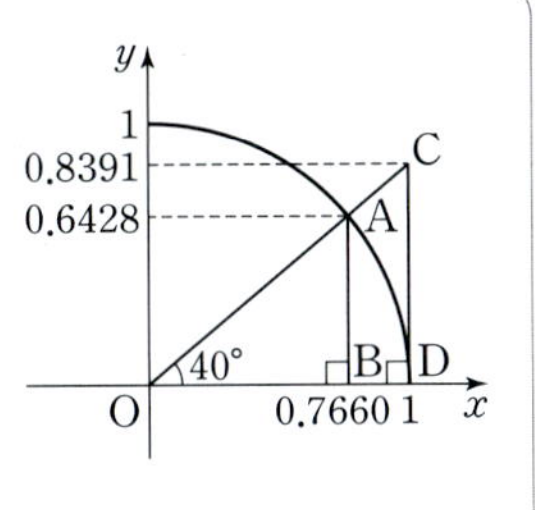

STEP A 핵심 용어나 조건에 밑줄을 긋고, 구하는 것에 ○표를 하여라.

STEP B 이용할 개념과 공식을 떠올려라.

• **예각의 삼각비의 값을 구하는 방법은?**

→ 반지름의 길이가 1인 사분원에서 임의의 예각을 x라고 하면

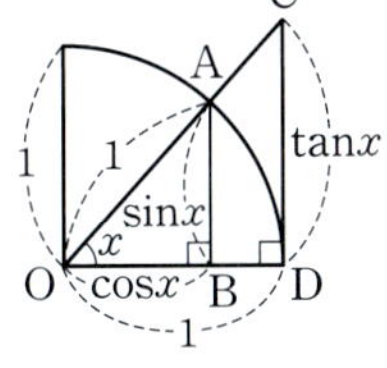

① $\sin x = \dfrac{\overline{AB}}{\overline{OA}} = \dfrac{\overline{AB}}{\boxed{}} = \overline{AB}$

② $\cos x = \dfrac{\overline{OB}}{\overline{OA}} = \dfrac{\overline{OB}}{\boxed{}} = \overline{OB}$

③ $\tan x = \dfrac{\overline{AB}}{\overline{OB}} = \dfrac{\overline{CD}}{\overline{OD}} = \dfrac{\overline{CD}}{\boxed{}} = \overline{CD}$

• **0°, 90°의 삼각비의 값은?**

→ ① $\sin 0° = \boxed{}$, $\cos 0° = 1$, $\tan 0° = \boxed{}$

② $\sin 90° = 1$, $\cos 90° = \boxed{}$, $\tan 90°$의 값은 정할 수 없다.

답 1, 1, 1, 0, 0, 0

STEP C 암산도, 생략도 안 돼! 간단한 계산 과정도 꼼꼼히 써라.

❶ $\sin 40°$의 값을 구하면? [40%]

❷ $\tan 40°$의 값을 구하면? [40%]

❸ $\sin 40° + \tan 40°$의 값을 구하면? [20%]

STEP D 오류 점검은 필수! 스스로 감점 요인을 찾아라.

11 일차방정식 $\sqrt{3}x - 3y + 6 = 0$의 그래프가 x축의 양의 방향과 이루는 각의 크기를 a라고 할 때,
$$\cos a \times \sin 3a - \cos 3a \times \tan a$$
의 값을 구하시오.

STEP C 암산도, 생략도 안 돼! 간단한 계산 과정도 꼼꼼히 써라.

❶ $\angle a$의 크기를 구하면? [40%]

❷ $\cos a \times \sin 3a - \cos 3a \times \tan a$의 값을 구하면? [60%]

12 $45° < A < 90°$일 때,
$$\sqrt{(\sin A - \cos A)^2} - \sqrt{(\cos A - \sin A)^2}$$
을 간단히 하시오.

STEP C 암산도, 생략도 안 돼! 간단한 계산 과정도 꼼꼼히 써라.

❶ $\sin A - \cos A$, $\cos A - \sin A$의 값의 부호를 각각 구하면? [40%]

❷ $\sqrt{(\sin A - \cos A)^2} - \sqrt{(\cos A - \sin A)^2}$을 간단히 하면? [60%]

5 삼각비의 표

13 아래 삼각비의 표를 이용하여 다음을 구하시오.

각도	sin	cos	tan
35°	0.5736	0.8192	0.7002
36°	0.5878	0.8090	0.7265
37°	0.6018	0.7986	0.7536

(1) $\sin 35° = a$, $\cos 37° = b$일 때, $a+b$의 값

(2) $\cos x° = 0.8192$, $\tan y° = 0.7265$일 때, $x+y$의 값

STEP A 핵심 용어나 조건에 밑줄을 긋고, 구하는 것에 ○표를 하여라.

STEP B 이용할 개념과 공식을 떠올려라.

· 삼각비의 표란?

→ 0°에서 90°까지의 각을 1° 간격으로 나누어 이들의 □□□의 값을 소수점 아래 넷째 자리까지 나타낸 표

· 삼각비의 표를 읽는 방법은?

→ 각도의 가로줄과 sin, cos, tan의 세로줄이 만나는 곳의 수를 읽는다.

🔖 삼각비

STEP C 암산도, 생략도 안 돼! 간단한 계산 과정도 꼼꼼히 써라.

(1) ❶ a, b의 값을 각각 구하면? [30%]

❷ $a+b$의 값을 구하면? [20%]

(2) ❶ x, y의 값을 각각 구하면? [30%]

❷ $x+y$의 값을 구하면? [20%]

STEP D 오류 점검은 필수! 스스로 감점 요인을 찾아라.

14 오른쪽 그림과 같이 $\angle B = 90°$인 직각삼각형 ABC에서 $\overline{AB} = 39$, $\overline{AC} = 100$일 때, $\angle C$의 크기를 다음 삼각비의 표를 이용하여 구하시오.

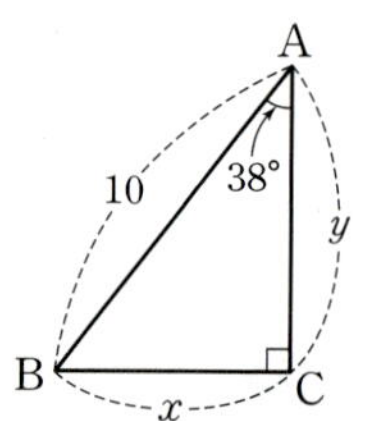

각도	sin	cos	tan
66°	0.91	0.41	2.25
67°	0.92	0.39	2.36
68°	0.93	0.37	2.48

STEP C 암산도, 생략도 안 돼! 간단한 계산 과정도 꼼꼼히 써라.

❶ $\angle A$의 크기를 구하면? [70%]

❷ $\angle C$의 크기를 구하면? [30%]

15 오른쪽 그림과 같이 $\angle C = 90°$인 직각삼각형 ABC에서 $\angle A = 38°$이고 $\overline{AB} = 10$일 때, $y - x$의 값을 다음 삼각비의 표를 이용하여 구하시오.

각도	sin	cos	tan
51°	0.7771	0.6293	1.2349
52°	0.7880	0.6157	1.2799
53°	0.7986	0.6018	1.3270
54°	0.8090	0.5878	1.3764

STEP C 암산도, 생략도 안 돼! 간단한 계산 과정도 꼼꼼히 써라.

❶ $\angle B$의 크기를 구하면? [20%]

❷ x의 값을 구하면? [30%]

❸ y의 값을 구하면? [30%]

❹ $y - x$의 값을 구하면? [20%]

서술형 훈련하기

1 직각삼각형의 변의 길이

01

오른쪽 그림과 같이 $\angle B=90°$인 직각삼각형 ABC에서 $\angle A=35°$이고 $\overline{AC}=20$일 때, $x+y$의 값을 구하시오.
(단, $\sin 55°=0.82$, $\cos 55°=0.57$, $\tan 55°=1.43$으로 계산한다.)

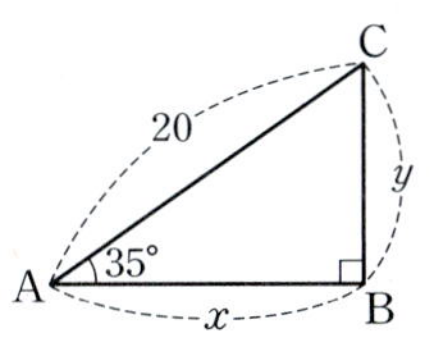

STEP A 핵심 용어나 조건에 밑줄을 긋고, 구하는 것에 ○표를 하여라.

STEP B 이용할 개념과 공식을 떠올려라.

• **직각삼각형에서 변의 길이를 구하는 방법은?**
→ $\angle B=90°$인 직각삼각형 ABC에서
① $\angle A$의 크기와 빗변의 길이 b를 알 때,
$a=b\sin A$, $c=\boxed{}$
② $\angle A$의 크기와 밑변의 길이 c를 알 때,
$a=c\tan A$, $b=\dfrac{c}{\boxed{}}$

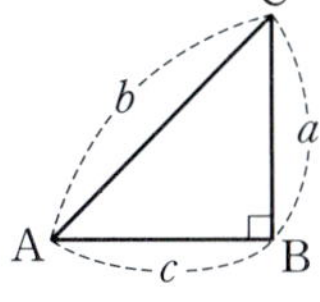

③ $\angle A$의 크기와 높이 a를 알 때,
$b=\dfrac{a}{\sin A}$, $c=\dfrac{a}{\boxed{}}$

🔑 $b\cos A$, $\cos A$, $\tan A$

STEP C 암산도, 생략도 안 돼! 간단한 계산 과정도 꼼꼼히 써라.

❶ $\angle C$의 크기를 구하면? [20%]

❷ x의 값을 구하면? [30%]

❸ y의 값을 구하면? [30%]

❹ $x+y$의 값을 구하면? [20%]

STEP D 오류 점검은 필수! 스스로 감점 요인을 찾아라.

02

오른쪽 그림과 같이 직육면체 모양의 나무토막을 반으로 잘랐다. $\angle ADB=30°$, $\overline{BD}=4\text{ cm}$, $\overline{DH}=5\text{ cm}$일 때, 잘라 내고 남은 나무토막의 부피를 구하시오.

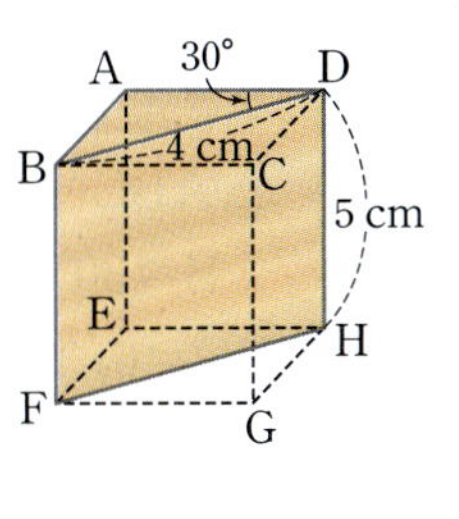

STEP C 암산도, 생략도 안 돼! 간단한 계산 과정도 꼼꼼히 써라.

❶ $\overline{AB}$의 길이를 구하면? [30%]
❷ $\overline{AD}$의 길이를 구하면? [30%]
❸ 잘라 내고 남은 나무토막의 부피를 구하면? [40%]

03

오른쪽 그림과 같이 9 m만큼 떨어진 두 건물 A, B가 있다. A 건물의 옥상에서 B 건물을 올려본각의 크기는 30°이고 내려본각의 크기는 45°일 때, B 건물의 높이를 구하시오.

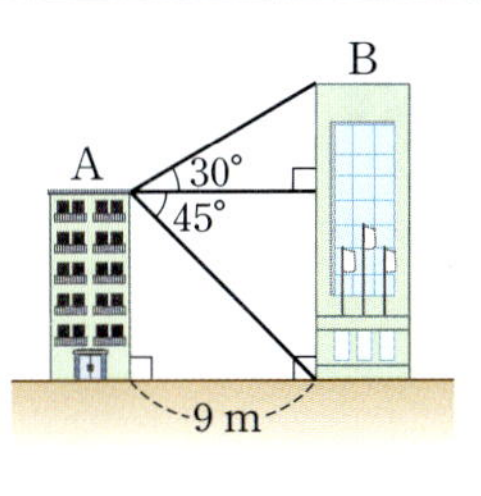

STEP C 암산도, 생략도 안 돼! 간단한 계산 과정도 꼼꼼히 써라.

❶ A 건물의 옥상에서 B 건물을 정면으로 바라본 곳에서부터 땅 까지의 거리를 구하면? [40%]
❷ A 건물의 옥상에서 B 건물을 정면으로 바라본 곳에서부터 B 건물의 옥상까지의 거리를 구하면? [40%]
❸ B 건물의 높이를 구하면? [20%]

2 일반 삼각형의 변의 길이

04 오른쪽 그림과 같은 △ABC에서 ∠B=30°이고 $\overline{AB}=8$, $\overline{BC}=6\sqrt{3}$일 때, $\overline{AC}$의 길이를 구하시오.

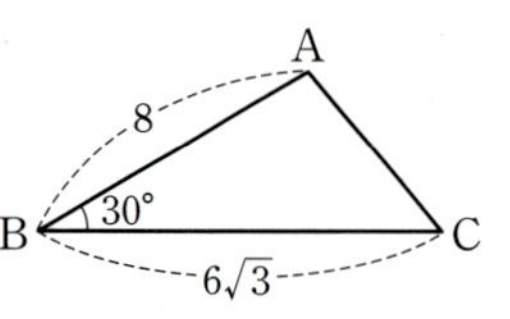

STEP A 핵심 용어나 조건에 밑줄을 긋고, 구하는 것에 ○표를 하여라.

STEP B 이용할 개념과 공식을 떠올려라.

• **일반 삼각형의 변의 길이를 구하는 방법은?**

→ ① 두 변의 길이 a, c와 그 끼인각 ∠B의 크기를 알 때,
$$\overline{AC}=\sqrt{(c\sin B)^2+\left(a-\boxed{}\right)^2}$$

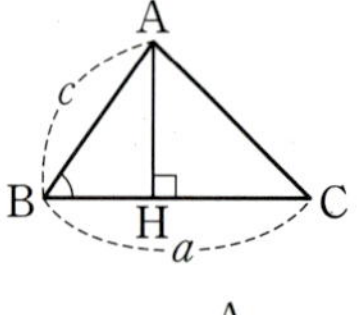

② 한 변의 길이 a와 그 양 끝 각 ∠B, ∠C의 크기를 알 때,
$$\overline{BH}=a\sin C=\overline{AB}\sin A$$
$$\therefore \overline{AB}=\frac{\boxed{}}{\sin A}$$

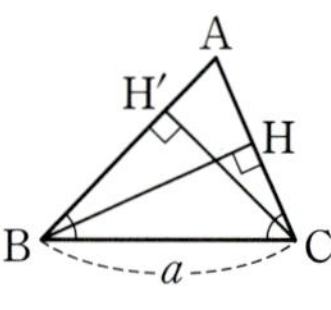

🔑 $c\cos B$, $a\sin C$

STEP C 암산도, 생략도 안 돼! 간단한 계산 과정도 꼼꼼히 써라.

❶ 꼭짓점 A에서 $\overline{BC}$에 내린 수선의 발을 H라고 할 때, $\overline{AH}$의 길이를 구하면? [40%]

❷ $\overline{CH}$의 길이를 구하면? [40%]

❸ $\overline{AC}$의 길이를 구하면? [20%]

STEP D 오류 점검은 필수! 스스로 감점 요인을 찾아라.

---

05 오른쪽 그림과 같은 △ABC에서 ∠B=60°, ∠C=75°이고 $\overline{BC}=12$일 때, $\overline{AC}$의 길이를 구하시오.

STEP C 암산도, 생략도 안 돼! 간단한 계산 과정도 꼼꼼히 써라.

❶ 꼭짓점 C에서 $\overline{AB}$에 내린 수선의 발을 H라고 할 때, $\overline{CH}$의 길이를 구하면? [40%]

❷ ∠A의 크기를 구하면? [20%]

❸ $\overline{AC}$의 길이를 구하면? [40%]

06 오른쪽 그림은 강의 양쪽에 위치한 두 지점 A, B 사이의 거리를 구하기 위하여 B 지점과 같은 쪽에 위치한 C 지점 사이의 거리와 각도를 측정한 결과이다. 이때 두 지점 A, B 사이의 거리를 구하시오.

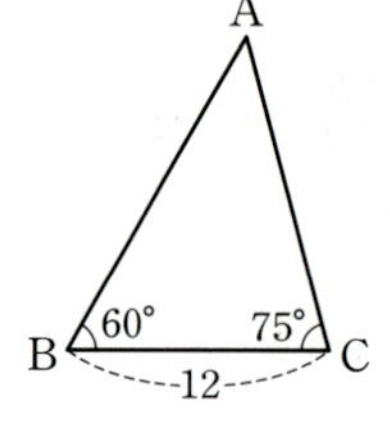

STEP C 암산도, 생략도 안 돼! 간단한 계산 과정도 꼼꼼히 써라.

❶ 꼭짓점 B에서 $\overline{AC}$에 내린 수선의 발을 H라고 할 때, $\overline{BH}$의 길이를 구하면? [50%]

❷ 두 지점 A, B 사이의 거리를 구하면? [50%]

3 삼각형의 높이

07 오른쪽 그림과 같은 △ABC에서 $\overline{AH} \perp \overline{BC}$이고 ∠B=45°, ∠C=60°, $\overline{BC}$=6일 때, $\overline{AH}$의 길이를 구하시오.

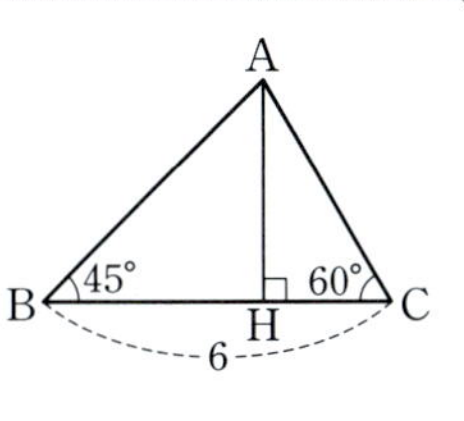

STEP A 핵심 용어나 조건에 밑줄을 긋고, 구하는 것에 ○표를 하여라.

STEP B 이용할 개념과 공식을 떠올려라.

• 삼각형의 높이를 구하는 방법은?

→ △ABC에서 한 변의 길이 a와 그 양 끝 각 ∠B, ∠C의 크기를 알 때,

① ∠B, ∠C가 예각인 경우

$$a = h(\tan x + \tan y)$$

$$\therefore h = \frac{\boxed{}}{\tan x + \tan y}$$

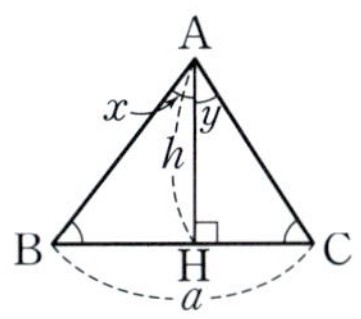

② ∠B, ∠C 중 하나가 둔각인 경우

$$a = h(\tan x - \tan y)$$

$$\therefore h = \frac{\boxed{}}{\tan x - \tan y}$$

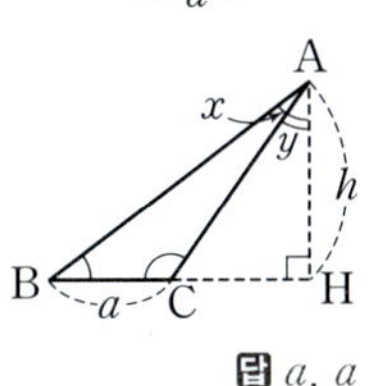

답 a, a

STEP C 암산도, 생략도 안 돼! 간단한 계산 과정도 꼼꼼히 써라.

❶ $\overline{AH}=h$라고 할 때, $\overline{BH}$, $\overline{CH}$의 길이를 각각 h를 사용한 식으로 나타내면? [50%]

❷ $\overline{BC}=\overline{BH}+\overline{CH}$임을 이용하여 $\overline{AH}$의 길이를 구하면? [50%]

STEP D 오류 점검은 필수! 스스로 감점 요인을 찾아라.

---

08 오른쪽 그림과 같은 △ABC에서 $\overline{AH} \perp \overline{BH}$이고 ∠B=30°, ∠ACB=120°, $\overline{BC}$=10일 때, △ABC의 넓이를 구하시오.

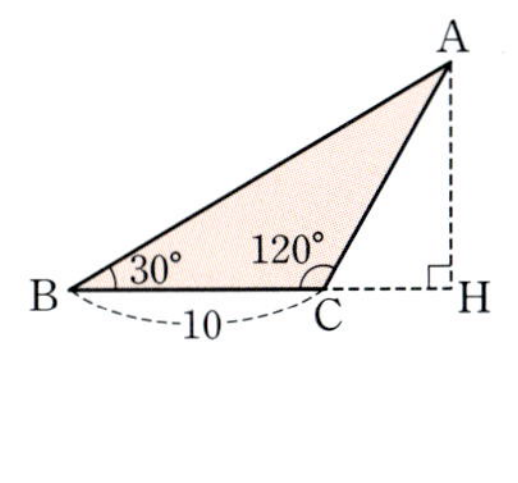

STEP C 암산도, 생략도 안 돼! 간단한 계산 과정도 꼼꼼히 써라.

❶ $\overline{AH}=h$라고 할 때, $\overline{BH}$, $\overline{CH}$의 길이를 각각 h를 사용한 식으로 나타내면? [40%]

❷ $\overline{BC}=\overline{BH}-\overline{CH}$임을 이용하여 $\overline{AH}$의 길이를 구하면? [40%]

❸ △ABC의 넓이를 구하면? [20%]

09 오른쪽 그림은 산의 높이를 구하기 위하여 지면의 두 지점 B, C 사이의 거리와 각도를 측정한 결과이다. 산의 높이를 구하시오.

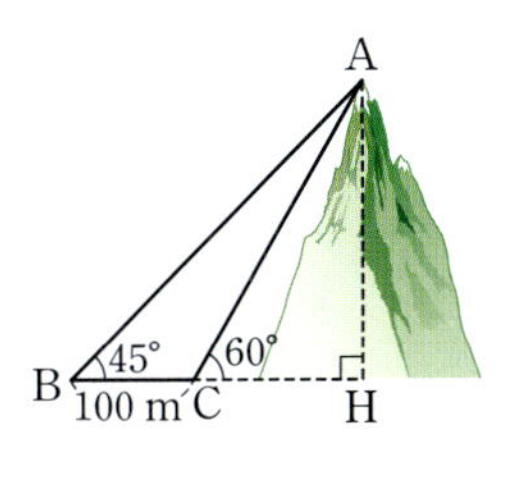

STEP C 암산도, 생략도 안 돼! 간단한 계산 과정도 꼼꼼히 써라.

❶ $\overline{AH}=h$ m라고 할 때, $\overline{BH}$, $\overline{CH}$의 길이를 각각 h를 사용한 식으로 나타내면? [50%]

❷ 산의 높이를 구하면? [50%]

4 삼각형의 넓이

10 오른쪽 그림과 같은 △ABC에서 $\overline{AB}=\overline{BC}=8$ cm이고 ∠C=75°일 때, △ABC의 넓이를 구하시오.

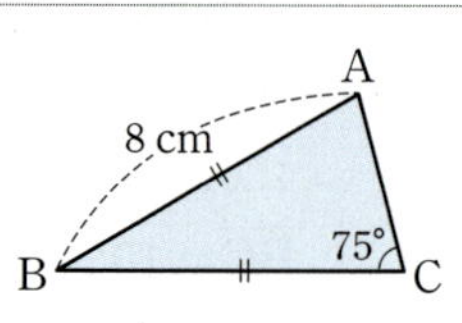

STEP A 핵심 용어나 조건에 밑줄을 긋고, 구하는 것에 ○표를 하여라.

STEP B 이용할 개념과 공식을 떠올려라.

- 삼각형의 두 변의 길이와 그 끼인각의 크기를 알 때, 삼각형의 넓이를 구하는 방법은?
  → △ABC에서 두 변의 길이 a, c와 그 끼인각 ∠B의 크기를 알 때,

  ① ∠B가 예각인 경우

  $$\triangle ABC = \frac{1}{2}ac\,\boxed{}$$

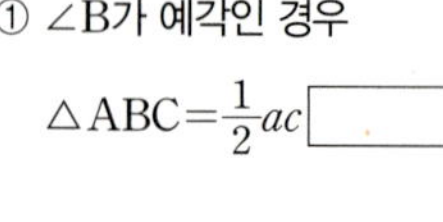

  ② ∠B가 둔각인 경우

  $$\triangle ABC = \frac{1}{2}ac$$
  $$\times \sin\left(\boxed{}^\circ - B\right)$$

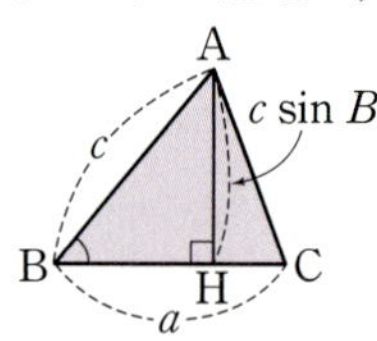

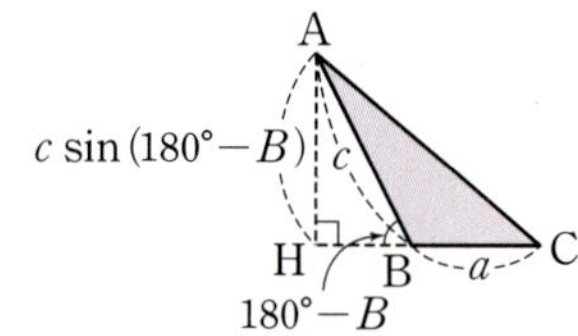

📋 sin B, 180

STEP C 암산도, 생략도 안 돼! 간단한 계산 과정도 꼼꼼히 써라.

❶ ∠B의 크기를 구하면? [30%]

❷ △ABC의 넓이를 구하면? [70%]

STEP D 오류 점검은 필수! 스스로 감점 요인을 찾아라.

---

11 오른쪽 그림과 같은 △ABC에서 $\overline{BC}=5$ cm, $\overline{CA}=8$ cm이고 △ABC의 넓이가 $10\sqrt{3}$ cm²일 때, ∠C의 크기를 구하시오.
  (단, $90° < ∠C < 180°$)

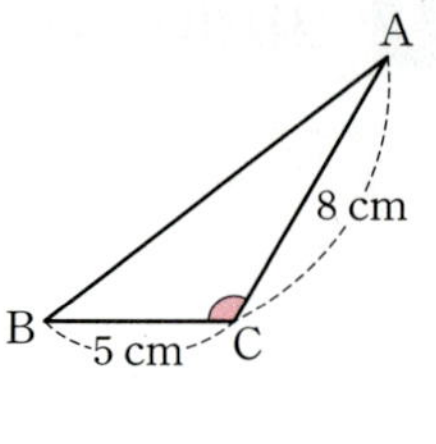

STEP C 암산도, 생략도 안 돼! 간단한 계산 과정도 꼼꼼히 써라.

❶ △ABC의 넓이를 ∠C를 사용한 식으로 나타내면? [50%]

❷ △ABC의 넓이가 $10\sqrt{3}$ cm²임을 이용하여 ∠C의 크기를 구하면?
  [50%]

---

12 오른쪽 그림과 같은 □ABCD에서 ∠BAC=90°, ∠B=60°, ∠ACD=30°이고 $\overline{AB}=4$ cm, $\overline{CD}=7$ cm일 때, □ABCD의 넓이를 구하시오.

STEP C 암산도, 생략도 안 돼! 간단한 계산 과정도 꼼꼼히 써라.

❶ $\overline{AC}$의 길이를 구하면? [30%]

❷ □ABCD의 넓이를 구하면? [70%]

5 사각형의 넓이

13
오른쪽 그림과 같은 평행사변형 ABCD에서 ∠B=60°이고 $\overline{AB}=6$ cm, $\overline{BC}=10$ cm일 때, △AED의 넓이를 구하시오.

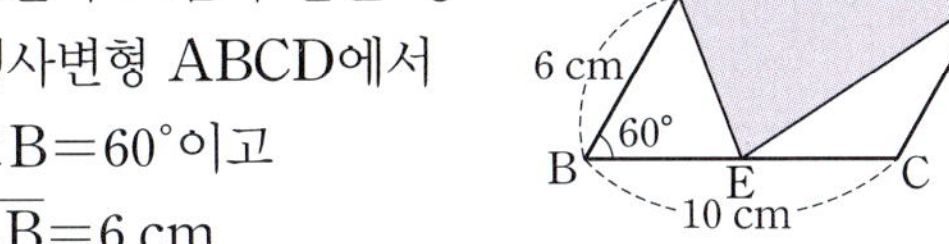

STEP A 핵심 용어나 조건에 밑줄을 긋고, 구하는 것에 ○표를 하여라.

STEP B 이용할 개념과 공식을 떠올려라.

- **평행사변형의 넓이를 구하는 방법은?**
  → 이웃하는 두 변의 길이가 a, b이고 그 끼인각 x가 예각일 때, 평행사변형 ABCD의 넓이를 S라고 하면
  $$S=ab\boxed{}$$

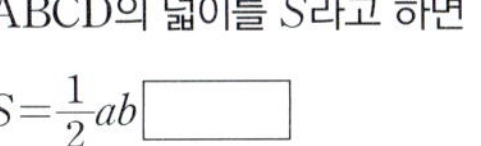

- **사각형의 넓이를 구하는 방법은?**
  → 두 대각선의 길이가 a, b이고 두 대각선이 이루는 예각의 크기가 x일 때, 사각형 ABCD의 넓이를 S라고 하면
  $$S=\frac{1}{2}ab\boxed{}$$

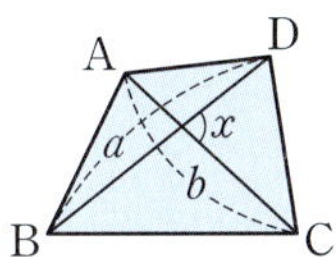

📖 $\sin x$, $\sin x$

STEP C 암산도, 생략도 안 돼! 간단한 계산 과정도 꼼꼼히 써라.
❶ □ABCD의 넓이를 구하면? [70%]

❷ △AED의 넓이를 구하면? [30%]

STEP D 오류 점검은 필수! 스스로 감점 요인을 찾아라.

14
오른쪽 그림과 같은 등변사다리꼴 ABCD에서 $\overline{BD}=8$ cm이고 두 대각선이 직교할 때, □ABCD의 넓이를 구하시오.

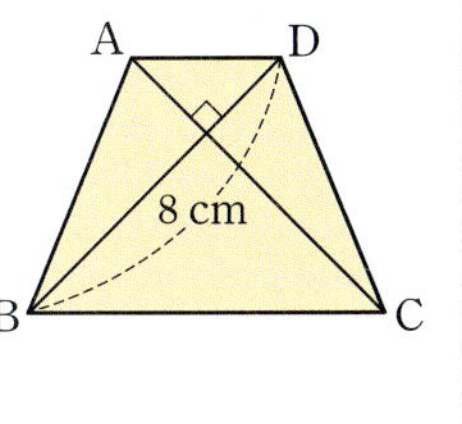

STEP C 암산도, 생략도 안 돼! 간단한 계산 과정도 꼼꼼히 써라.
❶ $\overline{AC}$의 길이를 구하면? [30%]
❷ □ABCD의 넓이를 구하면? [70%]

15
오른쪽 그림과 같이 ∠A=120°인 마름모 ABCD의 둘레의 길이가 48 cm일 때, □ABCD의 넓이를 구하시오.

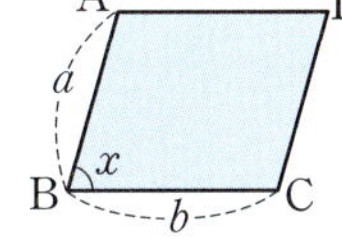

STEP C 암산도, 생략도 안 돼! 간단한 계산 과정도 꼼꼼히 써라.
❶ □ABCD의 한 변의 길이를 구하면? [30%]
❷ □ABCD의 넓이를 구하면? [70%]

1 현의 수직이등분선

01 오른쪽 그림의 원 O에서 $\overline{AB}\perp\overline{OC}$이고 $\overline{AB}=24$ cm, $\overline{MC}=8$ cm일 때, 원 O의 반지름의 길이를 구하시오.

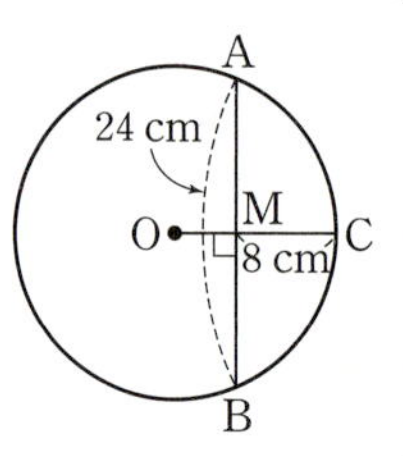

STEP A 핵심 용어나 조건에 밑줄을 긋고, 구하는 것에 ○표를 하여라.

STEP B 이용할 개념과 공식을 떠올려라.
- 현의 수직이등분선의 성질은?
→ ① 원의 중심에서 현에 그은 수선은 그 현을 □□□한다.
⇨ $\overline{AB}\perp\overline{OM}$이면 $\overline{AM}=$ □
② 현의 수직이등분선은 그 원의 □□을 지난다.

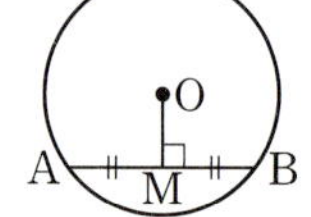

📋 이등분, $\overline{BM}$, 중심

STEP C 암산도, 생략도 안 돼! 간단한 계산 과정도 꼼꼼히 써라.
❶ $\overline{AM}$의 길이를 구하면? [20%]

❷ 원 O의 반지름의 길이를 r cm라고 할 때, $\overline{OM}$의 길이를 r를 사용한 식으로 나타내면? [20%]

❸ 원 O의 반지름의 길이를 구하면? [60%]

STEP D 오류 점검은 필수! 스스로 감점 요인을 찾아라.

02 오른쪽 그림에서 $\overarc{AB}$는 반지름의 길이가 8 cm인 원의 일부분이다. $\overline{AD}=\overline{BD}$, $\overline{AB}\perp\overline{CD}$이고 $\overline{CD}=2$ cm일 때, $\overline{AB}$의 길이를 구하시오.

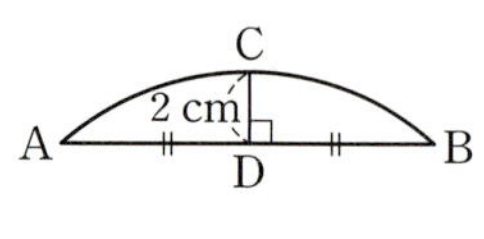

STEP C 암산도, 생략도 안 돼! 간단한 계산 과정도 꼼꼼히 써라.
❶ 원의 중심을 O라고 할 때, $\overline{OA}$, $\overline{OD}$의 길이를 각각 구하면? [40%]

❷ $\overline{AD}$의 길이를 구하면? [40%]
❸ $\overline{AB}$의 길이를 구하면? [20%]

03 오른쪽 그림과 같이 원 모양의 종이를 $\overline{AB}$를 접는 선으로 하여 원의 둘레 위의 한 점이 원의 중심 O에 오도록 접었다. $\overline{AB}=2\sqrt{3}$ cm일 때, 원 O의 넓이를 구하시오.

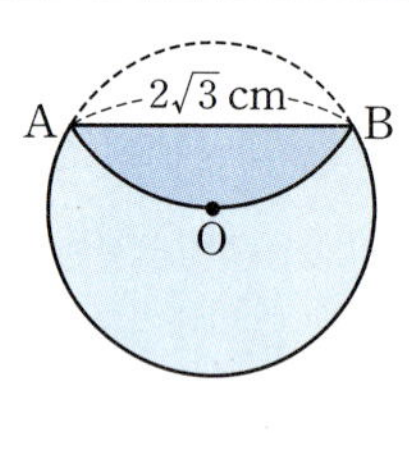

STEP C 암산도, 생략도 안 돼! 간단한 계산 과정도 꼼꼼히 써라.
❶ 원의 중심 O에서 $\overline{AB}$에 내린 수선의 발을 M이라고 할 때, $\overline{AM}$의 길이를 구하면? [20%]
❷ 원 O의 반지름의 길이를 r cm라고 할 때, $\overline{MO}$의 길이를 r를 사용한 식으로 나타내면? [20%]
❸ 원 O의 반지름의 길이를 구하면? [40%]
❹ 원 O의 넓이를 구하면? [20%]

2 현의 길이

04 오른쪽 그림의 원 O에서 $\overline{AB}\perp\overline{OM}$, $\overline{CD}\perp\overline{ON}$이고 $\overline{AB}=6$ cm, $\overline{OA}=7$ cm, $\overline{CN}=3$ cm일 때, $\overline{ON}$의 길이를 구하시오.

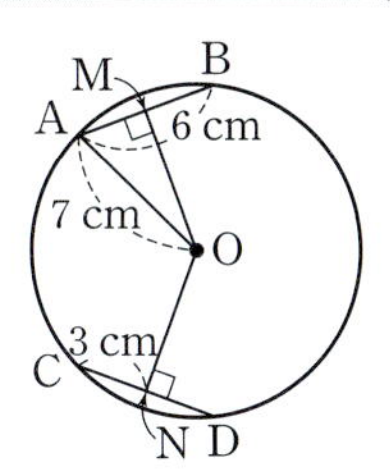

STEP A 핵심 용어나 조건에 밑줄을 긋고, 구하는 것에 ○표를 하여라.

STEP B 이용할 개념과 공식을 떠올려라.

• 현의 길이의 성질은?

→ ① 원의 □□으로부터 같은 거리에 있는 두 현의 길이는 서로 같다.

⇨ $\overline{OM}=\overline{ON}$이면 $\overline{AB}=$ □

② 길이가 같은 두 □은 원의 중심으로부터 같은 거리에 있다.

⇨ $\overline{AB}=\overline{CD}$이면 $\overline{OM}=$ □

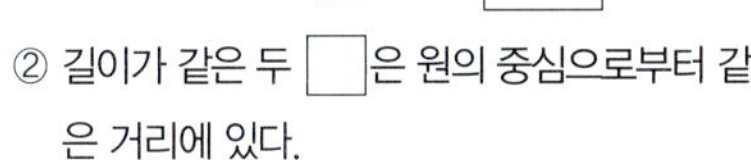

目 중심, $\overline{CD}$, 현, $\overline{ON}$

STEP C 암산도, 생략도 안 돼! 간단한 계산 과정도 꼼꼼히 써라.

❶ $\overline{AM}$의 길이를 구하면? [20%]

❷ $\overline{OM}$의 길이를 구하면? [40%]

❸ $\overline{ON}$의 길이를 구하면? [40%]

STEP D 오류 점검은 필수! 스스로 감점 요인을 찾아라.

---

05 오른쪽 그림과 같은 원 O에서 $\overline{OM}=\overline{ON}$이고 $\angle MON=130°$일 때, $\angle B$의 크기를 구하시오.

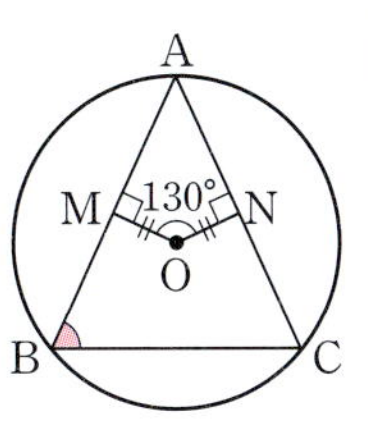

STEP C 암산도, 생략도 안 돼! 간단한 계산 과정도 꼼꼼히 써라.

❶ $\angle A$의 크기를 구하면? [30%]

❷ $\triangle ABC$가 어떤 삼각형인지 구하면? [40%]

❸ $\angle B$의 크기를 구하면? [30%]

06 오른쪽 그림과 같이 $\triangle ABC$의 외접원의 중심 O에서 $\overline{AB}$, $\overline{BC}$, $\overline{CA}$에 내린 수선의 발을 차례로 D, E, F라고 하자. $\overline{OD}=\overline{OE}=\overline{OF}$이고 $\overline{AD}=5$ cm일 때, $\triangle ABC$의 둘레의 길이를 구하시오.

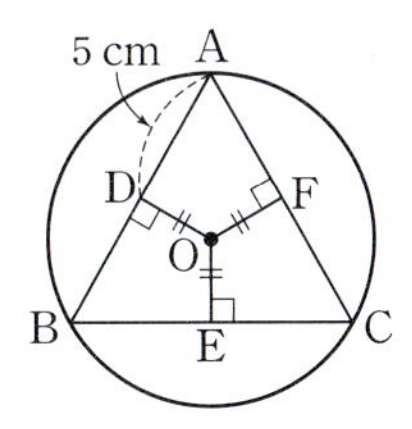

STEP C 암산도, 생략도 안 돼! 간단한 계산 과정도 꼼꼼히 써라.

❶ $\triangle ABC$가 어떤 삼각형인지 구하면? [40%]

❷ $\overline{AB}$의 길이를 구하면? [30%]

❸ $\triangle ABC$의 둘레의 길이를 구하면? [30%]

3 원의 접선과 반지름

07 오른쪽 그림에서 $\overrightarrow{PA}$는 원 O의 접선이고 점 A는 접점이다. $\overline{PA}=2\sqrt{3}$ cm, $\overline{PB}=2$ cm일 때, 원 O의 반지름의 길이를 구하시오.

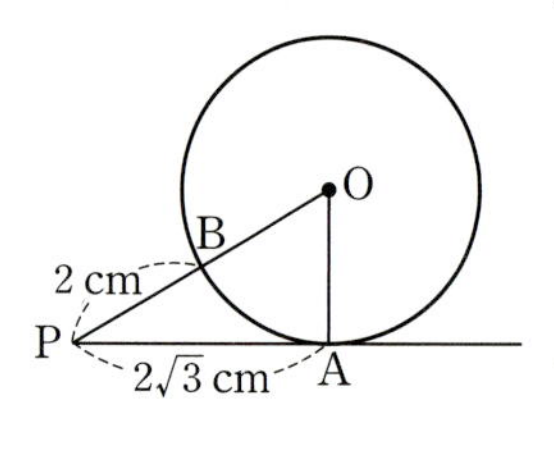

STEP A 핵심 용어나 조건에 밑줄을 긋고, 구하는 것에 ○표를 하여라.

STEP B 이용할 개념과 공식을 떠올려라.

· 원의 접선과 반지름의 관계는?
→ 원의 접선은 그 접점을 지나는 반지름에 ☐☐이다.
⇨ $\overline{OT}\perp l$

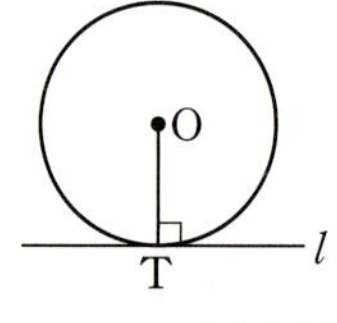

🔑 수직

STEP C 암산도, 생략도 안 돼! 간단한 계산 과정도 꼼꼼히 써라.
❶ 원 O의 반지름의 길이를 r cm라고 할 때, $\overline{OA}$, $\overline{OP}$의 길이를 각각 r를 사용한 식으로 나타내면? [40%]

❷ 원 O의 반지름의 길이를 구하면? [60%]

STEP D 오류 점검은 필수! 스스로 감점 요인을 찾아라.

08 오른쪽 그림에서 $\overrightarrow{PA}$, $\overrightarrow{PB}$는 원 O의 접선이고 두 점 A, B는 접점이다. $\angle P=70°$이고 $\overline{OA}=6$ cm일 때, 색칠한 부분의 넓이를 구하시오.

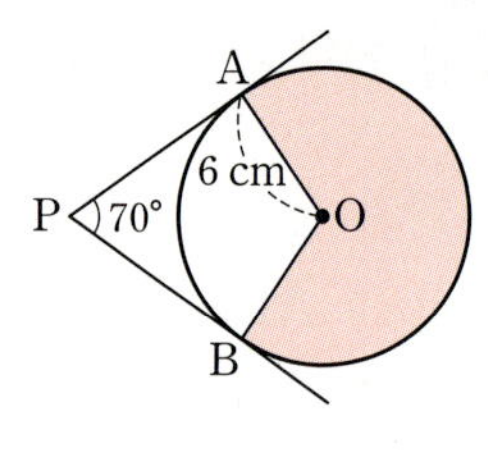

STEP C 암산도, 생략도 안 돼! 간단한 계산 과정도 꼼꼼히 써라.
❶ $\angle AOB$의 크기를 구하면? [40%]
❷ 색칠한 부분의 중심각의 크기를 구하면? [20%]
❸ 색칠한 부분의 넓이를 구하면? [40%]

09 오른쪽 그림과 같이 점 O를 중심으로 하는 두 원이 있다. 작은 원의 접선이 큰 원과 만나는 두 점 A, B 사이의 거리가 12 cm일 때, 색칠한 부분의 넓이를 구하시오.

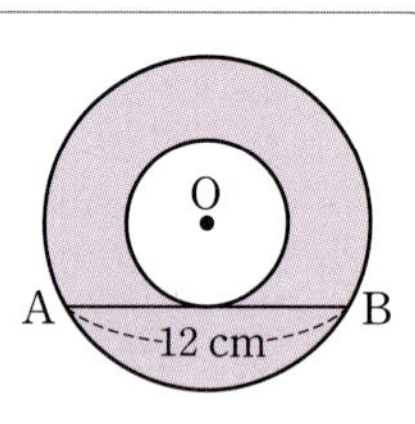

STEP C 암산도, 생략도 안 돼! 간단한 계산 과정도 꼼꼼히 써라.
❶ 원의 중심 O에서 $\overline{AB}$에 내린 수선의 발을 H라고 할 때, $\overline{AH}$의 길이를 구하면? [20%]
❷ 두 원의 반지름의 길이 사이의 관계식을 세우면? [40%]
❸ 색칠한 부분의 넓이를 구하면? [40%]

4 ▶ 원의 접선의 성질

10

오른쪽 그림에서 $\overrightarrow{\text{PA}}$, $\overrightarrow{\text{PB}}$는 원 O의 접선이고 두 점 A, B는 접점이다. $\overline{\text{OA}}=4\,\text{cm}$, $\angle\text{AOB}=120°$일 때, $\overline{\text{PA}}+\overline{\text{PB}}$의 길이를 구하시오.

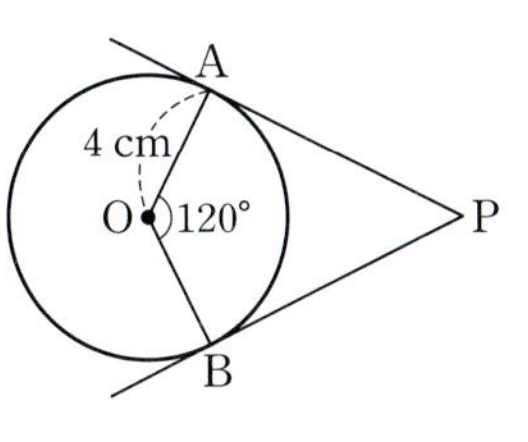

STEP A 핵심 용어나 조건에 밑줄을 긋고, 구하는 것에 ○표를 하여라.

STEP B 이용할 개념과 공식을 떠올려라.

• 원의 접선의 길이의 성질은?

→ 원 밖의 한 점에서 그 원에 그은 두

□□의 길이는 서로 같다.

⇨ $\overline{\text{PA}}=$ □

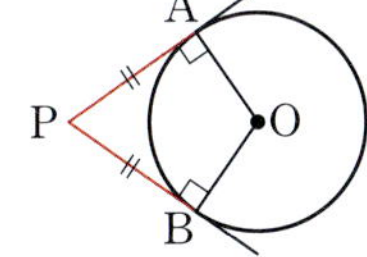

🔁 접선, $\overline{\text{PB}}$

STEP C 암산도, 생략도 안 돼! 간단한 계산 과정도 꼼꼼히 써라.

❶ $\overline{\text{OP}}$를 그어 $\angle\text{AOP}$의 크기를 구하면? [40%]

❷ $\overline{\text{PA}}$의 길이를 구하면? [30%]

❸ $\overline{\text{PA}}+\overline{\text{PB}}$의 길이를 구하면? [30%]

STEP D 오류 점검은 필수! 스스로 감점 요인을 찾아라.

11

오른쪽 그림에서 $\overrightarrow{\text{CP}}$, $\overrightarrow{\text{CQ}}$, $\overleftrightarrow{\text{AB}}$는 원 O의 접선이고 세 점 P, Q, R는 접점이다. $\overline{\text{OP}}=8\,\text{cm}$, $\overline{\text{OC}}=17\,\text{cm}$일 때, $\triangle\text{ABC}$의 둘레의 길이를 구하시오.

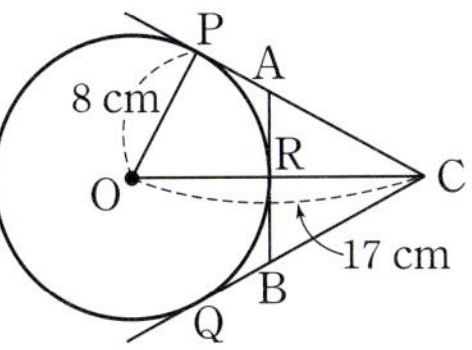

STEP C 암산도, 생략도 안 돼! 간단한 계산 과정도 꼼꼼히 써라.

❶ $\overline{\text{CP}}$의 길이를 구하면? [30%]

❷ $\triangle\text{ABC}$의 둘레의 길이를 구하면? [70%]

12

오른쪽 그림에서 $\overline{\text{AD}}$, $\overline{\text{BC}}$, $\overline{\text{CD}}$는 반원 O의 접선이고 세 점 A, B, E는 접점이다. $\overline{\text{AB}}$는 반원 O의 지름이고 $\overline{\text{AD}}=5\,\text{cm}$, $\overline{\text{BC}}=10\,\text{cm}$일 때, 반원 O의 반지름의 길이를 구하시오.

STEP C 암산도, 생략도 안 돼! 간단한 계산 과정도 꼼꼼히 써라.

❶ $\overline{\text{DC}}$의 길이를 구하면? [20%]

❷ 꼭짓점 D에서 $\overline{\text{BC}}$에 내린 수선의 발을 H라고 할 때, $\overline{\text{HC}}$의 길이를 구하면? [30%]

❸ $\overline{\text{DH}}$의 길이를 구하면? [30%]

❹ 반원 O의 반지름의 길이를 구하면? [20%]

5 삼각형의 내접원

13 오른쪽 그림에서 원 O는 △ABC의 내접원이고 세 점 D, E, F는 접점이다. $\overline{AB}=8\ cm$, $\overline{BC}=9\ cm$, $\overline{CA}=7\ cm$일 때, $\overline{AF}$의 길이를 구하시오.

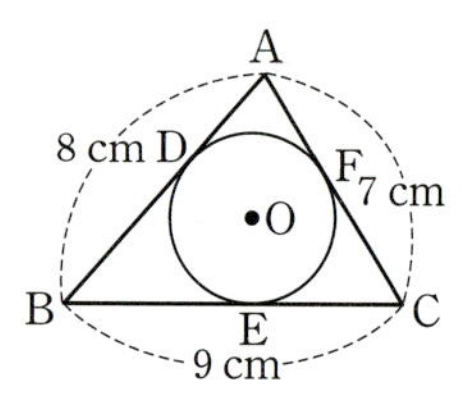

STEP A 핵심 용어나 조건에 밑줄을 긋고, 구하는 것에 ○표를 하여라.

STEP B 이용할 개념과 공식을 떠올려라.

- 삼각형의 내접원의 성질은?
→ △ABC의 내접원 O의 반지름의 길이가 r일 때,
  ① △ABC의 둘레의 길이는
  $$a+b+c=2(\boxed{})$$
  ② △ABC의 넓이는
  $$\triangle ABC=\frac{1}{2}r(\boxed{})$$

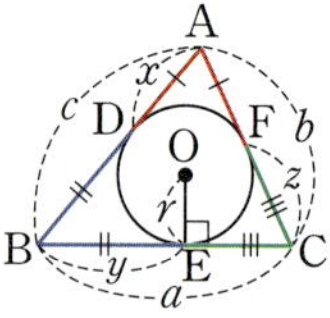

📖 $x+y+z$, $a+b+c$

STEP C 암산도, 생략도 안 돼! 간단한 계산 과정도 꼼꼼히 써라.
❶ $\overline{AF}=x\ cm$라고 할 때, $\overline{BE}$, $\overline{CE}$의 길이를 각각 x를 사용한 식으로 나타내면? [50%]

❷ $\overline{AF}$의 길이를 구하면? [50%]

STEP D 오류 점검은 필수! 스스로 감점 요인을 찾아라.

---

14 오른쪽 그림에서 원 O는 ∠C=90°인 직각삼각형 ABC의 내접원이고 세 점 D, E, F는 접점이다. $\overline{BE}=4\ cm$, $\overline{CE}=2\ cm$일 때, △ABC의 둘레의 길이를 구하시오.

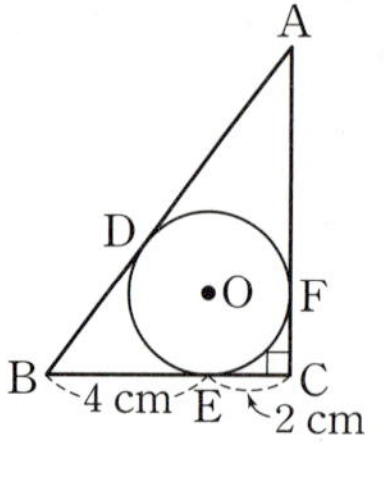

STEP C 암산도, 생략도 안 돼! 간단한 계산 과정도 꼼꼼히 써라.
❶ $\overline{AD}=x\ cm$라고 할 때, $\overline{AB}$, $\overline{AC}$의 길이를 각각 x를 사용한 식으로 나타내면? [40%]
❷ x의 값을 구하면? [40%]
❸ △ABC의 둘레의 길이를 구하면? [20%]

15 오른쪽 그림에서 원 O는 ∠A=90°인 직각삼각형 ABC의 내접원이고 세 점 D, E, F는 접점이다. $\overline{AB}=12\ cm$, $\overline{BC}=13\ cm$일 때, 색칠한 부분의 넓이를 구하시오.

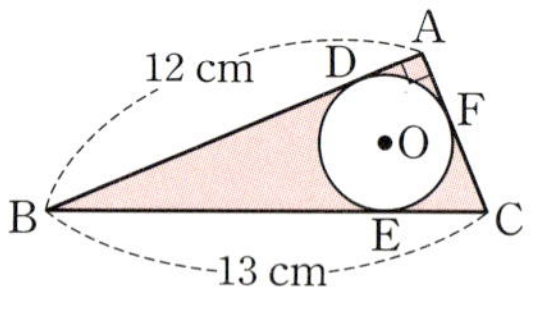

STEP C 암산도, 생략도 안 돼! 간단한 계산 과정도 꼼꼼히 써라.
❶ 원 O의 반지름의 길이를 $r\ cm$라고 할 때, $\overline{BE}$, $\overline{CE}$의 길이를 각각 r를 사용한 식으로 나타내면? [40%]
❷ r의 값을 구하면? [40%]
❸ 색칠한 부분의 넓이를 구하면? [20%]

6 원에 외접하는 사각형

16 오른쪽 그림과 같이 □ABCD는 원 O에 외접하고 네 점 E, F, G, H는 접점이다. $\overline{AE}=3$ cm, $\overline{BC}=7$ cm, $\overline{DH}=2$ cm일 때, □ABCD의 둘레의 길이를 구하시오.

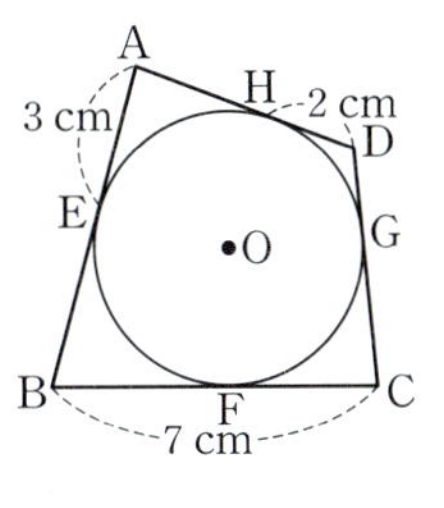

STEP A 핵심 용어나 조건에 밑줄을 긋고, 구하는 것에 ○표를 하여라.

STEP B 이용할 개념과 공식을 떠올려라.

• 원에 외접하는 사각형의 성질은?

→ ① 원에 외접하는 사각형의 두 쌍의 □□의 길이의 합은 서로 같다.

⇨ $\overline{AB}+\overline{CD}=\overline{AD}+$ □

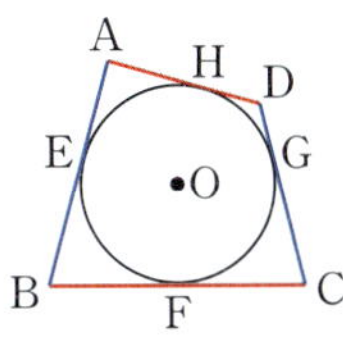

② 대변의 길이의 합이 같은 사각형은 원에 □□한다.

🔑 대변, $\overline{BC}$, 외접

STEP C 암산도, 생략도 안 돼! 간단한 계산 과정도 꼼꼼히 써라.

❶ $\overline{AD}$의 길이를 구하면? [40%]

❷ □ABCD의 둘레의 길이를 구하면? [60%]

STEP D 오류 점검은 필수! 스스로 감점 요인을 찾아라.

---

17 오른쪽 그림과 같이 $\angle C=\angle D=90°$인 사다리꼴 ABCD가 반지름의 길이가 6 cm인 원 O에 외접한다. $\overline{AB}=15$ cm일 때, □ABCD의 넓이를 구하시오.

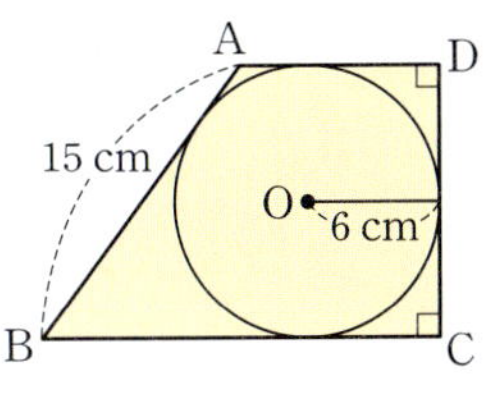

STEP C 암산도, 생략도 안 돼! 간단한 계산 과정도 꼼꼼히 써라.

❶ $\overline{CD}$의 길이를 구하면? [20%]

❷ $\overline{AD}+\overline{BC}$의 길이를 구하면? [40%]

❸ □ABCD의 넓이를 구하면? [40%]

---

18 오른쪽 그림과 같이 직사각형 ABCD의 세 변과 접하는 원 O가 있다. $\overline{CE}$는 원 O의 접선이고 $\overline{CE}=10$ cm, $\overline{CD}=8$ cm일 때, $\overline{AE}$의 길이를 구하시오.

STEP C 암산도, 생략도 안 돼! 간단한 계산 과정도 꼼꼼히 써라.

❶ $\overline{ED}$의 길이를 구하면? [30%]

❷ $\overline{AE}=x$ cm라고 할 때, $\overline{BC}$의 길이를 x를 사용한 식으로 나타내면? [30%]

❸ $\overline{AE}$의 길이를 구하면? [40%]

1 원주각과 중심각

01 오른쪽 그림의 원 O에서
$\angle ADB=37°$,
$\angle BOC=84°$일 때,
$\angle AEC$의 크기를 구하시오.

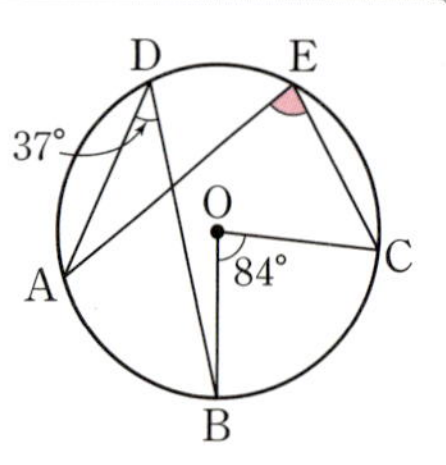

STEP **A** 핵심 용어나 조건에 밑줄을 긋고, 구하는 것에 ○표를 하여라.

STEP **B** 이용할 개념과 공식을 떠올려라.
- 원주각과 중심각의 크기 사이의 관계는?
→ 원에서 한 호에 대한 원주각의 크기
는 그 호에 대한 중심각의 크기의

 이다.

⇨ $\angle APB=$  $\angle AOB$

- 원주각의 성질은?
→ 원에서 한 호에 대한 원주각의 크기는 모
두 □□.

⇨ $\angle APB=\angle AQB=$ ____

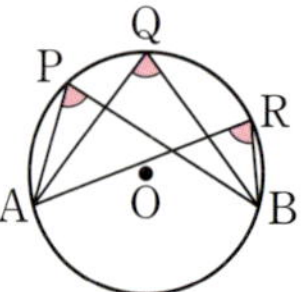

답 $\dfrac{1}{2}$, $\dfrac{1}{2}$, 같다, $\angle ARB$

STEP **C** 암산도, 생략도 안 돼! 간단한 계산 과정도 꼼꼼히 써라.
❶ $\overline{BE}$를 그어 $\angle AEB$의 크기를 구하면? [40%]

❷ $\angle BEC$의 크기를 구하면? [40%]

❸ $\angle AEC$의 크기를 구하면? [20%]

STEP **D** 오류 점검은 필수! 스스로 감점 요인을 찾아라.

02 오른쪽 그림의 원 O에서
$\angle P=40°$, $\angle BQD=76°$
일 때, $\angle x$의 크기를 구하
시오.

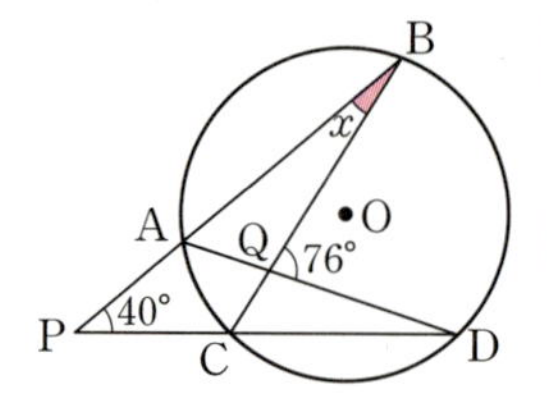

STEP **C** 암산도, 생략도 안 돼! 간단한 계산 과정도 꼼꼼히 써라.
❶ $\angle BCD$의 크기를 $\angle x$를 사용한 식으로 나타내면? [30%]
❷ $\angle ADC$의 크기를 $\angle x$를 사용한 식으로 나타내면? [30%]
❸ $\angle x$의 크기를 구하면? [40%]

03 오른쪽 그림에서 원 O는
△ABC의 외접원이고
$\angle BAC=60°$,
$\overline{BC}=5\sqrt{3}$ cm일 때, 원 O의
반지름의 길이를 구하시오.

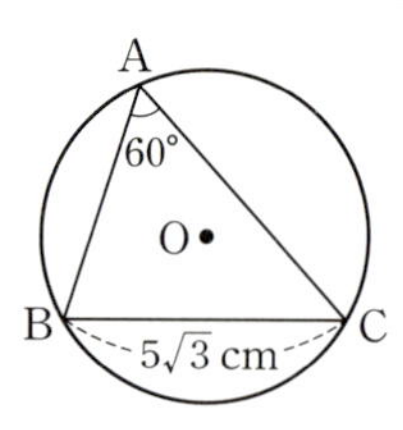

STEP **C** 암산도, 생략도 안 돼! 간단한 계산 과정도 꼼꼼히 써라.
❶ 원 O의 지름 BA′과 $\overline{A'C}$를 그어 $\angle A'CB$, $\angle BA'C$의 크기를 각
각 구하면? [40%]
❷ $\overline{A'B}$의 길이를 구하면? [40%]
❸ 원 O의 반지름의 길이를 구하면? [20%]

2 원주각의 크기와 호의 길이

04 오른쪽 그림에서 $\overset{\frown}{AB}=\overset{\frown}{BC}$
이고 ∠BDC=35°,
∠CBD=50°일 때,
∠ACD의 크기를 구하시오.

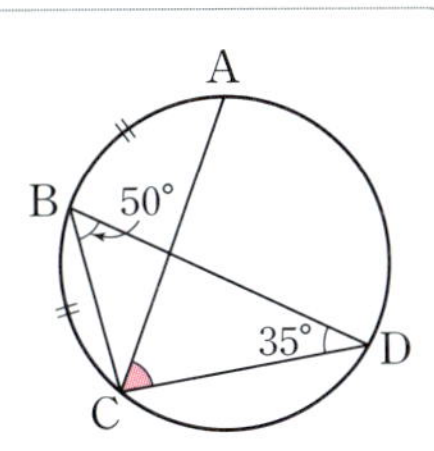

STEP A 핵심 용어나 조건에 밑줄을 긋고, 구하는 것에 ○표를 하여라.

STEP B 이용할 개념과 공식을 떠올려라.

• 원주각의 크기와 호의 길이 사이의 관계는?
→ 한 원 또는 합동인 두 원에서
① 길이가 같은 호에 대한 원주각의 크기는
$\boxed{}\boxed{}$.
⇨ $\overset{\frown}{AB}=\overset{\frown}{CD}$이면
∠APB=$\boxed{}$

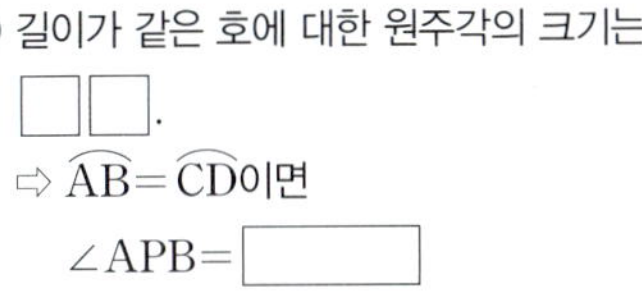

② 크기가 같은 원주각에 대한 호의 길이는 $\boxed{}\boxed{}$.
⇨ ∠APB=∠CQD이면 $\overset{\frown}{AB}=\boxed{}$
③ 호의 길이는 그 호에 대한 원주각의 크기에 $\boxed{}\boxed{}\boxed{}$한다.

📋 같다, ∠CQD, 같다, $\overset{\frown}{CD}$, 정비례

STEP C 암산도, 생략도 안 돼! 간단한 계산 과정도 꼼꼼히 써라.

❶ ∠BCA의 크기를 구하면? [50%]

❷ ∠ACD의 크기를 구하면? [50%]

05 오른쪽 그림에서
∠ADB=60°,
∠APB=84°이고
$\overset{\frown}{CD}=6$ cm일 때, $\overset{\frown}{AB}$의
길이를 구하시오.

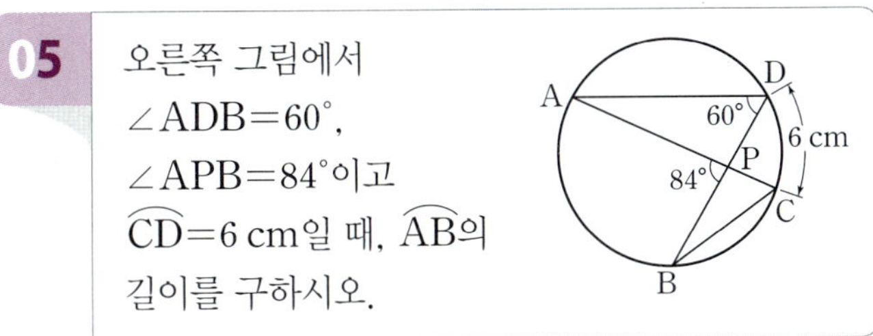

STEP C 암산도, 생략도 안 돼! 간단한 계산 과정도 꼼꼼히 써라.

❶ ∠DAP의 크기를 구하면? [40%]
❷ $\overset{\frown}{AB}$의 길이를 구하면? [60%]

06 오른쪽 그림에서 $\overset{\frown}{AB}$,
$\overset{\frown}{CD}$의 길이가 각각 원
O의 둘레의 길이의 $\dfrac{1}{5}$,
$\dfrac{1}{12}$일 때, ∠P의 크기를 구하시오.

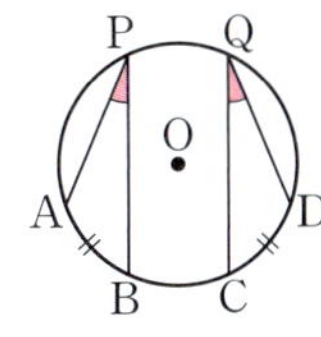

STEP C 암산도, 생략도 안 돼! 간단한 계산 과정도 꼼꼼히 써라.

❶ $\overline{AC}$를 그어 ∠ACB, ∠DAC의 크기를 각각 구하면? [60%]
❷ ∠P의 크기를 구하면? [40%]

STEP D 오류 점검은 필수! 스스로 감점 요인을 찾아라.

3 원에 내접하는 사각형의 성질

07 오른쪽 그림의 원 O에서 ∠B=72°일 때, ∠x+∠y의 크기를 구하시오.

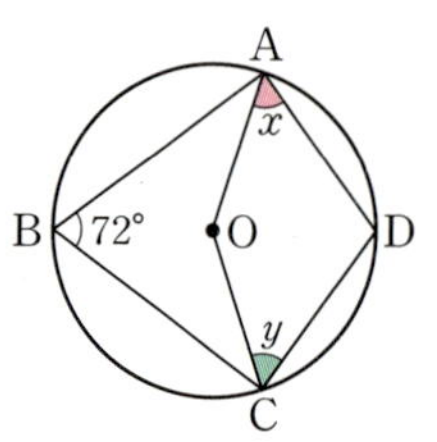

STEP A 핵심 용어나 조건에 밑줄을 긋고, 구하는 것에 ○표를 하여라.

STEP B 이용할 개념과 공식을 떠올려라.

• 원에 내접하는 사각형의 성질은?

→ ① 한 쌍의 대각의 크기의 합은 ☐ °이다.

⇨ ∠A+∠C=∠B+∠D
= ☐ °

② 한 외각의 크기는 그 외각에 이웃한 내각에 대한 ☐☐의 크기와 같다.

⇨ ∠A= ☐

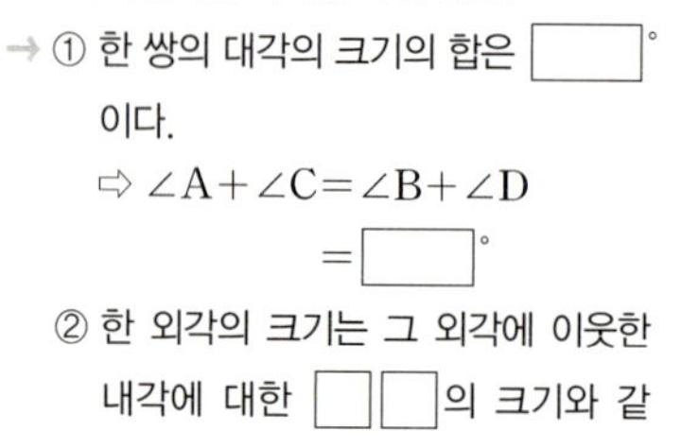

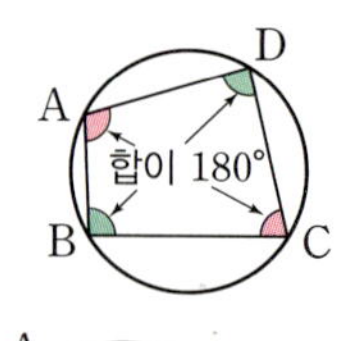

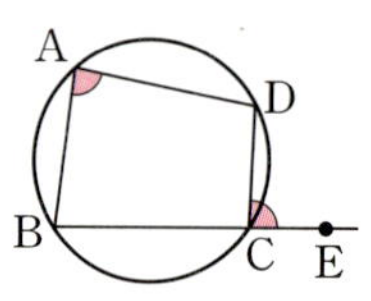

답 180, 180, 대각, ∠DCE

STEP C 암산도, 생략도 안 돼! 간단한 계산 과정도 꼼꼼히 써라.

❶ ∠AOC의 크기를 구하면? [30%]

❷ ∠D의 크기를 구하면? [30%]

❸ ∠x+∠y의 크기를 구하면? [40%]

STEP D 오류 점검은 필수! 스스로 감점 요인을 찾아라.

08 오른쪽 그림에서 $\overline{AC}$는 원 O의 지름이고 ∠BAC=60°, ∠DCE=110°일 때, ∠ABD의 크기를 구하시오.

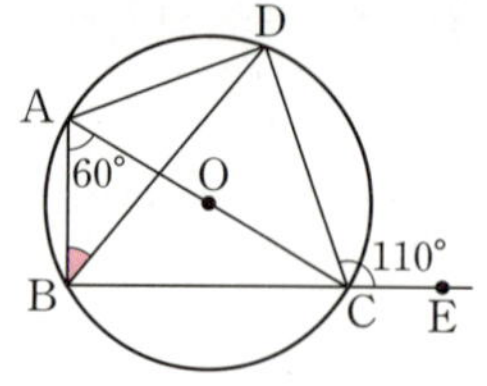

STEP C 암산도, 생략도 안 돼! 간단한 계산 과정도 꼼꼼히 써라.

❶ ∠DAC의 크기를 구하면? [30%]

❷ ∠DBC의 크기를 구하면? [30%]

❸ ∠ABD의 크기를 구하면? [40%]

09 오른쪽 그림에서 □ABCD가 원에 내접하고 ∠Q=25°, ∠DAB=124°일 때, ∠P의 크기를 구하시오.

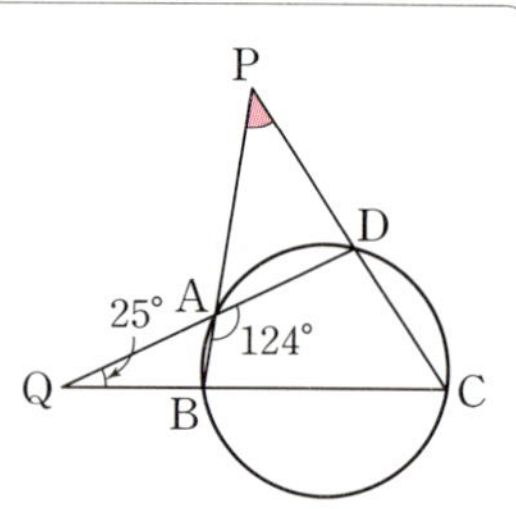

STEP C 암산도, 생략도 안 돼! 간단한 계산 과정도 꼼꼼히 써라.

❶ ∠C의 크기를 구하면? [30%]

❷ ∠P=∠x라고 할 때, ∠PBQ의 크기를 ∠x를 사용한 식으로 나타내면? [30%]

❸ ∠P의 크기를 구하면? [40%]

4 원의 접선과 현이 이루는 각

10 오른쪽 그림에서 $\overrightarrow{BT}$는 원 O의 접선이고 $\angle ABT=68°$일 때, $\angle OAB$의 크기를 구하시오.

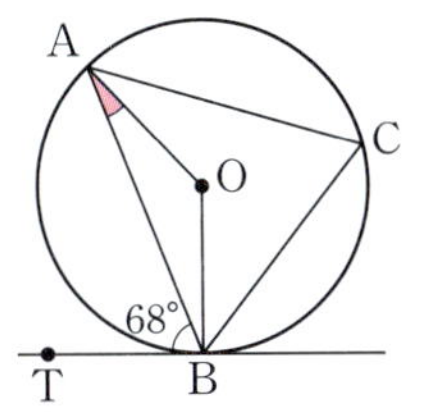

STEP **A** 핵심 용어나 조건에 밑줄을 긋고, 구하는 것에 ○표를 하여라.

STEP **B** 이용할 개념과 공식을 떠올려라.

· 원의 접선과 현이 이루는 각 사이의 관계는?

→ 원의 접선과 그 접점을 지나는 현이 이루는 각의 크기는 그 각의 내부에 있는 호에 대한 원주각의 크기와 같다.

⇨ $\angle BAT=$

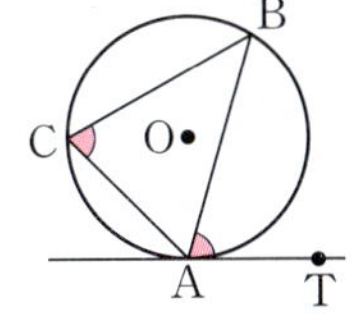

🔒 $\angle BCA$

STEP **C** 암산도, 생략도 안 돼! 간단한 계산 과정도 꼼꼼히 써라.

❶ $\angle AOB$의 크기를 구하면? [60%]

❷ $\angle OAB$의 크기를 구하면? [40%]

STEP **D** 오류 점검은 필수! 스스로 감점 요인을 찾아라.

---

11 오른쪽 그림과 같이 □ABCD가 원 O에 내접하고 $\overrightarrow{BT}$는 원 O의 접선이다. $\overset{\frown}{AB} : \overset{\frown}{BC}=3 : 5$이고 $\angle ABC=52°$일 때, $\angle CBT$의 크기를 구하시오.

STEP **C** 암산도, 생략도 안 돼! 간단한 계산 과정도 꼼꼼히 써라.

❶ $\overline{AC}$를 그어 $\angle ACB : \angle CAB$를 가장 간단한 자연수의 비로 나타내면? [20%]

❷ $\angle CAB$의 크기를 구하면? [60%]

❸ $\angle CBT$의 크기를 구하면? [20%]

12 오른쪽 그림에서 $\overrightarrow{CP}$는 반지름의 길이가 4 cm인 원 O의 접선이고 $\angle BCP=30°$일 때, $\triangle ACB$의 넓이를 구하시오.

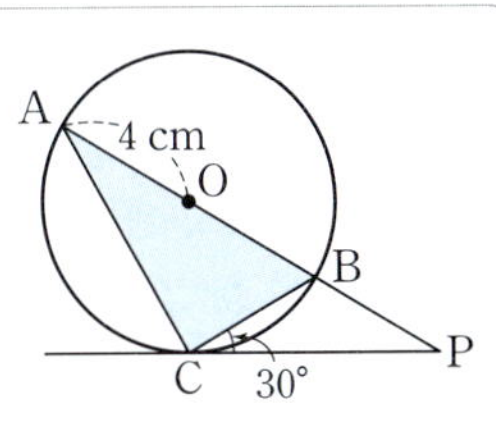

STEP **C** 암산도, 생략도 안 돼! 간단한 계산 과정도 꼼꼼히 써라.

❶ $\angle BAC$, $\angle ACB$의 크기를 각각 구하면? [30%]

❷ $\overline{AC}$, $\overline{BC}$의 길이를 각각 구하면? [40%]

❸ $\triangle ACB$의 넓이를 구하면? [30%]

1 대푯값

01 다음을 만족하는 두 변량 a, b에 대하여 $a+b$의 값을 구하시오.

> - 5개의 변량 5, 11, 2, 9, a의 중앙값은 8이다.
> - 6개의 변량 3, 6, 10, 8, 13, 5의 중앙값은 b 이다.

STEP A 핵심 용어나 조건에 밑줄을 긋고, 구하는 것에 ◯표를 하여라.

STEP B 이용할 개념과 공식을 떠올려라.

- **대푯값이란?**
  → 대푯값은 자료 전체의 특징을 대표하는 값으로, 평균, 중앙값, 최빈값 등이 있다.
    ① 평균 : 전체 변량의 총합을 변량의 개수로 나눈 값, 즉
    $$(평균)=\frac{(변량의\ 총합)}{(변량의\ 개수)}$$
    ② ☐☐값 : 자료를 작은 값에서부터 크기순으로 나열할 때, 한가운데에 있는 값
    ③ ☐☐값 : 자료의 값 중 가장 많이 나타난 값
    답 중앙, 최빈

STEP C 암산도, 생략도 안 돼! 간단한 계산 과정도 꼼꼼히 써라.
  ❶ a의 값을 구하면? [40%]

  ❷ b의 값을 구하면? [40%]

  ❸ $a+b$의 값을 구하면? [20%]

STEP D 오류 점검은 필수! 스스로 감점 요인을 찾아라.

02 다음 6개의 변량의 평균과 최빈값이 같을 때, x의 값을 구하시오.

> 12, 15, 16, 14, 18, x

STEP C 암산도, 생략도 안 돼! 간단한 계산 과정도 꼼꼼히 써라.
  ❶ 주어진 6개의 변량의 최빈값을 구하면? [40%]
  ❷ 평균과 최빈값이 같음을 이용하여 x의 값을 구하면? [60%]

03 다음은 소연이네 반 여학생 8명의 몸무게를 조사하여 나타낸 것이다. 몸무게의 평균을 a kg, 중앙값을 b kg, 최빈값을 c kg이라고 할 때, $a-b+c$의 값을 구하시오.

(단위 : kg)

> 44, 47, 50, 56, 48, 53, 46, 56

STEP C 암산도, 생략도 안 돼! 간단한 계산 과정도 꼼꼼히 써라.
  ❶ a의 값을 구하면? [30%]
  ❷ b의 값을 구하면? [30%]
  ❸ c의 값을 구하면? [30%]
  ❹ $a-b+c$의 값을 구하면? [10%]

2 분산과 표준편차

04 5개의 변량 9, 6, 8, 10, x의 평균이 8일 때, 분산을 구하시오.

STEP A 핵심 용어나 조건에 밑줄을 긋고, 구하는 것에 ○표를 하여라.

STEP B 이용할 개념과 공식을 떠올려라.

• 산포도란?

→ 산포도는 자료가 흩어져 있는 정도를 하나의 수로 나타낸 값으로, 분산, 표준편차 등이 있다.

① 분산 : 편차의 제곱의 평균, 즉

$$(분산) = \frac{\{(\boxed{})^2의\ 총합\}}{(변량의\ 개수)}$$

② 표준편차 : 분산의 음이 아닌 제곱근, 즉

$$(표준편차) = \sqrt{(\boxed{})}$$

🔁 편차, 분산

STEP C 암산도, 생략도 안 돼! 간단한 계산 과정도 꼼꼼히 써라.

❶ 평균이 8임을 이용하여 x의 값을 구하면? [40%]

❷ 분산을 구하면? [60%]

STEP D 오류 점검은 필수! 스스로 감점 요인을 찾아라.

05 6개의 변량 3, 6, 7, 4, x, y의 평균이 5이고 표준편차가 2일 때, x^2+y^2의 값을 구하시오.

STEP C 암산도, 생략도 안 돼! 간단한 계산 과정도 꼼꼼히 써라.

❶ 평균이 5임을 이용하여 $x+y$의 값을 구하면? [30%]
❷ 표준편차가 2임을 이용하여 x, y에 대한 식을 세우면? [30%]
❸ x^2+y^2의 값을 구하면? [40%]

06 5개의 변량 a, b, c, d, e의 평균이 7, 표준편차가 3일 때, 변량 $a+3$, $b+3$, $c+3$, $d+3$, $e+3$의 평균은 m, 표준편차는 n이다. 이때 $m+n$의 값을 구하시오.

STEP C 암산도, 생략도 안 돼! 간단한 계산 과정도 꼼꼼히 써라.

❶ 5개의 변량 a, b, c, d, e의 평균이 7임을 이용하여 m의 값을 구하면? [40%]
❷ 5개의 변량 a, b, c, d, e의 표준편차가 3임을 이용하여 n의 값을 구하면? [40%]
❸ $m+n$의 값을 구하면? [20%]

3 산점도

07 오른쪽 그림은 예림이네 반 학생 20명의 왼쪽과 오른쪽 시력을 조사하여 나타낸 산점도이다. 다음 물음에 답하시오.

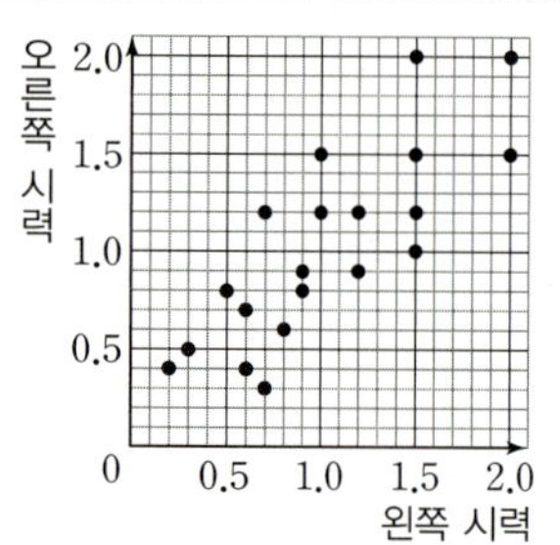

(1) 왼쪽 시력과 오른쪽 시력이 서로 같은 학생 수를 구하시오.

(2) 왼쪽 시력보다 오른쪽 시력이 더 좋은 학생 수를 구하시오.

(3) 왼쪽 시력과 오른쪽 시력이 모두 0.5 이하인 학생은 전체의 몇 %인지 구하시오.

STEP A 핵심 용어나 조건에 밑줄을 긋고, 구하는 것에 ○표를 하여라.

STEP B 이용할 개념과 공식을 떠올려라.

- 산점도란?
  → 두 변량 x, y 사이의 관계를 알아보기 위하여 두 변량 x, y의 순서쌍 (x, y)를 좌표평면 위에 ☐으로 나타낸 그림

🔑 점

STEP C 암산도, 생략도 안 돼! 간단한 계산 과정도 꼼꼼히 써라.

(1) 왼쪽 시력과 오른쪽 시력이 서로 같은 학생 수를 구하면? [30%]

(2) 왼쪽 시력보다 오른쪽 시력이 더 좋은 학생 수를 구하면? [30%]

(3) ❶ 왼쪽 시력과 오른쪽 시력이 모두 0.5 이하인 학생 수를 구하면? [20%]

❷ 왼쪽 시력과 오른쪽 시력이 모두 0.5 이하인 학생은 전체의 몇 %인지 구하면? [20%]

STEP D 오류 점검은 필수! 스스로 감점 요인을 찾아라.

---

08 오른쪽 그림은 준우네 반 학생 16명의 영어 읽기 점수와 듣기 점수를 조사하여 나타낸 산점도이다. 다음 물음에 답하시오.

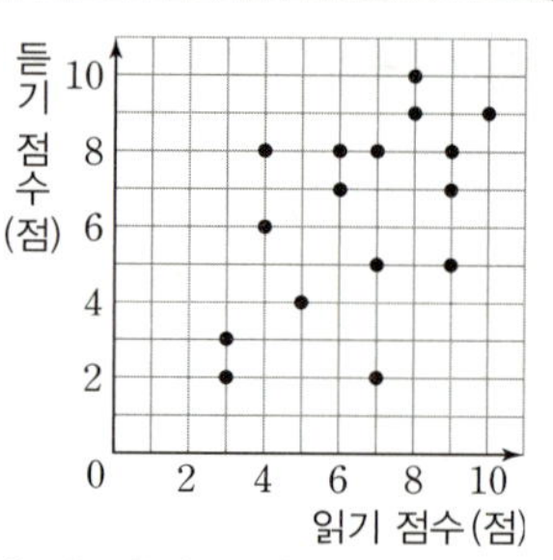

(1) 읽기 점수와 듣기 점수의 차가 4점 이상인 학생 수를 구하시오.

(2) 읽기 점수와 듣기 점수의 총합이 17점 이상인 학생은 전체의 몇 %인지 구하시오.

STEP C 암산도, 생략도 안 돼! 간단한 계산 과정도 꼼꼼히 써라.

(1) 읽기 점수와 듣기 점수의 차가 4점 이상인 학생 수를 구하면? [40%]

(2) ❶ 읽기 점수와 듣기 점수의 총합이 17점 이상 학생 수를 구하면? [30%]

❷ 읽기 점수와 듣기 점수의 총합이 17점 이상인 학생은 전체의 몇 %인지 구하면? [30%]

---

09 오른쪽 그림은 민성이네 반 학생 17명의 수학과 영어 성적을 조사하여 나타낸 산점도이다. 수학과 영어 성적의 평균으로 등수를 매긴다고 할 때, 3등인 학생의 두 과목의 성적의 평균은 a점, 7등인 학생의 두 과목의 성적의 평균은 b점이다. 이때 $a+b$의 값을 구하시오.

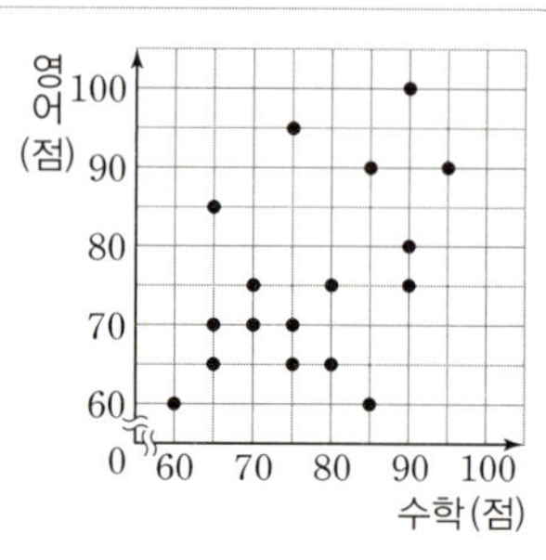

STEP C 암산도, 생략도 안 돼! 간단한 계산 과정도 꼼꼼히 써라.

❶ a의 값을 구하면? [40%]

❷ b의 값을 구하면? [40%]

❸ $a+b$의 값을 구하면? [20%]

4 상관관계

10 다음 보기 중 두 변량 사이의 관계가 양의 상관관계인 것은 a개, 음의 상관관계인 것은 b개이다. 이때 $2a+b$의 값을 구하시오.

> **보기**
> ㄱ. 키와 한 뼘의 길이
> ㄴ. 물건의 가격과 소비량
> ㄷ. 머리둘레와 음악 성적
> ㄹ. 운행 중인 차량의 수와 평균 속력
> ㅁ. 계산대에 대기하고 있는 고객 수와 대기 시간

STEP A 핵심 용어나 조건에 밑줄을 긋고, 구하는 것에 ○표를 하여라.

STEP B 이용할 개념과 공식을 떠올려라.

- **상관관계란?**
→ 두 변량 x, y 사이에 x의 값이 증가함에 따라 y의 값이 증가하거나 감소하는 경향이 있을 때, 이 두 변량 x, y 사이에 상관관계가 있다고 한다.
  ① ☐의 상관관계 : x의 값이 커짐에 따라 y의 값도 대체로 커지는 관계
  ② ☐의 상관관계 : x의 값이 커짐에 따라 y의 값은 대체로 작아지는 관계
  ③ 상관관계가 없다. : x의 값이 커짐에 따라 y의 값이 커지는지 작아지는지 그 관계가 분명하지 않은 경우

  답 양, 음

STEP C 암산도, 생략도 안 돼! 간단한 계산 과정도 꼼꼼히 써라.

❶ a의 값을 구하면? [40%]

❷ b의 값을 구하면? [40%]

❸ $2a+b$의 값을 구하면? [20%]

STEP D 오류 점검은 필수! 스스로 감점 요인을 찾아라.

11 오른쪽 그림은 어느 서점에서 판매 중인 책의 쪽수와 가격을 조사하여 나타낸 산점도이다.
책 A~D에 대하여 다음 물음에 답하시오.

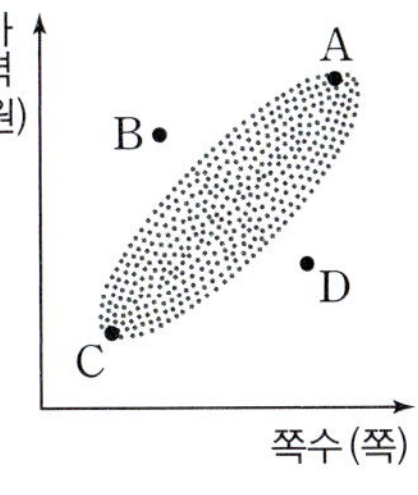

(1) 쪽수가 가장 적은 책부터 순서대로 쓰시오.
(2) 쪽수에 비하여 가격이 가장 비싼 책은 어느 것인지 구하시오.
(3) 쪽수에 비하여 가격이 가장 저렴한 책은 어느 것인지 구하시오.

STEP C 암산도, 생략도 안 돼! 간단한 계산 과정도 꼼꼼히 써라.

(1) 쪽수가 가장 적은 책부터 순서대로 쓰면? [40%]
(2) 쪽수에 비하여 가격이 가장 비싼 책은 어느 것인지 구하면? [30%]
(3) 쪽수에 비하여 가격이 가장 저렴한 책은 어느 것인지 구하면?
[30%]

12 오른쪽 그림은 어느 학교 학생들의 2차에 걸친 팔 굽혀펴기 기록을 조사하여 나타낸 산점도이다.
학생 A~E에 대하여 다음 보기 중 옳은 것은 모두 몇 개인지 구하고, 옳지 <u>않은</u> 것은 옳게 고치시오.

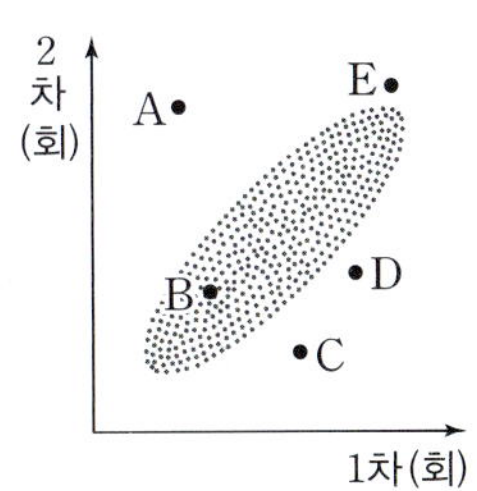

> **보기**
> ㄱ. 1차 기록이 가장 높은 학생은 A이다.
> ㄴ. 1차 기록에 비하여 2차 기록이 낮은 학생은 C와 D이다.
> ㄷ. 1차에 비하여 2차에서 기록이 가장 많이 향상된 학생은 C이다.

STEP C 암산도, 생략도 안 돼! 간단한 계산 과정도 꼼꼼히 써라.

❶ 옳은 것은 몇 개인지 구하면? [40%]
❷ 옳지 않은 것을 옳게 고치면? [60%]

MeMo

新 수학의
바이블

新 수학의
바이블
개념

新 수학의 바이블

원리를 쉽게! **개념**을 빠르게! 생각을 우월하게!

개념

중학 **3-2**

정답과 풀이

이투스북

I. 삼각비

1. 삼각비

개념 01 삼각비의 뜻

개념 콕콕　　　　　　　　　본교재 | 6쪽

1 (1) $\dfrac{3}{5}$　(2) $\dfrac{4}{5}$　(3) $\dfrac{3}{4}$　(4) $\dfrac{4}{5}$　(5) $\dfrac{3}{5}$　(6) $\dfrac{4}{3}$

2 (1) $\sqrt{5}$　(2) $\sin B=\dfrac{\sqrt{5}}{5}$, $\cos B=\dfrac{2\sqrt{5}}{5}$, $\tan B=\dfrac{1}{2}$

2

(1) $\overline{BC}=\sqrt{2^2+1^2}=\sqrt{5}$

(2) $\sin B=\dfrac{\overline{AC}}{\overline{BC}}=\dfrac{1}{\sqrt{5}}=\dfrac{\sqrt{5}}{5}$

$\quad \cos B=\dfrac{\overline{AB}}{\overline{BC}}=\dfrac{2}{\sqrt{5}}=\dfrac{2\sqrt{5}}{5}$

$\quad \tan B=\dfrac{\overline{AC}}{\overline{AB}}=\dfrac{1}{2}$

대표 유형　　　　　　　　　본교재 | 7~8쪽

1 $\sin A=\dfrac{3}{5}$, $\cos A=\dfrac{4}{5}$, $\tan A=\dfrac{3}{4}$

1-1 $\sin C=\dfrac{12}{13}$, $\cos C=\dfrac{5}{13}$, $\tan C=\dfrac{12}{5}$

1-2 $\dfrac{23}{17}$

2 $2\sqrt{5}$　　　　**2-1** $5\sqrt{13}$　　　　**2-2** ①

3 $\cos A=\dfrac{\sqrt{11}}{6}$, $\tan A=\dfrac{5\sqrt{11}}{11}$

3-1 $\sin A=\dfrac{\sqrt{21}}{7}$, $\cos A=\dfrac{2\sqrt{7}}{7}$　　**3-2** ⑤

4 $\dfrac{4}{5}$　　　　**4-1** $\dfrac{\sqrt{6}}{2}$　　　　**4-2** $\dfrac{5}{13}$

1-1

$\overline{AB}=\sqrt{13^2-5^2}=\sqrt{144}=12$이므로

$\sin C=\dfrac{\overline{AB}}{\overline{AC}}=\dfrac{12}{13}$

$\cos C=\dfrac{\overline{BC}}{\overline{AC}}=\dfrac{5}{13}$

$\tan C=\dfrac{\overline{AB}}{\overline{BC}}=\dfrac{12}{5}$

답 $\sin C=\dfrac{12}{13}$, $\cos C=\dfrac{5}{13}$, $\tan C=\dfrac{12}{5}$

1-2

$\overline{AB}=\sqrt{17^2-15^2}=\sqrt{64}=8$이므로

$\sin B=\dfrac{\overline{AC}}{\overline{BC}}=\dfrac{15}{17}$, $\cos B=\dfrac{\overline{AB}}{\overline{BC}}=\dfrac{8}{17}$

$\therefore \sin B+\cos B=\dfrac{15}{17}+\dfrac{8}{17}=\dfrac{23}{17}$　　　답 $\dfrac{23}{17}$

2-1

$\tan A=\dfrac{\overline{BC}}{10}=\dfrac{3}{2}$이므로 $\overline{BC}=15$

$\therefore \overline{AC}=\sqrt{10^2+15^2}=\sqrt{325}=5\sqrt{13}$　　　답 $5\sqrt{13}$

2-2

$\sin A=\dfrac{\overline{BC}}{6}=\dfrac{\sqrt{5}}{3}$이므로 $\overline{BC}=2\sqrt{5}\,(\text{cm})$

이때 $\overline{AC}=\sqrt{6^2-(2\sqrt{5})^2}=\sqrt{16}=4\,(\text{cm})$이므로

$\triangle ABC=\dfrac{1}{2}\times 2\sqrt{5}\times 4=4\sqrt{5}\,(\text{cm}^2)$　　　답 ①

3-1

$\tan A=\dfrac{\sqrt{3}}{2}$이므로 오른쪽 그림과 같이

$\angle B=90°$, $\overline{AB}=2$, $\overline{BC}=\sqrt{3}$인 직각삼각형

ABC를 그릴 수 있다.

이때 $\overline{AC}=\sqrt{2^2+(\sqrt{3})^2}=\sqrt{7}$이므로

$\sin A=\dfrac{\overline{BC}}{\overline{AC}}=\dfrac{\sqrt{3}}{\sqrt{7}}=\dfrac{\sqrt{21}}{7}$, $\cos A=\dfrac{\overline{AB}}{\overline{AC}}=\dfrac{2}{\sqrt{7}}=\dfrac{2\sqrt{7}}{7}$

답 $\sin A=\dfrac{\sqrt{21}}{7}$, $\cos A=\dfrac{2\sqrt{7}}{7}$

3-2

$\cos B=\dfrac{1}{3}$이므로 오른쪽 그림과 같이 $\angle C=90°$,

$\overline{AB}=3$, $\overline{BC}=1$인 직각삼각형 ABC를 그릴 수 있다.

이때 $\overline{AC}=\sqrt{3^2-1^2}=\sqrt{8}=2\sqrt{2}$이므로

$\sin B=\dfrac{\overline{AC}}{\overline{AB}}=\dfrac{2\sqrt{2}}{3}$, $\tan B=\dfrac{\overline{AC}}{\overline{BC}}=2\sqrt{2}$

$\therefore \sin B\times\tan B=\dfrac{2\sqrt{2}}{3}\times 2\sqrt{2}=\dfrac{8}{3}$　　　답 ⑤

4-1

$\triangle ABC$와 $\triangle DAC$에서

$\angle C$는 공통,

$\angle BAC=\angle ADC=90°$이므로

$\triangle ABC \infty \triangle DAC\,(\text{AA 닮음})$

$\therefore \angle B=\angle CAD=x$

$\triangle ABC$에서 $\overline{AC}=\sqrt{(\sqrt{10})^2-2^2}=\sqrt{6}$이므로

$\tan x=\tan B=\dfrac{\overline{AC}}{\overline{AB}}=\dfrac{\sqrt{6}}{2}$　　　답 $\dfrac{\sqrt{6}}{2}$

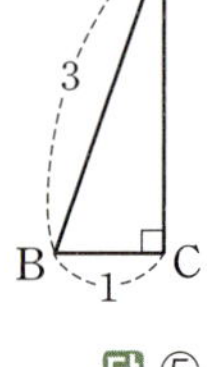

4 -2

$\triangle ABC$와 $\triangle EDC$에서
$\angle C$는 공통,
$\angle A = \angle DEC = 90°$이므로
$\triangle ABC \backsim \triangle EDC$ (AA 닮음)
$\therefore \angle B = \angle CDE = x$
$\triangle ABC$에서 $\overline{BC} = \sqrt{5^2 + 12^2} = \sqrt{169} = 13$이므로
$\cos x = \cos B = \dfrac{\overline{AB}}{\overline{BC}} = \dfrac{5}{13}$

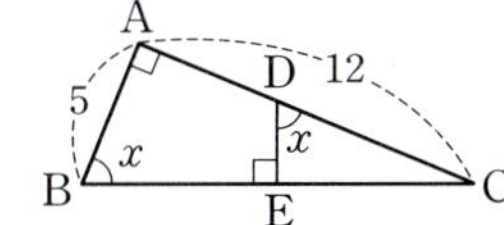

답 $\dfrac{5}{13}$

개념 02 30°, 45°, 60°의 삼각비의 값

개념 콕콕
본교재 | 9쪽

1 (1) 1 (2) $\dfrac{\sqrt{3}}{2}$ (3) $\dfrac{1}{2}$ (4) $\dfrac{\sqrt{3}}{2}$

2 (1) $30°$ (2) $45°$ (3) $60°$

3 (1) $x = 2$, $y = 2\sqrt{3}$ (2) $x = 3\sqrt{2}$, $y = 3$

1

(1) $\sin 30° + \cos 60° = \dfrac{1}{2} + \dfrac{1}{2} = 1$

(2) $\tan 60° - \cos 30° = \sqrt{3} - \dfrac{\sqrt{3}}{2} = \dfrac{\sqrt{3}}{2}$

(3) $\sin 45° \times \cos 45° = \dfrac{\sqrt{2}}{2} \times \dfrac{\sqrt{2}}{2} = \dfrac{1}{2}$

(4) $\sin 60° \div \tan 45° = \dfrac{\sqrt{3}}{2} \div 1 = \dfrac{\sqrt{3}}{2}$

3

(1) $\sin 30° = \dfrac{x}{4} = \dfrac{1}{2}$ $\therefore x = 2$

$\cos 30° = \dfrac{y}{4} = \dfrac{\sqrt{3}}{2}$ $\therefore y = 2\sqrt{3}$

(2) $\cos 45° = \dfrac{3}{x} = \dfrac{\sqrt{2}}{2}$ $\therefore x = 3\sqrt{2}$

$\tan 45° = \dfrac{y}{3} = 1$ $\therefore y = 3$

대표 유형
본교재 | 10쪽

5 (1) 3 (2) $\dfrac{\sqrt{6} - \sqrt{2}}{4}$

5 -1 (1) $\dfrac{3\sqrt{2}}{4}$ (2) $\dfrac{9}{4}$ 　　**5** -2 ㄴ, ㄹ

6 $2\sqrt{3}$ 　　**6** -1 $4\sqrt{3}$ 　　**6** -2 ④

---

5 -1

(1) (주어진 식) $= \dfrac{\sqrt{3}}{2} \div \dfrac{\sqrt{3}}{3} \times \dfrac{\sqrt{2}}{2} = \dfrac{\sqrt{3}}{2} \times \dfrac{3}{\sqrt{3}} \times \dfrac{\sqrt{2}}{2} = \dfrac{3\sqrt{2}}{4}$

(2) (주어진 식) $= \left(\dfrac{1}{2} + 1\right)\left(\dfrac{1}{2} + 1\right) = \dfrac{3}{2} \times \dfrac{3}{2} = \dfrac{9}{4}$

답 (1) $\dfrac{3\sqrt{2}}{4}$ (2) $\dfrac{9}{4}$

5 -2

ㄱ. $\sin^2 30° + \cos^2 60° = \left(\dfrac{1}{2}\right)^2 + \left(\dfrac{1}{2}\right)^2 = \dfrac{1}{2}$

ㄴ. $\sin 30° = \dfrac{1}{2}$, $\cos 30° \times \tan 30° = \dfrac{\sqrt{3}}{2} \times \dfrac{\sqrt{3}}{3} = \dfrac{1}{2}$이므로

$\sin 30° = \cos 30° \times \tan 30°$

ㄷ. $2 \sin 45° = 2 \times \dfrac{\sqrt{2}}{2} = \sqrt{2}$, $\tan 45° = 1$이므로

$2 \sin 45° \neq \tan 45°$

ㄹ. $\tan 30° = \dfrac{\sqrt{3}}{3}$, $\dfrac{1}{\tan 60°} = \dfrac{1}{\sqrt{3}} = \dfrac{\sqrt{3}}{3}$이므로

$\tan 30° = \dfrac{1}{\tan 60°}$

따라서 옳은 것은 ㄴ, ㄹ이다. 답 ㄴ, ㄹ

6 -1

$\triangle BCD$에서 $\tan 45° = \dfrac{\overline{BC}}{2\sqrt{3}} = 1$ $\therefore \overline{BC} = 2\sqrt{3}$

$\triangle ABC$에서 $\sin 30° = \dfrac{2\sqrt{3}}{\overline{AC}} = \dfrac{1}{2}$ $\therefore \overline{AC} = 4\sqrt{3}$ 답 $4\sqrt{3}$

6 -2

$\triangle ABD$에서 $\sin 45° = \dfrac{\overline{AD}}{12} = \dfrac{\sqrt{2}}{2}$ $\therefore \overline{AD} = 6\sqrt{2}$

$\triangle ADC$에서 $\sin 60° = \dfrac{6\sqrt{2}}{\overline{AC}} = \dfrac{\sqrt{3}}{2}$ $\therefore \overline{AC} = 4\sqrt{6}$ 답 ④

배운대로 해결하기
본교재 | 11쪽

01 ④	02 $\dfrac{3}{4}$	03 $2\sqrt{19}$	04 ①
05 $\dfrac{27}{20}$	06 $\dfrac{3}{2}$	07 ②	08 12

01

$\overline{BC} = \sqrt{4^2 - (\sqrt{7})^2} = \sqrt{9} = 3$

④ $\sin C = \dfrac{\sqrt{7}}{4}$ 답 ④

02

$y=\dfrac{3}{4}x+3$에 $y=0$을 대입하면

$0=\dfrac{3}{4}x+3$, $-\dfrac{3}{4}x=3$, $x=-4$ $\quad\therefore$ A$(-4,\,0)$

$y=\dfrac{3}{4}x+3$에 $x=0$을 대입하면

$y=3$ $\quad\therefore$ B$(0,\,3)$

직각삼각형 AOB에서 $\overline{\text{AO}}=4$, $\overline{\text{BO}}=3$이므로

$\tan a=\dfrac{\overline{\text{BO}}}{\overline{\text{AO}}}=\dfrac{3}{4}$ $\qquad$ 답 $\dfrac{3}{4}$

다른 풀이

$\tan a=\dfrac{\overline{\text{BO}}}{\overline{\text{AO}}}=\dfrac{(y\text{의 값의 증가량})}{(x\text{의 값의 증가량})}$

$\qquad=(\text{일차함수의 그래프의 기울기})=\dfrac{3}{4}$

03

$\sin C=\dfrac{\overline{\text{AB}}}{10}=\dfrac{\sqrt{6}}{5}$이므로 $\overline{\text{AB}}=2\sqrt{6}$

$\therefore \overline{\text{AC}}=\sqrt{10^2-(2\sqrt{6})^2}=\sqrt{76}=2\sqrt{19}$ $\qquad$ 답 $2\sqrt{19}$

04

$\tan A=\dfrac{2}{3}$이므로 오른쪽 그림과 같이

$\angle B=90°$, $\overline{\text{AB}}=3$, $\overline{\text{BC}}=2$인 직각삼각형 ABC를 그릴 수 있다.

이때 $\overline{\text{AC}}=\sqrt{3^2+2^2}=\sqrt{13}$이므로

$\sin A=\dfrac{\overline{\text{BC}}}{\overline{\text{AC}}}=\dfrac{2}{\sqrt{13}}=\dfrac{2\sqrt{13}}{13}$

$\cos A=\dfrac{\overline{\text{AB}}}{\overline{\text{AC}}}=\dfrac{3}{\sqrt{13}}=\dfrac{3\sqrt{13}}{13}$

$\therefore \sin A+\cos A=\dfrac{2\sqrt{13}}{13}+\dfrac{3\sqrt{13}}{13}=\dfrac{5\sqrt{13}}{13}$ $\qquad$ 답 ①

05

$\triangle$ABC와 $\triangle$ACD에서

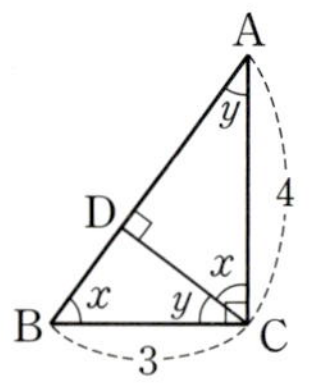

$\angle$A는 공통, $\angle$BCA$=\angle$CDA$=90°$이므로

$\triangle$ABC$\infty\triangle$ACD(AA 닮음)

$\therefore \angle B=\angle\text{ACD}=x$

같은 방법으로

$\triangle$ABC$\infty\triangle$CBD(AA 닮음)이므로

$\angle A=\angle\text{BCD}=y$

$\triangle$ABC에서 $\overline{\text{AB}}=\sqrt{3^2+4^2}=\sqrt{25}=5$이므로

$\cos x=\cos B=\dfrac{\overline{\text{BC}}}{\overline{\text{AB}}}=\dfrac{3}{5}$

$\tan y=\tan A=\dfrac{\overline{\text{BC}}}{\overline{\text{AC}}}=\dfrac{3}{4}$

$\therefore \cos x+\tan y=\dfrac{3}{5}+\dfrac{3}{4}=\dfrac{27}{20}$ $\qquad$ 답 $\dfrac{27}{20}$

06

$(\text{주어진 식})=\sqrt{2}\times\dfrac{\sqrt{2}}{2}\times\dfrac{1}{2}+2\times\dfrac{\sqrt{3}}{3}\times\dfrac{\sqrt{3}}{2}$

$\qquad=\dfrac{1}{2}+1=\dfrac{3}{2}$ $\qquad$ 답 $\dfrac{3}{2}$

07

$\triangle$ABC에서 $\sin 45°=\dfrac{2\sqrt{2}}{\overline{\text{BC}}}=\dfrac{\sqrt{2}}{2}$ $\quad\therefore \overline{\text{BC}}=4$

$\triangle$BCD에서 $\tan 30°=\dfrac{\overline{\text{CD}}}{4}=\dfrac{\sqrt{3}}{3}$ $\quad\therefore \overline{\text{CD}}=\dfrac{4\sqrt{3}}{3}$ $\qquad$ 답 ②

08

$\triangle$ABC에서 $\tan 30°=\dfrac{6\sqrt{3}}{\overline{\text{BC}}}=\dfrac{\sqrt{3}}{3}$ $\quad\therefore \overline{\text{BC}}=18$

$\triangle$ADC에서 $\tan 60°=\dfrac{6\sqrt{3}}{\overline{\text{DC}}}=\sqrt{3}$ $\quad\therefore \overline{\text{DC}}=6$

$\therefore \overline{\text{BD}}=\overline{\text{BC}}-\overline{\text{DC}}=18-6=12$ $\qquad$ 답 12

개념 03 예각과 0°, 90°의 삼각비의 값

개념 콕콕

1 (1) 0.6428 (2) 0.7660 (3) 0.8391 (4) 0.7660 (5) 0.6428

2 (1) $\dfrac{1}{2}$ (2) 0 (3) 0 (4) $\dfrac{\sqrt{3}}{3}$

1

$\triangle$AOC에서

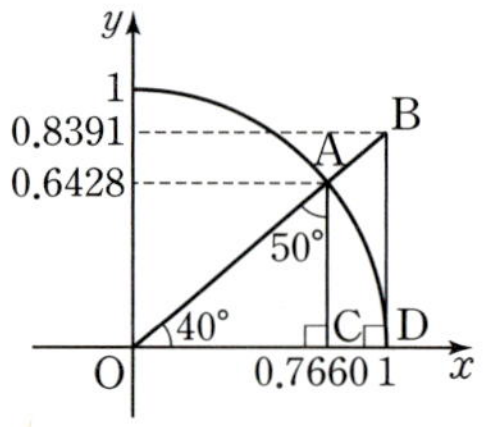

$\angle\text{OAC}=180°-(40°+90°)=50°$ 이므로

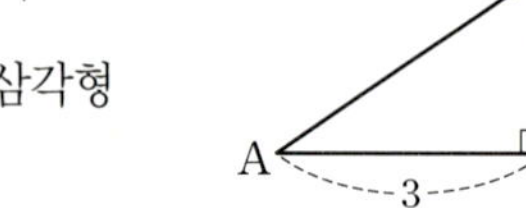

(1) $\sin 40°=\dfrac{\overline{\text{AC}}}{\overline{\text{OA}}}=\dfrac{\overline{\text{AC}}}{1}=0.6428$

(2) $\cos 40°=\dfrac{\overline{\text{OC}}}{\overline{\text{OA}}}=\dfrac{\overline{\text{OC}}}{1}=0.7660$

(3) $\tan 40°=\dfrac{\overline{\text{BD}}}{\overline{\text{OD}}}=\dfrac{\overline{\text{BD}}}{1}=0.8391$

(4) $\sin 50°=\dfrac{\overline{\text{OC}}}{\overline{\text{OA}}}=\dfrac{\overline{\text{OC}}}{1}=0.7660$

(5) $\cos 50°=\dfrac{\overline{\text{AC}}}{\overline{\text{OA}}}=\dfrac{\overline{\text{AC}}}{1}=0.6428$

2

(1) $\sin 0°+\sin 30°=0+\dfrac{1}{2}=\dfrac{1}{2}$

(2) $\sin 90°-\cos 0°=1-1=0$

(3) $\tan 0°\times\cos 90°=0\times 0=0$

(4) $\sin 90°\div\tan 60°=1\div\sqrt{3}=\dfrac{1}{\sqrt{3}}=\dfrac{\sqrt{3}}{3}$

1 ④   **1** -1 ④   **1** -2 ⑤

2 1.5355   **2** -1 0.3675   **2** -2 1.03

3 $\dfrac{\sqrt{3}}{6}$ **3** -1 $\sqrt{3}$ **3** -2 ⑤

4 ⑤   **4** -1 ③   **4** -2 ⑤

1 -1

$\overline{AB}/\!/\overline{CD}$이므로

$\angle OAB = \angle OCD = y$

$\therefore \cos x = \dfrac{\overline{OB}}{\overline{OA}} = \dfrac{\overline{OB}}{1} = \overline{OB},$

$\quad \sin y = \dfrac{\overline{OB}}{\overline{OA}} = \dfrac{\overline{OB}}{1} = \overline{OB}$

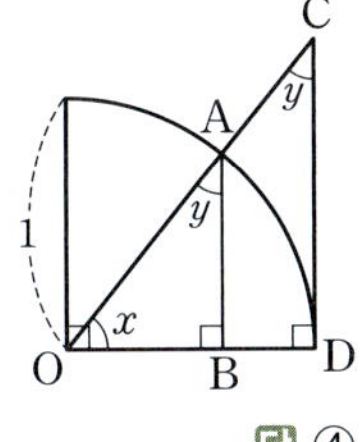

답 ④

1 -2

$\triangle ADE$에서 $\cos x = \dfrac{\overline{AD}}{\overline{AE}} = \dfrac{1}{\overline{AE}}$

$\therefore \overline{AE} = \dfrac{1}{\cos x}$

답 ⑤

2 -1

$\triangle AOB$에서

$\angle OAB = 180° - (48° + 90°) = 42°$

이므로

$\tan 48° = \dfrac{\overline{CD}}{\overline{OD}} = \dfrac{\overline{CD}}{1} = \overline{CD} = 1.1106$

$\cos 42° = \dfrac{\overline{AB}}{\overline{OA}} = \dfrac{\overline{AB}}{1} = \overline{AB} = 0.7431$

$\therefore \tan 48° - \cos 42° = 1.1106 - 0.7431$

$\qquad\qquad\qquad\qquad\quad = 0.3675$

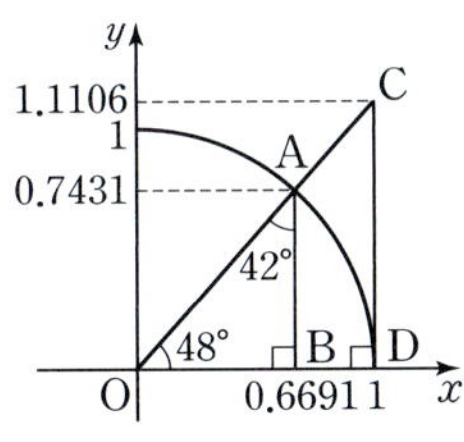

답 0.3675

2 -2

$\sin x = \dfrac{\overline{AB}}{\overline{OA}} = \dfrac{\overline{AB}}{1} = \overline{AB} = 0.5150$

$\cos (90° - x) = \cos (\angle OAB) = \dfrac{\overline{AB}}{\overline{OA}} = \dfrac{\overline{AB}}{1}$

$\qquad\qquad\qquad = \overline{AB} = 0.5150$

$\therefore \sin x + \cos (90° - x) = 0.5150 + 0.5150$

$\qquad\qquad\qquad\qquad\qquad = 1.03$

답 1.03

3 -1

(주어진 식)$= 0 \times 1 + 1 \times \sqrt{3} - 0 = \sqrt{3}$

답 $\sqrt{3}$

3 -2

① (좌변)$= 0 \times \dfrac{\sqrt{3}}{2} = 0$

② (좌변)$= 1 + 0 = 1$

③ (좌변)$= (1 - 1) \times \sqrt{3} = 0$

④ (좌변)$= (1 - 0) \times (0 + 0) = 0$

⑤ (좌변)$= \left(1 + \dfrac{1}{2}\right) \times (0 + 1) = \dfrac{3}{2}$

따라서 옳은 것은 ⑤이다.

답 ⑤

4 -1

① $\sin 0° = 0$, $\cos 90° = 0$이므로

    $\sin 0° = \cos 90°$

② $0° \leq x \leq 90°$일 때, x의 크기가 커지면 $\sin x$의 값은 증가하므로

    $\sin 38° < \sin 43°$

③ $0° \leq x \leq 90°$일 때, x의 크기가 커지면 $\cos x$의 값은 감소하므로

    $\cos 20° > \cos 25°$

④ $\cos 0° = 1$, $\sin 20° < \sin 90° = 1$이므로

    $\cos 0° > \sin 20°$

⑤ $0° \leq x \leq 90°$일 때, x의 크기가 커지면 $\tan x$의 값은 증가하므로

    $\tan 62° < \tan 70°$

따라서 대소 관계로 옳지 않은 것은 ③이다.

답 ③

4 -2

① $\sin 65° < \sin 90° = 1$

② $\cos 0° = 1$

③ $\sin 45° < \sin 65°$

④ $\tan 46° > \tan 45° = 1$

⑤ $\tan 70° > \tan 46°$

따라서 $\sin 45° < \sin 65° < \cos 0° < \tan 46° < \tan 70°$이므로 그 값이 가장 큰 것은 ⑤ $\tan 70°$이다.

답 ⑤

개념 **04** 삼각비의 표

1 (1) 0.5150   (2) 0.8387   (3) 0.6249   (4) 0.5736

    (5) 0.8572   (6) 0.6745

2 (1) 64°   (2) 62°   (3) 63°

3 $\overline{AB}$, 0.4848, 48.48

대표 유형

본교재 | 16쪽

5 30°   **5 -1** 2°   **5 -2** 1.0087
6 14.004   **6 -1** 6.725

5 -1

$\cos 51°=0.6293$이므로 $x=51°$
$\tan 49°=1.1504$이므로 $y=49°$
$\therefore x-y=51°-49°=2°$ 답 2°

5 -2

$\sin 13°+\cos 12°-\tan 11°=0.2250+0.9781-0.1944$
$\qquad\qquad\qquad\qquad\qquad =1.0087$ 답 1.0087

6 -1

$\cos 63°=\dfrac{x}{5}=0.4540$ $\therefore x=2.27$

$\sin 63°=\dfrac{y}{5}=0.8910$ $\therefore y=4.455$

$\therefore x+y=2.27+4.455=6.725$ 답 6.725

배운대로 해결하기

본교재 | 17쪽

01 ③, ⑤   **02** 1.38   **03** −1   **04** ③
05 ⑤   **06** ②   **07** ④   **08** 32.006

01

① $\sin x=\dfrac{\overline{AB}}{\overline{OA}}=\dfrac{\overline{AB}}{1}=\overline{AB}$

② $\cos x=\dfrac{\overline{OB}}{\overline{OA}}=\dfrac{\overline{OB}}{1}=\overline{OB}$

③ $\tan x=\dfrac{\overline{CD}}{\overline{OD}}=\dfrac{\overline{CD}}{1}=\overline{CD}$

④ $\sin y=\dfrac{\overline{OB}}{\overline{OA}}=\dfrac{\overline{OB}}{1}=\overline{OB}$

⑤ $\cos z=\cos y=\dfrac{\overline{AB}}{\overline{OA}}=\dfrac{\overline{AB}}{1}=\overline{AB}$

따라서 옳지 않은 것은 ③, ⑤이다.   답 ③, ⑤

02

$\triangle AOB$에서
$\angle OAB=180°-(54°+90°)=36°$이므로
$\sin 54°=\dfrac{\overline{AB}}{\overline{OA}}=\dfrac{\overline{AB}}{1}=\overline{AB}=0.81$
$\cos 36°=\dfrac{\overline{AB}}{\overline{OA}}=\dfrac{\overline{AB}}{1}=\overline{AB}=0.81$

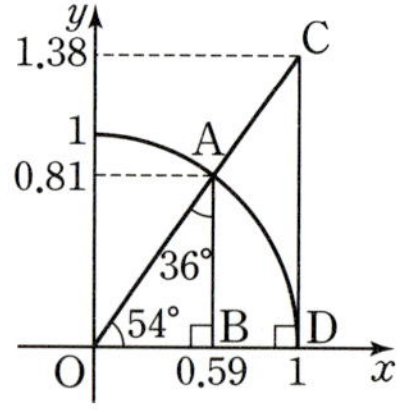

$\tan 54°=\dfrac{\overline{CD}}{\overline{OD}}=\dfrac{\overline{CD}}{1}=\overline{CD}=1.38$

$\therefore \sin 54°-\cos 36°+\tan 54°=0.81-0.81+1.38$
$\qquad\qquad\qquad\qquad\qquad\quad =1.38$ 답 1.38

03

(주어진 식)$=0-1\times 1+0\times\dfrac{\sqrt{3}}{2}=-1$ 답 −1

04

① (좌변)$=0+0=0$

② (좌변)$=\dfrac{1}{2}\times 0=0$

③ (좌변)$=1+1\times 1=1+1=2$

④ (좌변)$=\dfrac{1}{2}+1\times\dfrac{1}{2}-1=\dfrac{1}{2}+\dfrac{1}{2}-1=0$

⑤ (좌변)$=\left(0+\dfrac{\sqrt{3}}{3}\right)\times\left(0+\dfrac{\sqrt{3}}{3}\right)=\dfrac{\sqrt{3}}{3}\times\dfrac{\sqrt{3}}{3}=\dfrac{1}{3}$

따라서 옳지 않은 것은 ③이다.   답 ③

05

⑤ $\tan A$의 값 중 가장 작은 값은 $\tan 0°=0$이지만 $\tan 90°$의 값은 정할 수 없으므로 $\tan A$의 가장 큰 값은 알 수 없다.   답 ⑤

06

① $\sin 0°=0$

② $\cos 20°<\cos 0°=1$

③ $\cos 45°=\dfrac{\sqrt{2}}{2}<\cos 20°$

④ $\sin 35°<\sin 45°=\dfrac{\sqrt{2}}{2}$

⑤ $\tan 45°=1$

따라서 $\sin 0°<\sin 35°<\cos 45°<\cos 20°<\tan 45°$이므로 삼각비의 값 중 두 번째로 큰 것은 ② $\cos 20°$이다.   답 ②

07

④ $\sin 58°=0.8480$이므로 $x=58°$ 답 ④

08

$\angle A=180°-(32°+90°)=58°$이므로

$\tan 58°=\dfrac{\overline{BC}}{20}=1.6003$

$\therefore \overline{BC}=32.006$

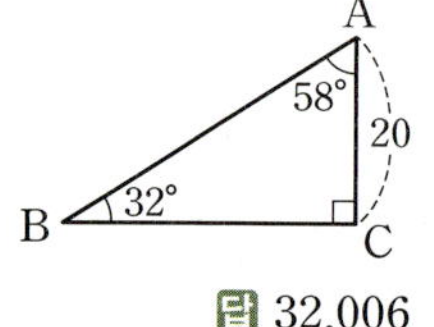

답 32.006

개념 넓히기로 마무리

01 ①	**02** $\dfrac{8}{15}$	**03** ③	**04** 36
05 ④	**06** $\dfrac{7}{9}$	**07** $\dfrac{3\sqrt{3}}{2}$	**08** ㄴ, ㄷ
09 $\sqrt{3}$	**10** $4\sqrt{2}$	**11** ⑤	**12** ②
13 $2\sqrt{3}$	**14** ③	**15** ①	**16** 1.3270
17 $\dfrac{\sqrt{5}}{5}$	**18** $\dfrac{4}{3}$	**19** 1.55	**20** $2-\sqrt{3}$
21 ②	**22** $2\sin x$		

01

$\overline{BC}=\sqrt{(\sqrt{3})^2+1^2}=\sqrt{4}=2$이므로

$\sin B=\dfrac{\overline{AC}}{\overline{BC}}=\dfrac{1}{2}$, $\cos B=\dfrac{\overline{AB}}{\overline{BC}}=\dfrac{\sqrt{3}}{2}$

$\therefore \sin B+\cos B=\dfrac{1}{2}+\dfrac{\sqrt{3}}{2}=\dfrac{1+\sqrt{3}}{2}$ 답 ①

02

$\triangle ADC$에서 $\overline{AC}=\sqrt{(4\sqrt{5})^2-4^2}=\sqrt{64}=8$

$\triangle ABC$에서 $\overline{BC}=\sqrt{17^2-8^2}=\sqrt{225}=15$

$\therefore \tan B=\dfrac{\overline{AC}}{\overline{BC}}=\dfrac{8}{15}$ 답 $\dfrac{8}{15}$

03

$\triangle FGH$에서 $\overline{FH}=\sqrt{3^2+3^2}=\sqrt{18}=3\sqrt{2}$ (cm)

$\triangle BFH$에서 $\overline{BH}=\sqrt{3^2+(3\sqrt{2})^2}=\sqrt{27}=3\sqrt{3}$ (cm)

$\therefore \cos x=\dfrac{\overline{FH}}{\overline{BH}}=\dfrac{3\sqrt{2}}{3\sqrt{3}}=\dfrac{\sqrt{6}}{3}$ 답 ③

04

$\cos B=\dfrac{9}{\overline{AB}}=\dfrac{3}{5}$이므로 $\overline{AB}=15$

이때 $\overline{AC}=\sqrt{15^2-9^2}=\sqrt{144}=12$이므로 $\triangle ABC$의 둘레의 길이는

$\overline{AB}+\overline{BC}+\overline{CA}=15+9+12=36$ 답 36

05

$\tan A=\sqrt{2}$이므로 오른쪽 그림과 같이 $\angle B=90°$, $\overline{AB}=1$, $\overline{BC}=\sqrt{2}$인 직각삼각형 ABC를 그릴 수 있다.

이때 $\overline{AC}=\sqrt{1^2+(\sqrt{2})^2}=\sqrt{3}$이므로

$\sin A=\dfrac{\overline{BC}}{\overline{AC}}=\dfrac{\sqrt{2}}{\sqrt{3}}=\dfrac{\sqrt{6}}{3}$

$\cos A=\dfrac{\overline{AB}}{\overline{AC}}=\dfrac{1}{\sqrt{3}}=\dfrac{\sqrt{3}}{3}$

$\therefore \dfrac{\sin A}{\cos A}=\dfrac{\sqrt{6}}{3}\div\dfrac{\sqrt{3}}{3}=\dfrac{\sqrt{6}}{3}\times\dfrac{3}{\sqrt{3}}=\sqrt{2}$ 답 ④

06

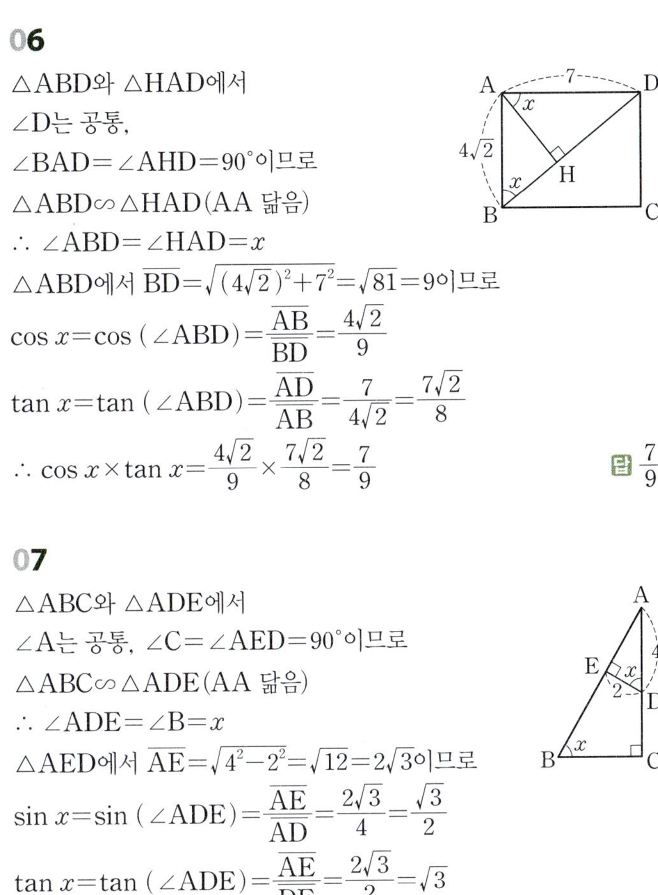

$\triangle ABD$와 $\triangle HAD$에서

$\angle D$는 공통,

$\angle BAD=\angle AHD=90°$이므로

$\triangle ABD\backsim\triangle HAD$ (AA 닮음)

$\therefore \angle ABD=\angle HAD=x$

$\triangle ABD$에서 $\overline{BD}=\sqrt{(4\sqrt{2})^2+7^2}=\sqrt{81}=9$이므로

$\cos x=\cos (\angle ABD)=\dfrac{\overline{AB}}{\overline{BD}}=\dfrac{4\sqrt{2}}{9}$

$\tan x=\tan (\angle ABD)=\dfrac{\overline{AD}}{\overline{AB}}=\dfrac{7}{4\sqrt{2}}=\dfrac{7\sqrt{2}}{8}$

$\therefore \cos x\times\tan x=\dfrac{4\sqrt{2}}{9}\times\dfrac{7\sqrt{2}}{8}=\dfrac{7}{9}$ 답 $\dfrac{7}{9}$

07

$\triangle ABC$와 $\triangle ADE$에서

$\angle A$는 공통, $\angle C=\angle AED=90°$이므로

$\triangle ABC\backsim\triangle ADE$ (AA 닮음)

$\therefore \angle ADE=\angle B=x$

$\triangle AED$에서 $\overline{AE}=\sqrt{4^2-2^2}=\sqrt{12}=2\sqrt{3}$이므로

$\sin x=\sin (\angle ADE)=\dfrac{\overline{AE}}{\overline{AD}}=\dfrac{2\sqrt{3}}{4}=\dfrac{\sqrt{3}}{2}$

$\tan x=\tan (\angle ADE)=\dfrac{\overline{AE}}{\overline{DE}}=\dfrac{2\sqrt{3}}{2}=\sqrt{3}$

$\therefore \sin x+\tan x=\dfrac{\sqrt{3}}{2}+\sqrt{3}=\dfrac{3\sqrt{3}}{2}$ 답 $\dfrac{3\sqrt{3}}{2}$

08

ㄱ. $\sin 60°\times\tan 30°=\dfrac{\sqrt{3}}{2}\times\dfrac{\sqrt{3}}{3}=\dfrac{1}{2}$

ㄴ. $\cos 30°\times\tan 60°=\dfrac{\sqrt{3}}{2}\times\sqrt{3}=\dfrac{3}{2}$, $3\sin 30°=3\times\dfrac{1}{2}=\dfrac{3}{2}$이
므로 $\cos 30°\times\tan 60°=3\sin 30°$

ㄷ. $\sin 30°-\cos 60°+\tan 45°=\dfrac{1}{2}-\dfrac{1}{2}+1=1$

ㄹ. $\sqrt{2}\sin 45°\times\cos 60°+\sqrt{3}\tan 60°$
$=\sqrt{2}\times\dfrac{\sqrt{2}}{2}\times\dfrac{1}{2}+\sqrt{3}\times\sqrt{3}=\dfrac{1}{2}+3=\dfrac{7}{2}$

따라서 옳은 것은 ㄴ, ㄷ이다.   답 ㄴ, ㄷ

09

$\sin 45°=\dfrac{\sqrt{2}}{2}$이므로 $x+15°=45°$ $\therefore x=30°$

$\therefore \cos x+\sin 2x=\cos 30°+\sin 60°=\dfrac{\sqrt{3}}{2}+\dfrac{\sqrt{3}}{2}=\sqrt{3}$ 답 $\sqrt{3}$

10

$\triangle ABD$에서 $\cos 60°=\dfrac{4}{\overline{BD}}=\dfrac{1}{2}$ $\therefore \overline{BD}=8$

$\triangle BCD$에서 $\sin 45°=\dfrac{\overline{BC}}{8}=\dfrac{\sqrt{2}}{2}$ $\therefore \overline{BC}=4\sqrt{2}$ 답 $4\sqrt{2}$

11

구하는 직선의 방정식을 $y=ax+b$라고 하면
$a=$(직선의 기울기)$=\tan 60°=\sqrt{3}$
$y=\sqrt{3}x+b$에 $x=-3$, $y=0$을 대입하면
$0=-3\sqrt{3}+b$ $\therefore b=3\sqrt{3}$
따라서 구하는 직선의 방정식은 $y=\sqrt{3}x+3\sqrt{3}$ **답** ⑤

12

$\sin a=\dfrac{\overline{AB}}{\overline{OA}}=\dfrac{\overline{AB}}{1}=\overline{AB}$, $\cos a=\dfrac{\overline{OB}}{\overline{OA}}=\dfrac{\overline{OB}}{1}=\overline{OB}$
따라서 점 A의 좌표는 $(\cos a,\ \sin a)$이다. **답** ②

13

$\begin{aligned}(\text{주어진 식})&=0\times\dfrac{\sqrt{3}}{3}+\sqrt{3}\times1+1\times\sqrt{3}\\&=\sqrt{3}+\sqrt{3}=2\sqrt{3}\end{aligned}$ **답** $2\sqrt{3}$

14

$45°<A<90°$일 때,
$\dfrac{\sqrt{2}}{2}=\sin 45°<\sin A<\sin 90°=1$
$0=\cos 90°<\cos A<\cos 45°=\dfrac{\sqrt{2}}{2}$
$1=\tan 45°<\tan A$
$\therefore \cos A<\sin A<\tan A$ **답** ③

15

ㄱ, ㄹ. $\sin 45°<\sin 75°<\sin 90°=1$
ㄴ. $\cos 0°=1$
ㄷ, ㅁ. $1=\tan 45°<\tan 50°<\tan 65°$
따라서 $\sin 45°<\sin 75°<\cos 0°<\tan 50°<\tan 65°$이므로 작은
것부터 차례대로 나열하면 ㄱ－ㄹ－ㄴ－ㅁ－ㄷ이다. **답** ①

16

$\overline{OB}=\overline{OD}-\overline{BD}=1-0.3982=0.6018$
$\cos x=\dfrac{\overline{OB}}{\overline{OA}}=\dfrac{\overline{OB}}{1}=\overline{OB}=0.6018$이므로 $x=53°$
이때 $\tan 53°=\dfrac{\overline{CD}}{\overline{OD}}=\dfrac{\overline{CD}}{1}=\overline{CD}$이므로 $\overline{CD}=1.3270$ **답** 1.3270

17

$\overline{AB}:\overline{BC}=1:2$이므로 $\overline{AB}=a$, $\overline{BC}=2a\,(a>0)$라고 하면
$\overline{AC}=\sqrt{a^2+(2a)^2}=\sqrt{5}a$ $\cdots\cdots 40\%$
이때 $\cos C=\dfrac{\overline{BC}}{\overline{AC}}=\dfrac{2a}{\sqrt{5}a}=\dfrac{2\sqrt{5}}{5}$,
$\tan C=\dfrac{\overline{AB}}{\overline{BC}}=\dfrac{a}{2a}=\dfrac{1}{2}$이므로 $\cdots\cdots 40\%$
$\cos C\times\tan C=\dfrac{2\sqrt{5}}{5}\times\dfrac{1}{2}=\dfrac{\sqrt{5}}{5}$ $\cdots\cdots 20\%$
  답 $\dfrac{\sqrt{5}}{5}$

18

$5\sin A-4=0$에서
$5\sin A=4$ $\therefore \sin A=\dfrac{4}{5}$ $\cdots\cdots 20\%$
$\sin A=\dfrac{4}{5}$이므로 오른쪽 그림과 같이 $\angle B=90°$,
$\overline{AC}=5$, $\overline{BC}=4$인 직각삼각형 ABC를 그릴 수
있다. $\cdots\cdots 40\%$

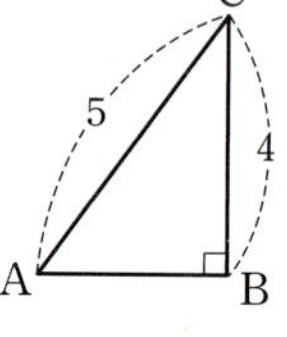

이때 $\overline{AB}=\sqrt{5^2-4^2}=\sqrt{9}=3$이므로
$\tan A=\dfrac{\overline{BC}}{\overline{AB}}=\dfrac{4}{3}$ $\cdots\cdots 40\%$
  답 $\dfrac{4}{3}$

19

△AOB에서
$\angle OAB=180°-(37°+90°)=53°$이므로 $\cdots\cdots 20\%$
$\sin 53°=\dfrac{\overline{OB}}{\overline{OA}}=\dfrac{\overline{OB}}{1}=\overline{OB}=0.8$ $\cdots\cdots 30\%$
$\tan 37°=\dfrac{\overline{CD}}{\overline{OD}}=\dfrac{\overline{CD}}{1}=\overline{CD}=0.75$ $\cdots\cdots 30\%$
$\therefore \sin 53°+\tan 37°=0.8+0.75=1.55$ $\cdots\cdots 20\%$
  답 1.55

20

△CDB에서
$\sin 30°=\dfrac{2}{\overline{CD}}=\dfrac{1}{2}$ $\therefore \overline{CD}=4$
$\tan 30°=\dfrac{2}{\overline{DB}}=\dfrac{\sqrt{3}}{3}$ $\therefore \overline{DB}=2\sqrt{3}$
이때 $\angle DCA=\angle CAD=15°$이므로
$\overline{AD}=\overline{CD}=4$ $\therefore \overline{AB}=4+2\sqrt{3}$
따라서 △ABC에서
$\tan 15°=\dfrac{\overline{CB}}{\overline{AB}}=\dfrac{2}{4+2\sqrt{3}}=2-\sqrt{3}$ **답** $2-\sqrt{3}$

21

$\angle A=180°\times\dfrac{1}{1+2+3}=30°$이므로
$\begin{aligned}\dfrac{\tan A\times\cos A+\sin A}{\sin A+\cos A}&=\dfrac{\tan 30°\times\cos 30°+\sin 30°}{\sin 30°+\cos 30°}\\&=\left(\dfrac{\sqrt{3}}{3}\times\dfrac{\sqrt{3}}{2}+\dfrac{1}{2}\right)\div\left(\dfrac{1}{2}+\dfrac{\sqrt{3}}{2}\right)\\&=1\div\dfrac{1+\sqrt{3}}{2}\\&=\dfrac{2}{1+\sqrt{3}}=\sqrt{3}-1\end{aligned}$ **답** ②

22

$0°<x<90°$일 때, $0<\sin x<1$이므로
$\sin x+1>0$, $\sin x-1<0$
$\begin{aligned}\therefore \sqrt{(\sin x+1)^2}-\sqrt{(\sin x-1)^2}&=\sin x+1-\{-(\sin x-1)\}\\&=\sin x+1+\sin x-1\\&=2\sin x\end{aligned}$ **답** $2\sin x$

2. 삼각비의 활용

개념 01 직각삼각형의 변의 길이

개념 콕콕 본교재 | 22쪽

1 (1) 10, 10, 10, 5.7 (2) 10, 10, 10, 8.2
2 (1) 20, 20, 20, 15 (2) 20, 20, 20, 25

대표 유형 본교재 | 23쪽

1 11.28   **1 -1** 2.04   **1 -2** ④
2 ②   **2 -1** ④   **2 -2** 23.1 m

1 -1

$x = 6 \cos 31° = 6 \times 0.86 = 5.16$
$y = 6 \sin 31° = 6 \times 0.52 = 3.12$
$\therefore x - y = 5.16 - 3.12 = 2.04$ **답** 2.04

1 -2

$\angle A = 180° - (33° + 90°) = 57°$이므로
$\overline{BC} = \dfrac{12}{\tan 33°} = 12 \tan 57°$

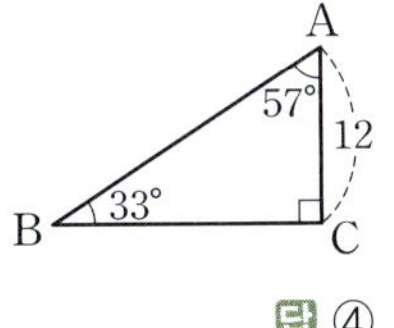

답 ④

2 -1

(나무의 높이) $= 20 \tan 50° = 20 \times 1.2 = 24\,(\text{m})$ **답** ④

2 -2

손에서 연까지의 높이는 $30 \sin 46° = 30 \times 0.72 = 21.6\,(\text{m})$
따라서 지면에서 연까지의 높이는 $1.5 + 21.6 = 23.1\,(\text{m})$

답 23.1 m

개념 02 일반 삼각형의 변의 길이

개념 콕콕 본교재 | 24쪽

1 (1) $3\sqrt{3}$ (2) 6 (3) $3\sqrt{7}$
2 (1) 60° (2) $4\sqrt{2}$ (3) $\dfrac{8\sqrt{6}}{3}$

1

(1) $\triangle ABH$에서 $\overline{AH} = 6 \sin 60° = 6 \times \dfrac{\sqrt{3}}{2} = 3\sqrt{3}$

(2) $\triangle ABH$에서 $\overline{BH} = 6 \cos 60° = 6 \times \dfrac{1}{2} = 3$
   $\therefore \overline{CH} = \overline{BC} - \overline{BH} = 9 - 3 = 6$

(3) $\triangle AHC$에서 $\overline{AC} = \sqrt{(3\sqrt{3})^2 + 6^2} = \sqrt{63} = 3\sqrt{7}$

2

(1) $\angle A = 180° - (45° + 75°) = 60°$

(2) $\triangle BCH$에서 $\overline{CH} = 8 \sin 45° = 8 \times \dfrac{\sqrt{2}}{2} = 4\sqrt{2}$

(3) $\triangle AHC$에서 $\overline{AC} = \dfrac{4\sqrt{2}}{\sin 60°} = 4\sqrt{2} \times \dfrac{2}{\sqrt{3}} = \dfrac{8\sqrt{6}}{3}$

대표 유형 본교재 | 25쪽

3 $\sqrt{7}$ **3 -1** $3\sqrt{5}$ **3 -2** 14 km
4 $2\sqrt{6}$ **4 -1** $10\sqrt{2}$ **4 -2** ④

3 -1

꼭짓점 A에서 $\overline{BC}$에 내린 수선의 발을 H라
고 하면 $\triangle ABH$에서
$\overline{AH} = 6\sqrt{2} \sin 45° = 6\sqrt{2} \times \dfrac{\sqrt{2}}{2} = 6$

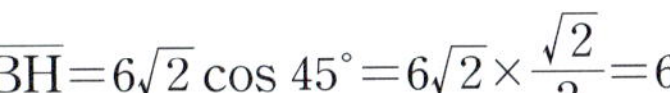

$\overline{BH} = 6\sqrt{2} \cos 45° = 6\sqrt{2} \times \dfrac{\sqrt{2}}{2} = 6$

이때 $\overline{CH} = \overline{BC} - \overline{BH} = 9 - 6 = 3$이므로 $\triangle AHC$에서
$\overline{AC} = \sqrt{6^2 + 3^2} = \sqrt{45} = 3\sqrt{5}$ **답** $3\sqrt{5}$

3 -2

꼭짓점 A에서 $\overline{BC}$에 내린 수선의 발을
H라고 하면 $\triangle AHC$에서
$\overline{AH} = 10 \sin 60°$
   $= 10 \times \dfrac{\sqrt{3}}{2} = 5\sqrt{3}\,(\text{km})$

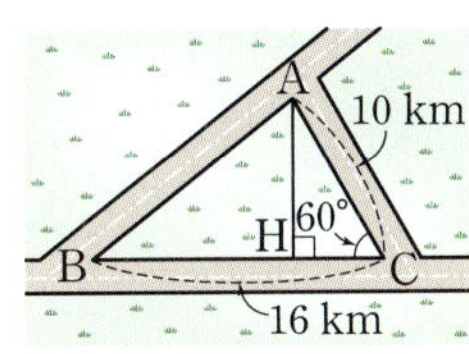

$\overline{CH} = 10 \cos 60° = 10 \times \dfrac{1}{2} = 5\,(\text{km})$

이때 $\overline{BH} = \overline{BC} - \overline{CH} = 16 - 5 = 11\,(\text{km})$이므로 $\triangle ABH$에서
$\overline{AB} = \sqrt{11^2 + (5\sqrt{3})^2} = \sqrt{196} = 14\,(\text{km})$
따라서 두 지점 A, B 사이의 거리는 14 km이다.   **답** 14 km

4 -1

$\angle A = 180° - (30° + 105°) = 45°$
꼭짓점 C에서 $\overline{AB}$에 내린 수선의 발을 H라
고 하면 $\triangle BCH$에서
$\overline{CH} = 20 \sin 30° = 20 \times \dfrac{1}{2} = 10$

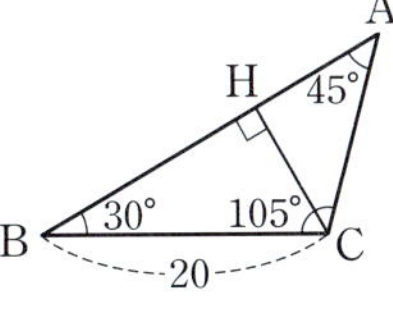

따라서 △AHC에서

$$\overline{AC}=\dfrac{10}{\sin 45°}=10\times\dfrac{2}{\sqrt{2}}=10\sqrt{2}$$

답 $10\sqrt{2}$

4 -2

$\angle A=180°-(60°+75°)=45°$

꼭짓점 B에서 $\overline{AC}$에 내린 수선의 발을 H라
고 하면 △BHC에서

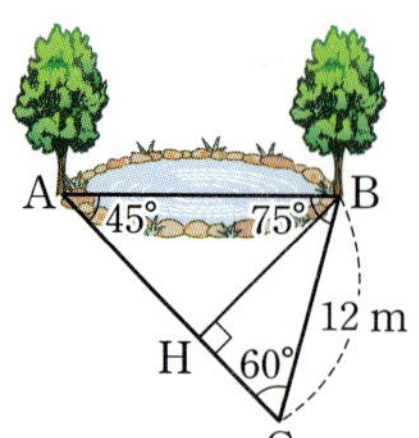

$$\overline{BH}=12\sin 60°=12\times\dfrac{\sqrt{3}}{2}=6\sqrt{3}\,(m)$$

△AHB에서

$$\overline{AB}=\dfrac{6\sqrt{3}}{\sin 45°}=6\sqrt{3}\times\dfrac{2}{\sqrt{2}}=6\sqrt{6}\,(m)$$

따라서 두 지점 A, B 사이의 거리는 $6\sqrt{6}$ m이다.

답 ④

개념 03 삼각형의 높이

1 $\tan 60°$, $\sqrt{3}h$, $\tan 45°$, h, $\sqrt{3}h$, h, $\sqrt{3}$, 1, $\sqrt{3}+1$,
$5(\sqrt{3}-1)$

2 (1) $\angle BAH=60°$, $\angle CAH=30°$ (2) $\overline{BH}=\sqrt{3}h$, $\overline{CH}=\dfrac{\sqrt{3}}{3}h$

(3) $4\sqrt{3}$

2

(1) △ABH에서 $\angle BAH=180°-(30°+90°)=60°$

△ACH에서 $\angle CAH=120°-90°=30°$

(2) △ABH에서 $\overline{BH}=h\tan 60°=\sqrt{3}h$

△ACH에서 $\overline{CH}=h\tan 30°=\dfrac{\sqrt{3}}{3}h$

(3) $\overline{BC}=\overline{BH}-\overline{CH}$이므로

$$8=\sqrt{3}h-\dfrac{\sqrt{3}}{3}h,\ \dfrac{2\sqrt{3}}{3}h=8 \quad \therefore h=4\sqrt{3}$$

5 $6(3-\sqrt{3})$	**5** -1 $2\sqrt{3}$	**5** -2 $20(\sqrt{3}-1)$ m
6 $3(\sqrt{3}+1)$	**6** -1 $5(3+\sqrt{3})$	**6** -2 $50\sqrt{3}$ m

5 -1

$\overline{AH}=h$라고 하면

△ABH에서 $\angle BAH=60°$이므로 $\overline{BH}=h\tan 60°=\sqrt{3}h$

△AHC에서 $\angle CAH=30°$이므로 $\overline{CH}=h\tan 30°=\dfrac{\sqrt{3}}{3}h$

이때 $\overline{BC}=\overline{BH}+\overline{CH}$이므로

$$8=\sqrt{3}h+\dfrac{\sqrt{3}}{3}h,\ \dfrac{4\sqrt{3}}{3}h=8 \quad \therefore h=2\sqrt{3}$$

$$\therefore \overline{AH}=2\sqrt{3}$$

답 $2\sqrt{3}$

5 -2

꼭짓점 A에서 $\overline{BC}$에 내린 수선의 발을
H라 하고 $\overline{AH}=h$ m라고 하면

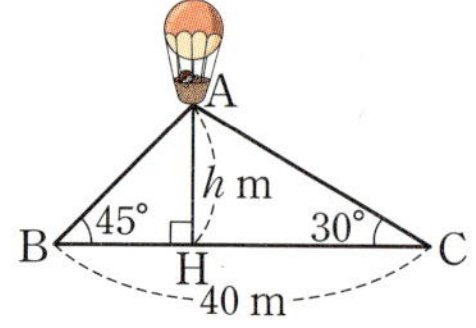

△ABH에서 $\angle BAH=45°$이므로
$\overline{BH}=h\tan 45°=h\,(m)$

△AHC에서 $\angle CAH=60°$이므로
$\overline{CH}=h\tan 60°=\sqrt{3}h\,(m)$

이때 $\overline{BC}=\overline{BH}+\overline{CH}$이므로

$$40=h+\sqrt{3}h,\ (1+\sqrt{3})h=40 \quad \therefore h=\dfrac{40}{1+\sqrt{3}}=20(\sqrt{3}-1)$$

따라서 지면으로부터 기구까지의 높이는 $20(\sqrt{3}-1)$ m이다.

답 $20(\sqrt{3}-1)$ m

6 -1

$\overline{AH}=h$라고 하면

△ABH에서 $\angle BAH=45°$이므로 $\overline{BH}=h\tan 45°=h$

△ACH에서 $\angle CAH=30°$이므로 $\overline{CH}=h\tan 30°=\dfrac{\sqrt{3}}{3}h$

이때 $\overline{BC}=\overline{BH}-\overline{CH}$이므로

$$10=h-\dfrac{\sqrt{3}}{3}h,\ \dfrac{3-\sqrt{3}}{3}h=10 \quad \therefore h=\dfrac{30}{3-\sqrt{3}}=5(3+\sqrt{3})$$

$$\therefore \overline{AH}=5(3+\sqrt{3})$$

답 $5(3+\sqrt{3})$

6 -2

$\overline{AD}=h$ m라고 하면

△ABD에서 $\angle BAD=60°$이므로 $\overline{BD}=h\tan 60°=\sqrt{3}h\,(m)$

△ACD에서 $\angle CAD=30°$이므로 $\overline{CD}=h\tan 30°=\dfrac{\sqrt{3}}{3}h\,(m)$

이때 $\overline{BC}=\overline{BD}-\overline{CD}$이므로

$$100=\sqrt{3}h-\dfrac{\sqrt{3}}{3}h,\ \dfrac{2\sqrt{3}}{3}h=100 \quad \therefore h=50\sqrt{3}$$

따라서 산의 높이는 $50\sqrt{3}$ m이다.

답 $50\sqrt{3}$ m

01 ②, ⑤	**02** $150\sqrt{3}$ cm³	**03** ①
04 $(30+10\sqrt{3})$ m	**05** ②	**06** $9\sqrt{6}$
07 $30(3-\sqrt{3})$ m	**08** $4(\sqrt{3}+1)$ cm²	

01

② $\tan B = \dfrac{b}{a}$ 이므로 $a = \dfrac{b}{\tan B}$

⑤ $\cos A = \dfrac{b}{c}$ 이므로 $c = \dfrac{b}{\cos A}$ 답 ②, ⑤

02

$\overline{CG} = 10 \sin 60° = 10 \times \dfrac{\sqrt{3}}{2} = 5\sqrt{3}\,(\text{cm})$

$\overline{FG} = 10 \cos 60° = 10 \times \dfrac{1}{2} = 5\,(\text{cm})$

따라서 직육면체의 부피는

$6 \times 5 \times 5\sqrt{3} = 150\sqrt{3}\,(\text{cm}^3)$ 답 $150\sqrt{3}$ cm³

03

$\overline{AB} = 6 \tan 32° = 6 \times 0.6 = 3.6\,(\text{m})$

$\overline{AC} = \dfrac{6}{\cos 32°} = \dfrac{6}{0.8} = 7.5\,(\text{m})$

$\therefore$ (부러지기 전의 나무의 높이) $= \overline{AB} + \overline{AC}$
$= 3.6 + 7.5 = 11.1\,(\text{m})$ 답 ①

04

△CHD에서

$\overline{DH} = 30 \tan 30° = 30 \times \dfrac{\sqrt{3}}{3} = 10\sqrt{3}\,(\text{m})$

△CEH에서

$\overline{EH} = 30 \tan 45° = 30 \times 1 = 30\,(\text{m})$

$\therefore \overline{DE} = \overline{DH} + \overline{EH} = 10\sqrt{3} + 30\,(\text{m})$

따라서 건물 B의 높이는 $(30 + 10\sqrt{3})$ m이다.   답 $(30 + 10\sqrt{3})$ m

05

$\angle B = 180° - 135° = 45°$

꼭짓점 A에서 $\overline{BC}$에 내린 수선의 발을
H라고 하면 △ABH에서

$\overline{AH} = 3\sqrt{2} \sin 45° = 3\sqrt{2} \times \dfrac{\sqrt{2}}{2} = 3$

$\overline{BH} = 3\sqrt{2} \cos 45° = 3\sqrt{2} \times \dfrac{\sqrt{2}}{2} = 3$

이때 $\overline{CH} = \overline{BC} - \overline{BH} = 7 - 3 = 4$이므로 △AHC에서
$\overline{AC} = \sqrt{3^2 + 4^2} = \sqrt{25} = 5$ 답 ②

06

$\angle A = 180° - (75° + 60°) = 45°$

꼭짓점 B에서 $\overline{AC}$에 내린 수선의 발을 H라고 하
면 △BCH에서

$\overline{BH} = 18 \sin 60° = 18 \times \dfrac{\sqrt{3}}{2} = 9\sqrt{3}$

따라서 △ABH에서 $\overline{AB} = \dfrac{9\sqrt{3}}{\sin 45°} = 9\sqrt{3} \times \dfrac{2}{\sqrt{2}} = 9\sqrt{6}$ 답 $9\sqrt{6}$

07

꼭짓점 C에서 $\overline{AB}$에 내린 수선의 발을 H
라 하고 $\overline{CH} = h$ m라고 하면

△CAH에서 $\angle ACH = 45°$이므로
$\overline{AH} = h \tan 45° = h\,(\text{m})$

△CHB에서 $\angle BCH = 30°$이므로
$\overline{BH} = h \tan 30° = \dfrac{\sqrt{3}}{3}h\,(\text{m})$

이때 $\overline{AB} = \overline{AH} + \overline{BH}$이므로

$60 = h + \dfrac{\sqrt{3}}{3}h,\ \dfrac{3+\sqrt{3}}{3}h = 60 \quad \therefore h = \dfrac{180}{3+\sqrt{3}} = 30(3-\sqrt{3})$

따라서 나무의 높이는 $30(3-\sqrt{3})$ m이다.   답 $30(3-\sqrt{3})$ m

08

$\overline{AH} = h$ cm라고 하면

△ABH에서 $\angle BAH = 60°$이므로 $\overline{BH} = h \tan 60° = \sqrt{3}h\,(\text{cm})$
△ACH에서 $\angle CAH = 45°$이므로 $\overline{CH} = h \tan 45° = h\,(\text{cm})$
이때 $\overline{BC} = \overline{BH} - \overline{CH}$이므로

$4 = \sqrt{3}h - h,\ (\sqrt{3}-1)h = 4 \quad \therefore h = \dfrac{4}{\sqrt{3}-1} = 2(\sqrt{3}+1)$

$\therefore △ABC = \dfrac{1}{2} \times 4 \times 2(\sqrt{3}+1)$
$= 4(\sqrt{3}+1)\,(\text{cm}^2)$ 답 $4(\sqrt{3}+1)$ cm²

개념 **04** **삼각형의 넓이**

개념 콕콕   본교재 | 29쪽

1 (1) 12 cm² (2) $15\sqrt{3}$ cm² (3) $6\sqrt{2}$ cm² (4) 14 cm²

2 (1) $21\sqrt{2}$ cm² (2) $\dfrac{9\sqrt{3}}{2}$ cm² (3) 10 cm² (4) $\dfrac{35\sqrt{3}}{2}$ cm²

1

(1) $△ABC = \dfrac{1}{2} \times 6 \times 8 \times \sin 30°$
$= \dfrac{1}{2} \times 6 \times 8 \times \dfrac{1}{2} = 12\,(\text{cm}^2)$

(2) $△ABC = \dfrac{1}{2} \times 5 \times 12 \times \sin 60°$
$= \dfrac{1}{2} \times 5 \times 12 \times \dfrac{\sqrt{3}}{2} = 15\sqrt{3}\,(\text{cm}^2)$

(3) $△ABC = \dfrac{1}{2} \times 6 \times 4 \times \sin 45°$
$= \dfrac{1}{2} \times 6 \times 4 \times \dfrac{\sqrt{2}}{2} = 6\sqrt{2}\,(\text{cm}^2)$

(4) $△ABC = \dfrac{1}{2} \times 8 \times 7 \times \sin 30°$
$= \dfrac{1}{2} \times 8 \times 7 \times \dfrac{1}{2} = 14\,(\text{cm}^2)$

2

(1) $\triangle ABC = \dfrac{1}{2} \times 14 \times 6 \times \sin(180° - 135°)$
$\quad\quad\quad = \dfrac{1}{2} \times 14 \times 6 \times \dfrac{\sqrt{2}}{2} = 21\sqrt{2}(\text{cm}^2)$

(2) $\triangle ABC = \dfrac{1}{2} \times 6 \times 3 \times \sin(180° - 120°)$
$\quad\quad\quad = \dfrac{1}{2} \times 6 \times 3 \times \dfrac{\sqrt{3}}{2} = \dfrac{9\sqrt{3}}{2}(\text{cm}^2)$

(3) $\triangle ABC = \dfrac{1}{2} \times 8 \times 5 \times \sin(180° - 150°)$
$\quad\quad\quad = \dfrac{1}{2} \times 8 \times 5 \times \dfrac{1}{2} = 10(\text{cm}^2)$

(4) $\triangle ABC = \dfrac{1}{2} \times 7 \times 10 \times \sin(180° - 120°)$
$\quad\quad\quad = \dfrac{1}{2} \times 7 \times 10 \times \dfrac{\sqrt{3}}{2} = \dfrac{35\sqrt{3}}{2}(\text{cm}^2)$

<table>
<tr><td>대표 유형</td><td>본교재 | 30쪽</td></tr>
</table>

1 60°	**1** -1 30°	**1** -2 ①
2 ②	**2** -1 ③	**2** -2 $49\sqrt{3}\,\text{cm}^2$

1 -1

$\dfrac{1}{2} \times 11 \times 12 \times \sin C = 33$ 이므로 $\sin C = \dfrac{1}{2}$

이때 $\sin 30° = \dfrac{1}{2}$ 이므로 $\angle C = 30°$　　　**답** 30°

1 -2

$\angle C = \angle B = 75°$ 이므로
$\angle A = 180° - (75° + 75°) = 30°$
$\therefore \triangle ABC = \dfrac{1}{2} \times 6 \times 6 \times \sin 30°$
$\quad\quad\quad\quad = \dfrac{1}{2} \times 6 \times 6 \times \dfrac{1}{2} = 9(\text{cm}^2)$　　**답** ①

2 -1

$\dfrac{1}{2} \times \overline{AB} \times 10 \times \sin(180° - 120°) = 15\sqrt{3}$ 이므로

$\dfrac{1}{2} \times \overline{AB} \times 10 \times \dfrac{\sqrt{3}}{2} = 15\sqrt{3}$, $\dfrac{5\sqrt{3}}{2}\overline{AB} = 15\sqrt{3}$

$\therefore \overline{AB} = 6(\text{cm})$　　**답** ③

2 -2

$\angle C = 180° - (30° + 120°) = 30°$ 이므로 $\triangle ABC$는 $\overline{AB} = \overline{BC}$인 이
등변삼각형이다.

$\therefore \triangle ABC = \dfrac{1}{2} \times 14 \times 14 \times \sin(180° - 120°)$
$\quad\quad\quad = \dfrac{1}{2} \times 14 \times 14 \times \dfrac{\sqrt{3}}{2} = 49\sqrt{3}(\text{cm}^2)$　　**답** $49\sqrt{3}\,\text{cm}^2$

개념 05 사각형의 넓이

<table>
<tr><td>개념 콕콕</td><td>본교재 | 31쪽</td></tr>
</table>

1 (1) $24\sqrt{3}\,\text{cm}^2$　(2) $21\sqrt{2}\,\text{cm}^2$　(3) $60\sqrt{3}\,\text{cm}^2$　(4) $12\,\text{cm}^2$

2 (1) $20\sqrt{3}\,\text{cm}^2$　(2) $\dfrac{63\sqrt{2}}{4}\,\text{cm}^2$

1

(1) $\square ABCD = 6 \times 8 \times \sin 60°$
$\quad\quad\quad\quad = 6 \times 8 \times \dfrac{\sqrt{3}}{2} = 24\sqrt{3}(\text{cm}^2)$

(2) $\square ABCD = 7 \times 6 \times \sin 45°$
$\quad\quad\quad\quad = 7 \times 6 \times \dfrac{\sqrt{2}}{2} = 21\sqrt{2}(\text{cm}^2)$

(3) $\square ABCD = 10 \times 12 \times \sin(180° - 120°)$
$\quad\quad\quad\quad = 10 \times 12 \times \dfrac{\sqrt{3}}{2} = 60\sqrt{3}(\text{cm}^2)$

(4) $\square ABCD = 4 \times 6 \times \sin(180° - 150°)$
$\quad\quad\quad\quad = 4 \times 6 \times \dfrac{1}{2} = 12(\text{cm}^2)$

2

(1) $\square ABCD = \dfrac{1}{2} \times 10 \times 8 \times \sin 60°$
$\quad\quad\quad\quad = \dfrac{1}{2} \times 10 \times 8 \times \dfrac{\sqrt{3}}{2} = 20\sqrt{3}(\text{cm}^2)$

(2) $\square ABCD = \dfrac{1}{2} \times 7 \times 9 \times \sin(180° - 135°)$
$\quad\quad\quad\quad = \dfrac{1}{2} \times 7 \times 9 \times \dfrac{\sqrt{2}}{2} = \dfrac{63\sqrt{2}}{4}(\text{cm}^2)$

<table>
<tr><td>대표 유형</td><td>본교재 | 32쪽</td></tr>
</table>

3 10 cm	**3** -1 7 cm	**3** -2 ②
4 $35\sqrt{3}\,\text{cm}^2$	**4** -1 ②	**4** -2 30°

3 -1

$12 \times \overline{DC} \times \sin(180° - 135°) = 42\sqrt{2}$ 이므로

$12 \times \overline{DC} \times \dfrac{\sqrt{2}}{2} = 42\sqrt{2}$, $6\sqrt{2}\,\overline{DC} = 42\sqrt{2}$

$\therefore \overline{DC} = 7(\text{cm})$　　**답** 7 cm

3 -2

$\overline{BC}=\overline{AD}=6(cm)$이므로

$$\triangle APD=\frac{1}{4}\square ABCD=\frac{1}{4}\times(4\times6\times\sin60°)$$
$$=\frac{1}{4}\times\left(4\times6\times\frac{\sqrt{3}}{2}\right)=3\sqrt{3}(cm^2)$$
답 ②

4 -1

$\triangle AOD$에서 $\angle AOD=180°-(30°+15°)=135°$

$$\therefore \square ABCD=\frac{1}{2}\times7\times8\times\sin(180°-135°)$$
$$=\frac{1}{2}\times7\times8\times\frac{\sqrt{2}}{2}=14\sqrt{2}(cm^2)$$
답 ②

4 -2

$\frac{1}{2}\times12\times10\times\sin x=30$이므로 $\sin x=\frac{1}{2}$

이때 $\sin30°=\frac{1}{2}$이므로 $\angle x=30°$
답 30°

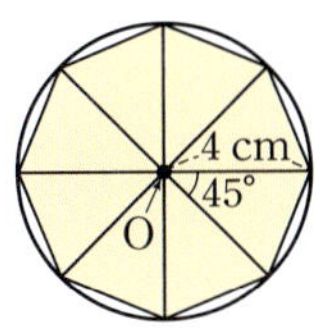

본교재 | 33쪽

01 ④	**02** $4\sqrt{2}\ cm^2$	**03** $32\sqrt{2}\ cm^2$	**04** 135°
05 $14\sqrt{3}\ cm^2$	**06** $50\ cm^2$	**07** ③	**08** ③

01

$\frac{1}{2}\times5\sqrt{3}\times\overline{AC}\times\sin60°=30$이므로

$\frac{1}{2}\times5\sqrt{3}\times\overline{AC}\times\frac{\sqrt{3}}{2}=30$, $\frac{15}{4}\overline{AC}=30$

$\therefore \overline{AC}=8(cm)$
답 ④

02

점 G가 $\triangle ABC$의 무게중심이므로

$$\triangle GBC=\frac{1}{3}\triangle ABC=\frac{1}{3}\times\left(\frac{1}{2}\times6\times8\times\sin45°\right)$$
$$=\frac{1}{3}\times\left(\frac{1}{2}\times6\times8\times\frac{\sqrt{2}}{2}\right)$$
$$=4\sqrt{2}(cm^2)$$
답 $4\sqrt{2}\ cm^2$

03

점 O를 지나는 정팔각형의 대각선을 모두 그으면 정팔각형은 두 변의 길이가 각각 4 cm이고 그 끼인각의 크기가 45°인 8개의 합동인 이등변삼각형으로 나누어진다.

$$\therefore (정팔각형의 넓이)=8\times\left(\frac{1}{2}\times4\times4\times\sin45°\right)$$
$$=8\times\left(\frac{1}{2}\times4\times4\times\frac{\sqrt{2}}{2}\right)$$
$$=32\sqrt{2}(cm^2)$$
답 $32\sqrt{2}\ cm^2$

04

$\frac{1}{2}\times13\times12\times\sin(180°-B)=39\sqrt{2}$이므로

$\sin(180°-B)=\frac{\sqrt{2}}{2}$

이때 $\sin45°=\frac{\sqrt{2}}{2}$이므로

$180°-\angle B=45°$ $\therefore \angle B=135°$
답 135°

05

$\overline{BD}$를 그으면

$\square ABCD$

$=\triangle ABD+\triangle BCD$

$=\frac{1}{2}\times2\sqrt{3}\times4\times\sin(180°-150°)$

$\qquad+\frac{1}{2}\times6\times8\times\sin60°$

$=\frac{1}{2}\times2\sqrt{3}\times4\times\frac{1}{2}+\frac{1}{2}\times6\times8\times\frac{\sqrt{3}}{2}$

$=2\sqrt{3}+12\sqrt{3}=14\sqrt{3}(cm^2)$
답 $14\sqrt{3}\ cm^2$

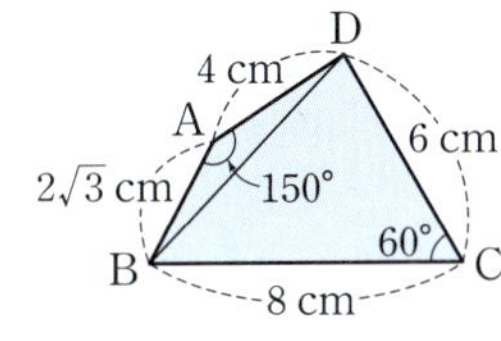

06

마름모 ABCD는 네 변의 길이가 같은 평행사변형이므로

$\square ABCD=10\times10\times\sin30°$

$\qquad=10\times10\times\frac{1}{2}=50(cm^2)$
답 $50\ cm^2$

07

$$\triangle AMC=\frac{1}{4}\square ABCD=\frac{1}{4}\times(14\times16\times\sin45°)$$
$$=\frac{1}{4}\times\left(14\times16\times\frac{\sqrt{2}}{2}\right)=28\sqrt{2}(cm^2)$$
답 ③

08

$\overline{BD}=x\ cm$라고 하면 $\square ABCD$는 등변사다리꼴이므로

$\overline{AC}=\overline{BD}=x(cm)$

이때 $\frac{1}{2}\times x\times x\times\sin(180°-120°)=16\sqrt{3}$이므로

$\frac{1}{2}\times x\times x\times\frac{\sqrt{3}}{2}=16\sqrt{3}$, $\frac{\sqrt{3}}{4}x^2=16\sqrt{3}$

$x^2=64$ $\therefore x=8(\because x>0)$

$\therefore \overline{BD}=8(cm)$
답 ③

개념 넓히기로 마무리

01 ②, ③　　**02** $\dfrac{8\sqrt{3}}{3}\pi$ cm³　　**03** ③

04 $(12-6\sqrt{3})$ cm　　**05** $50\sqrt{3}$ m　　**06** ④

07 $8\sqrt{6}$　　**08** ③　　**09** $10(3+\sqrt{3})$ m

10 $9\sqrt{3}$ cm²　　**11** ②　　**12** 126 cm²　　**13** ③

14 16 cm　　**15** $4\sqrt{2}$ cm²　　**16** ④

17 $10(\sqrt{3}-1)$ m　　**18** $\sqrt{37}$

19 $(12\pi-9\sqrt{3})$ cm²　　**20** $\dfrac{25\sqrt{3}}{3}$ cm²　**21** $\dfrac{12\sqrt{3}}{5}$

22 ③

01

$$\angle A=180°-(90°+51°)=39°$$

이므로

$$\overline{AB}=7\sin 51°=7\cos 39°$$

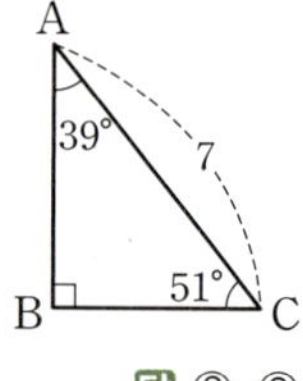

　답 ②, ③

02

△ABO에서

$$\overline{AO}=4\sin 60°=4\times\dfrac{\sqrt{3}}{2}=2\sqrt{3}\,(\text{cm})$$

$$\overline{BO}=4\cos 60°=4\times\dfrac{1}{2}=2\,(\text{cm})$$

$$\therefore (\text{부피})=\dfrac{1}{3}\times\pi\times 2^2\times 2\sqrt{3}=\dfrac{8\sqrt{3}}{3}\pi\,(\text{cm}^3)$$

　답 $\dfrac{8\sqrt{3}}{3}\pi$ cm³

03

△ACB에서 $\overline{BC}=10\tan 50°=10\times 1.2=12\,(\text{m})$

$$\therefore \overline{BD}=\overline{BC}+\overline{CD}=12+1.6=13.6\,(\text{m})$$

따라서 나무의 높이는 13.6 m이다.

　답 ③

04

점 B에서 $\overline{OA}$에 내린 수선의 발을 H라고

하면 △OBH에서

$$\overline{OH}=12\cos 30°=12\times\dfrac{\sqrt{3}}{2}=6\sqrt{3}\,(\text{cm})$$

$$\therefore \overline{AH}=\overline{OA}-\overline{OH}=12-6\sqrt{3}\,(\text{cm})$$

따라서 B 지점은 A 지점을 기준으로

$(12-6\sqrt{3})$ cm의 높이에 있다.

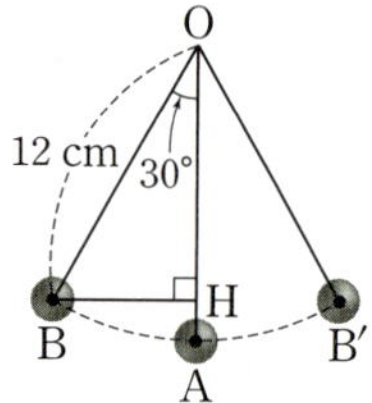

　답 $(12-6\sqrt{3})$ cm

05

△ABH에서 $\overline{AH}=100\cos 30°=100\times\dfrac{\sqrt{3}}{2}=50\sqrt{3}\,(\text{m})$

△AHC에서 $\overline{CH}=50\sqrt{3}\tan 45°=50\sqrt{3}\times 1=50\sqrt{3}\,(\text{m})$

따라서 산의 높이는 $50\sqrt{3}$ m이다.

　답 $50\sqrt{3}$ m

06

꼭짓점 A에서 $\overline{BC}$에 내린 수선의 발을

H라고 하면 △ABH에서

$$\overline{AH}=15\sin B=15\times\dfrac{3}{5}=9$$

$$\overline{BH}=15\cos B=15\times\dfrac{4}{5}=12$$

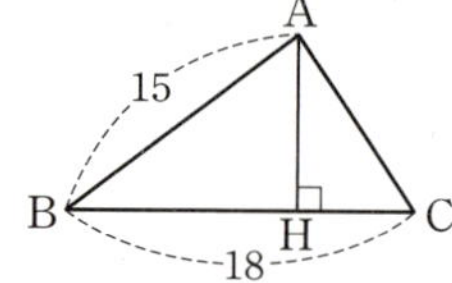

이때 $\overline{CH}=\overline{BC}-\overline{BH}=18-12=6$이므로 △AHC에서

$$\overline{AC}=\sqrt{9^2+6^2}=\sqrt{117}=3\sqrt{13}$$

　답 ④

07

$$\angle A=180°-(60°+75°)=45°$$

꼭짓점 C에서 $\overline{AB}$에 내린 수선의 발을 H라고

하면 △AHC에서

$$\overline{CH}=24\sin 45°=24\times\dfrac{\sqrt{2}}{2}=12\sqrt{2}$$

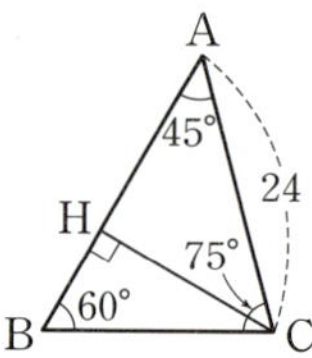

따라서 △BCH에서

$$\overline{BC}=\dfrac{12\sqrt{2}}{\sin 60°}=12\sqrt{2}\times\dfrac{2}{\sqrt{3}}=8\sqrt{6}$$

　답 $8\sqrt{6}$

08

$\overline{AH}=h$라고 하면

△ABH에서 ∠BAH=40°이므로

$$\overline{BH}=h\tan 40°$$

△AHC에서 ∠CAH=50°이므로

$$\overline{CH}=h\tan 50°$$

이때 $\overline{BC}=\overline{BH}+\overline{CH}$이므로

$$12=h\tan 40°+h\tan 50°$$

$$h(\tan 40°+\tan 50°)=12$$

$$\therefore h=\dfrac{12}{\tan 40°+\tan 50°}$$

따라서 $\overline{AH}$의 길이를 구하는 식은 ③이다.

　답 ③

09

$\overline{AH}=h$ m라고 하면

△ABH에서 ∠BAH=45°이므로

$$\overline{BH}=h\tan 45°=h\,(\text{m})$$

△ACH에서 ∠CAH=45°-15°=30°이므로

$$\overline{CH}=h\tan 30°=\dfrac{\sqrt{3}}{3}h\,(\text{m})$$

이때 $\overline{BC}=\overline{BH}-\overline{CH}$이므로

$$20=h-\dfrac{\sqrt{3}}{3}h,\ \ \dfrac{3-\sqrt{3}}{3}h=20$$

$$\therefore h=\dfrac{60}{3-\sqrt{3}}=10(3+\sqrt{3})$$

따라서 건물의 높이는 $10(3+\sqrt{3})$ m이다.

　답 $10(3+\sqrt{3})$ m

10

$\overline{AE}\,/\!/\,\overline{DC}$이므로 $\triangle AED=\triangle AEC$

$\therefore \square ABED=\triangle ABE+\triangle AED$

$\qquad\qquad\quad =\triangle ABE+\triangle AEC$

$\qquad\qquad\quad =\triangle ABC$

$\qquad\qquad\quad =\dfrac{1}{2}\times 4\times 9\times \sin 60°$

$\qquad\qquad\quad =\dfrac{1}{2}\times 4\times 9\times \dfrac{\sqrt{3}}{2}=9\sqrt{3}\,(\text{cm}^2)$ ▣ $9\sqrt{3}$ cm²

11

$\triangle ABD$는 직각이등변삼각형이므로 $\overline{AD}=\overline{AB}=3\sqrt{2}\,(\text{cm})$

또, $\overline{BD}=\dfrac{3\sqrt{2}}{\sin 45°}=3\sqrt{2}\times\dfrac{2}{\sqrt{2}}=6\,(\text{cm})$

$\therefore \square ABCD=\triangle ABD+\triangle BCD$

$\qquad\qquad\quad =\dfrac{1}{2}\times 3\sqrt{2}\times 3\sqrt{2}+\dfrac{1}{2}\times 6\times 5\times \sin 30°$

$\qquad\qquad\quad =\dfrac{1}{2}\times 3\sqrt{2}\times 3\sqrt{2}+\dfrac{1}{2}\times 6\times 5\times \dfrac{1}{2}$

$\qquad\qquad\quad =9+\dfrac{15}{2}=\dfrac{33}{2}\,(\text{cm}^2)$ ▣ ②

12

$\overline{BD}$를 그으면

$\square ABCD$

$=\triangle ABD+\triangle BCD$

$=\dfrac{1}{2}\times 6\times 6\sqrt{2}\times \sin(180°-135°)$

$\quad +\dfrac{1}{2}\times 12\sqrt{2}\times 18\times \sin 45°$

$=\dfrac{1}{2}\times 6\times 6\sqrt{2}\times \dfrac{\sqrt{2}}{2}+\dfrac{1}{2}\times 12\sqrt{2}\times 18\times \dfrac{\sqrt{2}}{2}$

$=18+108=126\,(\text{cm}^2)$ ▣ 126 cm²

13

$\square ABCD$는 정사각형이므로 $\overline{AB}=\overline{AD}=8\,(\text{cm})$

$\triangle ADE$에서 $\overline{AE}=8\sin 60°=8\times\dfrac{\sqrt{3}}{2}=4\sqrt{3}\,(\text{cm})$

이때 $\angle BAE=\angle BAD+\angle DAE=90°+30°=120°$이므로

$\triangle ABE=\dfrac{1}{2}\times 8\times 4\sqrt{3}\times \sin(180°-120°)$

$\qquad\quad =\dfrac{1}{2}\times 8\times 4\sqrt{3}\times \dfrac{\sqrt{3}}{2}=24\,(\text{cm}^2)$ ▣ ③

14

마름모 ABCD의 한 변의 길이를 x cm라고 하면

$x\times x\times \sin(180°-120°)=8\sqrt{3}$이므로

$x\times x\times \dfrac{\sqrt{3}}{2}=8\sqrt{3}$

$\dfrac{\sqrt{3}}{2}x^2=8\sqrt{3},\ x^2=16\qquad \therefore x=4\ (\because x>0)$

따라서 마름모 ABCD의 둘레의 길이는

$4\times 4=16\,(\text{cm})$ ▣ 16 cm

15

$\angle A:\angle B=3:1$이므로

$\angle B=180°\times\dfrac{1}{3+1}=45°$

$\therefore \triangle ABO=\dfrac{1}{4}\square ABCD$

$\qquad\qquad\quad =\dfrac{1}{4}\times(4\times 8\times \sin 45°)$

$\qquad\qquad\quad =\dfrac{1}{4}\times\left(4\times 8\times \dfrac{\sqrt{2}}{2}\right)$

$\qquad\qquad\quad =4\sqrt{2}\,(\text{cm}^2)$ ▣ $4\sqrt{2}$ cm²

16

$\overline{BD}=x$ cm라고 하면 $\overline{AC}=\dfrac{1}{2}x\,(\text{cm})$

$\dfrac{1}{2}\times\dfrac{1}{2}x\times x\times \sin 60°=18\sqrt{3}$이므로

$\dfrac{1}{2}\times\dfrac{1}{2}x\times x\times \dfrac{\sqrt{3}}{2}=18\sqrt{3}$

$\dfrac{\sqrt{3}}{8}x^2=18\sqrt{3},\ x^2=144\qquad \therefore x=12\,(\because x>0)$

$\therefore \overline{BD}=12\,(\text{cm})$ ▣ ④

17

$\triangle ADB$에서 $\overline{BD}=10\tan 60°=10\sqrt{3}\,(\text{m})$ ⋯⋯ 35%

$\triangle ADC$에서 $\overline{CD}=10\tan 45°=10\,(\text{m})$ ⋯⋯ 35%

따라서 국기 게양대의 높이는

$\overline{BC}=\overline{BD}-\overline{CD}=10\sqrt{3}-10$

$\qquad =10(\sqrt{3}-1)\,(\text{m})$ ⋯⋯ 30%

▣ $10(\sqrt{3}-1)$ m

18

꼭짓점 A에서 $\overline{BC}$의 연장선에 내린 수선의

발을 H라고 하면

$\angle ACH=180°-120°=60°$ ⋯⋯ 20%

$\triangle ACH$에서

$\overline{AH}=4\sin 60°=4\times\dfrac{\sqrt{3}}{2}=2\sqrt{3}$

$\overline{CH}=4\cos 60°=4\times\dfrac{1}{2}=2$ ⋯⋯ 40%

이때 $\overline{BH}=\overline{BC}+\overline{CH}=3+2=5$이므로

$\triangle ABH$에서 $\overline{AB}=\sqrt{5^2+(2\sqrt{3})^2}=\sqrt{37}$ ⋯⋯ 40%

▣ $\sqrt{37}$

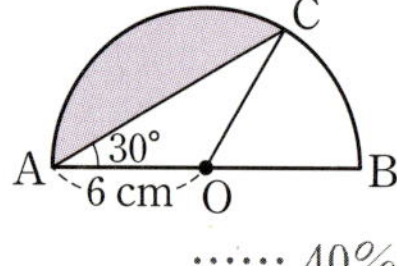

19

$\overline{OC}$를 그으면 $\overline{OA}=\overline{OC}$이므로

$\angle OCA=\angle OAC=30°$

$\therefore \angle AOC=180°-(30°+30°)$

$\qquad =120°$ ····· 40%

$\therefore$ (색칠한 부분의 넓이)

　$=$(부채꼴 AOC의 넓이)$-\triangle AOC$

　$=\pi\times 6^2\times\dfrac{120}{360}-\dfrac{1}{2}\times 6\times 6\times\sin(180°-120°)$

　$=\pi\times 6^2\times\dfrac{1}{3}-\dfrac{1}{2}\times 6\times 6\times\dfrac{\sqrt{3}}{2}$

　$=12\pi-9\sqrt{3}\,(\text{cm}^2)$ ····· 60%

답 $(12\pi-9\sqrt{3})\ \text{cm}^2$

20

$\overline{BE}$를 그으면 $\triangle BEA$와 $\triangle BEC'$에서

$\angle BAE=\angle BC'E=90°$, $\overline{BE}$는 공통,

$\overline{BA}=\overline{BC'}$이므로

$\triangle BEA\equiv\triangle BEC'$ (RHS 합동)

$\therefore \angle ABE=\angle C'BE$

$\qquad =\dfrac{1}{2}\times(90°-30°)=30°$

이때 $\triangle BC'E$에서

$\overline{EC'}=5\tan 30°=5\times\dfrac{\sqrt{3}}{3}=\dfrac{5\sqrt{3}}{3}\,(\text{cm})$

$\therefore \square ABC'E=2\triangle BC'E$

$\qquad =2\times\left(\dfrac{1}{2}\times 5\times\dfrac{5\sqrt{3}}{3}\right)=\dfrac{25\sqrt{3}}{3}\,(\text{cm}^2)$ 답 $\dfrac{25\sqrt{3}}{3}\ \text{cm}^2$

21

$\angle BAD=\angle CAD=\dfrac{1}{2}\angle BAC=\dfrac{1}{2}\times 60°=30°$

이때 $\triangle ABC=\triangle ABD+\triangle ADC$이므로

$\dfrac{1}{2}\times 4\times 6\times\sin 60°$

$=\dfrac{1}{2}\times 4\times\overline{AD}\times\sin 30°+\dfrac{1}{2}\times\overline{AD}\times 6\times\sin 30°$

$\dfrac{1}{2}\times 4\times 6\times\dfrac{\sqrt{3}}{2}=\dfrac{1}{2}\times 4\times\overline{AD}\times\dfrac{1}{2}+\dfrac{1}{2}\times\overline{AD}\times 6\times\dfrac{1}{2}$

$6\sqrt{3}=\overline{AD}+\dfrac{3}{2}\overline{AD}$, $\dfrac{5}{2}\overline{AD}=6\sqrt{3}$

$\therefore \overline{AD}=\dfrac{12\sqrt{3}}{5}$ 답 $\dfrac{12\sqrt{3}}{5}$

22

두 대각선이 이루는 예각의 크기를 $\angle x$라고 하면

$\square ABCD=\dfrac{1}{2}\times 7\times 10\times\sin x=35\sin x$

이때 $\sin x$의 값 중 가장 큰 값은 1이므로 $\square ABCD$의 넓이 중 가장 큰 값은 $35\ \text{cm}^2$이다. 답 ③

---

1. 원과 직선

개념 01　현의 수직이등분선

개념 콕콕 본교재 | 38쪽

1 (1) 2　(2) $\sqrt{3}$　(3) 14　(4) $2\sqrt{5}$　(5) 6　(6) $4\sqrt{2}$

1

(3) $x=2\overline{AM}=2\times 7=14$

(4) $x=2\overline{MB}=2\times\sqrt{5}=2\sqrt{5}$

(5) $x=\dfrac{1}{2}\overline{AB}=\dfrac{1}{2}\times 12=6$

(6) $x=\dfrac{1}{2}\overline{AB}=\dfrac{1}{2}\times 8\sqrt{2}=4\sqrt{2}$

대표 유형 본교재 | 39~40쪽

1 6 cm	**1**-1 4 cm	**1**-2 ⑤
2 5 cm	**2**-1 $\dfrac{25}{3}$ cm	**2**-2 ③
3 15 cm	**3**-1 10 cm	**3**-2 ②
4 $8\sqrt{3}$ cm	**4**-1 $4\sqrt{6}$ cm	**4**-2 ②

1-1

직각삼각형 OMB에서

$\overline{BM}=\sqrt{(2\sqrt{2})^2-2^2}=\sqrt{4}=2\,(\text{cm})$

$\therefore \overline{AB}=2\overline{BM}=2\times 2=4\,(\text{cm})$ 답 4 cm

1-2

$\overline{AM}=\dfrac{1}{2}\overline{AB}=\dfrac{1}{2}\times 30=15\,(\text{cm})$

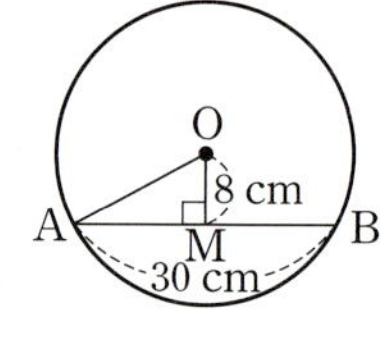

$\overline{OA}$를 그으면 직각삼각형 OAM에서

$\overline{OA}=\sqrt{15^2+8^2}=\sqrt{289}=17\,(\text{cm})$

따라서 원 O의 둘레의 길이는

$2\pi\times 17=34\pi\,(\text{cm})$ 답 ⑤

2-1

$\overline{OB}=r$ cm라고 하면 $\overline{OC}=\overline{OB}=r\,(\text{cm})$이므로

$\overline{OM}=r-6\,(\text{cm})$

$\overline{BM}=\overline{AM}=8\,(\text{cm})$이므로 직각삼각형 OMB에서

$r^2=(r-6)^2+8^2$, $r^2=r^2-12r+36+64$

$12r=100$　$\therefore r=\dfrac{25}{3}$　$\therefore \overline{OB}=\dfrac{25}{3}\,(\text{cm})$ 답 $\dfrac{25}{3}$ cm

2 -2

$\overline{OC}=\overline{OB}=6(cm)$이므로
$\overline{OM}=6-3=3(cm)$
직각삼각형 OMB에서
$\overline{MB}=\sqrt{6^2-3^2}=\sqrt{27}=3\sqrt{3}(cm)$
$\therefore \overline{AB}=2\overline{MB}=2\times3\sqrt{3}=6\sqrt{3}(cm)$　　답 ③

3 -1

현의 수직이등분선은 원의 중심을 지나므로
원의 중심을 O, 반지름의 길이를 r cm라고
하면

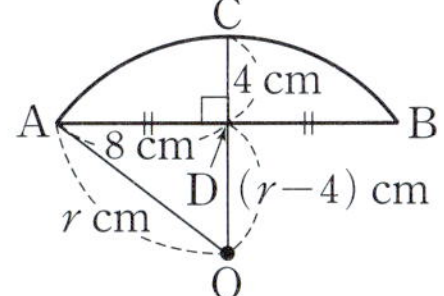

$\overline{OA}=r$ cm, $\overline{OD}=r-4(cm)$
직각삼각형 AOD에서
$r^2=8^2+(r-4)^2,\ r^2=64+r^2-8r+16$
$8r=80$　　$\therefore r=10$
따라서 원의 반지름의 길이는 10 cm이다.　　답 10 cm

3 -2

$\overline{AD}=\dfrac{1}{2}\overline{AB}=\dfrac{1}{2}\times24=12(cm)$

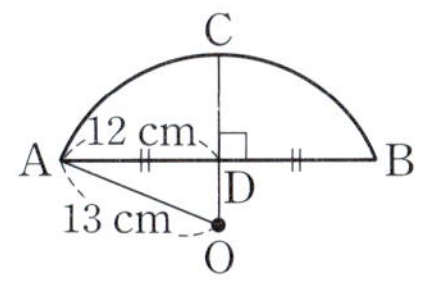

현의 수직이등분선은 원의 중심을 지나므로
원의 중심을 O라고 하면 직각삼각형 AOD
에서
$\overline{OD}=\sqrt{13^2-12^2}=\sqrt{25}=5(cm)$
$\therefore \overline{CD}=\overline{OC}-\overline{OD}=13-5=8(cm)$　　답 ②

4 -1

$\overline{OA}$를 긋고 점 O에서 $\overline{AB}$에 내린 수선의 발
을 M이라고 하면
$\overline{OA}=4\sqrt{2}$ cm

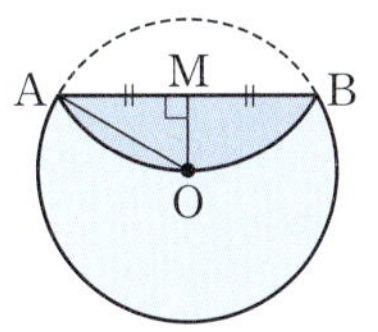

$\overline{OM}=\dfrac{1}{2}\overline{OA}=\dfrac{1}{2}\times4\sqrt{2}=2\sqrt{2}(cm)$

직각삼각형 AOM에서
$\overline{AM}=\sqrt{(4\sqrt{2})^2-(2\sqrt{2})^2}=\sqrt{24}=2\sqrt{6}(cm)$
$\therefore \overline{AB}=2\overline{AM}=2\times2\sqrt{6}=4\sqrt{6}(cm)$　　답 $4\sqrt{6}$ cm

4 -2

$\overline{OA}$를 긋고 점 O에서 $\overline{AB}$에 내린 수선의 발
을 M이라고 하자.
원 O의 반지름의 길이를 r cm라고 하면
$\overline{OA}=r$ cm

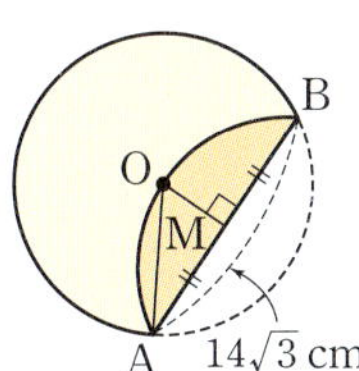

$\overline{OM}=\dfrac{1}{2}\overline{OA}=\dfrac{1}{2}r(cm)$

$\overline{AM}=\dfrac{1}{2}\overline{AB}=\dfrac{1}{2}\times14\sqrt{3}=7\sqrt{3}(cm)$이므로

직각삼각형 OAM에서

$r^2=(7\sqrt{3})^2+\left(\dfrac{1}{2}r\right)^2,\ r^2=147+\dfrac{1}{4}r^2$

$\dfrac{3}{4}r^2=147,\ r^2=196$

$\therefore r=14\ (\because r>0)$

따라서 원 O의 반지름의 길이는 14 cm이다.　　답 ②

개념 02　현의 길이

개념 콕콕　　　　　　　　　　　본교재 | 41쪽

1 (1) 5　(2) 7　(3) 8　(4) 6
2 (1) 5　(2) 6

1

(3) $\overline{OM}=\overline{ON}$이므로 $\overline{AB}=\overline{CB}$
　　$\therefore x=\dfrac{1}{2}\overline{CB}=\dfrac{1}{2}\overline{AB}=\dfrac{1}{2}\times16=8$
(4) $\overline{OM}=\overline{ON}$이므로 $\overline{AB}=\overline{CD}$
　　$\therefore x=\overline{CD}=2\overline{CN}=2\times3=6$

2

(2) $\overline{AB}=2\overline{BM}=2\times7=14$
　　즉, $\overline{AB}=\overline{CD}$이므로
　　$x=\overline{ON}=6$

대표 유형　　　　　　　　　　　본교재 | 42쪽

5 6 cm	5 -1 8 cm	5 -2 ③
6 65°	6 -1 58°	6 -2 ⑤

5 -1

직각삼각형 OND에서
$\overline{DN}=\sqrt{(2\sqrt{5})^2-2^2}=\sqrt{16}=4(cm)$
$\therefore \overline{CD}=2\overline{DN}=2\times4=8(cm)$
이때 $\overline{OM}=\overline{ON}$이므로
$\overline{AB}=\overline{CD}=8(cm)$　　답 8 cm

5 -2

$\overline{CN}=\dfrac{1}{2}\overline{CD}=\dfrac{1}{2}\times12=6(\text{cm})$이므로 직각삼각형 OCN에서

$\overline{ON}=\sqrt{10^2-6^2}=\sqrt{64}=8(\text{cm})$

이때 $\overline{AB}=2\overline{AM}=2\times6=12(\text{cm})$이므로 $\overline{AB}=\overline{CD}$

$\therefore \overline{OM}=\overline{ON}=8(\text{cm})$　　답 ③

6 -1

$\overline{OM}=\overline{ON}$이므로 $\overline{AB}=\overline{AC}$

따라서 △ABC는 이등변삼각형이므로

$\angle ACB=\dfrac{1}{2}\times(180°-64°)=58°$　　답 58°

6 -2

$\overline{OD}=\overline{OE}=\overline{OF}$이므로 $\overline{AB}=\overline{BC}=\overline{CA}$

따라서 △ABC는 정삼각형이므로 △ABC의 둘레의 길이는

$3\times12=36(\text{cm})$　　답 ⑤

배운대로 해결하기

01 ③	**02** ④	**03** 16π cm²	**04** 13 cm
05 $4\sqrt{3}$ cm	**06** $4\sqrt{2}$ cm	**07** ③	**08** 40°

01

오른쪽 그림과 같은 원 O에서

$\overline{AM}=\dfrac{1}{2}\overline{AB}=\dfrac{1}{2}\times6=3(\text{cm})$

직각삼각형 OAM에서

$\overline{OM}=\sqrt{4^2-3^2}=\sqrt{7}(\text{cm})$

따라서 구하는 거리는 $\sqrt{7}$ cm이다.　　답 ③

02

원 O의 반지름의 길이가 10 cm이므로 $\overline{OC}=10$ cm

$\therefore \overline{OM}=\dfrac{1}{2}\overline{OC}=\dfrac{1}{2}\times10=5(\text{cm})$

직각삼각형 OMB에서

$\overline{MB}=\sqrt{10^2-5^2}=\sqrt{75}=5\sqrt{3}(\text{cm})$

$\therefore \overline{AM}=\overline{MB}=5\sqrt{3}(\text{cm})$　　답 ④

03

직각삼각형 MCB에서

$\overline{MB}=\sqrt{(2\sqrt{6})^2-3^2}=\sqrt{15}(\text{cm})$

$\overline{OB}$를 긋고 원 O의 반지름의 길이를 r cm 라고 하면

$\overline{OB}=r$ cm, $\overline{OM}=r-3(\text{cm})$

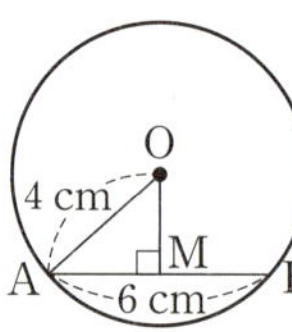

직각삼각형 OMB에서 $r^2=(r-3)^2+(\sqrt{15})^2$

$r^2=r^2-6r+9+15,\ 6r=24$　　$\therefore r=4$

$\therefore$ (원 O의 넓이)$=\pi\times4^2=16\pi(\text{cm}^2)$　　답 16π cm²

04

현의 수직이등분선은 원의 중심을 지나므로 원의 중심을 O, 반지름의 길이를 r cm라고 하면

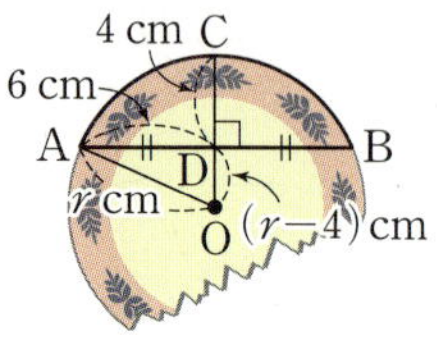

$\overline{OA}=r$ cm, $\overline{OD}=r-4(\text{cm})$

$\overline{AD}=\dfrac{1}{2}\overline{AB}=\dfrac{1}{2}\times12=6(\text{cm})$이므로

직각삼각형 AOD에서

$r^2=6^2+(r-4)^2$

$r^2=36+r^2-8r+16$

$8r=52$　　$\therefore r=\dfrac{13}{2}$

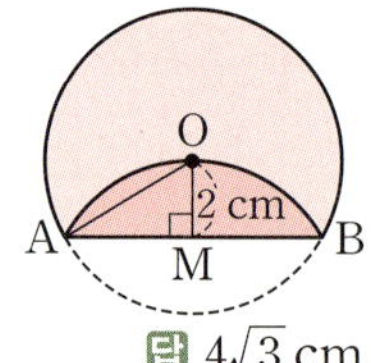

따라서 원래의 접시의 지름의 길이는

$\dfrac{13}{2}\times2=13(\text{cm})$　　답 13 cm

05

$\overline{OA}$를 그으면

$\overline{OA}=2\overline{OM}=2\times2=4(\text{cm})$

직각삼각형 OAM에서

$\overline{AM}=\sqrt{4^2-2^2}=\sqrt{12}=2\sqrt{3}(\text{cm})$

$\therefore \overline{AB}=2\overline{AM}=2\times2\sqrt{3}=4\sqrt{3}(\text{cm})$

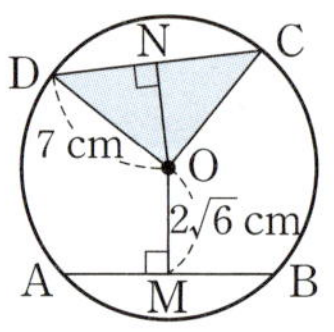

답 $4\sqrt{3}$ cm

06

$\overline{OM}=\overline{ON}$이므로 $\overline{AB}=\overline{CD}=8(\text{cm})$

이때 $\overline{AM}=\dfrac{1}{2}\overline{AB}=\dfrac{1}{2}\times8=4(\text{cm})$이므로 직각삼각형 OAM에서

$\overline{OA}=\sqrt{4^2+4^2}=\sqrt{32}=4\sqrt{2}(\text{cm})$　　답 $4\sqrt{2}$ cm

07

점 O에서 $\overline{CD}$에 내린 수선의 발을 N이라고 하면 $\overline{AB}=\overline{CD}$이므로

$\overline{ON}=\overline{OM}=2\sqrt{6}(\text{cm})$

직각삼각형 OND에서

$\overline{DN}=\sqrt{7^2-(2\sqrt{6})^2}=\sqrt{25}=5(\text{cm})$

따라서 $\overline{CD}=2\overline{DN}=2\times5=10(\text{cm})$이므로

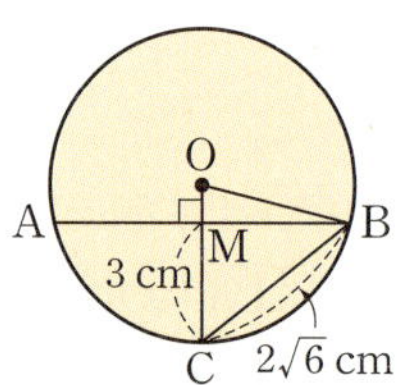

$\triangle OCD=\dfrac{1}{2}\times10\times2\sqrt{6}=10\sqrt{6}(\text{cm}^2)$　　답 ③

08

$\overline{OM}=\overline{ON}$이므로 $\overline{AB}=\overline{AC}$

따라서 △ABC는 이등변삼각형이므로

$\angle BAC=180°-2\times70°=40°$　　답 40°

개념 **03** 원의 접선

개념 콕콕

1 (1) 60 (2) 4
2 (1) 130° (2) 65°
3 (1) 9 (2) 70

1

(1) ∠PTO=90°이므로 직각삼각형 OPT에서
  ∠POT=180°−(30°+90°)=60°
  ∴ $x=60$
(2) ∠PTO=90°이므로 직각삼각형 POT에서
  $\overline{PT}=\sqrt{5^2-3^2}=\sqrt{16}=4$(cm)
  ∴ $x=4$

2

(1) ∠PAO=∠PBO=90°이므로 □APBO에서
  ∠x=360°−(90°+50°+90°)
    =130°
(2) ∠PAO=∠PBO=90°이므로 □AOBP에서
  ∠x=360°−(90°+115°+90°)
    =65°

3

(2) $\overline{PA}=\overline{PB}$이므로 △PAB에서
  ∠PBA=∠PAB=70°
  ∴ $x=70$

대표 유형

1 4 cm	**1**-**1** 3 cm	**1**-**2** 5 cm
2 $5\sqrt{3}$ cm	**2**-**1** $2\sqrt{10}$ cm	**2**-**2** ③
3 5 cm	**3**-**1** 10 cm	**3**-**2** 5 cm
4 12 cm	**4**-**1** $8\sqrt{6}$ cm	**4**-**2** 14π cm²

1-**1**

∠PTO=90°이므로 직각삼각형 PTO에서
$\overline{PO}=\sqrt{(3\sqrt{3})^2+3^2}=\sqrt{36}=6$(cm)
∴ $\overline{PA}=\overline{PO}-\overline{AO}=6-3=3$(cm) **답** 3 cm

1-**2**

원 O의 반지름의 길이를 r cm라고 하면
$\overline{OA}=\overline{OT}=r$(cm), $\overline{OP}=r+8$(cm)
이때 ∠OTP=90°이므로 직각삼각형 OTP에서
$(r+8)^2=r^2+12^2$, $r^2+16r+64=r^2+144$
$16r=80$ ∴ $r=5$
따라서 원 O의 반지름의 길이는 5 cm이다. **답** 5 cm

2-**1**

$\overline{OQ}=\overline{OA}=3$(cm)이므로 $\overline{PO}=4+3=7$(cm)
∠PAO=90°이므로 직각삼각형 POA에서
$\overline{PA}=\sqrt{7^2-3^2}=\sqrt{40}=2\sqrt{10}$(cm)
∴ $\overline{PB}=\overline{PA}=2\sqrt{10}$(cm) **답** $2\sqrt{10}$ cm

2-**2**

∠PAO=90°이므로 ∠PAB=90°−22°=68°
이때 △PBA는 $\overline{PA}=\overline{PB}$인 이등변삼각형이므로
∠APB=180°−2×68°=44° **답** ③

3-**1**

$\overline{AD}=\overline{AF}=20$(cm)이므로
$\overline{BE}=\overline{BD}=20-16=4$(cm)
$\overline{CE}=\overline{CF}=20-14=6$(cm)
∴ $\overline{BC}=\overline{BE}+\overline{CE}=4+6=10$(cm) **답** 10 cm

3-**2**

$\overline{BD}=\overline{BE}$, $\overline{CF}=\overline{CE}$이므로
$\overline{AD}+\overline{AF}=(\overline{AB}+\overline{BD})+(\overline{AC}+\overline{CF})$
    $=(\overline{AB}+\overline{BE})+(\overline{AC}+\overline{CE})$
    $=\overline{AB}+(\overline{BE}+\overline{CE})+\overline{AC}$
    $=\overline{AB}+\overline{BC}+\overline{AC}$
    $=7+8+9=24$(cm)
이때 $\overline{AD}=\overline{AF}$이므로 $2\overline{AD}=24$ ∴ $\overline{AD}=12$(cm)
∴ $\overline{BD}=12-7=5$(cm) **답** 5 cm

4-**1**

$\overline{CE}=\overline{CA}=8$(cm), $\overline{DE}=\overline{DB}=12$(cm)
이므로 $\overline{CD}=8+12=20$(cm)
꼭짓점 C에서 $\overline{BD}$에 내린 수선의 발을 H라고
하면 $\overline{HB}=\overline{CA}=8$(cm)이므로
$\overline{DH}=12-8=4$(cm)
직각삼각형 CDH에서
$\overline{CH}=\sqrt{20^2-4^2}=\sqrt{384}=8\sqrt{6}$(cm)
∴ $\overline{AB}=\overline{CH}=8\sqrt{6}$(cm) **답** $8\sqrt{6}$ cm

4 -2

$\overline{CE}=\overline{CA}=7(cm)$
$\overline{DB}=\overline{DE}=11-7=4(cm)$
꼭짓점 D에서 $\overline{AC}$에 내린 수선의 발을 H
라고 하면 $\overline{HA}=\overline{DB}=4(cm)$이므로
$\overline{CH}=7-4=3(cm)$
직각삼각형 CHD에서
$\overline{HD}=\sqrt{11^2-3^2}=\sqrt{112}=4\sqrt{7}(cm)$
이때 $\overline{AB}=\overline{HD}=4\sqrt{7}(cm)$이므로 반원 O의 반지름의 길이는
$\dfrac{1}{2}\times4\sqrt{7}=2\sqrt{7}(cm)$

$\therefore$ (반원 O의 넓이)$=\dfrac{1}{2}\times\pi\times(2\sqrt{7})^2=14\pi(cm^2)$　답 $14\pi\ cm^2$

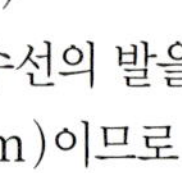

5 -2

$\overline{AD}=\overline{AF}$, $\overline{BE}=\overline{BD}$, $\overline{CF}=\overline{CE}$이므로
($\triangle ABC$의 둘레의 길이)$=2(\overline{AF}+\overline{BD}+\overline{CE})$
$=2\times(4+6+8)=36(cm)$　답 $36\ cm$

6 -1

$\overline{OD}$, $\overline{OE}$를 긋고 원 O의 반지름의 길
이를 $r\ cm$라고 하면 $\square DBEO$는 정
사각형이므로
$\overline{BD}=\overline{BE}=\overline{OE}=r(cm)$,
$\overline{AF}=\overline{AD}=5-r(cm)$, $\overline{CF}=\overline{CE}=12-r(cm)$
이때 직각삼각형 ABC에서 $\overline{AC}=\sqrt{5^2+12^2}=\sqrt{169}=13(cm)$이고
$\overline{AC}=\overline{AF}+\overline{CF}$이므로
$13=(5-r)+(12-r)$
$2r=4$　$\therefore r=2$
따라서 원 O의 반지름의 길이는 2 cm이다.　답 $2\ cm$

6 -2

$\overline{OD}$, $\overline{OF}$를 긋고 원 O의 반지름의 길이
를 $r\ cm$라고 하면 $\square ADOF$는 정사각
형이므로 $\overline{AD}=\overline{AF}=\overline{OF}=r(cm)$
또, $\overline{BD}=\overline{BE}=6(cm)$,
$\overline{CF}=\overline{CE}=9(cm)$이므로
$\overline{AB}=r+6(cm)$, $\overline{AC}=r+9(cm)$
이때 직각삼각형 ABC에서
$(6+9)^2=(r+6)^2+(r+9)^2$
$225=r^2+12r+36+r^2+18r+81$
$2r^2+30r-108=0$, $r^2+15r-54=0$
$(r-3)(r+18)=0$　$\therefore r=3\ (\because r>0)$
$\therefore$ (원 O의 넓이)$=\pi\times3^2=9\pi(cm^2)$　답 $9\pi\ cm^2$

개념 04　삼각형의 내접원

개념 콕콕　본교재 | 47쪽

1 (1) $x=3$, $y=8$, $z=7$　(2) $x=5$, $y=4$, $z=6$
2 (1) 4　(2) 11

1
(2) $\overline{AF}=\overline{AD}=5$　$\therefore x=5$
$\overline{CE}=\overline{CF}=11-5=6$　$\therefore z=6$
$\overline{BD}=\overline{BE}=10-6=4$　$\therefore y=4$

2
(1) $\overline{BE}=\overline{BD}=5$이므로
$\overline{CF}=\overline{CE}=9-5=4$　$\therefore x=4$
(2) $\overline{AF}=\overline{AD}=10-6=4$이므로
$\overline{CF}=15-4=11$　$\therefore x=11$

대표 유형　본교재 | 48쪽

5 3 cm　　**5 -1** 12 cm　　**5 -2** 36 cm
6 1 cm　　**6 -1** 2 cm　　**6 -2** $9\pi\ cm^2$

5 -1

$\overline{BD}=x\ cm$라고 하면 $\overline{BE}=\overline{BD}=x(cm)$
$\overline{AF}=\overline{AD}=22-x(cm)$, $\overline{CF}=\overline{CE}=17-x(cm)$
이때 $\overline{AC}=\overline{AF}+\overline{CF}$이므로
$15=(22-x)+(17-x)$, $2x=24$　$\therefore x=12$
$\therefore \overline{BD}=12(cm)$　답 $12\ cm$

개념 05　원에 외접하는 사각형

개념 콕콕　본교재 | 49쪽

1 (1) 13 cm　(2) 16 cm
2 (1) 3　(2) 7　(3) 8　(4) 15

1
(1) $\overline{AD}+\overline{BC}=\overline{AB}+\overline{CD}$
$=5+8=13(cm)$
(2) $\overline{AD}+\overline{BC}=\overline{AB}+\overline{CD}$
$=10+6=16(cm)$

2

(1) $\overline{AB}+\overline{CD}=\overline{AD}+\overline{BC}$이므로
$6+10=x+13$ $\therefore x=3$

(2) $\overline{AB}+\overline{CD}=\overline{AD}+\overline{BC}$이므로
$x+5=4+8$ $\therefore x=7$

(3) $\overline{AB}+\overline{CD}=\overline{AD}+\overline{BC}$이므로
$7+(5+x)=8+12$ $\therefore x=8$

(4) $\overline{AB}+\overline{CD}=\overline{AD}+\overline{BC}$이므로
$20+16=12+(x+9)$ $\therefore x=15$

대표 유형

본교재 | 50쪽

7 42 cm	**7**-1 34 cm	**7**-2 ③
8 6 cm	**8**-1 15 cm	**8**-2 $\dfrac{5}{3}$ cm

7-1

$\overline{DH}=\overline{DG}=3(cm)$이므로 $\overline{AD}=3+3=6(cm)$
이때 $\overline{AB}+\overline{CD}=\overline{AD}+\overline{BC}$이므로 □ABCD의 둘레의 길이는
$\overline{AB}+\overline{BC}+\overline{CD}+\overline{DA}=2(\overline{AD}+\overline{BC})$
$\qquad\qquad\qquad\qquad=2\times(6+11)$
$\qquad\qquad\qquad\qquad=34(cm)$ 답 34 cm

7-2

직각삼각형 BCD에서
$\overline{CD}=\sqrt{13^2-12^2}=\sqrt{25}=5(cm)$
$\overline{AB}+\overline{CD}=\overline{AD}+\overline{BC}$이므로
$11+5=\overline{AD}+12$ $\therefore \overline{AD}=4(cm)$ 답 ③

8-1

직각삼각형 DEC에서
$\overline{EC}=\sqrt{13^2-12^2}=\sqrt{25}=5(cm)$
$\overline{AD}=x$ cm라고 하면 $\overline{BC}=\overline{AD}=x(cm)$이므로
$\overline{BE}=x-5(cm)$
이때 □ABED가 원 O에 외접하므로
$\overline{AB}+\overline{ED}=\overline{AD}+\overline{BE}$, $12+13=x+(x-5)$
$2x=30$ $\therefore x=15$
$\therefore \overline{AD}=15(cm)$ 답 15 cm

8-2

$\overline{CE}=x$ cm라고 하면 $\overline{BE}=5-x(cm)$
□ABED가 원 O에 외접하므로
$\overline{AB}+\overline{ED}=\overline{AD}+\overline{BE}$, $4+\overline{DE}=5+(5-x)$
$\therefore \overline{DE}=6-x(cm)$

직각삼각형 DEC에서
$(6-x)^2=x^2+4^2$, $36-12x+x^2=x^2+16$
$-12x=-20$ $\therefore x=\dfrac{5}{3}$
$\therefore \overline{CE}=\dfrac{5}{3}(cm)$ 답 $\dfrac{5}{3}$ cm

🐋 배운대로 해결하기

본교재 | 51쪽

01 ③	**02** $4\sqrt{3}$ cm²	**03** ⑤	**04** $8\sqrt{15}$ cm²
05 ②	**06** 17 cm	**07** ②	**08** $\dfrac{15}{2}$ cm

01

$\overline{OT}$를 긋고 원 O의 반지름의 길이를 r cm
라고 하면
$\overline{OA}=\overline{OT}=r(cm)$
$\overline{OP}=r+8(cm)$
이때 $\angle OTP=90°$이므로 직각삼각형 OPT에서
$(r+8)^2=r^2+16^2$, $r^2+16r+64=r^2+256$
$16r=192$ $\therefore r=12$
따라서 원 O의 둘레의 길이는
$2\pi\times12=24\pi(cm)$ 답 ③

02

$\overline{PB}=\overline{PA}=4(cm)$이므로
$\triangle APB=\dfrac{1}{2}\times4\times4\times\sin60°$
$\qquad\qquad=\dfrac{1}{2}\times4\times4\times\dfrac{\sqrt{3}}{2}$
$\qquad\qquad=4\sqrt{3}(cm^2)$ 답 $4\sqrt{3}$ cm²

03

$\angle ODA=90°$이므로 직각삼각형 AOD에서
$\overline{AD}=\sqrt{6^2-2^2}=\sqrt{32}=4\sqrt{2}(cm)$
이때 $\overline{AD}=\overline{AF}$, $\overline{BE}=\overline{BD}$, $\overline{CE}=\overline{CF}$이므로
$(\triangle ACB의 둘레의 길이)=\overline{AC}+\overline{BC}+\overline{AB}$
$\qquad\qquad\qquad\qquad=\overline{AC}+(\overline{BE}+\overline{CE})+\overline{AB}$
$\qquad\qquad\qquad\qquad=\overline{AC}+(\overline{BD}+\overline{CF})+\overline{AB}$
$\qquad\qquad\qquad\qquad=(\overline{AC}+\overline{CF})+(\overline{AB}+\overline{BD})$
$\qquad\qquad\qquad\qquad=\overline{AF}+\overline{AD}$
$\qquad\qquad\qquad\qquad=2\overline{AD}$
$\qquad\qquad\qquad\qquad=2\times4\sqrt{2}$
$\qquad\qquad\qquad\qquad=8\sqrt{2}(cm)$ 답 ⑤

04

$\overline{BE}=\overline{BC}=5(cm)$이므로
$\overline{AD}=\overline{AE}=8-5=3(cm)$
꼭짓점 A에서 $\overline{BC}$에 내린 수선의 발을 H라고
하면
$\overline{HC}=\overline{AD}=3(cm)$이므로
$\overline{BH}=5-3=2(cm)$
직각삼각형 ABH에서
$\overline{AH}=\sqrt{8^2-2^2}=\sqrt{60}=2\sqrt{15}(cm)$
$\therefore \square ABCD=\dfrac{1}{2}\times(3+5)\times 2\sqrt{15}$
$\qquad\qquad =8\sqrt{15}(cm^2)$

답 $8\sqrt{15}\ cm^2$

05

$\overline{AF}=\overline{AD}=4(cm)$이므로
$\overline{BE}=\overline{BD}=11-4=7(cm)$, $\overline{CE}=\overline{CF}=10-4=6(cm)$
$\therefore \overline{BC}=\overline{BE}+\overline{CE}=7+6=13(cm)$

답 ②

06

$\overline{OE}$를 그으면 $\square DBEO$는 정사각형이므로
$\overline{BE}=\overline{BD}=\overline{DO}=3(cm)$
$\overline{CF}=\overline{CE}=8-3=5(cm)$
$\overline{AF}=x\ cm$라고 하면
$\overline{AD}=\overline{AF}=x(cm)$이므로
$\overline{AB}=x+3(cm)$, $\overline{AC}=x+5(cm)$
직각삼각형 ABC에서
$(x+5)^2=(x+3)^2+8^2$
$x^2+10x+25=x^2+6x+9+64$
$4x=48$ $\therefore x=12$
따라서 $\overline{AF}=12(cm)$이므로
$\overline{AC}=\overline{AF}+\overline{CF}=12+5=17(cm)$

답 $17\ cm$

07

$\overline{AB}+\overline{CD}=\overline{AD}+\overline{BC}$이므로
$2x+(x+4)=(x+2)+(3x-4)$
$3x+4=4x-2$ $\therefore x=6$

답 ②

08

$\overline{AE}=x\ cm$라고 하면 $\square AECD$가 원 O에 외접하므로
$\overline{AE}+\overline{CD}=\overline{AD}+\overline{EC}$
$x+6=9+\overline{EC}$ $\therefore \overline{EC}=x-3(cm)$
이때 $\overline{BE}=9-(x-3)=12-x(cm)$이므로
직각삼각형 ABE에서
$x^2=6^2+(12-x)^2$, $x^2=36+144-24x+x^2$
$24x=180$ $\therefore x=\dfrac{15}{2}$
$\therefore \overline{AE}=\dfrac{15}{2}(cm)$

답 $\dfrac{15}{2}\ cm$

개념 넓히기로 마무리

01 9 cm	**02** ④	**03** 8 cm	**04** 30 cm
05 ③	**06** $16\sqrt{3}$ cm	**07** ④	**08** ⑤
09 $6\sqrt{3}$ cm	**10** 15 cm	**11** 2 cm	**12** 7 cm
13 ③	**14** 24 cm	**15** 80 cm²	**16** $4\sqrt{2}$ cm
17 16 cm	**18** 6 cm	**19** 18 cm	**20** 25π cm²
21 $6\sqrt{3}$ cm	**22** $16\sqrt{15}$ cm²		

01

$\overline{CD}$가 현 AB를 수직이등분하므로 원의 중심을 지난다.
따라서 $\overline{CD}$가 원의 지름이므로 반지름의 길이는
$\dfrac{1}{2}\overline{CD}=\dfrac{1}{2}\times 18=9(cm)$

답 9 cm

02

원 O의 반지름의 길이는
$\dfrac{1}{2}\overline{AB}=\dfrac{1}{2}\times 20=10$
$\overline{OC}$를 그으면
$\overline{OC}=10$, $\overline{OM}=10-4=6$
직각삼각형 OMC에서
$\overline{CM}=\sqrt{10^2-6^2}=\sqrt{64}=8$
$\therefore \overline{CD}=2\overline{CM}=2\times 8=16$

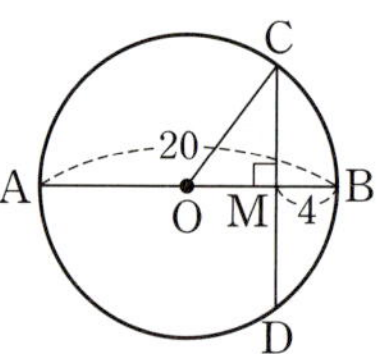

답 ④

03

$\overline{AB}$와 작은 원의 접점을 M이라 하고 $\overline{OM}$을
그으면
$\overline{OM}\perp\overline{AB}$, $\overline{AM}=\overline{BM}$
$\overline{OA}$를 그으면 $\overline{OA}=5\ cm$, $\overline{OM}=3\ cm$이므로
직각삼각형 OAM에서
$\overline{AM}=\sqrt{5^2-3^2}=\sqrt{16}=4(cm)$
$\therefore \overline{AB}=2\overline{AM}=2\times 4=8(cm)$

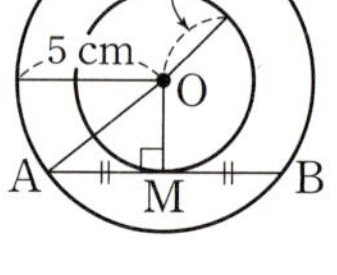

답 8 cm

04

현의 수직이등분선은 원의 중심을 지나
므로 원의 중심을 O, 반지름의 길이를
$r\ cm$라고 하면
$\overline{OA}=r\ cm$
$\overline{OD}=r-12(cm)$
직각삼각형 AOD에서
$r^2=24^2+(r-12)^2$
$r^2=576+r^2-24r+144$
$24r=720$ $\therefore r=30$
따라서 타이어의 반지름의 길이는 30 cm이다.

답 30 cm

05

$\overline{OA}$를 긋고 점 O에서 $\overline{AB}$에 내린 수선의
발을 M이라고 하자.
원 O의 반지름의 길이를 r cm라고 하면
$\overline{OA}=r$ cm, $\overline{OM}=\frac{1}{2}\overline{OA}=\frac{1}{2}r$(cm)

$\overline{AM}=\frac{1}{2}\overline{AB}=\frac{1}{2}\times12=6$(cm)이므로
직각삼각형 AMO에서
$r^2=6^2+\left(\frac{1}{2}r\right)^2$, $r^2=36+\frac{1}{4}r^2$
$\frac{3}{4}r^2=36$, $r^2=48$ $\quad\therefore r=4\sqrt{3}$ ($\because r>0$)
따라서 원 O의 넓이는 $\pi r^2=\pi\times(4\sqrt{3})^2=48\pi$(cm^2) ☑ ③

06

$\overline{OA}$를 그으면 $\overline{OA}=8$ cm이므로
직각삼각형 OAM에서
$\overline{AM}=\sqrt{8^2-4^2}=\sqrt{48}=4\sqrt{3}$(cm)

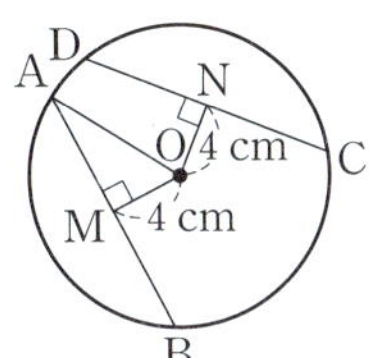

$\therefore \overline{AB}=2\overline{AM}=2\times4\sqrt{3}=8\sqrt{3}$(cm)
이때 $\overline{OM}=\overline{ON}$이므로
$\overline{CD}=\overline{AB}=8\sqrt{3}$(cm)
$\therefore \overline{AB}+\overline{CD}=8\sqrt{3}+8\sqrt{3}=16\sqrt{3}$(cm) ☑ $16\sqrt{3}$ cm

07

$\overline{OD}=\overline{OF}$이므로 $\overline{AB}=\overline{AC}$
즉, $\triangle ABC$는 이등변삼각형이므로
$\angle ABC=\frac{1}{2}\times(180°-56°)=62°$
따라서 $\square DBEO$에서
$\angle DOE=360°-(90°+62°+90°)=118°$ ☑ ④

08

③ $\square APBO$에서 $\angle AOB=360°-(90°+45°+90°)=135°$
④ $\triangle PAO$와 $\triangle PBO$에서
$\angle PAO=\angle PBO=90°$, $\overline{PO}$는 공통, $\overline{OA}=\overline{OB}$(반지름)이므로
$\triangle PAO\equiv\triangle PBO$ (RHS 합동)
⑤ 색칠한 부채꼴의 중심각의 크기는 $360°-135°=225°$
$\therefore$ (색칠한 부분의 넓이)$=\pi\times4^2\times\frac{225}{360}=10\pi$(cm^2) ☑ ⑤

09

$\overline{OP}$를 그으면
$\triangle AOP\equiv\triangle BOP$(RHS 합동)이므로
$\angle APO=\frac{1}{2}\angle APB=\frac{1}{2}\times60°=30°$

$\angle OAP=90°$이므로 직각삼각형 AOP에서
$\overline{PA}=\frac{6}{\tan30°}=6\times\frac{3}{\sqrt{3}}=6\sqrt{3}$(cm)
한편, $\overline{PA}=\overline{PB}$, $\angle APB=60°$이므로 $\triangle PAB$는 정삼각형이다.
$\therefore \overline{AB}=\overline{PA}=6\sqrt{3}$(cm) ☑ $6\sqrt{3}$ cm

10

직각삼각형 ACB에서 $\overline{AC}=\sqrt{5^2+12^2}=\sqrt{169}=13$(cm)
$\overline{BD}=\overline{BE}$, $\overline{CF}=\overline{CE}$이므로
$\overline{AD}+\overline{AF}=(\overline{AB}+\overline{BD})+(\overline{AC}+\overline{CF})$
$=(\overline{AB}+\overline{BE})+(\overline{AC}+\overline{CE})$
$=\overline{AB}+(\overline{BE}+\overline{CE})+\overline{AC}$
$=\overline{AB}+\overline{BC}+\overline{AC}$
$=5+12+13=30$(cm)
이때 $\overline{AD}=\overline{AF}$이므로 $\overline{AD}=\frac{1}{2}\times30=15$(cm) ☑ 15 cm

11

점 E에서 $\overline{CD}$에 내린 수선의 발을 H라고
하면 $\overline{EH}=\overline{BC}=8$(cm)
$\overline{EB}=x$ cm라고 하면
$\overline{HC}=\overline{EB}=x$(cm)이므로
$\overline{DH}=8-x$(cm)
또, $\overline{EP}=\overline{EB}=x$(cm), $\overline{DP}=\overline{DC}=8$(cm)이므로
$\overline{ED}=x+8$(cm)
직각삼각형 DEH에서
$(x+8)^2=8^2+(8-x)^2$, $x^2+16x+64=64+64-16x+x^2$
$32x=64$ $\quad\therefore x=2$
$\therefore \overline{EB}=2$(cm) ☑ 2 cm

12

$\overline{AF}=\overline{AD}=3$ cm이므로 $\overline{CE}=\overline{CF}=8-3=5$(cm)
$\overline{BE}=x$ cm라고 하면 $\overline{BD}=\overline{BE}=x$(cm)
($\triangle ABC$의 둘레의 길이)$=2(\overline{AD}+\overline{BE}+\overline{CF})$이므로
$30=2(3+x+5)$, $2x=14$ $\quad\therefore x=7$
$\therefore \overline{BE}=7$(cm) ☑ 7 cm

13

$\triangle ABC$에서 $\angle C=180°-(50°+66°)=64°$
이때 $\overline{CE}=\overline{CF}$이므로 $\triangle CFE$는 이등변삼각형이다.
$\therefore \angle x=\frac{1}{2}\times(180°-64°)=58°$ ☑ ③

14

$\overline{AD}=x$ cm라고 하면 $\overline{AF}=\overline{AD}=x$(cm)
$\overline{BD}=\overline{BE}=4$(cm), $\overline{CF}=\overline{CE}=2$(cm)이므로
$\overline{AB}=x+4$(cm), $\overline{AC}=x+2$(cm)
직각삼각형 ABC에서
$(x+4)^2=6^2+(x+2)^2$, $x^2+8x+16=36+x^2+4x+4$
$4x=24$ $\quad\therefore x=6$
따라서 $\triangle ABC$의 둘레의 길이는
$2(\overline{AD}+\overline{BE}+\overline{CE})=2\times(6+4+2)=24$(cm) ☑ 24 cm

15

원 O의 반지름의 길이가 4 cm이므로
$\overline{AB}=2\times4=8(cm)$
이때 $\overline{AD}+\overline{BC}=\overline{AB}+\overline{CD}=8+12=20(cm)$이므로

$\square ABCD=\dfrac{1}{2}\times(\overline{AD}+\overline{BC})\times8$

$\qquad\quad=\dfrac{1}{2}\times20\times8=80(cm^2)$ 　　　답 $80\ cm^2$

16

$\overline{AB}+\overline{CD}=\overline{AD}+\overline{BC}=4+8=12(cm)$
이때 $\overline{AB}=\overline{CD}$이므로

$\overline{AB}=\dfrac{1}{2}\times12=6(cm)$

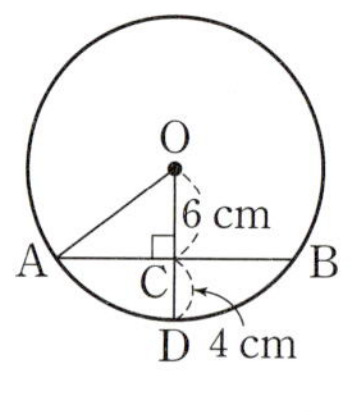

두 꼭짓점 A, D에서 $\overline{BC}$에 내린 수선의 발을
각각 H, I라고 하면
$\overline{HI}=\overline{AD}=4(cm)$이므로

$\overline{BH}=\dfrac{1}{2}\times(8-4)=2(cm)$

따라서 직각삼각형 ABH에서 $\overline{AH}=\sqrt{6^2-2^2}=\sqrt{32}=4\sqrt{2}(cm)$이
므로 원 O의 지름의 길이는 $4\sqrt{2}$ cm이다. 　　　답 $4\sqrt{2}\ cm$

17

$\overline{OA}$를 그으면
$\overline{OA}=\overline{OD}$

$\qquad=6+4=10(cm)$ 　　…… 30%
직각삼각형 OAC에서
$\overline{AC}=\sqrt{10^2-6^2}=\sqrt{64}=8(cm)$ 　…… 30%
$\therefore \overline{AB}=2\overline{AC}=2\times8=16(cm)$ 　…… 40%

답 $16\ cm$

18

$\overline{BE}=x$ cm라고 하면 $\overline{BD}=\overline{BE}=x(cm)$ 　…… 20%
$\overline{AF}=\overline{AD}=9-x(cm)$, $\overline{CF}=\overline{CE}=10-x(cm)$ 　…… 40%
이때 $\overline{AC}=\overline{AF}+\overline{CF}$이므로
$7=(9-x)+(10-x)$
$2x=12$ 　　$\therefore x=6$
$\therefore \overline{BE}=6(cm)$ 　…… 40%

답 $6\ cm$

19

$\overline{AB}+\overline{CD}=\overline{AD}+\overline{BC}=18+12=30(cm)$ 　…… 50%
이때 $\overline{AB}:\overline{CD}=2:3$이므로

$\overline{CD}=30\times\dfrac{3}{2+3}=18(cm)$ 　…… 50%

답 $18\ cm$

20

점 O에서 $\overline{AB}$에 내린 수선의 발을 H라고 하면

$\overline{AH}=\dfrac{1}{2}\overline{AB}=\dfrac{1}{2}\times10=5(cm)$

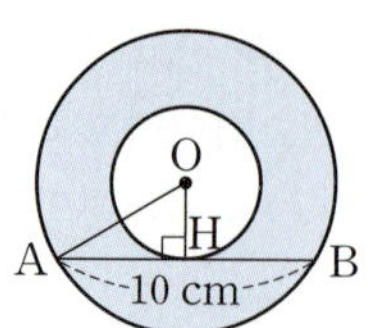

$\overline{OA}$를 긋고 큰 원의 반지름의 길이를 R cm,
작은 원의 반지름의 길이를 r cm라고 하면
직각삼각형 OAH에서
$R^2=5^2+r^2$ 　$\therefore R^2-r^2=25$
$\therefore$ (색칠한 부분의 넓이)$=\pi R^2-\pi r^2$

$\qquad\qquad\qquad\qquad=\pi(R^2-r^2)$

$\qquad\qquad\qquad\qquad=25\pi(cm^2)$ 　　답 $25\pi\ cm^2$

21

$\triangle ADO\equiv\triangle AEO$(RHS 합동)이므로
$\angle DAO=\angle EAO$

$\qquad\quad=\dfrac{1}{2}\angle DAE$

$\qquad\quad=\dfrac{1}{2}\times60°=30°$

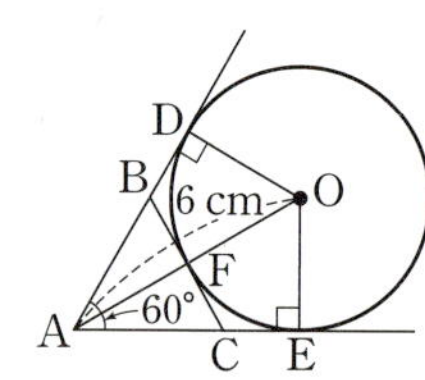

$\triangle AOD$에서

$\overline{AD}=6\cos30°=6\times\dfrac{\sqrt{3}}{2}=3\sqrt{3}(cm)$

$\overline{BC}$와 원 O의 접점을 F라고 하면 $\overline{AD}=\overline{AE}$, $\overline{BF}=\overline{BD}$, $\overline{CF}=\overline{CE}$
이므로
($\triangle ACB$의 둘레의 길이)$=\overline{AC}+\overline{CB}+\overline{BA}$

$\qquad\qquad\qquad=\overline{AC}+(\overline{CF}+\overline{BF})+\overline{BA}$

$\qquad\qquad\qquad=\overline{AC}+(\overline{CE}+\overline{BD})+\overline{BA}$

$\qquad\qquad\qquad=(\overline{AC}+\overline{CE})+(\overline{BD}+\overline{BA})$

$\qquad\qquad\qquad=\overline{AE}+\overline{AD}=2\overline{AD}$

$\qquad\qquad\qquad=2\times3\sqrt{3}=6\sqrt{3}(cm)$ 　답 $6\sqrt{3}\ cm$

22

$\overline{CE}=\overline{CA}=6(cm)$,
$\overline{DE}=\overline{DB}=10(cm)$이므로
$\overline{CD}=6+10=16(cm)$

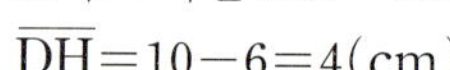

꼭짓점 C에서 $\overline{BD}$에 내린 수선의 발을
H라고 하면 $\overline{HB}=\overline{CA}=6(cm)$이므로
$\overline{DH}=10-6=4(cm)$
직각삼각형 CHD에서
$\overline{CH}=\sqrt{16^2-4^2}=\sqrt{240}=4\sqrt{15}(cm)$
즉, $\overline{AB}=\overline{CH}=4\sqrt{15}(cm)$이므로 원 O의 반지름의 길이는

$\dfrac{1}{2}\times4\sqrt{15}=2\sqrt{15}(cm)$

따라서 $\overline{OE}$를 그으면 $\overline{OE}\perp\overline{CD}$이고 $\overline{OE}=2\sqrt{15}$ cm이므로

$\triangle COD=\dfrac{1}{2}\times16\times2\sqrt{15}$

$\qquad\qquad=16\sqrt{15}(cm^2)$ 　　답 $16\sqrt{15}\ cm^2$

2. 원주각

개념 01 원주각과 중심각

1 (1) $40°$ (2) $60°$ (3) $50°$ (4) $74°$
2 (1) $220°$ (2) $50°$

1

(1) $\angle x=\dfrac{1}{2}\angle AOB=\dfrac{1}{2}\times 80°=40°$

(2) $\angle x=\dfrac{1}{2}\angle AOB=\dfrac{1}{2}\times 120°=60°$

(3) $\angle x=2\angle APB=2\times 25°=50°$

(4) $\angle x=2\angle APB=2\times 37°=74°$

2

(1) $\angle AOB=2\angle APB=2\times 70°=140°$

   $\therefore \angle x=360°-140°=220°$

(2) $\angle AOB=360°-260°=100°$

   $\therefore \angle x=\dfrac{1}{2}\angle AOB=\dfrac{1}{2}\times 100°=50°$

1 ②   **1**-1 ④   **1**-2 $120°$
2 $70°$ **2**-1 $66°$ **2**-2 $118°$

1-1

$\overarc{ACB}$에 대한 중심각의 크기는

$2\angle APB=2\times 110°=220°$

$\therefore \angle x=360°-220°$

      $=140°$

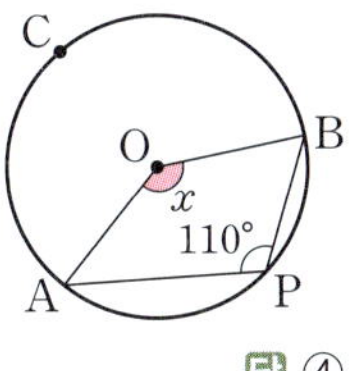

답 ④

1-2

$\overline{OB}$를 그으면

$\angle AOB=2\angle APB=2\times 25°=50°$

$\angle BOC=2\angle BQC=2\times 35°=70°$

$\therefore \angle x=\angle AOB+\angle BOC$

      $=50°+70°=120°$

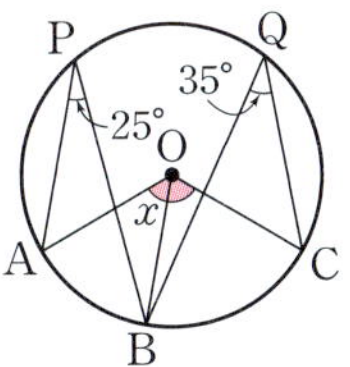

답 $120°$

2-1

$\overline{OA}$, $\overline{OB}$를 그으면

$\angle PAO=\angle PBO=90°$이므로

□AOBP에서

$\angle AOB=360°-(90°+48°+90°)$

      $=132°$

$\therefore \angle ACB=\dfrac{1}{2}\angle AOB$

      $=\dfrac{1}{2}\times 132°=66°$

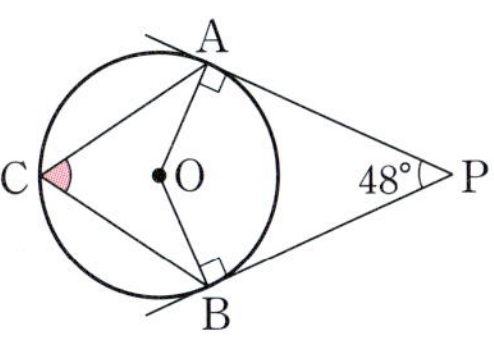

답 $66°$

2-2

$\overline{OA}$, $\overline{OB}$를 그으면

$\angle PAO=\angle PBO=90°$이므로

□APBO에서

$\angle AOB=360°-(90°+56°+90°)$

      $=124°$

$\therefore \angle x=\dfrac{1}{2}\times(360°-124°)=118°$

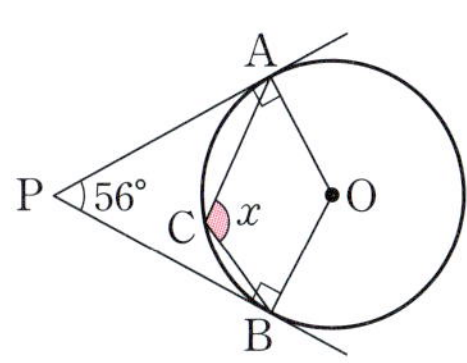

답 $118°$

개념 02 원주각의 성질

1 (1) $45°$ (2) $68°$
2 (1) $\angle x=30°$, $\angle y=42°$ (2) $\angle x=25°$, $\angle y=35°$
3 (1) $35°$ (2) $70°$

3

(1) $\angle ACB=90°$이므로

   $\angle x=180°-(90°+55°)=35°$

(2) $\angle ACB=90°$이므로

   $\angle x=180°-(20°+90°)=70°$

3 $45°$ **3**-1 $80°$ **3**-2 ②
4 $66°$ **4**-1 $58°$ **4**-2 ④

3-1

$\angle ABD=\angle ACD=45°$

$\triangle ABP$에서 $\angle x=35°+45°=80°$ 답 $80°$

3 -2

$\overline{QB}$를 그으면

$\angle BQC = \angle BRC = 30°$

$\therefore \angle x = \angle AQB$

$\qquad = \angle AQC - \angle BQC$

$\qquad = 55° - 30° = 25°$

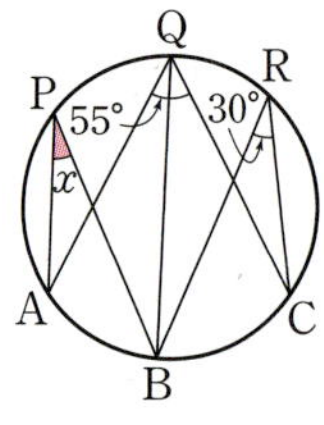

답 ②

4 -1

$\overline{AB}$는 원 O의 지름이므로 $\angle ACB = 90°$

이때 $\angle DCB = \angle DAB = 32°$이므로

$\angle x = \angle ACB - \angle DCB$

$\qquad = 90° - 32° = 58°$

답 58°

4 -2

$\overline{AQ}$를 그으면 $\overline{AC}$는 원 O의 지름이므로

$\angle AQC = 90°$

이때

$\angle AQB = \angle AQC - \angle BQC$

$\qquad\quad = 90° - 47° = 43°$

이므로

$\angle x = \angle AQB = 43°$

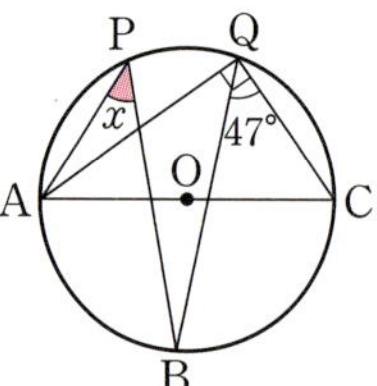

답 ④

개념 03 원주각의 크기와 호의 길이

개념 콕콕

본교재 | 60쪽

1 (1) 26　(2) 6

2 (1) 36　(2) 21　(3) 9　(4) 15

2

(1) $12° : x° = 4 : 12$이므로

$\quad 12 : x = 1 : 3 \qquad \therefore x = 36$

(2) $x° : 42° = 7 : 14$이므로

$\quad x : 42 = 1 : 2,\ 2x = 42$

$\quad \therefore x = 21$

(3) $45° : 30° = x : 6$이므로

$\quad 3 : 2 = x : 6,\ 2x = 18$

$\quad \therefore x = 9$

(4) $40° : 24° = x : 9$이므로

$\quad 5 : 3 = x : 9,\ 3x = 45$

$\quad \therefore x = 15$

대표 유형

본교재 | 61쪽

5 ④	5 -1 ②	5 -2 5 cm
6 80°	6 -1 60°	6 -2 36°

5 -1

$\overparen{AC} = \overparen{BD}$이므로 $\angle DCB = \angle ABC = \angle x$

$\triangle PCB$에서 $\angle x + \angle x = 30°$

$2\angle x = 30° \qquad \therefore \angle x = 15°$

답 ②

5 -2

$\triangle ABP$에서 $\angle BAP + 20° = 60°$이므로 $\angle BAP = 40°$

$\angle ABD : \angle BAC = \overparen{AD} : \overparen{BC}$이므로

$20° : 40° = \overparen{AD} : 10,\ 1 : 2 = \overparen{AD} : 10$

$2\overparen{AD} = 10 \qquad \therefore \overparen{AD} = 5(\text{cm})$

답 5 cm

6 -1

$\angle ACB : \angle BAC : \angle ABC = \overparen{AB} : \overparen{BC} : \overparen{CA}$

$\qquad\qquad\qquad\qquad\qquad\quad = 4 : 5 : 6$

$\therefore \angle x = 180° \times \dfrac{5}{4+5+6} = 60°$

답 60°

6 -2

한 원에 대한 원주각의 크기는 180°이므로

$\angle BEC = 180° \times \dfrac{1}{5} = 36°$

답 36°

배운대로 해결하기

본교재 | 62쪽

01 ⑤	02 $16\sqrt{3}\,\text{cm}^2$	03 52°	04 ③
05 70°	06 ③	07 ②	08 56°

01

$\angle AOB = 2\angle APB = 2 \times 46° = 92°$

이때 $\triangle OAB$에서 $\overline{OA} = \overline{OB}$이므로

$\angle x = \dfrac{1}{2} \times (180° - 92°) = 44°$

답 ⑤

02

$\angle AOB = 2\angle APB = 2 \times 60° = 120°$

$\therefore \triangle OAB = \dfrac{1}{2} \times 8 \times 8 \times \sin(180° - 120°)$

$\qquad\qquad = \dfrac{1}{2} \times 8 \times 8 \times \dfrac{\sqrt{3}}{2} = 16\sqrt{3}(\text{cm}^2)$

답 $16\sqrt{3}\,\text{cm}^2$

03

$\overline{OA}$, $\overline{OB}$를 그으면

$\angle AOB = 2\angle ACB = 2 \times 64\degree = 128\degree$

이때 $\angle PAO = \angle PBO = 90\degree$이므로

$\square APBO$에서

$\angle x = 360\degree - (90\degree + 128\degree + 90\degree) = 52\degree$

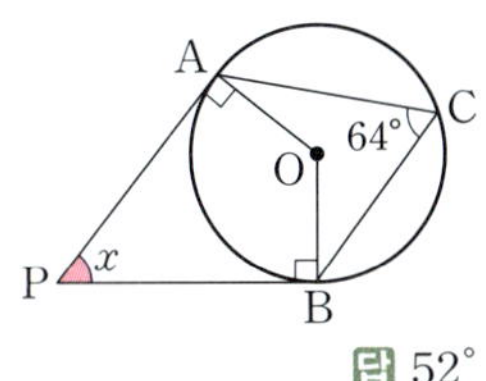

답 $52\degree$

04

$\overline{PB}$를 그으면

$\angle APB = \dfrac{1}{2}\angle AOB = \dfrac{1}{2} \times 70\degree = 35\degree$

이때

$\angle BPC = \angle APC - \angle APB$

$\qquad = 85\degree - 35\degree = 50\degree$

이므로

$\angle x = \angle BPC = 50\degree$

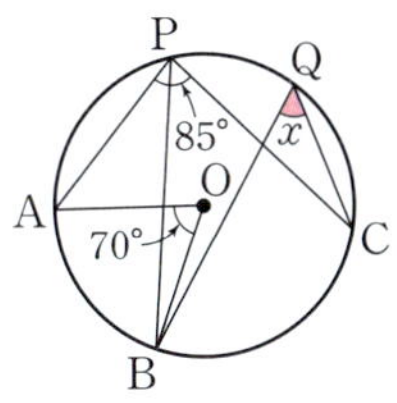

답 ③

05

$\overline{AB}$는 원 O의 지름이므로 $\angle ACB = 90\degree$

$\triangle ACB$에서 $\angle ABC = 180\degree - (20\degree + 90\degree) = 70\degree$

$\therefore \angle x = \angle ABC = 70\degree$

답 $70\degree$

06

$\angle BDC = \angle BAC = 44\degree$

$\overparen{BC} = \overparen{CD}$이므로 $\angle DBC = \angle BAC = 44\degree$

따라서 $\triangle BCD$에서 $\angle BCD = 180\degree - (44\degree + 44\degree) = 92\degree$

답 ③

07

$\overline{AC}$를 그으면 $\overline{AB}$는 원 O의 지름이므로

$\angle ACB = 90\degree$

이때 $\angle ABC = \angle ADC = 30\degree$이므로

$\triangle ACB$에서

$\angle BAC = 180\degree - (90\degree + 30\degree) = 60\degree$

$\angle ADC : \angle BAC = \overparen{AC} : \overparen{BC}$이므로 $30\degree : 60\degree = 4 : \overparen{BC}$

$1 : 2 = 4 : \overparen{BC}$ $\qquad \therefore \overparen{BC} = 8(\text{cm})$

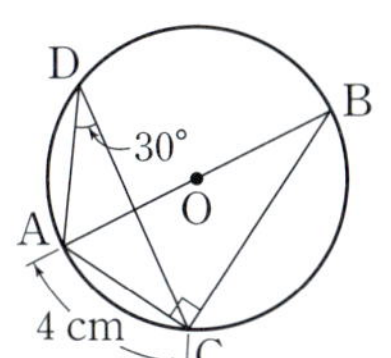

답 ②

08

$\overline{BC}$를 그으면 $\overparen{AB}$의 길이는 원의 둘레의 길

이의 $\dfrac{1}{5}$이므로

$\angle ACB = 180\degree \times \dfrac{1}{5} = 36\degree$

$\overparen{CD}$의 길이는 원의 둘레의 길이의 $\dfrac{1}{9}$이므로

$\angle DBC = 180\degree \times \dfrac{1}{9} = 20\degree$

따라서 $\triangle PBC$에서 $\angle x = 20\degree + 36\degree = 56\degree$

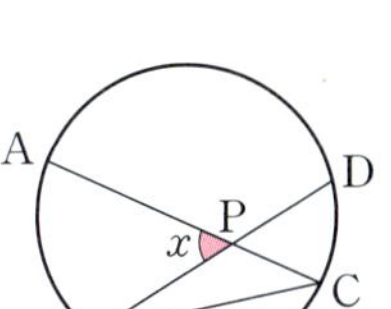

답 $56\degree$

 본교재 | 63쪽

1 ㄱ, ㄷ

2 (1) $60\degree$ (2) $100\degree$

1

ㄱ. $\angle BAC = \angle BDC$이므로 네 점 A, B, C, D는 한 원 위에 있다.

ㄴ. $\angle ABD \neq \angle ACD$이므로 네 점 A, B, C, D는 한 원 위에 있지 않다.

ㄷ. $\angle BAC = 85\degree - 25\degree = 60\degree$

즉, $\angle BAC = \angle BDC$이므로 네 점 A, B, C, D는 한 원 위에 있다.

ㄹ. 네 점 A, B, C, D가 한 원 위에 있는지 알 수 없다.

따라서 네 점 A, B, C, D가 한 원 위에 있는 것은 ㄱ, ㄷ이다.

2

(2) $\angle BDC = \angle BAC = 55\degree$

$\triangle PCD$에서 $\angle x = 55\degree + 45\degree = 100\degree$

 본교재 | 64쪽

1 ④ | **1**-1 ㄱ, ㄹ

2 78° | **2**-1 53° | **2**-2 ④

1-1

ㄱ. $\angle BAC = \angle BDC$이므로 네 점 A, B, C, D는 한 원 위에 있다.

ㄴ. $\angle DBC = 180\degree - (45\degree + 85\degree) = 50\degree$

즉, $\angle DAC \neq \angle DBC$이므로 네 점 A, B, C, D는 한 원 위에 있지 않다.

ㄷ. $\angle ABD \neq \angle ACD$이므로 네 점 A, B, C, D는 한 원 위에 있지 않다.

ㄹ. $\angle ABD = 180\degree - (60\degree + 80\degree) = 40\degree$

즉, $\angle ABD = \angle ACD$이므로 네 점 A, B, C, D는 한 원 위에 있다.

따라서 네 점 A, B, C, D가 한 원 위에 있는 것은 ㄱ, ㄹ이다.

답 ㄱ, ㄹ

2-1

$\triangle ABD$에서 $\angle ADB = 180\degree - (85\degree + 42\degree) = 53\degree$

네 점 A, B, C, D가 한 원 위에 있으므로

$\angle x = \angle ADB = 53\degree$

답 $53\degree$

2 -2

네 점 A, B, C, D가 한 원 위에 있으므로

$\angle ADB = \angle ACB = 25°$

$\triangle DPB$에서 $\angle x + 25° = 65°$ 　 $\therefore \angle x = 40°$ 　답 ④

개념 05　원에 내접하는 사각형의 성질

개념 콕콕 　　　　　　　　　　　　　　　　본교재 | 65쪽

1 (1) $\angle x = 110°$, $\angle y = 80°$ 　(2) $\angle x = 65°$, $\angle y = 60°$

2 ㄱ, ㄷ, ㄹ

1

(1) $\angle x = 180° - 70° = 110°$

　　$\angle y = 180° - 100° = 80°$

(2) $\angle x = \angle DAB = 65°$

　　$\angle y = 180° - 120° = 60°$

2

ㄱ. $\angle B + \angle D = 180°$이므로 $\square ABCD$는 원에 내접한다.

ㄴ. $\angle B + \angle D \neq 180°$이므로 $\square ABCD$는 원에 내접하지 않는다.

ㄷ. $\angle CBE = \angle D$이므로 $\square ABCD$는 원에 내접한다.

ㄹ. $\angle BAD = 180° - 76° = 104°$

　　즉, $\angle DCE = \angle BAD$이므로 $\square ABCD$는 원에 내접한다.

따라서 $\square ABCD$가 원에 내접하는 것은 ㄱ, ㄷ, ㄹ이다.

대표 유형 　　　　　　　　　　　　　　　　본교재 | 66~67쪽

3 ⑤	**3** -1 ②	**3** -2 122°
4 ②	**4** -1 ④	**4** -2 140°
5 100°	**5** -1 ③	
6 ②, ⑤	**6** -1 ㄱ, ㄷ	**6** -2 98°

3 -1

$\triangle ABD$에서 $\angle BAD = 180° - (32° + 50°) = 98°$

$\square ABCD$가 원에 내접하므로

$\angle x = 180° - \angle BAD = 180° - 98° = 82°$ 　답 ②

3 -2

$\overline{BC}$는 원 O의 지름이므로 $\angle BDC = 90°$

$\triangle DBC$에서 $\angle BCD = 180° - (32° + 90°) = 58°$

$\square ABCD$가 원 O에 내접하므로

$\angle x = 180° - \angle BCD = 180° - 58° = 122°$ 　답 122°

4 -1

$\angle BAD = \dfrac{1}{2}\angle BOD = \dfrac{1}{2} \times 114° = 57°$

$\square ABCD$가 원 O에 내접하므로 $\angle x = \angle BAD = 57°$ 　답 ④

4 -2

$\square ABCD$가 원에 내접하므로

$\angle x + 40° = 100°$ 　 $\therefore \angle x = 60°$

이때 $\angle CBD = \angle CAD = 40°$이므로

$\angle y = 180° - (60° + 40°) = 80°$

$\therefore \angle x + \angle y = 60° + 80° = 140°$ 　답 140°

5 -1

$\overline{CF}$를 그으면 $\square ABCF$가 원에 내접하므로

$\angle AFC = 180° - \angle B = 180° - 105° = 75°$

또, $\square CDEF$가 원에 내접하므로

$\angle CFE = 180° - \angle D = 180° - 120° = 60°$

$\therefore \angle AFE = \angle AFC + \angle CFE$

　　　　$= 75° + 60° = 135°$ 　답 ③

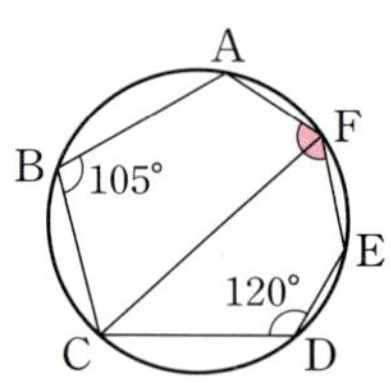

6 -1

ㄱ. $\square ABCD$가 원에 내접하는지 알 수 없다.

ㄴ. $\angle B + \angle D = 180°$이므로 $\square ABCD$는 원에 내접한다.

ㄷ. $\angle BAD = 180° - 100° = 80°$

　　즉, $\angle BCE \neq \angle BAD$이므로 $\square ABCD$는 원에 내접하지 않는다.

ㄹ. $\triangle ACD$에서 $\angle D = 180° - (30° + 20°) = 130°$

　　즉, $\angle B + \angle D = 180°$이므로 $\square ABCD$는 원에 내접한다.

따라서 $\square ABCD$가 원에 내접하지 않는 것은 ㄱ, ㄷ이다. 　답 ㄱ, ㄷ

6 -2

$\angle BAC = \angle BDC$이므로 $\square ABCD$는 원에 내접한다.

$\therefore \angle ABC = 180° - \angle ADC$

　　　　$= 180° - (50° + 32°) = 98°$ 　답 98°

개념 06　원의 접선과 현이 이루는 각

개념 콕콕 　　　　　　　　　　　　　　　　본교재 | 68쪽

1 (1) 100° 　(2) 50° 　(3) 65° 　(4) 55°

2 (1) 25° 　(2) 80°

1

(3) $\angle x = \angle CAT = 180° - (60° + 55°) = 65°$

(4) $\angle BCA = \angle BAT = 80°$이므로 $\triangle ABC$에서
$\angle x = 180° - (45° + 80°) = 55°$

2

(1) $\overline{BC}$가 원 O의 지름이므로 $\angle CAB = 90°$
$\therefore \angle x = \angle BCA = 180° - (90° + 65°) = 25°$

(2) $\angle CAB = \angle CBA = 50°$이므로
$\angle x = \angle BCA = 180° - (50° + 50°) = 80°$

대표 유형   본교재 | 69쪽

7 $35°$	**7** -1 $64°$	**7** -2 ③
8 $40°$	**8** -1 $26°$	**8** -2 ①

---

7 -1

□ABCD가 원에 내접하므로
$\angle BCD = 180° - 102° = 78°$
이때 $\angle BDC = \angle BCT = 38°$이므로 $\triangle BCD$에서
$\angle x = 180° - (78° + 38°) = 64°$ 🔑 $64°$

7 -2

$\angle BCA = \angle BAT = 56°$이므로
$\angle BOA = 2\angle BCA = 2 \times 56° = 112°$
이때 $\overline{OA} = \overline{OB}$이므로 $\triangle OAB$에서
$\angle x = \dfrac{1}{2} \times (180° - 112°) = 34°$ 🔑 ③

8 -1

$\overline{AT}$를 그으면
$\angle BAT = \angle BTC = 58°$
$\angle ATB = 90°$이므로
$\angle ATP = 180° - (90° + 58°) = 32°$
따라서 $\triangle APT$에서 $\angle x + 32° = 58°$
이므로 $\angle x = 26°$ 🔑 $26°$

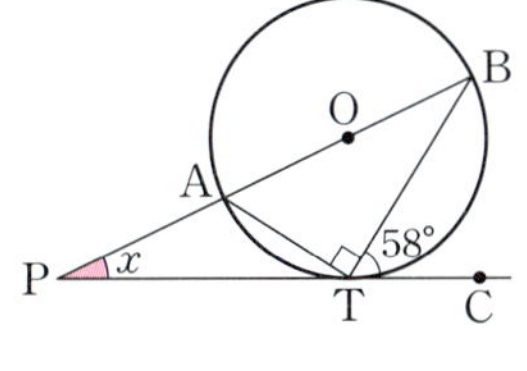

8 -2

$\overline{AC}$를 그으면 $\angle ACD = 90°$
□ABCD가 원 O에 내접하므로
$\angle ADC = 180° - 110° = 70°$
따라서 $\triangle ACD$에서
$\angle CAD = 180° - (90° + 70°) = 20°$
$\therefore \angle DCT = \angle CAD = 20°$ 🔑 ①

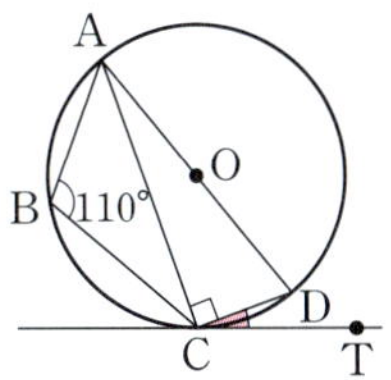

배운대로 해결하기

01 ①, ④	**02** $60°$	**03** ③	**04** ④
05 $73°$	**06** $36°$	**07** $94°$	**08** ①
09 ③	**10** ③	**11** ③	**12** $15°$
13 ③	**14** $33°$		

01

① $\angle ADB \neq \angle ACB$이므로 네 점 A, B, C, D는 한 원 위에 있지 않다.

② $\angle ACB = 65° - 35° = 30°$
즉, $\angle ACB = \angle ADB$이므로 네 점 A, B, C, D는 한 원 위에 있다.

③ $\angle BAC = 90° - 35° = 55°$
즉, $\angle BAC = \angle BDC$이므로 네 점 A, B, C, D는 한 원 위에 있다.

④ $\angle ADB = 180° - (30° + 110°) = 40°$
즉, $\angle ADB \neq \angle ACB$이므로 네 점 A, B, C, D는 한 원 위에 있지 않다.

⑤ $\angle BDC = 180° - (43° + 77°) = 60°$
즉, $\angle BAC = \angle BDC$이므로 네 점 A, B, C, D는 한 원 위에 있다.

따라서 네 점 A, B, C, D가 한 원 위에 있지 않은 것은 ①, ④이다.
   🔑 ①, ④

02

네 점 A, B, C, D가 한 원 위에 있으므로
$\angle DAC = \angle DBC = 35°$
이때 $\angle BAC = 95° - 35° = 60°$이므로
$\angle x = \angle BAC = 60°$ 🔑 $60°$

03

$\overline{AB} = \overline{AC}$이므로 $\triangle ABC$에서 $\angle ABC = \dfrac{1}{2} \times (180° - 40°) = 70°$
□ABCD가 원에 내접하므로 $\angle x = 180° - 70° = 110°$ 🔑 ③

04

$\overline{AB}$가 원 O의 지름이므로 $\angle ACB = 90°$
$\overset{\frown}{BC} = \overset{\frown}{CD}$이므로 $\angle DAC = \angle CAB = 20°$
이때 □ABCD가 원 O에 내접하므로
$(20° + 20°) + (\angle x + 90°) = 180°$ $\therefore \angle x = 50°$ 🔑 ④

05

$\triangle ABC$에서
$\angle ABC = 180° - (47° + 60°) = 73°$
□ABCD가 원에 내접하므로 $\angle CDE = \angle ABC = 73°$ 🔑 $73°$

06

$\triangle$ABQ에서

$\angle$PAD$=52°+40°=92°$

□ABCD가 원에 내접하므로

$\angle$ADP$=\angle$ABC$=52°$

따라서 $\triangle$ADP에서

$\angle x=180°-(92°+52°)=36°$　　　답 $36°$

07

$\overline{PQ}$를 그으면

□ABQP가 원 O에 내접하므로

$\angle$APQ$=180°-86°=94°$

□PQCD가 원 O′에 내접하므로

$\angle$DCQ$=\angle$APQ$=94°$

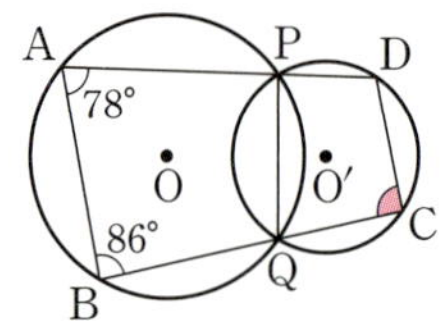

답 $94°$

08

$\overline{AC}$를 그으면 □ACDE가 원 O에 내접하므로

$\angle$CAE$=180°-100°=80°$

$\angle$BAC$=\angle$BAE$-\angle$CAE

　　　　$=110°-80°=30°$

이므로

$\angle x=2\angle$BAC$=2\times30°=60°$

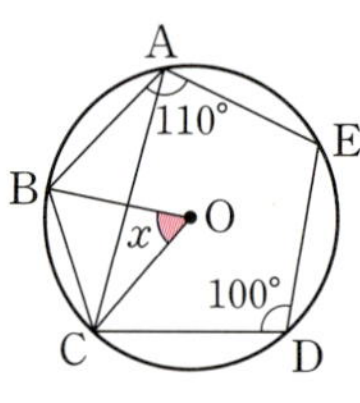

답 ①

09

① $\angle$BAC$\neq\angle$BDC이므로 □ABCD는 원에 내접하지 않는다.

② $\angle$A$+\angle$C$\neq180°$이므로 □ABCD는 원에 내접하지 않는다.

③ $\triangle$ACD에서 $\angle$ADC$=180°-(60°+50°)=70°$

　즉, $\angle$B$+\angle$D$=180°$이므로 □ABCD는 원에 내접한다.

④ □ABCD가 원에 내접하는지 알 수 없다.

⑤ $\angle$A$\neq\angle$DCE이므로 □ABCD는 원에 내접하지 않는다.

따라서 □ABCD가 원에 내접하는 것은 ③이다.　　　답 ③

10

$\angle$BCA$=\angle$BAT$=65°$이므로

$\angle$BOA$=2\angle$BCA$=2\times65°=130°$　　　답 ③

11

$\overline{BE}=\overline{BD}$이므로

$\angle$BED$=\dfrac{1}{2}\times(180°-30°)=75°$

$\angle$DFE$=\angle$BED$=75°$이므로 $\triangle$DEF에서

$\angle$DEF$=180°-(55°+75°)=50°$　　　답 ③

12

$\angle$ACB : $\angle$CAB : $\angle$ABC$=\overparen{AB}:\overparen{BC}:\overparen{CA}$

　　　　　　　　　　$=3:4:5$

$\angle$ACB$=180°\times\dfrac{3}{3+4+5}=45°$이므로

$\angle x=\angle$ACB$=45°$

$\angle$CAB$=180°\times\dfrac{4}{3+4+5}=60°$이므로

$\angle y=\angle$CAB$=60°$

$\therefore\ \angle y-\angle x=60°-45°=15°$　　　답 $15°$

13

$\overline{AT}$를 그으면 $\angle$BTA$=90°$이므로

$\triangle$BTA에서

$\angle$BAT$=180°-(36°+90°)=54°$

$\angle$ATP$=\angle$ABT$=36°$이므로

$\triangle$ATP에서

$36°+\angle x=54°$　　$\therefore\ \angle x=18°$

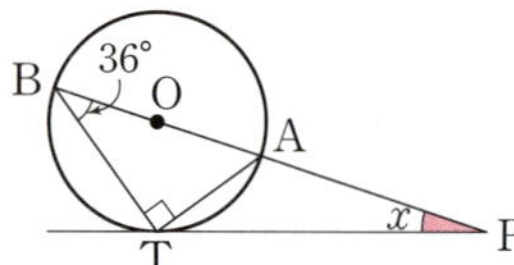

답 ③

14

$\overline{BC}$를 그으면 $\angle$ABC$=90°$

$\angle$ACB$=\angle$ABT$=57°$이므로

$\triangle$ABC에서

$\angle$BAC$=180°-(90°+57°)=33°$

$\therefore\ \angle$BDC$=\angle$BAC$=33°$

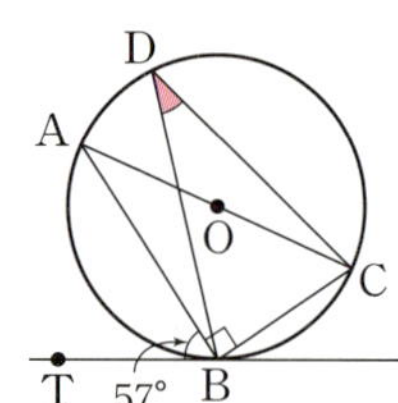

답 $33°$

개념 넓히기로 마무리　　　　　본교재 | 72~74쪽

01 ③	**02** 20 m	**03** 216°	**04** 40°
05 ④	**06** 27 cm	**07** 48°	**08** 3°
09 128°	**10** 51°	**11** ③	**12** ㄷ, ㄹ, ㅂ
13 ④	**14** $18\sqrt{3}\ \text{cm}^2$	**15** ⑤	**16** 42°
17 69°	**18** 100°	**19** 32°	**20** $\dfrac{\sqrt{5}}{3}$
21 ④	**22** $3\sqrt{6}$		

01

$\overline{OB}$를 그으면

$\angle$BOC$=2\angle$BQC$=2\times25°=50°$이므로

$\angle$AOB$=\angle$AOC$-\angle$BOC

　　　　$=124°-50°=74°$

$\therefore\ \angle$APB$=\dfrac{1}{2}\angle$AOB

　　　　$=\dfrac{1}{2}\times74°=37°$

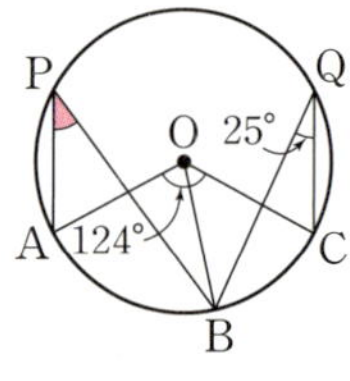

답 ③

02

무대의 양 끝을 각각 A, B라 하고 공연장의 중심을 O라고 하면

$\angle AOB = 2\angle APB$
$\qquad = 2 \times 30° = 60°$

이때 $\overline{OA} = \overline{OB}$이므로

$\angle OAB = \angle OBA = \dfrac{1}{2} \times (180° - 60°) = 60°$

즉, $\triangle AOB$는 정삼각형이다.

따라서 공연장의 반지름의 길이는 10 m이므로 지름의 길이는

$2 \times 10 = 20\,(m)$

답 20 m

03

$\angle PAO = \angle PBO = 90°$이므로 $\square APBO$에서

$\angle y = 360° - (90° + 36° + 90°) = 144°$

$\angle x = \dfrac{1}{2}\angle AOB = \dfrac{1}{2} \times 144° = 72°$

$\therefore \angle x + \angle y = 72° + 144° = 216°$

답 216°

04

$\angle ACB = \angle ADB = 20°$이므로 $\triangle APC$에서

$\angle x + 20° = 60° \qquad \therefore \angle x = 40°$

답 40°

05

$\overline{AB}$는 원 O의 지름이므로 $\angle ACB = 90°$

$\triangle ACB$에서 $\angle BAC = 180° - (90° + 36°) = 54°$이므로

$\angle DAB = 82° - 54° = 28°$

이때 $\angle ADC = \angle ABC = 36°$이므로 $\triangle APD$에서

$\angle DPB = 28° + 36° = 64°$

답 ④

06

$\triangle APD$에서

$\angle PAD + 35° = 75° \qquad \therefore \angle PAD = 40°$

이때 원의 둘레의 길이를 l cm라고 하면

$\angle CAD : 180° = \overset{\frown}{CD} : l$이므로

$40° : 180° = 6 : l,\ 2 : 9 = 6 : l$

$2l = 54 \qquad \therefore l = 27$

따라서 원의 둘레의 길이는 27 cm이다.

답 27 cm

07

$\angle ADB : \angle CBD = \overset{\frown}{AB} : \overset{\frown}{CD}$이므로

$\angle x : \angle CBD = 3 : 1,\ 3\angle CBD = \angle x$

$\therefore \angle CBD = \dfrac{1}{3}\angle x$

$\triangle DBE$에서 $\angle x = \dfrac{1}{3}\angle x + 32°$

$\dfrac{2}{3}\angle x = 32° \qquad \therefore \angle x = 48°$

답 48°

08

네 점 A, B, C, D가 한 원 위에 있으므로

$\angle DAC = \angle DBC = 55°$

$\triangle APD$에서

$55° + \angle x = 86° \qquad \therefore \angle x = 31°$

$\triangle PCD$에서

$\angle PCD = 180° - (60° + 86°) = 34°$

$\therefore \angle y = \angle ACD = 34°$

$\therefore \angle y - \angle x = 34° - 31° = 3°$

답 3°

09

$\angle BOD = 2\angle BAD = 2 \times 52° = 104°$

$\square ABCD$가 원 O에 내접하므로

$\angle BCD = 180° - 52° = 128°$

따라서 $\square OBCD$에서 $104° + \angle x + 128° + \angle y = 360°$이므로

$\angle x + \angle y = 128°$

답 128°

10

$\square ABCD$가 원에 내접하므로

$\angle QAB = \angle PAD = \angle DCB = \angle x$

$\triangle AQB$에서 $\angle ABC = \angle x + 43°$

$\triangle ADP$에서 $\angle ADC = 35° + \angle x$

$\square ABCD$에서 $\angle ABC + \angle ADC = 180°$이므로

$(\angle x + 43°) + (35° + \angle x) = 180°$

$2\angle x = 102° \qquad \therefore \angle x = 51°$

답 51°

11

$\square PQCD$가 원 O'에 내접하므로

$\angle PQB = \angle PDC = 115°$

$\square ABQP$가 원 O에 내접하므로

$\angle BAP = 180° - 115° = 65°$

$\therefore \angle x = 2\angle BAP = 2 \times 65° = 130°$

답 ③

12

ㄷ, ㄹ. 직사각형과 정사각형은 네 내각의 크기가 모두 90°이므로 대각의 크기의 합이 180°이다.

ㅂ. 등변사다리꼴은 아랫변의 양 끝 각의 크기가 같고 윗변의 양 끝 각의 크기가 같으므로 대각의 크기의 합이 180°이다.

따라서 항상 원에 내접하는 것은 ㄷ, ㄹ, ㅂ이다.

답 ㄷ, ㄹ, ㅂ

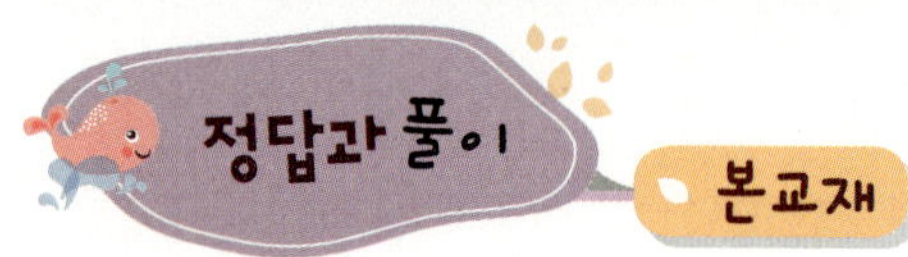

13

$\overgroup{BC}=\overgroup{CA}$이므로

$\angle ABC=\angle BAC=\dfrac{1}{2}\times(180°-110°)=35°$

$\therefore \angle CAT=\angle ABC=35°$　　　**답** ④

14

$\angle BAP=\angle BPT=60°$

$\overline{AP}$는 원 O의 지름이므로 $\angle ABP=90°$

직각삼각형 APB에서

$\overline{PB}=12\sin 60°=12\times\dfrac{\sqrt3}{2}=6\sqrt3\,(\mathrm{cm})$

$\overline{AB}=12\cos 60°=12\times\dfrac{1}{2}=6\,(\mathrm{cm})$

$\therefore \triangle APB=\dfrac{1}{2}\times 6\sqrt3\times 6=18\sqrt3\,(\mathrm{cm}^2)$　　　**답** $18\sqrt3\ \mathrm{cm}^2$

15

$\angle ABT=\angle ATP=35°$

$\overline{AB}$는 원 O의 지름이므로 $\angle BTA=90°$

$\triangle ABT$에서 $\angle BAT=180°-(35°+90°)=55°$이므로

$\overgroup{AT}:\overgroup{BT}=\angle ABT:\angle BAT$

$\qquad\qquad=35°:55°=7:11$　　　**답** ⑤

16

$\angle APE=\angle ABP=75°$

$\angle DPE=\angle DCP=63°$

$\therefore \angle x=180°-(75°+63°)=42°$　　　**답** $42°$

17

$\overline{AD}$를 그으면

$\angle CAD=\dfrac{1}{2}\angle COD$

$\qquad\quad=\dfrac{1}{2}\times 42°=21°$　　　…… 40%

$\overline{AB}$는 반원 O의 지름이므로

$\angle ADB=90°$　　　…… 30%

따라서 $\triangle PAD$에서

$\angle x+21°=90°$　　$\therefore \angle x=69°$　　　…… 30%

답 $69°$

18

$\overline{BC}$를 그으면 $\overgroup{AB}$의 길이는 원의 둘레의 길이의 $\dfrac{2}{9}$이므로

$\angle BCA=180°\times\dfrac{2}{9}$

$\qquad\qquad=40°$　　　…… 40%

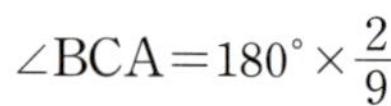
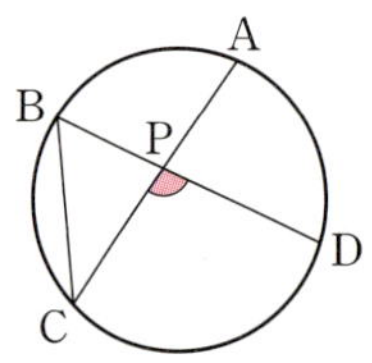

19 (우측 상단 이어짐)

$\angle BCA:\angle CBD=\overgroup{AB}:\overgroup{CD}$이므로

$40°:\angle CBD=2:3,\ 2\angle CBD=120°$

$\therefore \angle CBD=60°$　　　…… 40%

따라서 $\triangle BCP$에서

$\angle CPD=40°+60°=100°$　　　…… 20%

답 $100°$

19

$\square ABCD$가 원에 내접하므로

$\angle ABC=180°-108°=72°$　　　…… 35%

이때 $\angle BCP=\angle BAC=40°$이므로　　　…… 35%

$\triangle BPC$에서

$\angle BPC+40°=72°$　　$\therefore \angle BPC=32°$　　　…… 30%

답 $32°$

20

$\overline{BO}$의 연장선이 원 O와 만나는 점을 A'이라고 하면

$\angle BCA'=90°,\ \angle BA'C=\angle BAC$

$\overline{A'B}=2\overline{OB}=2\times 3=6$이므로

직각삼각형 $A'BC$에서

$\overline{A'C}=\sqrt{6^2-4^2}=\sqrt{20}=2\sqrt5$

$\therefore \cos A=\cos A'=\dfrac{\overline{A'C}}{\overline{A'B}}$

$\qquad\qquad=\dfrac{2\sqrt5}{6}=\dfrac{\sqrt5}{3}$　　　**답** $\dfrac{\sqrt5}{3}$

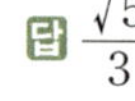

21

$\square ABCD$가 원에 내접하므로

$\angle ABC+\angle ADC=180°$

이때 $\overgroup{AE}=\overgroup{DE}$이므로 $\angle ABE=\angle ECD=\angle a$라고 하면

$\angle ADC=180°-\angle ABC$

$\qquad\qquad=180°-(\angle a+55°)=125°-\angle a$

따라서 $\triangle PCD$에서

$\angle x=\angle PCD+\angle PDC$

$\qquad=\angle a+(125°-\angle a)=125°$　　　**답** ④

22

$\overline{AB}$가 원 O의 지름이므로 $\angle ATB=90°$

$\triangle AHT$와 $\triangle ATB$에서

$\angle AHT=\angle ATB=90°,$

$\angle ATH=\angle ABT$이므로

$\triangle AHT\backsim\triangle ATB$ (AA 닮음)

$\overline{AH}:\overline{AT}=\overline{AT}:\overline{AB}$이므로

$6:\overline{AT}=\overline{AT}:15,\ \overline{AT}^2=90$

$\therefore \overline{AT}=3\sqrt{10}\ (\because \overline{AT}>0)$

따라서 $\triangle AHT$에서

$\overline{HT}=\sqrt{(3\sqrt{10})^2-6^2}=\sqrt{54}=3\sqrt6$　　　**답** $3\sqrt6$

1. 대푯값, 산포도, 상관관계

개념 01 대푯값

개념 콕콕
본교재 | 76쪽

1 (1) 5 (2) 16
2 (1) 13, 15, 13 (2) 24, 26, 24, 26, 25
3 (1) 3 (2) 2, 3 (3) 없다.

1

(1) (평균)$=\dfrac{2+3+6+6+8}{5}=\dfrac{25}{5}=5$

(2) (평균)$=\dfrac{11+13+15+17+19+21}{6}=\dfrac{96}{6}=16$

대표 유형
본교재 | 77~78쪽

1 48 kg	**1**-1 3개	**1**-2 15.5권
2 92	**2**-1 3	**2**-2 ④
3 8	**3**-1 74	**3**-2 15
4 ③	**4**-1 ④	**4**-2 6

1-1

(평균)$=\dfrac{4+3+2+5+4+2+1}{7}$

$\qquad=\dfrac{21}{7}=3(개)$ 답 3개

1-2

(평균)$=\dfrac{4+10+12+15+18+21+21+23}{8}$

$\qquad=\dfrac{124}{8}=15.5(권)$ 답 15.5권

2-1

턱걸이 횟수의 평균이 5회이므로

$\dfrac{2+3+5+x+9+6+7}{7}=5,\ 32+x=35 \qquad \therefore x=3$ 답 3

2-2

a, b, c의 평균이 6이므로

$\dfrac{a+b+c}{3}=6 \qquad \therefore a+b+c=18$

따라서 a, b, c, 10, 12의 평균은

$\dfrac{a+b+c+10+12}{5}=\dfrac{18+10+12}{5}=\dfrac{40}{5}=8$ 답 ④

3-1

중앙값이 72회이므로

$\dfrac{70+x}{2}=72,\ 70+x=144 \qquad \therefore x=74$ 답 74

3-2

A팀의 자료를 작은 값에서부터 크기순으로 나열하면 4, 6, 7, 8, 9
이므로 중앙값은 7개이다. $\quad \therefore x=7$
B팀의 자료를 작은 값에서부터 크기순으로 나열하면 5, 7, 8, 9, 9
이므로 중앙값은 8개이다. $\quad \therefore y=8$

$\therefore x+y=7+8=15$ 답 15

4-1

수영을 선호하는 학생이 가장 많으므로 주어진 자료의 최빈값은 ④
수영이다. 답 ④

4-2

x의 값에 관계없이 8의 도수가 가장 크므로 최빈값은 8이다.
따라서 평균이 8이므로

(평균)$=\dfrac{9+8+11+x+8+6+8}{7}=\dfrac{50+x}{7}=8$

$50+x=56 \qquad \therefore x=6$ 답 6

배운대로 해결하기
본교재 | 79쪽

01 8.1점   **02** ④   **03** ③
04 (1) 평균 : 5시간, 중앙값 : 2시간 (2) 중앙값
05 20   **06** 27회   **07** ④   **08** 7시간

01

(평균)$=\dfrac{6\times1+7\times2+8\times3+9\times3+10\times1}{10}$

$\qquad=\dfrac{81}{10}=8.1(점)$ 답 8.1점

02

5회의 국어 성적을 x점이라고 하면

$\dfrac{87+91+89+94+x}{5}=91,\ 361+x=455 \qquad \therefore x=94$

따라서 5회의 시험에서 94점을 받아야 한다. 답 ④

03

a, b, c, d의 평균이 5이므로

$$\frac{a+b+c+d}{4}=5 \qquad \therefore a+b+c+d=20$$

따라서 $3a-1$, $3b-1$, $3c-1$, $3d-1$의 평균은

$$\frac{(3a-1)+(3b-1)+(3c-1)+(3d-1)}{4}$$
$$=\frac{3(a+b+c+d)-4}{4}$$
$$=\frac{3\times20-4}{4}=\frac{56}{4}=14$$

답 ③

04

(1) (평균)$=\dfrac{3+2+1+23+1+3+2}{7}=\dfrac{35}{7}=5$(시간)

자료를 작은 값에서부터 크기순으로 나열하면 1, 1, 2, 2, 3, 3, 23이므로 중앙값은 2시간이다.

(2) 자료에 23시간과 같은 극단적인 값이 있으므로 중앙값이 대푯값으로 더 적절하다.

답 (1) 평균 : 5시간, 중앙값 : 2시간   (2) 중앙값

05

중앙값이 22이므로

$$\frac{x+24}{2}=22, \ x+24=44 \qquad \therefore x=20$$

답 20

06

윗몸일으키기 횟수를 작은 값에서부터 크기순으로 나열할 때, 4번째와 5번째 학생의 윗몸일으키기 횟수의 평균이 중앙값이므로 5번째 학생의 윗몸일으키기 횟수를 x회라고 하면

$$\frac{23+x}{2}=25, \ 23+x=50 \qquad \therefore x=27$$

이 동아리에 윗몸일으키기 횟수가 28회인 학생이 가입했을 때, 학생 9명의 윗몸일으키기 횟수를 작은 값에서부터 크기순으로 나열하면 5번째 학생의 윗몸일으키기 횟수가 중앙값이므로 27회이다.

답 27회

07

중앙값은 $\dfrac{14+16}{2}=15$(권)이므로 $a=15$

또, 최빈값은 14권이므로 $b=14$

$$\therefore a+b=15+14=29$$

답 ④

08

주어진 자료의 최빈값이 7시간이므로 $x=7$

자료를 작은 값에서부터 크기순으로 나열하면 5, 6, 7, 7, 7, 8, 8, 13이므로 중앙값은 $\dfrac{7+7}{2}=7$(시간)

답 7시간

개념 콕콕   본교재 | 80쪽

1 (1) -1, 1, 0, -3, 3   (2) -2, 3, -4, 0, 8, -5
2 (1) 3   (2) -2

2

(1) 편차의 합은 0이므로

$$1+(-3)+0+(-1)+x=0 \qquad \therefore x=3$$

(2) 편차의 합은 0이므로

$$2+4+(-2)+x+3+(-5)=0 \qquad \therefore x=-2$$

대표 유형   본교재 | 81쪽

1 (1) 6회   (2) -2회, 0회, -4회, 7회, -1회
1 -1 (1) 8시간
        (2) 1시간, -3시간, 6시간, 2시간, -5시간, -1시간
1 -2 ㄱ, ㄷ
2 (1) -3 (2) 75회
2 -1 (1) 6   (2) 87점   　　**2** -2 14초

1 -1

(1) (평균)$=\dfrac{9+5+14+10+3+7}{6}=\dfrac{48}{6}=8$(시간)

(2) 각 변량의 편차는 차례대로

$$9-8=1(\text{시간}), \ 5-8=-3(\text{시간}), \ 14-8=6(\text{시간}),$$
$$10-8=2(\text{시간}), \ 3-8=-5(\text{시간}), \ 7-8=-1(\text{시간})$$

답 (1) 8시간   (2) 1시간, -3시간, 6시간, 2시간, -5시간, -1시간

1 -2

ㄴ. 자료가 흩어져 있는 정도를 하나의 수로 나타낸 것을 산포도라고 한다.

ㄹ. 편차는 변량에서 평균을 뺀 값이다.

따라서 옳은 것은 ㄱ, ㄷ이다.

답 ㄱ, ㄷ

2 -1

(1) 편차의 합은 0이므로

$$-9+12+0+(-12)+x+3=0 \qquad \therefore x=6$$

(2) 평균이 81점이므로 학생 E의 수학 성적은

$$6+81=87(\text{점})$$

답 (1) 6   (2) 87점

2 -2

5회의 편차를 x초라고 하면 편차의 합은 0이므로

$$1+(-2)+3+(-1)+x=0 \qquad \therefore x=-1$$

따라서 평균이 15초이므로 5회의 기록은

$$-1+15=14(\text{초})$$

답 14초

개념 **03** 분산과 표준편차

1 (1) 7시간 (2) 2, 0, -2, 0 (3) 2 (4) $\sqrt{2}$시간
2 (1) 분산 : 4, 표준편차 : 2 (2) 분산 : 5, 표준편차 : $\sqrt{5}$

1

(1) (평균) $= \dfrac{9+7+5+7}{4} = \dfrac{28}{4} = 7$(시간)

(3) (분산) $= \dfrac{2^2+0^2+(-2)^2+0^2}{4} = \dfrac{8}{4} = 2$

(4) (표준편차) $= \sqrt{(분산)} = \sqrt{2}$(시간)

2

(1) (분산) $= \dfrac{1^2+0^2+(-3)^2+(-1)^2+3^2}{5}$

$= \dfrac{20}{5} = 4$

(표준편차) $= \sqrt{4} = 2$

(2) (분산) $= \dfrac{(-1)^2+(-2)^2+2^2+4^2+(-1)^2+(-2)^2}{6}$

$= \dfrac{30}{6} = 5$

(표준편차) $= \sqrt{5}$

3 $\sqrt{5.2}$회　　　　**3** -1 $\sqrt{7}$개

3 -2 (1) 9 (2) 16 (3) 4분

4 1반　　　**4** -1 2반　　　**4** -2 ③, ④

3 -1

편차의 합은 0이므로

$x+4+3+0+(-3)+(-2)=0$ $\quad \therefore x=-2$

(분산) $= \dfrac{(-2)^2+4^2+3^2+0^2+(-3)^2+(-2)^2}{6}$

$= \dfrac{42}{6} = 7$

$\therefore$ (표준편차) $= \sqrt{7}$(개)　　　　　　　답 $\sqrt{7}$개

3 -2

(1) 주어진 자료의 평균이 14분이므로

$\dfrac{17+15+20+x+14+9}{6} = 14$

$75+x=84$ $\quad \therefore x=9$

(2) (분산) $= \dfrac{3^2+1^2+6^2+(-5)^2+0^2+(-5)^2}{6} = \dfrac{96}{6} = 16$

(3) (표준편차) $= \sqrt{16} = 4$(분)　　　답 (1) 9 (2) 16 (3) 4분

4 -1

분산이 작을수록 자료의 분포가 고르므로 몸무게가 가장 고른 반은 분산이 가장 작은 2반이다.　　　　답 2반

4 -2

③ 두 반의 평균이 같으므로 2반의 성적이 1반의 성적보다 우수하다고 할 수 없다.

④ 2반의 표준편차가 1반의 표준편차보다 작으므로 2반의 성적이 1반의 성적보다 고르다.　　　　답 ③, ④

01 ①　　**02** 82점　　**03** ②　　**04** ③
05 ④　　**06** $\sqrt{3}$시간　　**07** 13　　**08** ②, ⑤

01

편차의 합은 0이므로

$-3+2+4+x+(-2)+1=0$ $\quad \therefore x=-2$　　답 ①

02

$4+78=82$(점)　　　　　　　　　　答 82점

03

시경이가 받은 전자메일 수가 174개, 편차가 3개이므로 평균은

$174-3=171$(개)

$x=7+171=178$, $y=163-171=-8$

$\therefore x+y=178+(-8)=170$　　　　답 ②

04

편차의 합은 0이므로

$1+(-3)+x+(-2)=0$ $\quad \therefore x=4$

③ C의 방문 횟수는 평균보다 4회가 많다.　　　답 ③

05

금요일에 버스를 기다린 시간의 편차를 x분이라고 하면 편차의 합은 0이므로

$-1+0+2+(-3)+x=0$ $\quad \therefore x=2$

$\therefore$ (분산) $= \dfrac{(-1)^2+0^2+2^2+(-3)^2+2^2}{5} = \dfrac{18}{5} = 3.6$　　답 ④

06

$$(\text{평균}) = \frac{1+6+4+3+6+4}{6} = \frac{24}{6} = 4(\text{시간})$$

$$(\text{분산}) = \frac{(-3)^2+2^2+0^2+(-1)^2+2^2+0^2}{6} = \frac{18}{6} = 3$$

$$\therefore (\text{표준편차}) = \sqrt{3}(\text{시간})$$

답 $\sqrt{3}$시간

07

평균이 3이므로

$$\frac{1+7+x+y+2}{5} = 3, \quad 10+x+y=15 \quad \therefore x+y=5 \quad \cdots\cdots ㉠$$

분산이 4.4이므로

$$\frac{(-2)^2+4^2+(x-3)^2+(y-3)^2+(-1)^2}{5} = 4.4$$

$$\therefore x^2+y^2-6(x+y)+39=22 \quad \cdots\cdots ㉡$$

㉡에 ㉠을 대입하면

$$x^2+y^2-6\times5+39=22 \quad \therefore x^2+y^2=13$$

답 13

08

① 두 영화 A, B의 평점의 평균이 같으므로 영화 A의 평점이 영화 B의 평점보다 우수하다고 할 수 없다.

③ (분산)=(표준편차)^{2}이므로 영화 B의 분산이 영화 A의 분산보다 크다.

④ 가장 높은 평점을 받은 영화가 어느 것인지는 알 수 없다.

답 ②, ⑤

개념 04 산점도

본교재 | 85쪽

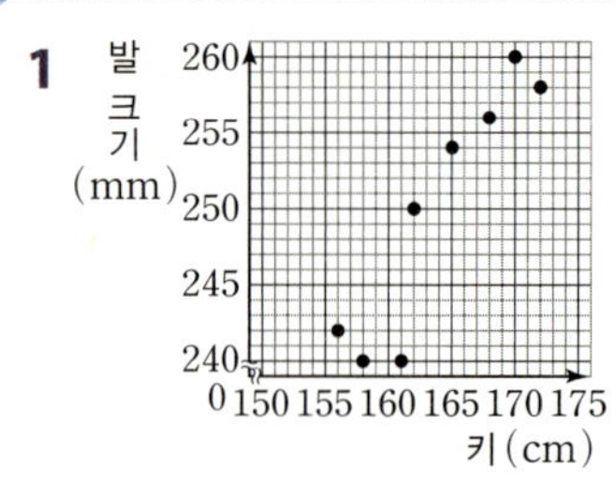

2 (1) 9명 (2) 8명 (3) 6명

2

(3) 수학 성적이 75점 이상이고 과학 성적이 80점 이상인 학생 수는 오른쪽 그림에서 색칠한 부분과 그 경계에 속하는 점의 개수와 같으므로 6명이다.

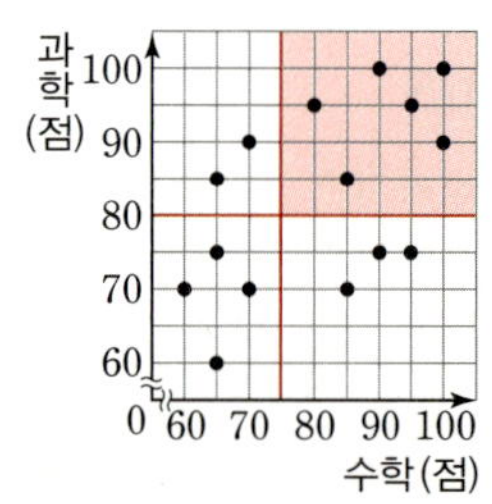

본교재 | 86쪽

1 (1) 4명 (2) 20 %

1 -1 (1) 5명 (2) 6명 (3) 50 %

2 (1) 3명 (2) 5명 **2** -1 (1) 4명 (2) 6명 **2** -2 17점

1 -1

(1) 1차 기록과 2차 기록이 서로 같은 학생 수는 오른쪽 그림에서 대각선 위에 있는 점의 개수와 같으므로 5명이다.

(2) 2차 기록보다 1차 기록이 더 좋은 학생 수는 오른쪽 그림에서 대각선의 아래쪽에 있는 점의 개수와 같으므로 6명이다.

(3) 1차와 2차 기록이 모두 50개 이상인 학생 수는 위의 그림에서 색칠한 부분과 그 경계에 속하는 점의 개수와 같으므로 8명이다.

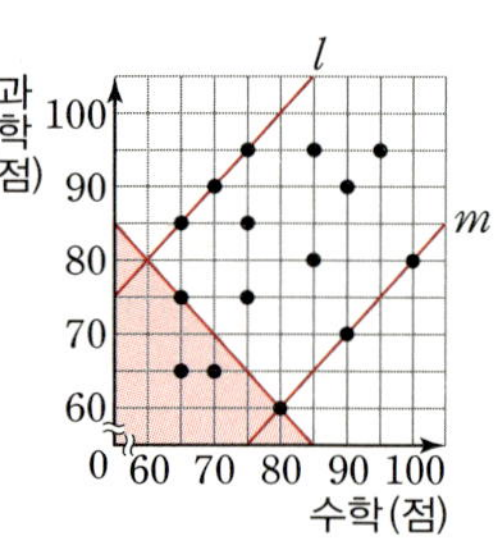

$$\therefore \frac{8}{16}\times100=50(\%)$$

답 (1) 5명 (2) 6명 (3) 50 %

2 -1

(1) 두 과목의 성적의 평균이 70점 이하인 학생 수는 오른쪽 그림에서 색칠한 부분과 그 경계에 속하는 점의 개수와 같으므로 4명이다.

(2) 두 과목의 성적의 차가 20점인 학생 수는 오른쪽 그림에서 두 직선 l, m 위의 점의 개수와 같으므로 6명이다.

답 (1) 4명 (2) 6명

2 -2

1차 성적과 2차 성적의 총점이 30점 이상인 학생 수는 오른쪽 그림에서 색칠한 부분과 그 경계에 속하는 점의 개수와 같으므로 4명이다.

따라서 이 학생들의 2차 성적의 평균은

$$\frac{15+16+18+19}{4} = \frac{68}{4} = 17(\text{점})$$

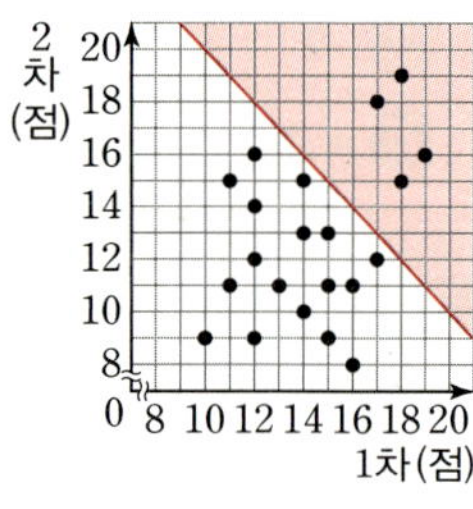

답 17점

개념 05 상관관계

본교재 | 87쪽

1 (1) 양 (2) 무 (3) 음

2 (1) ㄱ (2) ㄴ (3) ㄷ

대표 유형

3 ③   **3**-1 ④   **3**-2 ③
4 (1) A, D, B, C   (2) B   (3) C   **4**-1 ㄱ, ㄹ

3-1

하루 동안 걸은 거리가 길수록 소모한 열량은 많으므로 x와 y 사이에는 양의 상관관계가 있다.
따라서 x와 y 사이의 상관관계를 나타내는 산점도는 ④이다.   답 ④

3-2

주어진 산점도는 x의 값이 커짐에 따라 y의 값이 대체로 작아지므로 음의 상관관계를 나타낸다.
①, ②, ⑤ 양의 상관관계   ③ 음의 상관관계   ④ 상관관계가 없다.
따라서 산점도가 주어진 그림과 같은 것은 ③이다.   답 ③

4-1

ㄴ. A는 멀리뛰기는 잘하지만 달리기는 못한다.
ㄷ. B는 멀리뛰기와 달리기를 모두 못한다.
따라서 옳은 것은 ㄱ, ㄹ이다.   답 ㄱ, ㄹ

배운대로 해결하기

01 ④   **02** ②   **03** ①   **04** 30점
05 ④   **06** ⑤   **07** ②, ③

01

1차보다 2차에서 기록이 향상된 회원 수는 오른쪽 그림에서 대각선의 위쪽에 있는 점의 개수와 같으므로 4명이다.

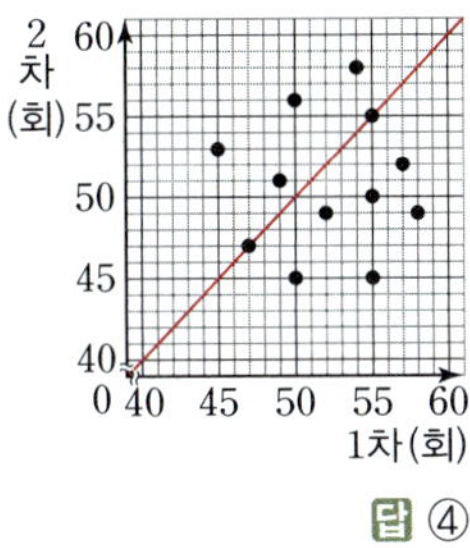

답 ④

02

1차 기록이 55회 이상인 회원 수는 오른쪽 그림에서 색칠한 부분과 그 경계에 속하는 점의 개수와 같으므로 5명이다.
따라서 이 회원들의 2차 기록의 평균은
$$\frac{45+49+50+52+55}{5}=\frac{251}{5}$$
$$=50.2(회)$$

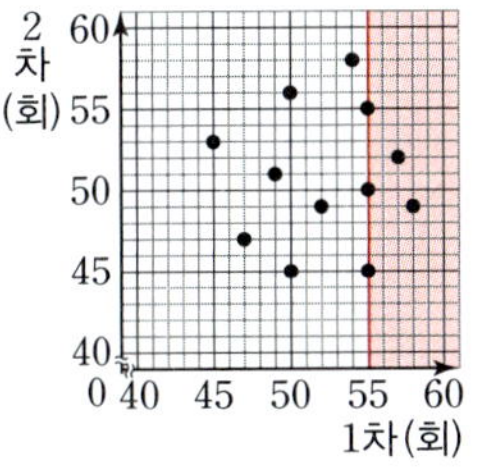

답 ②

03

1학기 성적과 2학기 성적의 평균이 90점 이상인 학생 수는 오른쪽 그림에서 색칠한 부분과 그 경계에 속하는 점의 개수와 같으므로 3명이다.
$$\therefore \frac{3}{15}\times100=20(\%)$$

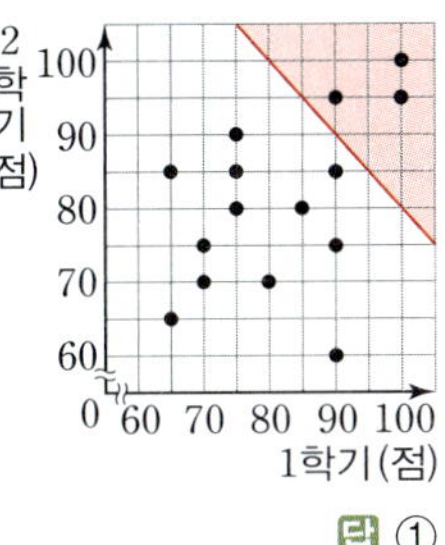

답 ①

04

대각선에서 멀리 떨어져 있을수록 1학기 성적과 2학기 성적의 차가 크다.
따라서 오른쪽 그림에서 A의 두 학기의 성적의 차가 가장 크고, 그 차는
$90-60=30$(점)이다.

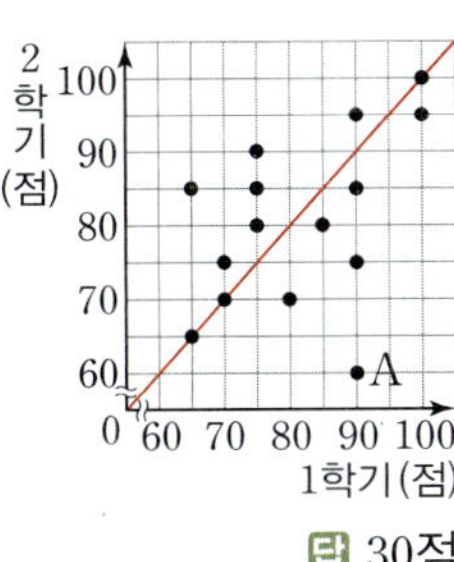

답 30점

05

주어진 산점도는 x의 값이 커짐에 따라 y의 값도 대체로 커지므로 양의 상관관계를 나타낸다.
ㄱ. 상관관계가 없다.   ㄴ, ㄹ. 양의 상관관계   ㄷ. 음의 상관관계
따라서 산점도가 주어진 그림과 같은 것은 ㄴ, ㄹ이다.   답 ④

06

①, ②, ③, ④ 양의 상관관계   ⑤ 음의 상관관계
따라서 두 변량 사이의 관계가 나머지 넷과 다른 하나는 ⑤이다.   답 ⑤

07

① 산의 높이가 높을수록 기온은 낮은 편이다.
④ 높이가 가장 낮은 산은 B이다.
⑤ 높이에 비하여 기온이 낮은 산은 B와 D이다.   답 ②, ③

개념 넓히기로 마무리

01 ③	**02** 16초	**03** ②	**04** 175 cm
05 14	**06** ②	**07** ③, ④	**08** $2\sqrt{2}$회
09 ①	**10** ③, ⑤	**11** ⑤	**12** 85점
13 ③	**14** ⑤	**15** ②, ⑤	**16** $b=c<a$
17 2자루	**18** 80점	**19** ②	**20** 29
21 $\sqrt{3.6}$회			

01

③ 자료의 값이 모두 다르면 최빈값이 존재하지 않는다.   답 ③

02

$$(\text{평균})=\frac{15+16+18+15+19+15+14}{7}$$
$$=\frac{112}{7}=16(\text{초})$$

답 16초

03

a, b, c의 평균이 5이므로
$$\frac{a+b+c}{3}=5 \qquad \therefore a+b+c=15$$
따라서 2, $3a$, $3b$, $3c$, 8의 평균은
$$\frac{2+3a+3b+3c+8}{5}=\frac{3(a+b+c)+10}{5}$$
$$=\frac{3\times15+10}{5}=11$$

답 ②

04

모임에서 탈퇴한 회원의 키를 x cm라고 하면
$$\frac{21\times165-x}{20}=164.5,\ 3465-x=3290 \qquad \therefore x=175$$
따라서 탈퇴한 회원의 키는 175 cm이다.

답 175 cm

05

수면 시간이 5시간인 학생이 3명, 6시간인 학생이 4명, 7시간인 학생이 6명, 8시간인 학생이 3명, 9시간인 학생이 1명이다.
중앙값은 작은 값에서부터 크기순으로 나열할 때, 9번째 변량이므로 $a=7$
가장 많이 나타나는 변량은 7시간이므로 $b=7$
$$\therefore a+b=7+7=14$$

답 14

06

x의 값에 관계없이 23의 도수가 가장 크므로 최빈값은 23이다.
따라서 평균이 23이므로
$$\frac{23+20+23+28+x+23}{6}=\frac{117+x}{6}=23$$
$$117+x=138 \qquad \therefore x=21$$

답 ②

07

① 편차의 합은 0이므로
$$3+(-4)+x+1=0 \qquad \therefore x=0$$
② 경수의 팔굽혀펴기 기록은 $3+12=15$(개)이다.
⑤ 팔굽혀펴기 기록이 가장 좋은 학생은 경수이다.

답 ③, ④

08

턱걸이 횟수의 평균이 5회이므로
$$\frac{1+4+8+3+3+7+10+x}{8}=5$$
$$36+x=40 \qquad \therefore x=4$$

(분산)

$$=\frac{(-4)^2+(-1)^2+3^2+(-2)^2+(-2)^2+2^2+5^2+(-1)^2}{8}$$
$$=\frac{64}{8}=8$$
$$\therefore (\text{표준편차})=\sqrt{8}=2\sqrt{2}(\text{회})$$

답 $2\sqrt{2}$회

09

편차의 합은 0이므로
$$-1+x+(-3)+y+1+1+5=0 \qquad \therefore x+y=-3 \quad \cdots\cdots\ \bigcirc$$
또, 표준편차가 $\sqrt{6}$권이면 분산은 6이므로
$$\frac{(-1)^2+x^2+(-3)^2+y^2+1^2+1^2+5^2}{7}=6$$
$$x^2+y^2+37=42 \qquad \therefore x^2+y^2=5 \quad \cdots\cdots\ \bigcirc$$
$x^2+y^2=(x+y)^2-2xy$에 $\bigcirc$, $\bigcirc$을 대입하면
$$5=(-3)^2-2xy,\ 2xy=4 \qquad \therefore xy=2$$

답 ①

10

① 주어진 자료로 학생 수는 알 수 없다.
② 편차의 합은 항상 0이므로 4개 반 모두 같다.
③ 1반의 표준편차가 가장 작으므로 1반 학생들의 성적이 가장 고르다.
④ (분산)=(표준편차)^{2}이므로 분산이 가장 큰 반은 표준편차가 가장 큰 3반이다.

답 ③, ⑤

11

1학기 성적보다 2학기 성적이 더 높은 학생 수는 오른쪽 그림에서 대각선의 위쪽에 있는 점의 개수와 같으므로 8명이다.
$$\therefore a=\frac{8}{16}\times100=50$$

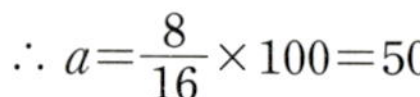

또, 1학기와 2학기 성적이 모두 30점 이상인 학생 수는 오른쪽 그림에서 색칠한 부분과 그 경계에 속하는 점의 개수와 같으므로 4명이다.
$$\therefore b=\frac{4}{16}\times100=25$$
$$\therefore a+b=50+25=75$$

답 ⑤

12

5등인 학생은 오른쪽 그림에서 A이므로 (1차 성적, 2차 성적)이 (80점, 90점)이다.
$$\therefore (\text{평균})=\frac{80+90}{2}=85(\text{점})$$

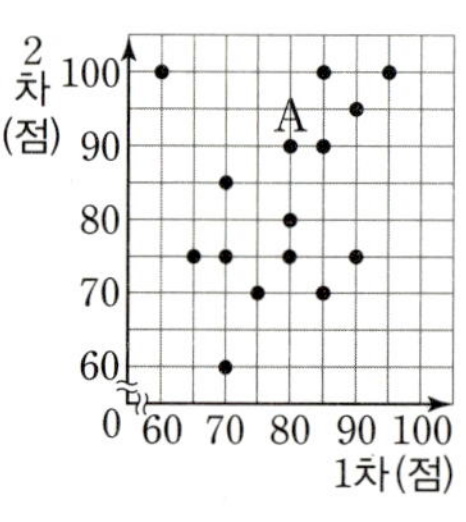

답 85점

13

대각선에서 멀리 떨어져 있을수록 1차 성적과 2차 성적의 차가 크다.

따라서 오른쪽 그림에서 B의 성적의 차가 가장 크고, 그 차는

$100-60=40$(점)이다.

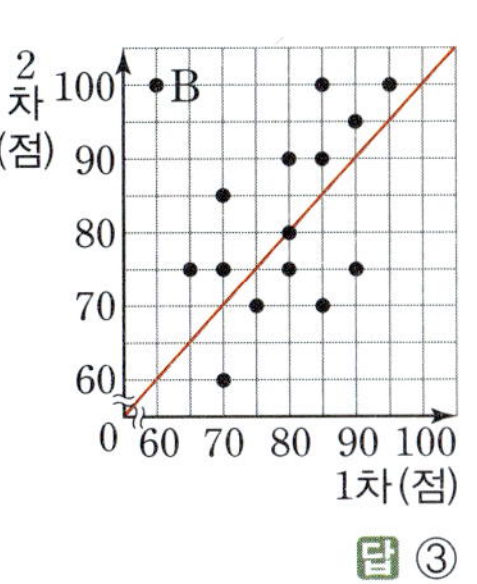

답 ③

14

석유 생산량이 많을수록 가격은 낮아지므로 두 변량 사이에는 음의 상관관계가 있다.

①, ②, ③, ④ 양의 상관관계 　　⑤ 음의 상관관계

따라서 상관관계가 같은 것은 ⑤이다.

답 ⑤

15

② 키가 가장 큰 학생은 E이다.

⑤ E는 키는 크지만 몸무게는 적게 나간다.

답 ②, ⑤

16

$$(\text{평균})=\frac{4+7+8+5+3+5}{6}$$

$$=\frac{32}{6}=\frac{16}{3}(\text{시간})$$

$$\therefore a=\frac{16}{3} \qquad \cdots\cdots\ 30\%$$

자료를 작은 값에서부터 크기순으로 나열하면 3, 4, 5, 5, 7, 8이므로

$$(\text{중앙값})=\frac{5+5}{2}=5(\text{시간})$$

$$\therefore b=5 \qquad \cdots\cdots\ 30\%$$

가장 많이 나타나는 값은 5이므로 최빈값은 5시간이다.

$$\therefore c=5 \qquad \cdots\cdots\ 30\%$$

따라서 a, b, c의 대소 관계를 $<$ 또는 $=$를 사용하여 나타내면

$$b=c<a \qquad \cdots\cdots\ 10\%$$

답 $b=c<a$

17

$$(\text{평균})=\frac{6+3+5+x+2+7+4}{7}=4\text{이므로}$$

$$27+x=28 \qquad \therefore x=1 \qquad \cdots\cdots\ 40\%$$

$$(\text{분산})=\frac{2^2+(-1)^2+1^2+(-3)^2+(-2)^2+3^2+0^2}{7}$$

$$=\frac{28}{7}=4 \qquad \cdots\cdots\ 40\%$$

$$\therefore (\text{표준편차})=\sqrt{4}=2(\text{자루}) \qquad \cdots\cdots\ 20\%$$

답 2자루

18

국어 성적보다 사회 성적이 낮은 학생 수는 오른쪽 그림에서 대각선의 아래쪽에 있는 점의 개수와 같으므로 6명이다.

$\cdots\cdots\ 50\%$

따라서 이 학생들의 사회 성적의 평균은

$$\frac{70+70+75+80+90+95}{6}$$

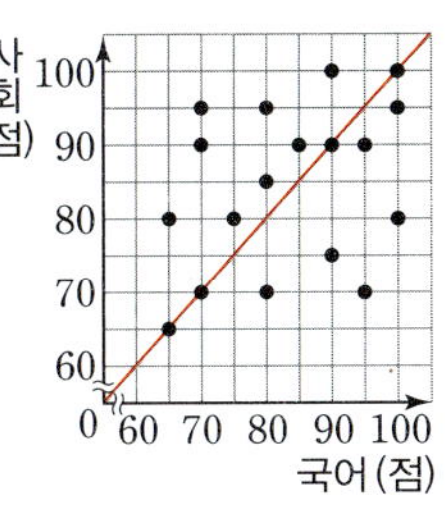

$$=\frac{480}{6}=80(\text{점}) \qquad \cdots\cdots\ 50\%$$

답 80점

19

지윤이가 88점을 받은 과목의 점수를 x점으로 잘못 보았다고 하고, 나머지 8과목의 점수의 총합을 S점이라고 하자.

평균이 1점 낮게 나왔으므로

$$\frac{S+x}{9}=\frac{S+88}{9}-1$$

$$S+x=S+88-9 \qquad \therefore x=79$$

따라서 지윤이는 88점을 79점으로 잘못 보았다.

답 ②

20

a, b, c를 제외한 자료에서 6이 2개, 10이 1개이므로 최빈값이 10이 되려면 a, b, c 중 적어도 2개는 10이 되어야 한다.

a, b, c의 값을 10, 10, x로 놓자.

주어진 자료를 x를 제외하고 작은 값에서부터 크기순으로 나열하면

3, 6, 6, 7, 10, 10, 10

이때 중앙값이 8이 되려면 x를 포함한 자료에서 4번째와 5번째 변량의 평균이 8이어야 한다.

즉, $7<x<10$이어야 하므로

$$\frac{7+x}{2}=8, \ 7+x=16 \qquad \therefore x=9$$

$$\therefore a+b+c=10+10+9=29$$

답 29

21

A반과 B반의 평균이 24회로 서로 같으므로 두 반 전체의 평균도 24회이다.

A반의 $(\text{편차})^2$의 총합은

$$20\times(\sqrt{3}\,)^2=60$$

B반의 $(\text{편차})^2$의 총합은

$$30\times2^2=120$$

이때 두 반 전체의 학생 수는 $20+30=50$(명)이고 50명에 대한 $(\text{편차})^2$의 총합은 $60+120=180$이므로

$$(\text{분산})=\frac{180}{50}=3.6$$

$$\therefore (\text{표준편차})=\sqrt{3.6}(\text{회})$$

답 $\sqrt{3.6}$회

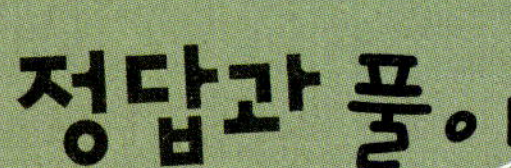

1. 삼각비

배운대로 복습하기　개념 01 ~ 개념 02

| **01** ② | **02** $\dfrac{2}{3}$ | **03** 5 cm | **04** ③ |
| **05** $\sqrt{3}$ | **06** $-\dfrac{5}{4}$ | **07** ③ | **08** 16 |

01

$\overline{BC}=\sqrt{10^2-8^2}=\sqrt{36}=6$

① $\sin A=\dfrac{6}{10}=\dfrac{3}{5}$

③ $\tan A=\dfrac{6}{8}=\dfrac{3}{4}$

④ $\sin B=\dfrac{8}{10}=\dfrac{4}{5}$

⑤ $\cos B=\dfrac{6}{10}=\dfrac{3}{5}$

답 ②

02

$y=\dfrac{2}{3}x+4$에 $y=0$을 대입하면

$0=\dfrac{2}{3}x+4,\ -\dfrac{2}{3}x=4,\ x=-6$　∴ A$(-6,\,0)$

$y=\dfrac{2}{3}x+4$에 $x=0$을 대입하면 $y=4$　∴ B$(0,\,4)$

직각삼각형 AOB에서 $\overline{AO}=6,\ \overline{BO}=4$이므로

$\tan a=\dfrac{\overline{BO}}{\overline{AO}}=\dfrac{4}{6}=\dfrac{2}{3}$

답 $\dfrac{2}{3}$

다른 풀이

$\tan a=\dfrac{\overline{BO}}{\overline{AO}}=\dfrac{(y\text{의 값의 증가량})}{(x\text{의 값의 증가량})}$

　　$=(\text{일차함수의 그래프의 기울기})=\dfrac{2}{3}$

03

$\cos A=\dfrac{\overline{AC}}{6}=\dfrac{\sqrt{11}}{6}$이므로 $\overline{AC}=\sqrt{11}\,(\text{cm})$

∴ $\overline{BC}=\sqrt{6^2-(\sqrt{11})^2}=\sqrt{25}=5\,(\text{cm})$

답 5 cm

04

$\tan A=2$이므로 오른쪽 그림과 같이 $\angle B=90°$, $\overline{AB}=1,\ \overline{BC}=2$인 직각삼각형 ABC를 그릴 수 있다.

이때 $\overline{AC}=\sqrt{1^2+2^2}=\sqrt{5}$이므로

$\sin A=\dfrac{\overline{BC}}{\overline{AC}}=\dfrac{2}{\sqrt{5}}=\dfrac{2\sqrt{5}}{5}$

$\cos A=\dfrac{\overline{AB}}{\overline{AC}}=\dfrac{1}{\sqrt{5}}=\dfrac{\sqrt{5}}{5}$

∴ $\sin A+\cos A=\dfrac{2\sqrt{5}}{5}+\dfrac{\sqrt{5}}{5}=\dfrac{3\sqrt{5}}{5}$

답 ③

05

$\triangle ABC$와 $\triangle DBA$에서

$\angle B$는 공통,

$\angle BAC=\angle BDA=90°$이므로

$\triangle ABC\backsim\triangle DBA$ (AA 닮음)

∴ $\angle C=\angle BAD=\angle x$

같은 방법으로 $\triangle ABC\backsim\triangle DAC$ (AA 닮음)이므로

$\angle B=\angle CAD=\angle y$

$\triangle ABC$에서 $\overline{BC}=\sqrt{2^2+(2\sqrt{3})^2}=\sqrt{16}=4$이므로

$\cos x=\cos C=\dfrac{\overline{AC}}{\overline{BC}}=\dfrac{2\sqrt{3}}{4}=\dfrac{\sqrt{3}}{2}$

$\sin y=\sin B=\dfrac{\overline{AC}}{\overline{BC}}=\dfrac{2\sqrt{3}}{4}=\dfrac{\sqrt{3}}{2}$

∴ $\cos x+\sin y=\dfrac{\sqrt{3}}{2}+\dfrac{\sqrt{3}}{2}=\sqrt{3}$

答 $\sqrt{3}$

06

$(\text{주어진 식})=\dfrac{\sqrt{3}}{2}\times\dfrac{\sqrt{3}}{2}-1\div\dfrac{1}{2}$

　　　　　$=\dfrac{3}{4}-2=-\dfrac{5}{4}$

답 $-\dfrac{5}{4}$

07

$\triangle DBC$에서 $\tan 60°=\dfrac{\overline{BC}}{2\sqrt{6}}=\sqrt{3}$　∴ $\overline{BC}=6\sqrt{2}$

$\triangle ABC$에서 $\sin 45°=\dfrac{\overline{AB}}{6\sqrt{2}}=\dfrac{\sqrt{2}}{2}$　∴ $\overline{AB}=6$

답 ③

08

$\triangle ABC$에서 $\tan 30°=\dfrac{8\sqrt{3}}{\overline{BC}}=\dfrac{\sqrt{3}}{3}$　∴ $\overline{BC}=24$

$\triangle ADC$에서 $\tan 60°=\dfrac{8\sqrt{3}}{\overline{DC}}=\sqrt{3}$　∴ $\overline{DC}=8$

∴ $\overline{BD}=\overline{BC}-\overline{DC}=24-8=16$

답 16

배운대로 복습하기　개념 03 ~ 개념 04

| **01** ①, ⑤ | **02** 2.52 | **03** $\dfrac{1}{2}$ | **04** ④ |
| **05** ①, ③ | **06** ⑤ | **07** ⑤ | **08** 6.561 |

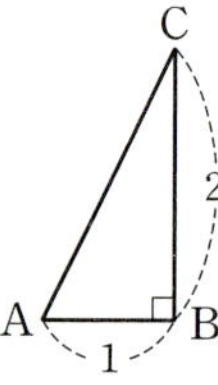

01

① $\cos x = \dfrac{\overline{AB}}{\overline{AC}} = \dfrac{\overline{AB}}{1} = \overline{AB}$

② $\sin y = \dfrac{\overline{AB}}{\overline{AC}} = \dfrac{\overline{AB}}{1} = \overline{AB}$

③ $\cos y = \dfrac{\overline{BC}}{\overline{AC}} = \dfrac{\overline{BC}}{1} = \overline{BC}$

④ $\tan y = \tan z = \dfrac{\overline{AD}}{\overline{DE}} = \dfrac{1}{\overline{DE}}$

⑤ $\cos z = \cos y = \dfrac{\overline{BC}}{\overline{AC}} = \dfrac{\overline{BC}}{1} = \overline{BC}$

따라서 옳은 것은 ①, ⑤이다. **답** ①, ⑤

02

$\triangle AOB$에서

$\angle OAB = 180° - (52° + 90°) = 38°$

이므로

$\sin 38° = \dfrac{\overline{OB}}{\overline{OA}} = \dfrac{\overline{OB}}{1} = \overline{OB} = 0.62$

$\cos 52° = \dfrac{\overline{OB}}{\overline{OA}} = \dfrac{\overline{OB}}{1} = \overline{OB} = 0.62$

$\tan 52° = \dfrac{\overline{CD}}{\overline{OD}} = \dfrac{\overline{CD}}{1} = \overline{CD} = 1.28$

$\therefore \sin 38° + \cos 52° + \tan 52° = 0.62 + 0.62 + 1.28$

$\qquad\qquad = 2.52$ **답** 2.52

03

$(\text{주어진 식}) = \dfrac{1}{2} \times 1 \times 1 - \dfrac{\sqrt{3}}{2} \times 1 \times 0 = \dfrac{1}{2}$ **답** $\dfrac{1}{2}$

04

① $(\text{좌변}) = 0 + 1 = 1$

② $(\text{좌변}) = 1 - 1 = 0$

③ $(\text{좌변}) = 0 + 1 \times 0 = 0$

④ $(\text{좌변}) = \dfrac{1}{2} \times 1 - \dfrac{1}{2} \times 0 = \dfrac{1}{2}$

⑤ $(\text{좌변}) = (1 + \sqrt{3})(1 - \sqrt{3})$
$\qquad\qquad = 1^2 - (\sqrt{3})^2 = -2$

따라서 옳지 않은 것은 ④이다. **답** ④

05

① $0° \leq x \leq 90°$일 때, x의 크기가 증가하면 $\sin x$의 값도 증가하므로 $\sin 66° < \sin 72°$

② $0° \leq x \leq 90°$일 때, x의 크기가 증가하면 $\cos x$의 값은 감소하므로 $\cos 15° > \cos 20°$

③ $\sin 90° = 1$, $\tan 0° = 0$이므로 $\sin 90° > \tan 0°$

④ $\cos 0° = 1$, $\tan 50° > \tan 45° = 1$이므로 $\cos 0° < \tan 50°$

⑤ $0° \leq x \leq 90°$일 때, x의 크기가 증가하면 $\tan x$의 값도 로 $\tan 40° > \tan 31°$

따라서 옳지 않은 것은 ①, ③이다. **답** ①, ③

06

$\cos 0° = 1$, $\sin 45° < \sin 50° < \sin 89° < \sin 90° = 1$,
$\tan 46° > \tan 45° = 1$

$\therefore \sin 45° < \sin 50° < \sin 89° < \cos 0° < \tan 46°$

따라서 삼각비의 값 중 가장 큰 것은 ⑤ $\tan 46°$이다. **답** ⑤

07

⑤ $\tan x = 1.3270$이면 $x = 53°$ **답** ⑤

08

$\angle C = 180° - (41° + 90°)$
$\qquad = 49°$

$\cos 49° = \dfrac{\overline{BC}}{10} = 0.6561$

$\therefore \overline{BC} = 6.561$

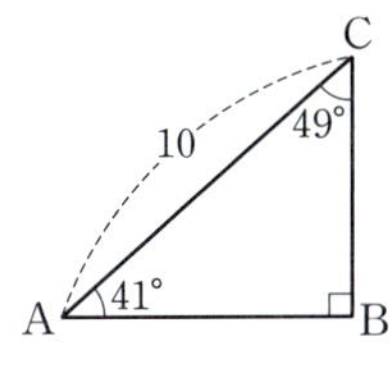

답 6.561

I. 삼각비

2. 삼각비의 활용

워크북 | 4쪽

배운대로 복습하기 개념 01 ~ 개념 03

01 ②, ③ **02** 81 cm³ **03** ④
04 $(20 + 20\sqrt{3})$ m **05** ④ **06** $4\sqrt{6}$
07 $15(\sqrt{3} - 1)$ m **08** $16(\sqrt{3} + 1)$ cm²

01

① $\sin B = \dfrac{b}{c}$이므로 $b = c \sin B$

④ $\tan B = \dfrac{b}{a}$이므로 $b = a \tan B$

⑤ $\cos B = \dfrac{a}{c}$이므로 $c = \dfrac{a}{\cos B}$ **답** ②, ③

02

$\overline{CG} = 6 \sin 30° = 6 \times \dfrac{1}{2} = 3 (\text{cm})$

$\overline{FG} = 6 \cos 30° = 6 \times \dfrac{\sqrt{3}}{2} = 3\sqrt{3} (\text{cm})$

따라서 직육면체의 부피는

$3\sqrt{3} \times 3\sqrt{3} \times 3 = 81 (\text{cm}^3)$ **답** 81 cm³

03

$\overline{AB}=10\tan35°=10×0.7=7(m)$

$\overline{AC}=\dfrac{10}{\cos35°}=\dfrac{10}{0.8}=12.5(m)$

∴ (부러지기 전의 나무의 높이)$=\overline{AB}+\overline{AC}$
$$=7+12.5=19.5(m)$$
　답 ④

04

△CHD에서

$\overline{DH}=20\tan45°=20×1=20(m)$

△CEH에서

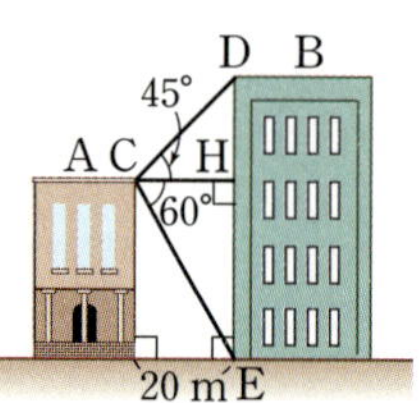

$\overline{EH}=20\tan60°=20×\sqrt{3}=20\sqrt{3}(m)$

∴ $\overline{DE}=\overline{DH}+\overline{EH}=20+20\sqrt{3}(m)$

따라서 건물 B의 높이는 $(20+20\sqrt{3})$ m이다.　답 $(20+20\sqrt{3})$ m

05

∠B$=180°-120°=60°$

꼭짓점 A에서 $\overline{BC}$에 내린 수선의 발을
H라고 하면 △ABH에서

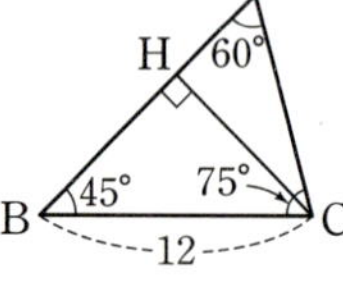

$\overline{AH}=6\sin60°=6×\dfrac{\sqrt{3}}{2}=3\sqrt{3}$

$\overline{BH}=6\cos60°=6×\dfrac{1}{2}=3$

이때 $\overline{CH}=\overline{BC}-\overline{BH}=10-3=7$이므로 △AHC에서

$\overline{AC}=\sqrt{(3\sqrt{3})^2+7^2}=\sqrt{76}=2\sqrt{19}$　답 ④

06

∠A$=180°-(45°+75°)=60°$

꼭짓점 C에서 $\overline{AB}$에 내린 수선의 발을 H라고
하면 △BCH에서

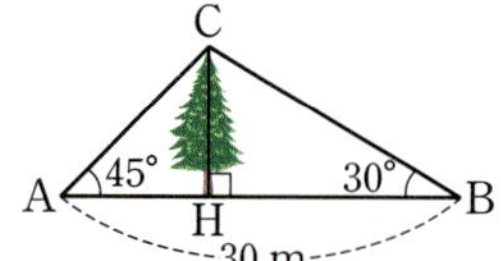

$\overline{CH}=12\sin45°=12×\dfrac{\sqrt{2}}{2}=6\sqrt{2}$

따라서 △AHC에서

$\overline{AC}=\dfrac{6\sqrt{2}}{\sin60°}=6\sqrt{2}×\dfrac{2}{\sqrt{3}}=4\sqrt{6}$　답 $4\sqrt{6}$

07

꼭짓점 C에서 $\overline{AB}$에 내린 수선의 발을
H라 하고 $\overline{CH}=h$ m라고 하면

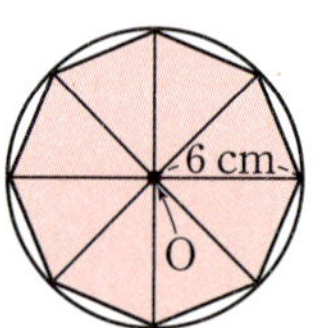

△CAH에서 ∠ACH$=45°$이므로

$\overline{AH}=h\tan45°=h(m)$

△CHB에서 ∠BCH$=60°$이므로 $\overline{BH}=h\tan60°=\sqrt{3}h(m)$

이때 $\overline{AB}=\overline{AH}+\overline{BH}$이므로 $30=h+\sqrt{3}h$

$(1+\sqrt{3})h=30$　∴ $h=\dfrac{30}{1+\sqrt{3}}=15(\sqrt{3}-1)$

따라서 나무의 높이는 $15(\sqrt{3}-1)$ m이다.　답 $15(\sqrt{3}-1)$ m

08

$\overline{AH}=h$ cm라고 하면

△ABH에서 ∠BAH$=60°$이므로 $\overline{BH}=h\tan60°=\sqrt{3}h(cm)$

△ACH에서 ∠CAH$=45°$이므로 $\overline{CH}=h\tan45°=h(cm)$

이때 $\overline{BC}=\overline{BH}-\overline{CH}$이므로 $8=\sqrt{3}h-h$

$(\sqrt{3}-1)h=8$　∴ $h=\dfrac{8}{\sqrt{3}-1}=4(\sqrt{3}+1)$

∴ △ABC$=\dfrac{1}{2}×8×4(\sqrt{3}+1)$
$$=16(\sqrt{3}+1)(cm^2)$$
　답 $16(\sqrt{3}+1)$ cm²

워크북 | 5쪽

배운대로 복습하기　개념 04 ~ 개념 05

01 ①	02 $6\sqrt{3}$ cm²	03 $72\sqrt{2}$ cm²	04 120°
05 $\dfrac{23\sqrt{3}}{4}$ cm²	06 $32\sqrt{2}$ cm²	07 ①	08 ⑤

01

$\dfrac{1}{2}×\overline{AB}×5×\sin30°=5$이므로

$\dfrac{1}{2}×\overline{AB}×5×\dfrac{1}{2}=5,\ \dfrac{5}{4}\overline{AB}=5$

∴ $\overline{AB}=4(cm)$　답 ①

02

점 G가 △ABC의 무게중심이므로

△GBC$=\dfrac{1}{3}$△ABC
$$=\dfrac{1}{3}×\left(\dfrac{1}{2}×9×8×\sin60°\right)$$
$$=\dfrac{1}{3}×\left(\dfrac{1}{2}×9×8×\dfrac{\sqrt{3}}{2}\right)$$
$$=6\sqrt{3}(cm^2)$$
　답 $6\sqrt{3}$ cm²

03

점 O를 지나는 정팔각형의 대각선을 모두 그으면
정팔각형은 두 변의 길이가 각각 6 cm이고 그 끼
인각의 크기가 45°인 8개의 합동인 이등변삼각형
으로 나누어진다.

∴ (정팔각형의 넓이)$=8×\left(\dfrac{1}{2}×6×6×\sin45°\right)$
$$=8×\left(\dfrac{1}{2}×6×6×\dfrac{\sqrt{2}}{2}\right)$$
$$=72\sqrt{2}(cm^2)$$
　답 $72\sqrt{2}$ cm²

04

$\dfrac{1}{2}\times 8\sqrt{3}\times 10\times \sin{(180°-B)}=60$이므로

$\sin{(180°-B)}=\dfrac{\sqrt{3}}{2}$

이때 $\sin{60°}=\dfrac{\sqrt{3}}{2}$이므로

$180°-\angle B=60°$ $\qquad \therefore \angle B=120°$ 답 $120°$

05

$\overline{AC}$를 그으면

$\square ABCD$

$=\triangle ABC+\triangle ACD$

$=\dfrac{1}{2}\times 3\times \sqrt{3}\times \sin{(180°-150°)}$

$\qquad +\dfrac{1}{2}\times 4\times 5\times \sin{60°}$

$=\dfrac{1}{2}\times 3\times \sqrt{3}\times \dfrac{1}{2}+\dfrac{1}{2}\times 4\times 5\times \dfrac{\sqrt{3}}{2}$

$=\dfrac{3\sqrt{3}}{4}+5\sqrt{3}$

$=\dfrac{23\sqrt{3}}{4}(cm^2)$ 답 $\dfrac{23\sqrt{3}}{4}\ cm^2$

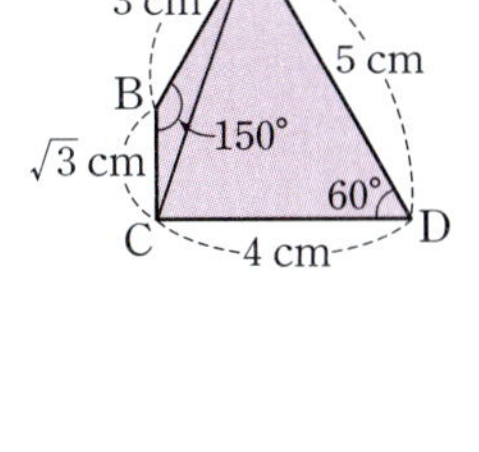

06

마름모 ABCD는 네 변의 길이가 같은 평행사변형이므로

$\square ABCD=8\times 8\times \sin{45°}$

$\qquad\qquad =8\times 8\times \dfrac{\sqrt{2}}{2}$

$\qquad\qquad =32\sqrt{2}(cm^2)$ 답 $32\sqrt{2}\ cm^2$

07

$\triangle AMC=\dfrac{1}{4}\square ABCD$

$\qquad\quad =\dfrac{1}{4}\times (8\sqrt{2}\times 14\times \sin{30°})$

$\qquad\quad =\dfrac{1}{4}\times \left(8\sqrt{2}\times 14\times \dfrac{1}{2}\right)$

$\qquad\quad =14\sqrt{2}(cm^2)$ 답 ①

08

$\overline{BD}=x$ cm라고 하면 $\square ABCD$는 등변사다리꼴이므로

$\overline{AC}=\overline{BD}=x(cm)$

이때 $\dfrac{1}{2}\times x\times x\times \sin{(180°-135°)}=20\sqrt{2}$이므로

$\dfrac{1}{2}\times x\times x\times \dfrac{\sqrt{2}}{2}=20\sqrt{2}$

$\dfrac{\sqrt{2}}{4}x^2=20\sqrt{2},\ x^2=80$

$\therefore x=4\sqrt{5}\ (\because x>0)$

$\therefore \overline{BD}=4\sqrt{5}(cm)$ 답 ⑤

---

1. 원과 직선

워크북 | 6쪽

배운대로 복습하기 개념 01 ~ 개념 02

01 ①	02 ⑤	03 $225\pi\ cm^2$	04 10 cm
05 12 cm	06 10 cm	07 ②	08 56°

01

오른쪽 그림과 같은 원 O에서

$\overline{AM}=\dfrac{1}{2}\overline{AB}=\dfrac{1}{2}\times 10=5(cm)$

직각삼각형 OAM에서

$\overline{OM}=\sqrt{7^2-5^2}=\sqrt{24}=2\sqrt{6}(cm)$

따라서 구하는 거리는 $2\sqrt{6}$ cm이다.

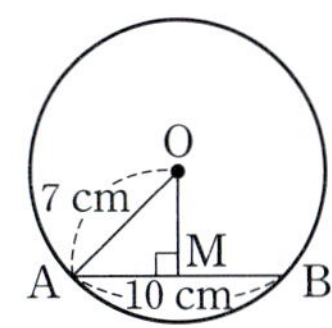

답 ①

02

원 O의 반지름의 길이가 14 cm이므로 $\overline{OC}=14$ cm

$\therefore \overline{OM}=\dfrac{1}{2}\overline{OC}=\dfrac{1}{2}\times 14=7(cm)$

직각삼각형 OAM에서

$\overline{AM}=\sqrt{14^2-7^2}=\sqrt{147}=7\sqrt{3}(cm)$

$\therefore \overline{BM}=\overline{AM}=7\sqrt{3}(cm)$ 답 ⑤

03

직각삼각형 MCB에서

$\overline{BM}=\sqrt{(6\sqrt{5})^2-6^2}=\sqrt{144}=12(cm)$

$\overline{OB}$를 긋고 원 O의 반지름의 길이를 r cm라고 하면

$\overline{OB}=r$ cm, $\overline{OM}=r-6(cm)$

직각삼각형 OMB에서

$r^2=(r-6)^2+12^2$

$r^2=r^2-12r+36+144$

$12r=180$ $\qquad \therefore r=15$

따라서 원 O의 넓이는 $\pi\times 15^2=225\pi(cm^2)$ 답 $225\pi\ cm^2$

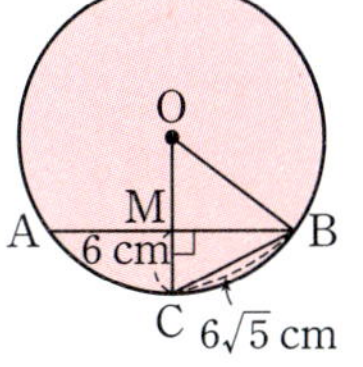

04

현의 수직이등분선은 원의 중심을 지나므로 원의 중심을 O, 반지름의 길이를 r cm라고 하면

$\overline{OA}=r$ cm, $\overline{OD}=r-1(cm)$

$\overline{AD}=\dfrac{1}{2}\overline{AB}=\dfrac{1}{2}\times 6=3(cm)$이므로

직각삼각형 AOD에서

$r^2=3^2+(r-1)^2,\ r^2=9+r^2-2r+1$

$2r=10$ $\qquad \therefore r=5$

따라서 원래의 접시의 지름의 길이는

$5\times 2=10(cm)$ 답 10 cm

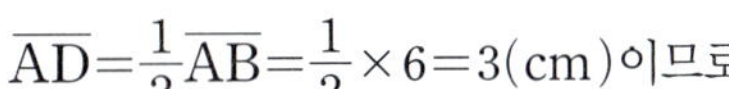

05

$\overline{OA}$를 그으면
$\overline{OA}=2\overline{OM}=2\times2\sqrt{3}=4\sqrt{3}(cm)$
직각삼각형 OAM에서
$\overline{AM}=\sqrt{(4\sqrt{3})^2-(2\sqrt{3})^2}=\sqrt{36}=6(cm)$
$\therefore \overline{AB}=2\overline{AM}=2\times6=12(cm)$

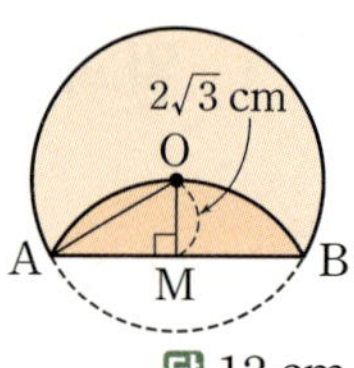

目 12 cm

06

$\overline{OM}=\overline{ON}$이므로 $\overline{AB}=\overline{CD}=12(cm)$

이때 $\overline{AM}=\dfrac{1}{2}\overline{AB}=\dfrac{1}{2}\times12=6(cm)$이므로 직각삼각형 OAM에서
$\overline{OA}=\sqrt{6^2+8^2}=\sqrt{100}=10(cm)$

目 10 cm

07

점 O에서 $\overline{CD}$에 내린 수선의 발을 N이라고
하면 $\overline{AB}=\overline{CD}$이므로
$\overline{ON}=\overline{OM}=4\sqrt{2}(cm)$
직각삼각형 OND에서
$\overline{DN}=\sqrt{9^2-(4\sqrt{2})^2}=\sqrt{49}=7(cm)$
따라서 $\overline{CD}=2\overline{DN}=2\times7=14(cm)$이므로
$\triangle OCD=\dfrac{1}{2}\times14\times4\sqrt{2}=28\sqrt{2}(cm^2)$

目 ②

08

$\overline{OM}=\overline{ON}$이므로 $\overline{AB}=\overline{AC}$
따라서 $\triangle ABC$는 이등변삼각형이므로
$\angle BAC=180°-2\times62°=56°$

目 56°

워크북 | 7쪽

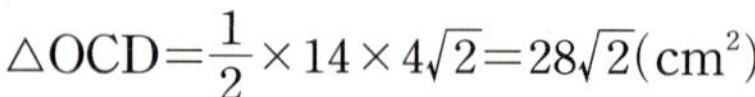 배운대로 복습하기 개념 03 ~ 개념 05

01 ④	**02** $36\sqrt{3}$ cm²	**03** ④	**04** $45\sqrt{6}$ cm²
05 ②	**06** 26 cm	**07** ①	**08** $\dfrac{26}{3}$ cm

01

$\overline{OT}$를 긋고 원 O의 반지름의 길이를 r cm
라고 하면
$\overline{OA}=\overline{OT}=r(cm)$, $\overline{OP}=r+4(cm)$
이때 $\angle OTP=90°$이므로 직각삼각형
POT에서
$(r+4)^2=r^2+10^2$, $r^2+8r+16=r^2+100$
$8r=84$ $\therefore r=\dfrac{21}{2}$

따라서 원 O의 둘레의 길이는 $2\pi\times\dfrac{21}{2}=21\pi(cm)$

目 ④

02

$\overline{PB}=\overline{PA}=12(cm)$이므로
$\triangle APB=\dfrac{1}{2}\times12\times12\times\sin60°$
$\qquad\quad=\dfrac{1}{2}\times12\times12\times\dfrac{\sqrt{3}}{2}$
$\qquad\quad=36\sqrt{3}(cm^2)$

目 $36\sqrt{3}$ cm²

03

$\angle ODA=90°$이므로 직각삼각형 AOD에서
$\overline{AD}=\sqrt{9^2-3^2}=\sqrt{72}=6\sqrt{2}(cm)$
이때 $\overline{AD}=\overline{AF}$, $\overline{BE}=\overline{BD}$, $\overline{CE}=\overline{CF}$이므로
$(\triangle ACB$의 둘레의 길이$)=\overline{AC}+\overline{BC}+\overline{AB}$
$\qquad\qquad=\overline{AC}+(\overline{BE}+\overline{CE})+\overline{AB}$
$\qquad\qquad=\overline{AC}+(\overline{BD}+\overline{CF})+\overline{AB}$
$\qquad\qquad=(\overline{AC}+\overline{CF})+(\overline{AB}+\overline{BD})$
$\qquad\qquad=\overline{AF}+\overline{AD}=2\overline{AD}$
$\qquad\qquad=2\times6\sqrt{2}=12\sqrt{2}(cm)$

目 ④

04

$\overline{BE}=\overline{BC}=9(cm)$이므로
$\overline{AD}=\overline{AE}=15-9=6(cm)$
꼭짓점 A에서 $\overline{BC}$에 내린 수선의 발을 H라고
하면
$\overline{HC}=\overline{AD}=6(cm)$이므로
$\overline{BH}=9-6=3(cm)$
직각삼각형 ABH에서
$\overline{AH}=\sqrt{15^2-3^2}=\sqrt{216}=6\sqrt{6}(cm)$
$\therefore \square ABCD=\dfrac{1}{2}\times(6+9)\times6\sqrt{6}$
$\qquad\qquad=45\sqrt{6}(cm^2)$

目 $45\sqrt{6}$ cm²

05

$\overline{AD}=\overline{AF}=4(cm)$이므로
$\overline{BE}=\overline{BD}=9-4=5(cm)$
$\overline{CE}=\overline{CF}=12-4=8(cm)$
$\therefore \overline{BC}=\overline{BE}+\overline{CE}$
$\qquad\quad=5+8=13(cm)$

目 ②

06

$\overline{OE}$를 그으면
$\square ODBE$는 정사각형이므로
$\overline{BD}=\overline{BE}=\overline{OD}=4(cm)$
$\overline{CF}=\overline{CE}=10-4=6(cm)$
$\overline{AF}=x$ cm라고 하면 $\overline{AD}=\overline{AF}=x(cm)$이므로
$\overline{AB}=x+4(cm)$, $\overline{AC}=x+6(cm)$

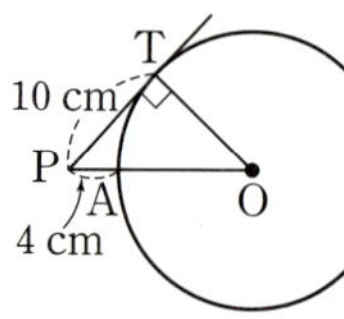

직각삼각형 ABC에서 $(x+6)^2=(x+4)^2+10^2$

$x^2+12x+36=x^2+8x+16+100$

$4x=80$　　$\therefore x=20$

$\therefore \overline{AC}=x+6=20+6=26\,(\text{cm})$　　　답 26 cm

07

$\overline{AB}+\overline{CD}=\overline{AD}+\overline{BC}$이므로

$(4x-2)+(2x+2)=(x+5)+(3x+1)$

$6x=4x+6,\ 2x=6$

$\therefore x=3$　　　답 ①

08

$\overline{AE}=x$ cm라고 하면 □AECD가 원 O에 외접하므로

$\overline{AE}+\overline{CD}=\overline{AD}+\overline{EC}$

$x+8=10+\overline{EC}$　　$\therefore \overline{EC}=x-2\,(\text{cm})$

이때 $\overline{BE}=10-(x-2)=12-x\,(\text{cm})$이므로

직각삼각형 ABE에서

$x^2=8^2+(12-x)^2,\ x^2=64+144-24x+x^2$

$24x=208$　　$\therefore x=\dfrac{26}{3}$

$\therefore \overline{AE}=\dfrac{26}{3}\,(\text{cm})$　　　답 $\dfrac{26}{3}$ cm

Ⅱ. 원의 성질

2. 원주각

워크북 | 8~9쪽

배운대로 복습하기　개념 01 ~ 개념 03

01 ①	02 $16\sqrt{3}\ \text{cm}^2$	03 70°	04 ③
05 ③	06 ②	07 ⑤	08 ②
09 44°	10 ②	11 ③	12 ②
13 ①	14 ③		

01

$\angle AOB=2\angle APB=2\times53°=106°$

이때 △OAB에서 $\overline{OA}=\overline{OB}$이므로

$\angle x=\dfrac{1}{2}\times(180°-106°)=37°$　　　답 ①

02

$\angle AOB=2\angle APB=2\times30°=60°$

$\therefore \triangle OAB=\dfrac{1}{2}\times8\times8\times\sin 60°$

$=\dfrac{1}{2}\times8\times8\times\dfrac{\sqrt{3}}{2}$

$=16\sqrt{3}\,(\text{cm}^2)$　　　답 $16\sqrt{3}$ cm²

03

$\angle x=\dfrac{1}{2}\times(360°-110°)=\dfrac{1}{2}\times250°=125°$

$\angle y=\dfrac{1}{2}\times110°=55°$

$\therefore \angle x-\angle y=125°-55°=70°$　　　답 70°

04

$\overline{OB}$를 그으면

$\angle AOB=2\angle APB=2\times16°=32°$

$\angle BOC=70°-32°=38°$이므로

$\angle x=\dfrac{1}{2}\angle BOC=\dfrac{1}{2}\times38°=19°$

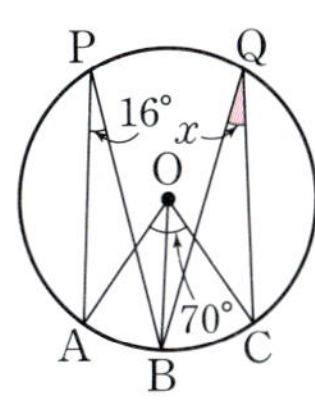

답 ③

05

$\overline{OA},\ \overline{OB}$를 그으면

$\angle AOB=2\angle ACB=2\times72°=144°$

이때 $\angle PAO=\angle PBO=90°$이므로

□AOBP에서

$\angle x=360°-(90°+144°+90°)=36°$　　　답 ③

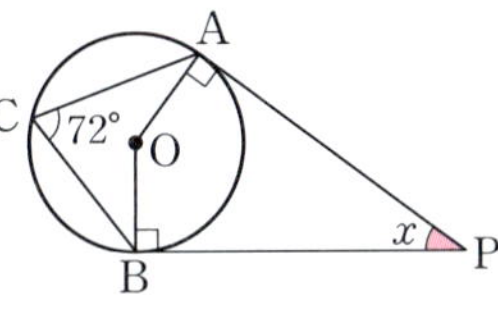

06

$\angle ADB=\angle ACB=23°$이므로 △DPB에서

$68°=\angle x+23°$　　$\therefore \angle x=45°$　　　답 ②

07

$\overline{PB}$를 그으면

$\angle APB=\dfrac{1}{2}\angle AOB=\dfrac{1}{2}\times40°=20°$

이때 $\angle BPC=90°-20°=70°$이므로

$\angle x=\angle BPC=70°$

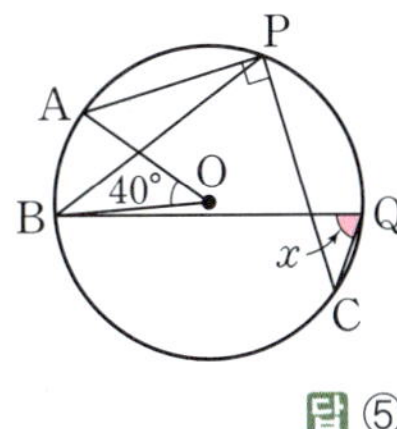

답 ⑤

08

$\overline{AB}$는 원 O의 지름이므로 $\angle ACB=90°$

△ACB에서 $\angle CAB=180°-(90°+28°)=62°$

$\therefore \angle BAD=96°-62°=34°$

이때 $\angle ADC=\angle ABC=28°$이므로 △APD에서

$\angle APC=34°+28°=62°$　　　답 ②

09

$\overline{AD}$를 그으면 $\overline{AB}$는 반원 O의 지름이므로

$\angle ADB=90°$

△ADE에서

$\angle EAD=90°-68°=22°$

$\therefore \angle x=2\angle CAD=2\times22°=44°$　　　답 44°

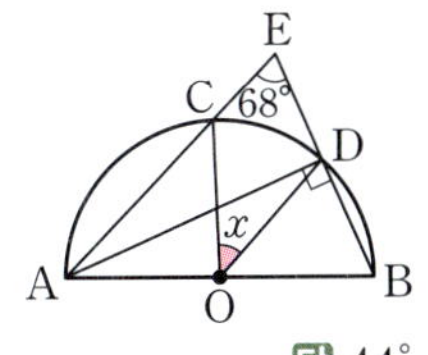

10

$\angle BAC = \angle BDC = 36°$

$\overarc{AB} = \overarc{BC}$이므로 $\angle ACB = \angle BDC = 36°$

따라서 △ABC에서

$\angle ABC = 180° - (36° + 36°) = 108°$ 답 ②

11

$\overline{AC}$를 그으면 $\overline{AB}$는 원 O의 지름이므로

$\angle ACB = 90°$

이때 $\angle ABC = \angle ADC = 40°$이므로

△ACB에서

$\angle BAC = 180° - (90° + 40°) = 50°$

$\angle ADC : \angle BAC = \overarc{AC} : \overarc{BC}$이므로

$40° : 50° = 8 : \overarc{BC}$, $4 : 5 = 8 : \overarc{BC}$

$\therefore \overarc{BC} = 10(cm)$ 답 ③

12

$\angle ADB : \angle CBD = \overarc{AB} : \overarc{CD}$이므로

$\angle x : \angle CBD = 4 : 1$, $4\angle CBD = \angle x$ $\therefore \angle CBD = \dfrac{1}{4}\angle x$

△DBE에서 $\angle x = \dfrac{1}{4}\angle x + 30°$, $\dfrac{3}{4}\angle x = 30°$ $\therefore \angle x = 40°$

답 ②

13

$\angle ACB : \angle CAB : \angle ABC = \overarc{AB} : \overarc{BC} : \overarc{CA}$
$\qquad\qquad\qquad\qquad\qquad = 3 : 1 : 5$

$\therefore \angle ABC = 180° \times \dfrac{5}{3+1+5} = 100°$ 답 ①

14

$\overline{BC}$를 그으면 $\overarc{AB}$의 길이는 원의 둘레의 길이의 $\dfrac{1}{6}$이므로

$\angle BCA = 180° \times \dfrac{1}{6} = 30°$

$\angle BCA : \angle CBD = \overarc{AB} : \overarc{CD}$이므로

$30° : \angle CBD = 3 : 5$, $3\angle CBD = 150°$

$\therefore \angle CBD = 50°$

따라서 △BCP에서 $\angle CPD = 30° + 50° = 80°$ 답 ③

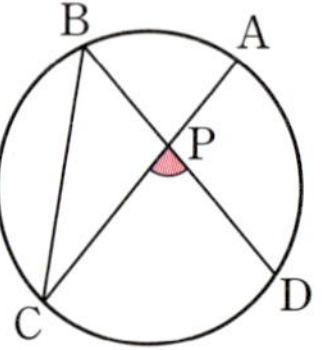

위크북 | 10~11쪽

배운대로 복습하기   개념 04 ~ 개념 06

01 ①, ③	**02** 55°	**03** ⑤	**04** ①
05 62°	**06** 44°	**07** 116°	**08** ①
09 ③, ⑤	**10** ②	**11** ③	**12** 30°
13 ②	**14** 42°		

01

① $\angle ABD = \angle ACD$이므로 네 점 A, B, C, D는 한 원 위에 있다.

② $\angle BAC = 90° - 40° = 50°$

즉, $\angle BAC \neq \angle BDC$이므로 네 점 A, B, C, D는 한 원 위에 있지 않다.

③ $\angle BDC = 110° - 70° = 40°$

즉, $\angle BAC = \angle BDC$이므로 네 점 A, B, C, D는 한 원 위에 있다.

④ △BCD에서 $\angle DBC = 180° - (50° + 80°) = 50°$

즉, $\angle DAC \neq \angle DBC$이므로 네 점 A, B, C, D는 한 원 위에 있지 않다.

⑤ $\angle BAC = 180° - (40° + 60° + 40°) = 40°$

즉, $\angle BAC \neq \angle BDC$이므로 네 점 A, B, C, D는 한 원 위에 있지 않다.

따라서 네 점 A, B, C, D가 한 원 위에 있는 것은 ①, ③이다.

답 ①, ③

02

네 점 A, B, C, D가 한 원 위에 있으므로

$\angle DAC = \angle DBC = 25°$

이때 $\angle BAC = 80° - 25° = 55°$이므로

$\angle x = \angle BAC = 55°$ 답 55°

03

$\overline{AC} = \overline{AD}$이므로 △ACD에서

$\angle ADC = \dfrac{1}{2} \times (180° - 70°) = 55°$

□ABCD가 원에 내접하므로

$\angle x = 180° - 55° = 125°$ 답 ⑤

04

$\overline{AD}$가 원 O의 지름이므로 $\angle ABD = 90°$

$\overarc{AB} = \overarc{BC}$이므로 $\angle BDC = \angle ADB = 25°$

□ABCD가 원 O에 내접하므로

$(90° + \angle x) + (25° + 25°) = 180°$ $\therefore \angle x = 40°$ 답 ①

05

△ACD에서 $\angle ADC = 180° - (63° + 55°) = 62°$

□ABCD가 원에 내접하므로

$\angle ABE = \angle ADC = 62°$ 답 62°

06

△PBC에서 $\angle PCQ = 40° + 48° = 88°$

□ABCD가 원에 내접하므로 $\angle CDQ = \angle ABC = 48°$

따라서 △DCQ에서 $\angle x = 180° - (48° + 88°) = 44°$ 답 44°

07

$\overline{PQ}$를 그으면

□ABQP가 원 O에 내접하므로

$\angle PQB=180\degree-64\degree=116\degree$

□PQCD가 원 O′에 내접하므로

$\angle x=\angle PQB=116\degree$

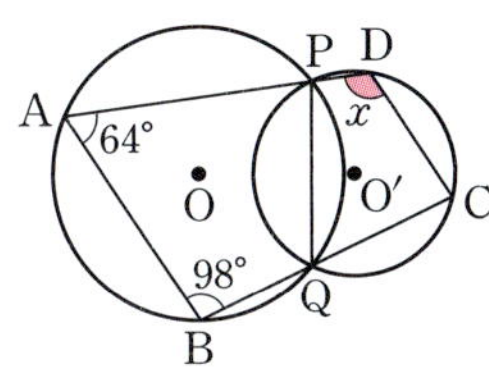

답 $116\degree$

08

$\overline{AC}$를 그으면 □ACDE가 원 O에 내접하므로

$\angle CAE=180\degree-95\degree=85\degree$

$\angle BAC=120\degree-85\degree=35\degree$

$\therefore \angle x=2\angle BAC=2\times35\degree=70\degree$

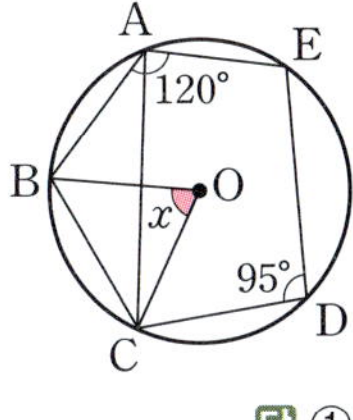

답 ①

09

① $\angle A+\angle C\neq180\degree$이므로 □ABCD는 원에 내접하지 않는다.

② △ABD에서 $\angle ADB=180\degree-(75\degree+60\degree)=45\degree$

즉, $\angle ACB\neq\angle ADB$이므로 □ABCD는 원에 내접하지 않는다.

③ □ABCD는 등변사다리꼴이므로 $\angle A+\angle C=180\degree$

즉, □ABCD는 원에 내접한다.

④ $\angle ABC\neq\angle CDE$이므로 □ABCD는 원에 내접하지 않는다.

⑤ △ABD에서 $\angle BAD=180\degree-(25\degree+35\degree)=120\degree$

즉, $\angle BAD=\angle DCE$이므로 □ABCD는 원에 내접한다.

따라서 □ABCD가 원에 내접하는 것은 ③, ⑤이다.

답 ③, ⑤

10

$\angle BCA=\angle BAT=54\degree$이므로

$\angle BOA=2\angle BCA=2\times54\degree=108\degree$

답 ②

11

$\overline{BD}=\overline{BE}$이므로

$\angle BED=\dfrac{1}{2}\times(180\degree-34\degree)=73\degree$

$\angle DFE=\angle BED=73\degree$이므로 △DEF에서

$\angle DEF=180\degree-(52\degree+73\degree)=55\degree$

답 ③

12

$\angle ACB : \angle CAB : \angle ABC=\overset{\frown}{AB} : \overset{\frown}{BC} : \overset{\frown}{CA}$

$=1 : 2 : 3$

$\angle ACB=180\degree\times\dfrac{1}{1+2+3}=30\degree$이므로

$\angle x=\angle ACB=30\degree$

$\angle CAB=180\degree\times\dfrac{2}{1+2+3}=60\degree$이므로

$\angle y=\angle CAB=60\degree$

$\therefore \angle y-\angle x=60\degree-30\degree=30\degree$

답 $30\degree$

13

$\overline{AT}$를 그으면 $\angle BTA=90\degree$이므로

△BTA에서

$\angle BAT=180\degree-(29\degree+90\degree)$

$\qquad=61\degree$

$\angle ATP=\angle ABT=29\degree$이므로

△ATP에서

$61\degree=29\degree+\angle x \qquad \therefore \angle x=32\degree$

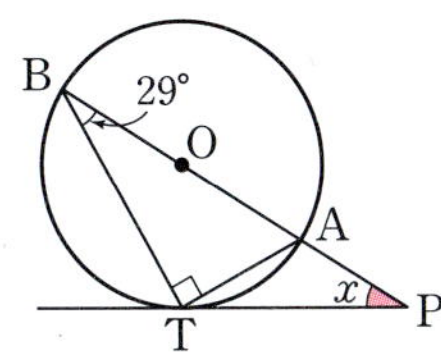

답 ②

14

$\overline{AB}$를 그으면

$\angle ABC=90\degree$

$\angle CAB=\angle CBT=48\degree$이므로

△ABC에서

$\angle ACB=180\degree-(48\degree+90\degree)=42\degree$

$\therefore \angle ADB=\angle ACB=42\degree$

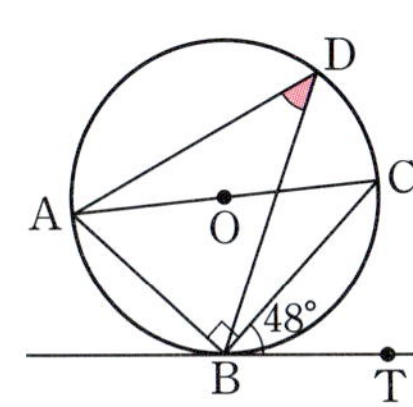

답 $42\degree$

Ⅲ. 통계

1. 대푯값, 산포도, 상관관계

워크북 | 12쪽

배운대로 복습하기 개념 01

01 8점	**02** ⑤	**03** ②

04 (1) 평균 : 14점, 중앙값 : 9점 (2) 중앙값 **05** 20

06 56 kg **07** ③ **08** ②

01

$$(평균)=\dfrac{6\times1+7\times3+8\times5+9\times1+10\times2}{12}$$

$$=\dfrac{96}{12}=8(점)$$

답 8점

02

6회의 영어 시험 성적을 x점이라고 하면

$$\dfrac{82+80+85+76+92+x}{6}=84$$

$415+x=504 \qquad \therefore x=89$

따라서 6회의 시험에서 89점을 받아야 한다.

답 ⑤

03

x_1, x_2, x_3, x_4, x_5의 평균이 4이므로

$$\frac{x_1+x_2+x_3+x_4+x_5}{5}=4$$

$$\therefore x_1+x_2+x_3+x_4+x_5=20$$

따라서 $2x_1+1$, $2x_2+1$, $2x_3+1$, $2x_4+1$, $2x_5+1$의 평균은

$$\frac{(2x_1+1)+(2x_2+1)+(2x_3+1)+(2x_4+1)+(2x_5+1)}{5}$$

$$=\frac{2(x_1+x_2+x_3+x_4+x_5)+5}{5}$$

$$=\frac{2\times20+5}{5}$$

$$=\frac{45}{5}=9$$

답 ②

04

(1) (평균)$=\dfrac{6+11+4+8+10+45}{6}$

$\qquad =\dfrac{84}{6}=14$(점)

자료를 작은 값에서부터 크기순으로 나열하면 4, 6, 8, 10, 11, 45이므로

(중앙값)$=\dfrac{8+10}{2}=9$(점)

(2) 평균은 극단적으로 큰 변량인 45점에 영향을 받으므로 중앙값인 9점이 대푯값으로 적절하다.

답 (1) 평균 : 14점, 중앙값 : 9점   (2) 중앙값

05

중앙값이 18이므로

$$\frac{16+x}{2}=18, \quad 16+x=36 \qquad \therefore x=20$$

답 20

06

몸무게를 작은 값에서부터 크기순으로 나열할 때, 5번째와 6번째 학생의 몸무게의 평균이 중앙값이므로 6번째 학생의 몸무게를 x kg이라고 하면

$$\frac{50+x}{2}=53, \quad 50+x=106 \qquad \therefore x=56$$

이 모둠에 몸무게가 57 kg인 학생이 들어왔을 때, 학생 11명의 몸무게를 작은 값에서부터 크기순으로 나열하면 6번째 학생의 몸무게가 중앙값이므로 56 kg이다.

답 56 kg

07

중앙값은 25세이므로 $a=25$

최빈값은 28세이므로 $b=28$

$$\therefore a+b=25+28=53$$

답 ③

08

주어진 자료의 최빈값이 9회이므로 $x=9$

자료를 작은 값에서부터 크기순으로 나열하면

4, 7, 8, 9, 9, 12

따라서 중앙값은

$$\frac{8+9}{2}=8.5(회)$$

답 ②

워크북 | 13쪽

배운대로 복습하기   개념 02 ~ 개념 03

01 2	**02** 159 cm	**03** ③	**04** ⑤
05 ④	**06** $\sqrt{5}$점	**07** 110	**08** ③, ④

01

편차의 합은 0이므로

$$-2+(-4)+5+(-3)+x+2=0$$

$$\therefore x=2$$

답 2

02

연수의 키는

$$162+(-3)=159(\text{cm})$$

답 159 cm

03

혜진이의 몸무게가 59 kg, 편차가 1 kg이므로 평균은

$$59-1=58(\text{kg})$$

따라서 $x=58$, $y=68-58=10$이므로

$$x-y=58-10=48$$

답 ③

04

편차의 합은 0이므로

$$-4+1+5+x=0 \qquad \therefore x=-2$$

⑤ 독서 시간이 가장 짧은 학생부터 차례로 나열하면 A, D, B, C이다.

답 ⑤

05

목요일에 받은 문자 메시지 수의 편차를 x개라고 하면 편차의 합은 0이므로

$$3+0+1+x+(-3)=0 \qquad \therefore x=-1$$

(분산)$=\dfrac{3^2+0^2+1^2+(-1)^2+(-3)^2}{5}$

$\qquad =\dfrac{20}{5}=4$

답 ④

06

$$(\text{평균})=\frac{14+9+14+12+9+14}{6}$$

$$=\frac{72}{6}=12(\text{점})$$

$$(\text{분산})=\frac{2^2+(-3)^2+2^2+0^2+(-3)^2+2^2}{6}$$

$$=\frac{30}{6}=5$$

$$\therefore (\text{표준편차})=\sqrt{5}(\text{점})$$

답 $\sqrt{5}$점

07

평균이 7이므로

$$\frac{x+5+y+9}{4}=7 \qquad \therefore x+y=14 \qquad \cdots\cdots \text{㉠}$$

분산이 5이므로

$$\frac{(x-7)^2+(5-7)^2+(y-7)^2+(9-7)^2}{4}=5$$

$$x^2+y^2-14(x+y)+106=20 \qquad \cdots\cdots \text{㉡}$$

㉡에 ㉠을 대입하면

$$x^2+y^2-14\times14+106=20 \qquad \therefore x^2+y^2=110$$

답 110

08

① 두 반의 성적의 평균이 같으므로 B반의 성적이 A반의 성적보다 우수하다고 할 수 없다.

②, ③ B반의 표준편차가 A반의 표준편차보다 작으므로 B반의 성적이 A반의 성적보다 고르다.

④ A반의 표준편차가 B반의 표준편차보다 크므로 A반의 분산이 B반의 분산보다 크다.

⑤ 편차의 합은 항상 0이다.

따라서 옳은 것은 ③, ④이다.

답 ③, ④

워크북 | 14쪽

배운대로 복습하기 개념 04 ~ 개념 05

01 ④	02 ②	03 ①	04 ①
05 ①	06 ④	07 ③, ④	

01

1차 기록보다 2차 기록이 더 좋은 학생 수는 오른쪽 그림에서 대각선의 위쪽에 속하는 점의 개수와 같으므로 8명이다.

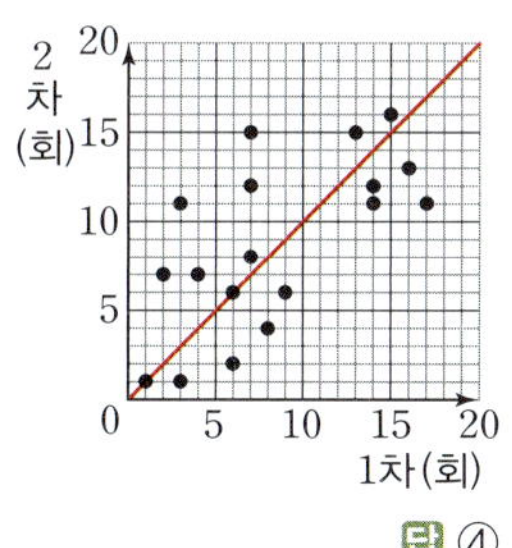

답 ④

02

1차 기록이 10회 이상인 학생 수는 오른쪽 그림에서 색칠한 부분과 그 경계에 속하는 점의 개수와 같으므로 6명이다.

따라서 이 학생들의 2차 기록의 평균은

$$\frac{11+11+12+13+15+16}{6}=\frac{78}{6}$$

$$=13(\text{회})$$

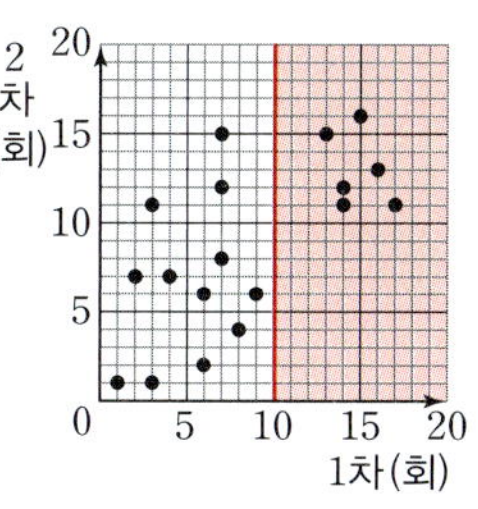

답 ②

03

수학 성적과 영어 성적의 평균이 85점 이상인 학생 수는 오른쪽 그림에서 색칠한 부분과 그 경계에 속하는 점의 개수와 같으므로 4명이다.

이때 전체 학생 수가 16명이므로

$$\frac{4}{16}\times100=25(\%)$$

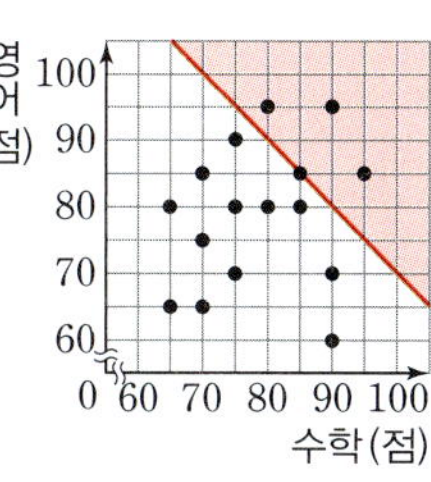

답 ①

04

대각선에서 멀리 떨어져 있을수록 수학 성적과 영어 성적의 차가 크다.

따라서 오른쪽 그림에서 A의 두 과목의 성적의 차가 가장 크고, 그 차는

$$90-60=30(\text{점})\text{이다.}$$

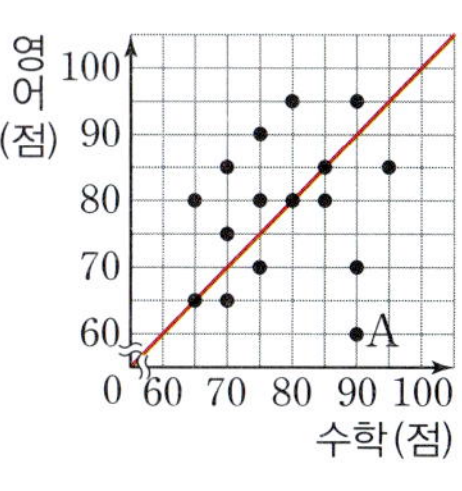

답 ①

05

주어진 산점도는 x의 값이 커짐에 따라 y의 값이 대체로 작아지므로 음의 상관관계를 나타낸다.

ㄱ, ㄷ. 음의 상관관계

ㄴ. 상관관계가 없다.

ㄹ. 양의 상관관계

따라서 산점도가 주어진 그림과 같은 것은 ㄱ, ㄷ이다.

답 ①

06

①, ②, ③, ⑤ 양의 상관관계

④ 음의 상관관계

따라서 두 변량 사이의 관계가 나머지 넷과 다른 하나는 ④이다.

답 ④

07

① 학습 시간과 성적 사이에는 양의 상관관계가 있다.

② 성적이 가장 좋은 학생은 D이다.

⑤ D는 학습 시간도 길고 성적도 높다.

따라서 옳은 것은 ③, ④이다.

답 ③, ④

1. 삼각비

서술형 훈련하기

01 $\dfrac{\sqrt{21}}{7}$	**02** $3\sqrt{5}$	**03** 2	**04** $\dfrac{4}{3}$
05 $\dfrac{4}{5}$	**06** $\dfrac{\sqrt{6}}{3}$	**07** $\dfrac{\sqrt{2}}{2}$	**08** $4(\sqrt{3}+1)$
09 $60°$	**10** 1.4819	**11** $\dfrac{\sqrt{3}}{2}$	**12** 0
13 (1) 1.3722 (2) 71		**14** $23°$	**15** 1.723

01

❶ $\overline{AB}:\overline{AC}=2:\sqrt{3}$이므로 $\overline{AB}=2k$, $\overline{AC}=\sqrt{3}k$라고 하면

$\overline{BC}=\sqrt{(2k)^2+(\sqrt{3}k)^2}=\sqrt{7}k$

❷ $\sin B=\dfrac{\overline{AC}}{\overline{BC}}=\dfrac{\sqrt{3}k}{\sqrt{7}k}=\dfrac{\sqrt{21}}{7}$

답 $\dfrac{\sqrt{21}}{7}$

02

$\cos A=\dfrac{\overline{AB}}{\overline{AC}}$이므로

$\dfrac{2}{3}=\dfrac{\overline{AB}}{9}$ $\quad\therefore \overline{AB}=6$ ······ ❶

$\therefore \overline{BC}=\sqrt{9^2-6^2}=3\sqrt{5}$ ······ ❷

답 $3\sqrt{5}$

03

$\tan A=3$이므로 오른쪽 그림에서

$\overline{AC}=\sqrt{1^2+3^2}=\sqrt{10}$ ······ ❶

$\therefore \sin A=\dfrac{3}{\sqrt{10}}=\dfrac{3\sqrt{10}}{10}$

$\cos A=\dfrac{1}{\sqrt{10}}=\dfrac{\sqrt{10}}{10}$ ······ ❷

$\sin A-\cos A=\dfrac{3\sqrt{10}}{10}-\dfrac{\sqrt{10}}{10}$

$=\dfrac{2\sqrt{10}}{10}=\dfrac{\sqrt{10}}{5}$

$\sin A+\cos A=\dfrac{3\sqrt{10}}{10}+\dfrac{\sqrt{10}}{10}$

$=\dfrac{4\sqrt{10}}{10}=\dfrac{2\sqrt{10}}{5}$

$\therefore \dfrac{\sin A+\cos A}{\sin A-\cos A}=\dfrac{2\sqrt{10}}{5}\div\dfrac{\sqrt{10}}{5}$

$=\dfrac{2\sqrt{10}}{5}\times\dfrac{5}{\sqrt{10}}=2$ ······ ❸

답 2

04

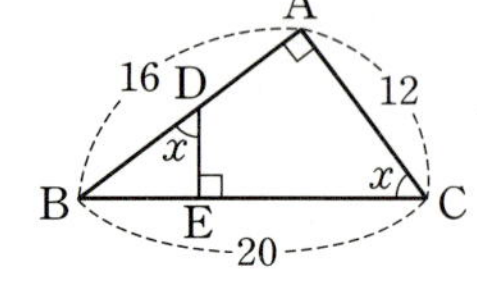

❶ $\triangle ABC$에서

$\overline{AC}=\sqrt{20^2-16^2}=12$

❷ $\triangle ABC \circ \triangle EBD$ (AA 닮음)이므로

$\angle C=\angle BDE=\angle x$

❸ $\tan x=\tan C=\dfrac{\overline{AB}}{\overline{AC}}$

$=\dfrac{16}{12}=\dfrac{4}{3}$

답 $\dfrac{4}{3}$

05

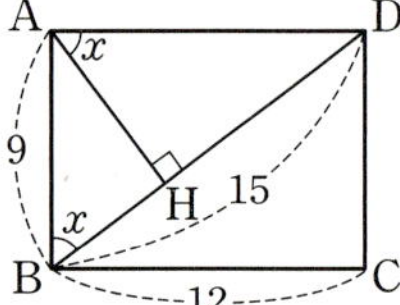

$\triangle ABD$에서

$\overline{BD}=\sqrt{12^2+9^2}=15$ ······ ❶

$\triangle ABD \circ \triangle HAD$ (AA 닮음)이므로

$\angle ABD=\angle HAD=\angle x$ ······ ❷

$\therefore \sin x=\sin(\angle ABD)=\dfrac{\overline{AD}}{\overline{BD}}$

$=\dfrac{12}{15}=\dfrac{4}{5}$ ······ ❸

답 $\dfrac{4}{5}$

06

$\triangle FGH$에서 $\overline{FH}=\sqrt{5^2+5^2}=5\sqrt{2}$ ······ ❶

$\triangle BFH$에서 $\overline{BH}=\sqrt{5^2+(5\sqrt{2})^2}=5\sqrt{3}$ ······ ❷

$\therefore \cos x=\dfrac{\overline{FH}}{\overline{BH}}=\dfrac{5\sqrt{2}}{5\sqrt{3}}=\dfrac{\sqrt{6}}{3}$ ······ ❸

답 $\dfrac{\sqrt{6}}{3}$

07

❶ $\sin 30°=\dfrac{1}{2}$이므로

$4x-10°=30°$, $4x=40°$ $\quad\therefore x=10°$

❷ $\cos(3x+15°)=\cos 45°=\dfrac{\sqrt{2}}{2}$

답 $\dfrac{\sqrt{2}}{2}$

08

$\cos 30°=\dfrac{\overline{BD}}{\overline{AB}}$이므로

$\dfrac{\sqrt{3}}{2}=\dfrac{\overline{BD}}{8}$ $\quad\therefore \overline{BD}=4\sqrt{3}$ ······ ❶

$\sin 30°=\dfrac{\overline{AD}}{\overline{AB}}$이므로

$\dfrac{1}{2}=\dfrac{\overline{AD}}{8}$ $\quad\therefore \overline{AD}=4$

이때 $\angle DAC=\angle DCA=45°$이므로

$\overline{CD}=\overline{AD}=4$ ······ ❷

$\therefore \overline{BC}=\overline{BD}+\overline{CD}=4\sqrt{3}+4=4(\sqrt{3}+1)$ ······ ❸

답 $4(\sqrt{3}+1)$

09

$2\sqrt{3}x-2y+13=0$에서 $y=\sqrt{3}x+\dfrac{13}{2}$이므로

$\tan a=\sqrt{3}$ ······ ❶

$\therefore \angle a=60°$ ······ ❷

🔲 60°

10

❶ $\sin 40°=\dfrac{\overline{AB}}{\overline{OA}}=\dfrac{\overline{AB}}{1}=\overline{AB}=0.6428$

❷ $\tan 40°=\dfrac{\overline{CD}}{\overline{OD}}=\dfrac{\overline{CD}}{1}=\overline{CD}=0.8391$

❸ $\sin 40°+\tan 40°=0.6428+0.8391$
$\qquad\qquad\qquad =1.4819$

🔲 1.4819

11

$\sqrt{3}x-3y+6=0$에서 $y=\dfrac{\sqrt{3}}{3}x+2$이므로

$\tan a=\dfrac{\sqrt{3}}{3}$ $\therefore a=30°$ ······ ❶

$\therefore \cos a\times\sin 3a-\cos 3a\times\tan a$
$\quad=\cos 30°\times\sin 90°-\cos 90°\times\tan 30°$
$\quad=\dfrac{\sqrt{3}}{2}\times 1-0\times\dfrac{\sqrt{3}}{3}=\dfrac{\sqrt{3}}{2}$ ······ ❷

🔲 $\dfrac{\sqrt{3}}{2}$

12

$45°<A<90°$이므로 $0<\cos A<\sin A<1$

$\therefore \sin A-\cos A>0,\ \cos A-\sin A<0$ ······ ❶

$\therefore \sqrt{(\sin A-\cos A)^2}-\sqrt{(\cos A-\sin A)^2}$
$\quad=\sin A-\cos A-\{-(\cos A-\sin A)\}$
$\quad=\sin A-\cos A+\cos A-\sin A$
$\quad=0$ ······ ❷

🔲 0

13

(1) ❶ $\sin 35°=a$에서 $a=0.5736$
$\qquad \cos 37°=b$에서 $b=0.7986$

❷ $a+b=0.5736+0.7986=1.3722$

(2) ❶ $\cos x°=0.8192$에서 $x=35$
$\qquad \tan y°=0.7265$에서 $y=36$

❷ $x+y=35+36=71$

🔲 (1) 1.3722 (2) 71

14

$\cos A=\dfrac{\overline{AB}}{\overline{AC}}=\dfrac{39}{100}=0.39$

이때 $\cos 67°=0.39$이므로 $\angle A=67°$ ······ ❶

$\therefore \angle C=180°-(90°+67°)=23°$ ······ ❷

🔲 23°

15

$\angle B=180°-(90°+38°)=52°$ ······ ❶

$\cos 52°=\dfrac{\overline{BC}}{\overline{AB}}$이므로

$0.6157=\dfrac{x}{10}$ $\therefore x=6.157$ ······ ❷

$\sin 52°=\dfrac{\overline{AC}}{\overline{AB}}$이므로

$0.7880=\dfrac{y}{10}$ $\therefore y=7.880$ ······ ❸

$\therefore y-x=7.880-6.157=1.723$ ······ ❹

🔲 1.723

2. 삼각비의 활용

워크북 | 21~25쪽

서술형 훈련하기

01 27.8 **02** $10\sqrt{3}\,\text{cm}^3$ **03** $3(3+\sqrt{3})\,\text{m}$

04 $2\sqrt{7}$ **05** $6\sqrt{6}$ **06** 8 m **07** $3(3-\sqrt{3})$

08 $25\sqrt{3}$ **09** $50(3+\sqrt{3})\,\text{m}$ **10** $16\,\text{cm}^2$

11 120° **12** $15\sqrt{3}\,\text{cm}^2$ **13** $15\sqrt{3}\,\text{cm}^2$ **14** $32\,\text{cm}^2$

15 $72\sqrt{3}\,\text{cm}^2$

01

❶ $\angle C=180°-(90°+35°)=55°$

❷ $x=20\sin 55°=20\times 0.82=16.4$

❸ $y=20\cos 55°=20\times 0.57=11.4$

❹ $x+y=16.4+11.4=27.8$

🔲 27.8

02

$\triangle ABD$에서 $\angle A=90°$이므로

$\overline{AB}=\overline{BD}\sin 30°=4\times\dfrac{1}{2}=2(\text{cm})$ ······ ❶

$\overline{AD}=\overline{BD}\cos 30°=4\times\dfrac{\sqrt{3}}{2}=2\sqrt{3}(\text{cm})$ ······ ❷

따라서 잘라 내고 남은 나무토막의 부피는

$\dfrac{1}{2}\times 2\times 2\sqrt{3}\times 5=10\sqrt{3}(\text{cm}^3)$ ······ ❸

🔲 $10\sqrt{3}\,\text{cm}^3$

03

오른쪽 그림에서
$\overline{CH}=9(\text{m})$
$\triangle CEH$에서
$\overline{EH}=\overline{CH}\tan 45°$
$\qquad=9\times 1=9(\text{m})$ ······ ❶

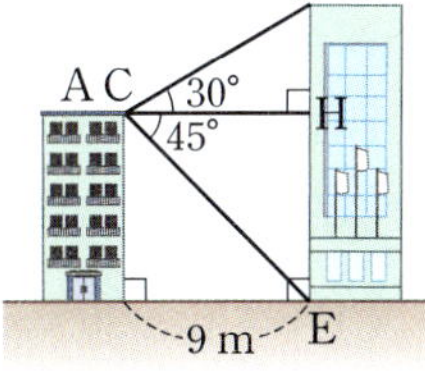

$\triangle$CHD에서

$\overline{\text{DH}}=\overline{\text{CH}}\tan 30^\circ=9\times\dfrac{\sqrt{3}}{3}=3\sqrt{3}(\text{m})$ ······ ❷

따라서 B 건물의 높이는

$9+3\sqrt{3}=3(3+\sqrt{3})(\text{m})$ ······ ❸

답 $3(3+\sqrt{3})$ m

04

❶ 꼭짓점 A에서 $\overline{\text{BC}}$에 내린 수선의 발
을 H라고 하면 $\triangle$ABH에서

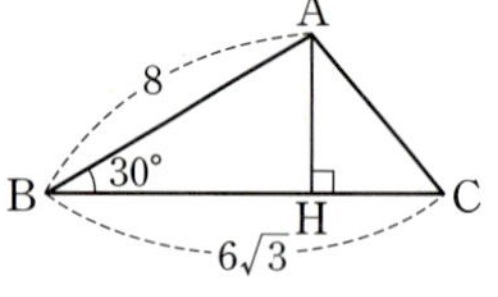

$\overline{\text{AH}}=8\sin 30^\circ=8\times\dfrac{1}{2}=4$

❷ $\overline{\text{BH}}=8\cos 30^\circ=8\times\dfrac{\sqrt{3}}{2}=4\sqrt{3}$

$\therefore \overline{\text{CH}}=6\sqrt{3}-4\sqrt{3}=2\sqrt{3}$

❸ $\triangle$AHC에서

$\overline{\text{AC}}=\sqrt{4^2+(2\sqrt{3})^2}=2\sqrt{7}$

답 $2\sqrt{7}$

05

꼭짓점 C에서 $\overline{\text{AB}}$에 내린 수선의 발을 H라고
하면 $\triangle$BCH에서

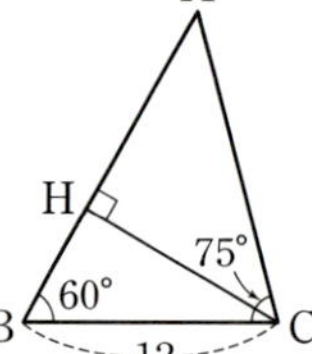

$\overline{\text{CH}}=12\sin 60^\circ=12\times\dfrac{\sqrt{3}}{2}=6\sqrt{3}$ ······ ❶

$\angle\text{A}=180^\circ-(60^\circ+75^\circ)=45^\circ$ ······ ❷

$\triangle$AHC에서

$\overline{\text{AC}}=\dfrac{\overline{\text{CH}}}{\sin 45^\circ}=6\sqrt{3}\div\dfrac{\sqrt{2}}{2}$

$=6\sqrt{3}\times\dfrac{2}{\sqrt{2}}=6\sqrt{6}$ ······ ❸

답 $6\sqrt{6}$

06

꼭짓점 B에서 $\overline{\text{AC}}$에 내린 수선의 발을
H라고 하면 $\triangle$BCH에서

$\overline{\text{BH}}=\overline{\text{BC}}\sin 45^\circ$

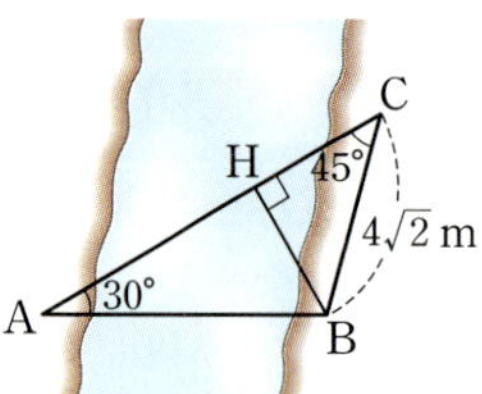

$=4\sqrt{2}\times\dfrac{\sqrt{2}}{2}=4(\text{m})$ ······ ❶

$\triangle$ABH에서

$\overline{\text{AB}}=\dfrac{\overline{\text{BH}}}{\sin 30^\circ}=4\div\dfrac{1}{2}=4\times 2=8(\text{m})$ ······ ❷

답 8 m

07

❶ $\overline{\text{AH}}=h$라고 하면

$\triangle$ABH에서 $\angle\text{BAH}=45^\circ$이므로

$\overline{\text{BH}}=h\tan 45^\circ=h\times 1=h$

$\triangle$AHC에서 $\angle\text{HAC}=30^\circ$이므로

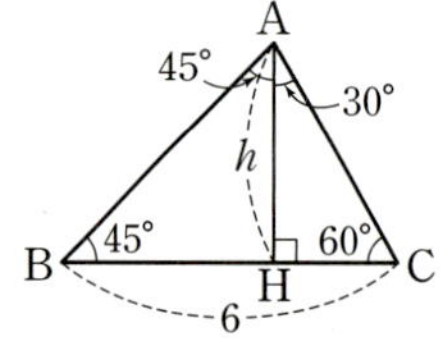

$\overline{\text{CH}}=h\tan 30^\circ=h\times\dfrac{\sqrt{3}}{3}=\dfrac{\sqrt{3}}{3}h$

❷ $\overline{\text{BC}}=\overline{\text{BH}}+\overline{\text{CH}}$이므로

$h+\dfrac{\sqrt{3}}{3}h=6,\ \dfrac{3+\sqrt{3}}{3}h=6$

$\therefore h=\dfrac{18}{3+\sqrt{3}}=\dfrac{18(3-\sqrt{3})}{(3+\sqrt{3})(3-\sqrt{3})}=3(3-\sqrt{3})$

$\therefore \overline{\text{AH}}=3(3-\sqrt{3})$

답 $3(3-\sqrt{3})$

08

$\overline{\text{AH}}=h$라고 하면

$\triangle$ABH에서 $\angle\text{BAH}=60^\circ$이므로

$\overline{\text{BH}}=h\tan 60^\circ=h\times\sqrt{3}=\sqrt{3}h$

$\triangle$ACH에서 $\angle\text{CAH}=30^\circ$이므로

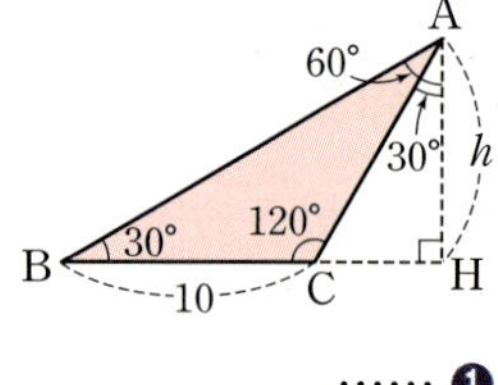

$\overline{\text{CH}}=h\tan 30^\circ=h\times\dfrac{\sqrt{3}}{3}=\dfrac{\sqrt{3}}{3}h$ ······ ❶

$\overline{\text{BC}}=\overline{\text{BH}}-\overline{\text{CH}}$이므로

$\sqrt{3}h-\dfrac{\sqrt{3}}{3}h=10,\ \dfrac{2\sqrt{3}}{3}h=10\quad \therefore h=5\sqrt{3}$

$\therefore \overline{\text{AH}}=5\sqrt{3}$ ······ ❷

$\therefore \triangle\text{ABC}=\dfrac{1}{2}\times 10\times 5\sqrt{3}=25\sqrt{3}$ ······ ❸

답 $25\sqrt{3}$

09

$\overline{\text{AH}}=h$ m라고 하면

$\triangle$ABH에서 $\angle\text{BAH}=45^\circ$이므로

$\overline{\text{BH}}=h\tan 45^\circ=h\times 1=h(\text{m})$

$\triangle$ACH에서 $\angle\text{CAH}=30^\circ$이므로

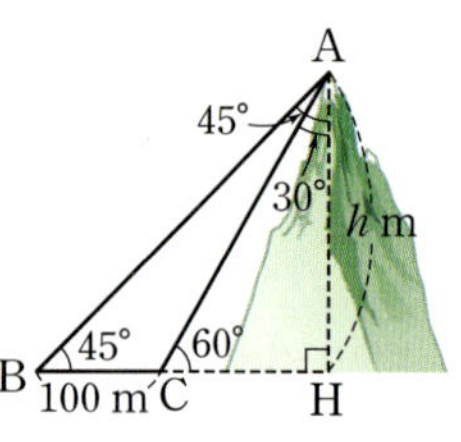

$\overline{\text{CH}}=h\tan 30^\circ=h\times\dfrac{\sqrt{3}}{3}=\dfrac{\sqrt{3}}{3}h(\text{m})$ ······ ❶

$\overline{\text{BC}}=\overline{\text{BH}}-\overline{\text{CH}}$이므로

$h-\dfrac{\sqrt{3}}{3}h=100,\ \dfrac{3-\sqrt{3}}{3}h=100$

$\therefore h=\dfrac{300}{3-\sqrt{3}}=\dfrac{300(3+\sqrt{3})}{(3-\sqrt{3})(3+\sqrt{3})}=50(3+\sqrt{3})$

따라서 구하는 산의 높이는 $50(3+\sqrt{3})$ m이다. ······ ❷

답 $50(3+\sqrt{3})$ m

10

❶ $\overline{\text{AB}}=\overline{\text{BC}}$이므로 $\angle\text{A}=\angle\text{C}=75^\circ$

$\therefore \angle\text{B}=180^\circ-(75^\circ+75^\circ)=30^\circ$

❷ $\triangle\text{ABC}=\dfrac{1}{2}\times 8\times 8\times\sin B$

$=\dfrac{1}{2}\times 8\times 8\times\sin 30^\circ$

$=\dfrac{1}{2}\times 8\times 8\times\dfrac{1}{2}$

$=16(\text{cm}^2)$

답 16 cm^2

11

$90° < \angle C < 180°$이므로

$$\triangle ABC = \frac{1}{2} \times 5 \times 8 \times \sin(180° - C)$$
$$= 20 \sin(180° - C) \qquad \cdots\cdots ❶$$

$\triangle ABC$의 넓이가 $10\sqrt{3}$ cm²이므로

$$20 \sin(180° - C) = 10\sqrt{3}$$
$$\sin(180° - C) = \frac{\sqrt{3}}{2}$$
$$180° - C = 60° \qquad \therefore \angle C = 120° \qquad \cdots\cdots ❷$$

답 $120°$

12

$\triangle ABC$에서

$$\overline{AC} = 4 \tan 60° = 4 \times \sqrt{3} = 4\sqrt{3}\,(\text{cm}) \qquad \cdots\cdots ❶$$

$$\therefore \square ABCD = \triangle ABC + \triangle ACD$$
$$= \frac{1}{2} \times 4 \times 4\sqrt{3} + \frac{1}{2} \times 4\sqrt{3} \times 7 \times \sin 30°$$
$$= \frac{1}{2} \times 4 \times 4\sqrt{3} + \frac{1}{2} \times 4\sqrt{3} \times 7 \times \frac{1}{2}$$
$$= 8\sqrt{3} + 7\sqrt{3} = 15\sqrt{3}\,(\text{cm}^2) \qquad \cdots\cdots ❷$$

답 $15\sqrt{3}$ cm²

13

❶ $\square ABCD = 6 \times 10 \times \sin 60°$
$$= 6 \times 10 \times \frac{\sqrt{3}}{2} = 30\sqrt{3}\,(\text{cm}^2)$$

❷ $\triangle AED = \frac{1}{2}\square ABCD = \frac{1}{2} \times 30\sqrt{3} = 15\sqrt{3}\,(\text{cm}^2)$

답 $15\sqrt{3}$ cm²

14

$\square ABCD$는 등변사다리꼴이므로

$$\overline{AC} = \overline{BD} = 8\,(\text{cm}) \qquad \cdots\cdots ❶$$

이때 두 대각선이 직교하므로

$$\square ABCD = \frac{1}{2} \times 8 \times 8 \times \sin 90°$$
$$= \frac{1}{2} \times 8 \times 8 \times 1 = 32\,(\text{cm}^2) \qquad \cdots\cdots ❷$$

답 32 cm²

15

마름모 ABCD의 둘레의 길이가 48 cm이므로 한 변의 길이는

$$48 \times \frac{1}{4} = 12\,(\text{cm}) \qquad \cdots\cdots ❶$$

$\square ABCD$는 $\overline{AB} = \overline{AD} = 12\,(\text{cm})$인 평행사변형이므로

$$\square ABCD = 12 \times 12 \times \sin(180° - 120°)$$
$$= 12 \times 12 \times \frac{\sqrt{3}}{2} = 72\sqrt{3}\,(\text{cm}^2) \qquad \cdots\cdots ❷$$

답 $72\sqrt{3}$ cm²

---

1. 원과 직선

워크북 | 26~31쪽

🦎 서술형 훈련하기

01 13 cm	**02** $4\sqrt{7}$ cm	**03** 4π cm²	**04** $2\sqrt{10}$ cm
05 65°	**06** 30 cm	**07** 2 cm	**08** 25π cm²
09 36π cm²	**10** $8\sqrt{3}$ cm	**11** 30 cm	**12** $5\sqrt{2}$ cm
13 3 cm	**14** 24 cm	**15** $(30 - 4\pi)$ cm²	
16 24 cm	**17** 162 cm²	**18** 6 cm	

01

❶ 원의 중심에서 현에 그은 수선은 그 현을 이등분하므로

$$\overline{AM} = \frac{1}{2}\overline{AB} = \frac{1}{2} \times 24 = 12\,(\text{cm})$$

❷ 원 O의 반지름의 길이를 r cm라고 하면

$$\overline{OM} = \overline{OC} - \overline{MC} = r - 8\,(\text{cm})$$

❸ $\overline{OA}$를 그으면

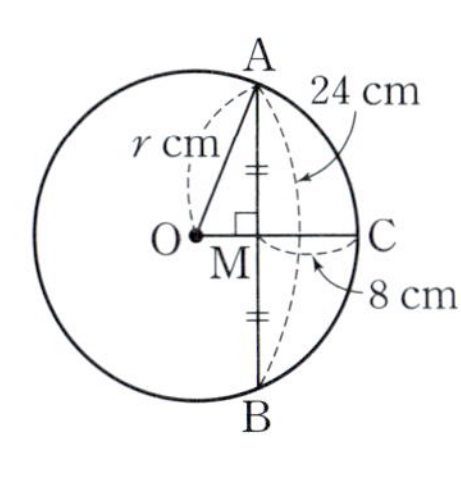

$\triangle OMA$에서
$$r^2 = 12^2 + (r - 8)^2$$
$$r^2 = 144 + r^2 - 16r + 64$$
$$16r = 208 \qquad \therefore r = 13$$

따라서 원 O의 반지름의 길이는 13 cm이다.

답 13 cm

02

현의 수직이등분선은 그 원의 중심을 지나므로 $\overline{CD}$의 연장선은 원의 중심을 지난다.

원의 중심을 O라고 하면

$$\overline{OA} = 8\,(\text{cm})$$
$$\overline{OD} = \overline{OC} - \overline{CD}$$
$$= 8 - 2 = 6\,(\text{cm}) \qquad \cdots\cdots ❶$$

$\triangle AOD$에서

$$\overline{AD} = \sqrt{8^2 - 6^2} = 2\sqrt{7}\,(\text{cm}) \qquad \cdots\cdots ❷$$

$\overline{AD} = \overline{BD}$이므로

$$\overline{AB} = 2\overline{AD} = 2 \times 2\sqrt{7} = 4\sqrt{7}\,(\text{cm}) \qquad \cdots\cdots ❸$$

답 $4\sqrt{7}$ cm

03

원의 중심 O에서 $\overline{AB}$에 내린 수선의 발을 M이라고 하면 원의 중심에서 현에 그은 수선은 그 현을 이등분하므로

$$\overline{AM} = \frac{1}{2}\overline{AB}$$
$$= \frac{1}{2} \times 2\sqrt{3} = \sqrt{3}\,(\text{cm}) \qquad \cdots\cdots ❶$$

원 O의 반지름의 길이를 r cm라고 하면 주어진 그림은 원 모양의 종이를 $\overline{AB}$를 접는 선으로 하여 원의 둘레 위의 한 점이 원의 중심 O에 오도록 접은 것이므로

$$\overline{MO}=\frac{r}{2}\,(\text{cm}) \qquad \cdots\cdots ❷$$

△AOM에서

$$r^2=(\sqrt{3})^2+\left(\frac{r}{2}\right)^2,\ r^2=3+\frac{r^2}{4}$$

$$\frac{3r^2}{4}=3,\ r^2=4 \qquad \therefore r=2\ (\because r>0) \qquad \cdots\cdots ❸$$

따라서 원 O의 넓이는 $\pi\times2^2=4\pi\,(\text{cm}^2)$ $\qquad \cdots\cdots ❹$

$\qquad\qquad\qquad\qquad\qquad\qquad$ 🄰 4π cm²

04

❶ 원의 중심에서 현에 그은 수선은 그 현을 이등분하므로

$$\overline{AM}=\frac{1}{2}\overline{AB}=\frac{1}{2}\times6=3\,(\text{cm})$$

❷ △AOM에서

$$\overline{OM}=\sqrt{7^2-3^2}=2\sqrt{10}\,(\text{cm})$$

❸ $\overline{CD}=2\overline{CN}=2\times3=6\,(\text{cm})$이므로 $\overline{AB}=\overline{CD}$

$$\therefore \overline{ON}=\overline{OM}=2\sqrt{10}\,(\text{cm})$$

$\qquad\qquad\qquad\qquad\qquad\qquad$ 🄰 $2\sqrt{10}$ cm

05

▢AMON에서

$$\angle A=360°-(90°+130°+90°)=50° \qquad \cdots\cdots ❶$$

$\overline{OM}=\overline{ON}$이므로 $\overline{AB}=\overline{AC}$

즉, △ABC는 이등변삼각형이다. $\qquad \cdots\cdots ❷$

$$\therefore \angle B=\frac{1}{2}\times(180°-50°)=65° \qquad \cdots\cdots ❸$$

$\qquad\qquad\qquad\qquad\qquad\qquad$ 🄰 $65°$

06

$\overline{OD}=\overline{OE}=\overline{OF}$이므로 $\overline{AB}=\overline{BC}=\overline{CA}$

즉, △ABC는 정삼각형이다. $\qquad \cdots\cdots ❶$

원의 중심에서 현에 그은 수선은 그 현을 이등분하므로

$$\overline{AB}=2\overline{AD}=2\times5=10\,(\text{cm}) \qquad \cdots\cdots ❷$$

따라서 △ABC의 둘레의 길이는

$$10+10+10=30\,(\text{cm}) \qquad \cdots\cdots ❸$$

$\qquad\qquad\qquad\qquad\qquad\qquad$ 🄰 30 cm

07

❶ $\overrightarrow{PA}$는 원 O의 접선이므로

$$\angle OAP=90°$$

원 O의 반지름의 길이를 r cm라고 하면

$$\overline{OA}=r\,(\text{cm}),\ \overline{OP}=2+r\,(\text{cm})$$

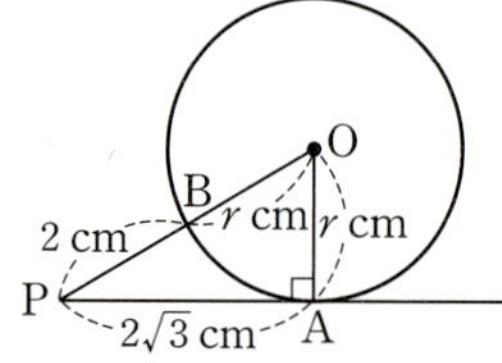

❷ △OPA에서

$$(r+2)^2=(2\sqrt{3})^2+r^2,\ r^2+4r+4=12+r^2$$

$$4r=8 \qquad \therefore r=2$$

따라서 원 O의 반지름의 길이는 2 cm이다.

$\qquad\qquad\qquad\qquad\qquad\qquad$ 🄰 2 cm

08

$\overrightarrow{PA},\ \overrightarrow{PB}$는 원 O의 접선이므로

$$\angle PAO=\angle PBO=90°$$

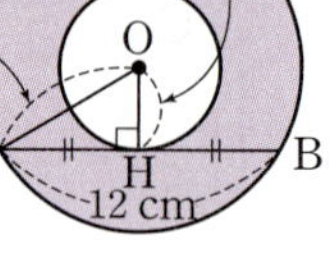

$$\therefore \angle AOB$$
$$=360°-(90°+70°+90°)$$
$$=110° \qquad \cdots\cdots ❶$$

이때 색칠한 부분의 중심각의 크기는

$$360°-110°=250° \qquad \cdots\cdots ❷$$

따라서 색칠한 부분의 넓이는

$$\pi\times6^2\times\frac{250}{360}=25\pi\,(\text{cm}^2) \qquad \cdots\cdots ❸$$

$\qquad\qquad\qquad\qquad\qquad\qquad$ 🄰 25π cm²

09

원의 중심 O에서 $\overline{AB}$에 내린 수선의 발을 H라고 하면 원의 중심 O에서 현 AB에 그은 수선은 그 현을 이등분하므로

$$\overline{AH}=\frac{1}{2}\overline{AB}$$
$$=\frac{1}{2}\times12=6\,(\text{cm}) \qquad \cdots\cdots ❶$$

큰 원의 반지름의 길이를 R cm, 작은 원의 반지름의 길이를 r cm라고 하면 △OAH에서

$$R^2=6^2+r^2 \qquad \therefore R^2-r^2=36 \qquad \cdots\cdots ❷$$

따라서 색칠한 부분의 넓이는

$$\pi R^2-\pi r^2=\pi(R^2-r^2)=36\pi\,(\text{cm}^2) \qquad \cdots\cdots ❸$$

$\qquad\qquad\qquad\qquad\qquad\qquad$ 🄰 36π cm²

10

❶ $\overline{OP}$를 그으면

△AOP와 △BOP에서

$\overline{OP}$는 공통,

$$\angle OAP=\angle OBP=90°,$$

$\overline{OA}=\overline{OB}$이므로

△AOP≡△BOP (RHS 합동)

$$\therefore \angle AOP=\angle BOP=\frac{1}{2}\angle AOB$$

$$=\frac{1}{2}\times120°=60°$$

❷ △AOP에서

$$\overline{AP}=4\tan60°=4\times\sqrt{3}=4\sqrt{3}\,(\text{cm})$$

❸ $\overline{PA}=\overline{PB}$이므로

$$\overline{PA}+\overline{PB}=2\overline{PA}=2\times4\sqrt{3}=8\sqrt{3}\,(\text{cm})$$

$\qquad\qquad\qquad\qquad\qquad\qquad$ 🄰 $8\sqrt{3}$ cm

11

△POC에서
$$\overline{CP}=\sqrt{17^2-8^2}=15(cm) \qquad \cdots\cdots \text{❶}$$
$\overline{AR}=\overline{AP}$, $\overline{BR}=\overline{BQ}$, $\overline{CP}=\overline{CQ}$이므로
$$\begin{aligned}
(\triangle ABC의\ 둘레의\ 길이) &=\overline{AB}+\overline{BC}+\overline{CA}\\
&=(\overline{AR}+\overline{BR})+\overline{BC}+\overline{CA}\\
&=(\overline{AP}+\overline{BQ})+\overline{BC}+\overline{CA}\\
&=(\overline{AP}+\overline{CA})+(\overline{BQ}+\overline{BC})\\
&=\overline{CP}+\overline{CQ}=2\overline{CP}\\
&=2\times15=30(cm) \qquad \cdots\cdots \text{❷}
\end{aligned}$$
답 30 cm

12

$$\begin{aligned}
\overline{DC}&=\overline{DE}+\overline{CE}=\overline{DA}+\overline{CB}\\
&=5+10=15(cm) \qquad \cdots\cdots \text{❶}
\end{aligned}$$
꼭짓점 D에서 $\overline{BC}$에 내린 수선의 발
을 H라고 하면
$$\begin{aligned}
\overline{HC}&=\overline{BC}-\overline{BH}\\
&=10-5=5(cm) \qquad \cdots\cdots \text{❷}
\end{aligned}$$
△DHC에서
$$\overline{DH}=\sqrt{15^2-5^2}=10\sqrt{2}(cm) \qquad \cdots\cdots \text{❸}$$
따라서 반원 O의 반지름의 길이는
$$\frac{1}{2}\overline{AB}=\frac{1}{2}\overline{DH}=\frac{1}{2}\times10\sqrt{2}=5\sqrt{2}(cm) \qquad \cdots\cdots \text{❹}$$
답 $5\sqrt{2}$ cm

13

❶ $\overline{AF}=x$ cm라고 하면 $\overline{AD}=\overline{AF}=x(cm)$
  ∴ $\overline{BE}=\overline{BD}=8-x(cm)$, $\overline{CE}=\overline{CF}=7-x(cm)$
❷ $\overline{BC}=\overline{BE}+\overline{CE}$이므로
$$9=(8-x)+(7-x),\ 9=15-2x$$
$$2x=6 \qquad \therefore x=3$$
$$\therefore \overline{AF}=3(cm)$$
답 3 cm

14

$\overline{AD}=x$ cm라고 하면 $\overline{AF}=\overline{AD}=x(cm)$
$\overline{BD}=\overline{BE}=4(cm)$, $\overline{CF}=\overline{CE}=2(cm)$이므로
$$\overline{AB}=x+4(cm),\ \overline{AC}=x+2(cm) \qquad \cdots\cdots \text{❶}$$
△ABC에서
$$(x+4)^2=6^2+(x+2)^2$$
$$x^2+8x+16=36+x^2+4x+4$$
$$4x=24 \qquad \therefore x=6 \qquad \cdots\cdots \text{❷}$$
따라서 △ABC의 둘레의 길이는
$$(6+4)+6+(6+2)=24(cm) \qquad \cdots\cdots \text{❸}$$
답 24 cm

15

△ABC에서
$$\overline{AC}=\sqrt{13^2-12^2}=5(cm)$$
원 O의 반지름의 길이를 r cm라고
하면
$$\overline{AD}=\overline{AF}=r(cm)$$
$$\therefore \overline{BE}=\overline{BD}=12-r(cm),$$
$$\overline{CE}=\overline{CF}=5-r(cm) \qquad \cdots\cdots \text{❶}$$
$\overline{BC}=\overline{BE}+\overline{CE}$이므로
$$13=(12-r)+(5-r),\ 13=17-2r$$
$$2r=4 \qquad \therefore r=2 \qquad \cdots\cdots \text{❷}$$
따라서 색칠한 부분의 넓이는
$$\frac{1}{2}\times12\times5-\pi\times2^2=30-4\pi(cm^2) \qquad \cdots\cdots \text{❸}$$
답 $(30-4\pi)$ cm²

16

❶ $\overline{AH}=\overline{AE}=3(cm)$이므로
$$\overline{AD}=3+2=5(cm)$$
❷ $\overline{AB}+\overline{CD}=\overline{AD}+\overline{BC}$이므로
$$\begin{aligned}
(\square ABCD의\ 둘레의\ 길이) &=\overline{AB}+\overline{BC}+\overline{CD}+\overline{DA}\\
&=(\overline{AB}+\overline{CD})+(\overline{BC}+\overline{DA})\\
&=2(\overline{BC}+\overline{DA})\\
&=2\times(7+5)\\
&=24(cm)
\end{aligned}$$
답 24 cm

17

원 O의 반지름의 길이가 6 cm이므로
$$\overline{CD}=2\times6=12(cm) \qquad \cdots\cdots \text{❶}$$
$$\overline{AD}+\overline{BC}=\overline{AB}+\overline{CD}=15+12=27(cm) \qquad \cdots\cdots \text{❷}$$
$$\begin{aligned}
\therefore \square ABCD &=\frac{1}{2}\times(\overline{AD}+\overline{BC})\times\overline{CD}\\
&=\frac{1}{2}\times27\times12\\
&=162(cm^2) \qquad \cdots\cdots \text{❸}
\end{aligned}$$
답 162 cm²

18

△CDE에서
$$\overline{ED}=\sqrt{10^2-8^2}=6(cm) \qquad \cdots\cdots \text{❶}$$
$\overline{AE}=x$ cm라고 하면
$$\overline{BC}=\overline{AD}=x+6(cm) \qquad \cdots\cdots \text{❷}$$
□ABCE에서 $\overline{AE}+\overline{BC}=\overline{AB}+\overline{EC}$이므로
$$x+(x+6)=8+10,\ 2x+6=18$$
$$2x=12 \qquad \therefore x=6$$
$$\therefore \overline{AE}=6(cm) \qquad \cdots\cdots \text{❸}$$
답 6 cm

2. 원주각

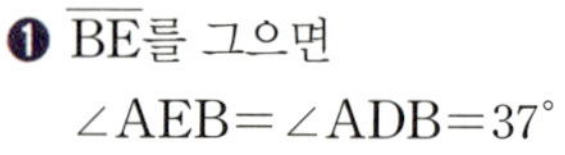
서술형 훈련하기

01 $79°$	**02** $18°$	**03** 5 cm	**04** $60°$
05 15 cm	**06** $21°$	**07** $108°$	**08** $40°$
09 $43°$	**10** $22°$	**11** $80°$	**12** $8\sqrt{3}$ cm^2

01

❶ $\overline{BE}$를 그으면

$\qquad \angle AEB = \angle ADB = 37°$

❷ $\angle BEC = \dfrac{1}{2}\angle BOC$

$\qquad = \dfrac{1}{2} \times 84° = 42°$

❸ $\angle AEC = \angle AEB + \angle BEC$

$\qquad = 37° + 42° = 79°$

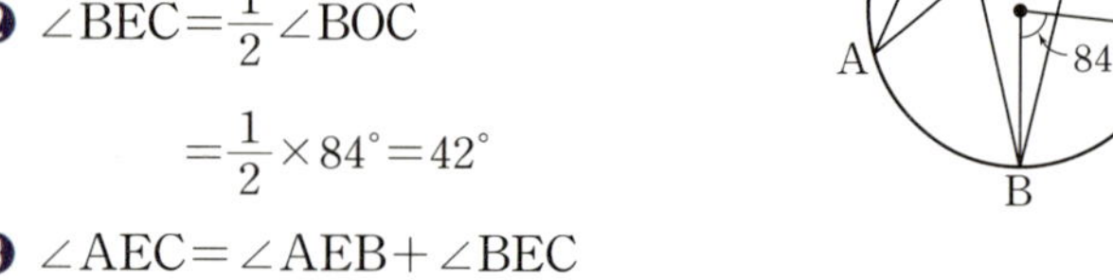

답 $79°$

02

$\triangle BPC$에서 $\angle BCD = 40° + \angle x$ ⋯⋯ ❶

한 호에 대한 원주각의 크기는 모두 같으므로

$\angle ADC = \angle ABC = \angle x$ ⋯⋯ ❷

$\triangle QCD$에서

$(40° + \angle x) + \angle x = 76°$, $40° + 2\angle x = 76°$

$2\angle x = 36°$ $\qquad \therefore \angle x = 18°$ ⋯⋯ ❸

답 $18°$

03

원 O의 지름 BA'과 $\overline{A'C}$를 그으면

$\angle A'CB = 90°$

한 호에 대한 원주각의 크기는 모두 같으므로

$\angle BA'C = \angle BAC = 60°$ ⋯⋯ ❶

$\therefore \overline{A'B} = \dfrac{5\sqrt{3}}{\sin 60°} = 5\sqrt{3} \div \dfrac{\sqrt{3}}{2}$

$\qquad = 5\sqrt{3} \times \dfrac{2}{\sqrt{3}} = 10(\text{cm})$ ⋯⋯ ❷

따라서 원 O의 반지름의 길이는

$\dfrac{1}{2} \times 10 = 5(\text{cm})$ ⋯⋯ ❸

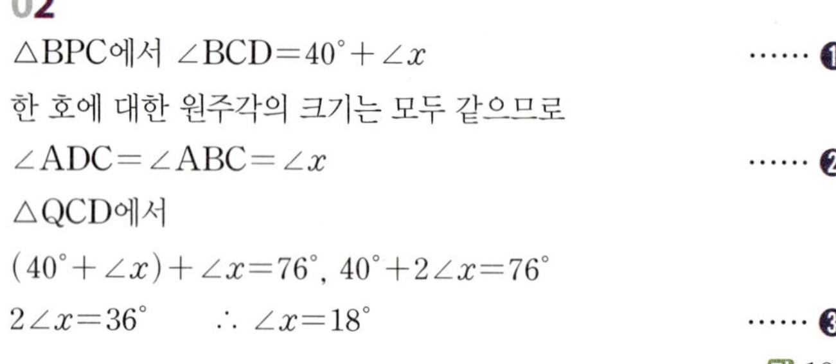

답 5 cm

04

❶ 한 원에서 길이가 같은 호에 대한 원주각의 크기는 같으므로

$\qquad \angle BCA = \angle BDC = 35°$

❷ $\triangle BCD$에서

$\qquad 50° + (35° + \angle ACD) + 35° = 180°$

$\qquad \angle ACD + 120° = 180°$ $\qquad \therefore \angle ACD = 60°$

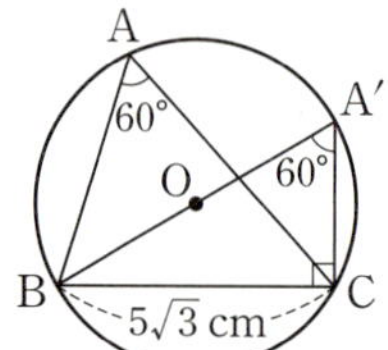

답 $60°$

05

$\triangle APD$에서 $\angle DAP = 84° - 60° = 24°$ ⋯⋯ ❶

호의 길이는 그 호에 대한 원주각의 크기에 정비례하므로

$6 : \overparen{AB} = 24° : 60°$ $\qquad \therefore \overparen{AB} = 15(\text{cm})$ ⋯⋯ ❷

답 15 cm

06

$\overline{AC}$를 그으면 $\overparen{AB}$, $\overparen{CD}$의 길이가 각각 원 O의 둘레의 길이의 $\dfrac{1}{5}$, $\dfrac{1}{12}$이므로

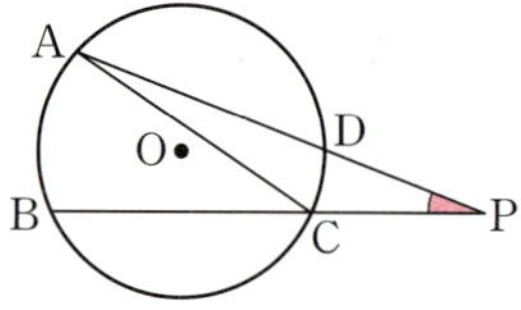

$\angle ACB = 180° \times \dfrac{1}{5} = 36°$

$\angle DAC = 180° \times \dfrac{1}{12} = 15°$ ⋯⋯ ❶

$\triangle ACP$에서 $\angle P = 36° - 15° = 21°$ ⋯⋯ ❷

답 $21°$

07

❶ 원주각의 크기는 중심각의 크기의 $\dfrac{1}{2}$이므로

$\qquad \angle AOC = 2\angle B = 2 \times 72° = 144°$

❷ $\angle B + \angle D = 180°$이므로

$\qquad 72° + \angle D = 180°$ $\qquad \therefore \angle D = 108°$

❸ $\square AOCD$에서

$\qquad \angle x + \angle y = 360° - (144° + 108°) = 108°$

답 $108°$

08

$\angle DAB = \angle DCE = 110°$이므로

$\angle DAC = 110° - 60° = 50°$ ⋯⋯ ❶

원에서 한 호에 대한 원주각의 크기는 모두 같으므로

$\angle DBC = \angle DAC = 50°$ ⋯⋯ ❷

지름에 대한 원주각의 크기는 $90°$이므로 $\angle ABC = 90°$

$\therefore \angle ABD = 90° - 50° = 40°$ ⋯⋯ ❸

답 $40°$

09

$\square ABCD$가 원에 내접하므로

$\angle C = 180° - 124° = 56°$ ⋯⋯ ❶

$\angle P = \angle x$라고 하면 $\triangle PBC$에서

$\angle PBQ = \angle x + 56°$ ⋯⋯ ❷

$\triangle AQB$에서

$25° + (\angle x + 56°) = 124°$

$\angle x + 81° = 124°$ $\qquad \therefore \angle x = 43°$

$\therefore \angle P = 43°$ ⋯⋯ ❸

답 $43°$

10

❶ $\angle ACB = \angle ABT = 68°$이므로

$\qquad \angle AOB = 2\angle ACB = 2 \times 68° = 136°$

❷ △OAB에서

$$\angle OAB = \frac{1}{2} \times (180° - 136°) = 22°$$

답 22°

11

$\overline{AC}$를 그으면 $\widehat{AB} : \widehat{BC} = 3 : 5$이므로

$\angle ACB : \angle CAB = 3 : 5$ ...... ❶

$\angle ACB = 3\angle a$, $\angle CAB = 5\angle a$라고 하면

△ABC에서

$5\angle a + 52° + 3\angle a = 180°$

$8\angle a + 52° = 180°$

$8\angle a = 128°$ ∴ $\angle a = 16°$

∴ $\angle CAB = 5 \times 16° = 80°$ ...... ❷

∴ $\angle CBT = \angle CAB = 80°$ ...... ❸

답 80°

12

$\angle BAC = \angle BCP = 30°$

지름에 대한 원주각의 크기는 90°이므로

$\angle ACB = 90°$ ...... ❶

△ACB에서 $\overline{AB} = 8$ cm이므로

$$\overline{AC} = 8\cos 30° = 8 \times \frac{\sqrt{3}}{2} = 4\sqrt{3}\,(\text{cm})$$

$$\overline{BC} = 8\sin 30° = 8 \times \frac{1}{2} = 4\,(\text{cm})$$ ...... ❷

$$∴ \triangle ACB = \frac{1}{2} \times 4\sqrt{3} \times 4 = 8\sqrt{3}\,(\text{cm}^2)$$ ...... ❸

답 $8\sqrt{3}$ cm²

Ⅲ. 통계

1. 대푯값, 산포도, 상관관계

워크북 | 36~39쪽

서술형 훈련하기

01 15	**02** 15	**03** 57	**04** 2
05 64	**06** 13	**07** (1) 4명 (2) 8명 (3) 10 %	
08 (1) 3명 (2) 25 %	**09** 165	**10** 6	
11 (1) C, B, D, A (2) B (3) D			
12 1개, 풀이 참조			

01

❶ 5개의 변량 5, 11, 2, 9, a의 중앙값이 8이므로

$a = 8$

❷ 6개의 변량 3, 6, 10, 8, 13, 5를 작은 값에서부터 크기순으로 나열하면 3, 5, 6, 8, 10, 13

따라서 중앙값은 $b = \frac{6+8}{2} = 7$

❸ $a + b = 8 + 7 = 15$

답 15

02

x를 제외한 5개의 변량의 도수가 모두 1이므로 x는 5개의 변량 중 하나와 같고, 최빈값은 x이다. ...... ❶

또, 평균과 최빈값이 같으므로

$$\frac{12+15+16+14+18+x}{6} = x$$

$$\frac{75+x}{6} = x, \ 75 + x = 6x$$

$5x = 75$ ∴ $x = 15$ ...... ❷

답 15

03

$$a = \frac{44+47+50+56+48+53+46+56}{8}$$

$$= \frac{400}{8} = 50$$ ...... ❶

자료를 작은 값에서부터 크기순으로 나열하면

44, 46, 47, 48, 50, 53, 56, 56

$$∴ b = \frac{48+50}{2}$$

$$= \frac{98}{2} = 49$$ ...... ❷

도수가 가장 큰 것은 56이므로

$c = 56$ ...... ❸

∴ $a - b + c = 50 - 49 + 56 = 57$ ...... ❹

답 57

04

❶ 평균이 8이므로

$$\frac{9+6+8+10+x}{5} = 8, \ \frac{33+x}{5} = 8$$

$33 + x = 40$ ∴ $x = 7$

❷ $$(\text{분산}) = \frac{(9-8)^2 + (6-8)^2 + (8-8)^2 + (10-8)^2 + (7-8)^2}{5}$$

$$= \frac{1^2 + (-2)^2 + 0^2 + 2^2 + (-1)^2}{5}$$

$$= \frac{1+4+0+4+1}{5}$$

$$= \frac{10}{5} = 2$$

답 2

05

평균이 5이므로

$$\frac{3+6+7+4+x+y}{6} = 5, \ \frac{x+y+20}{6} = 5$$

$x+y+20 = 30$ ∴ $x+y = 10$ ...... ㉠ ...... ❶

서술형 훈련하기

또, 표준편차가 2이므로

$$\frac{(3-5)^2+(6-5)^2+(7-5)^2+(4-5)^2+(x-5)^2+(y-5)^2}{6}=2^2$$

$$\frac{(-2)^2+1^2+2^2+(-1)^2+(x-5)^2+(y-5)^2}{6}=4$$

$$\frac{4+1+4+1+x^2-10x+25+y^2-10y+25}{6}=4$$

$$x^2+y^2-10x-10y+60=24$$

$$\therefore x^2+y^2-10(x+y)+60=24 \quad \cdots\cdots ㉡ \quad\quad \cdots\cdots ❷$$

㉠을 ㉡에 대입하면

$$x^2+y^2-10\times10+60=24$$

$$\therefore x^2+y^2=64 \quad\quad \cdots\cdots ❸$$

답 64

06

5개의 변량 a, b, c, d, e의 평균이 7이므로

$$\frac{a+b+c+d+e}{5}=7$$

$$\therefore a+b+c+d+e=35$$

$$\therefore m=\frac{(a+3)+(b+3)+(c+3)+(d+3)+(e+3)}{5}$$

$$=\frac{a+b+c+d+e+15}{5}=\frac{35+15}{5}=10 \quad\quad \cdots\cdots ❶$$

5개의 변량 a, b, c, d, e의 표준편차가 3이므로

$$\sqrt{\frac{(a-7)^2+(b-7)^2+\cdots+(e-7)^2}{5}}=3$$

$$\therefore n=\sqrt{\frac{(a+3-10)^2+(b+3-10)^2+\cdots+(e+3-10)^2}{5}}$$

$$=\sqrt{\frac{(a-7)^2+(b-7)^2+\cdots+(e-7)^2}{5}}=3 \quad\quad \cdots\cdots ❷$$

$$\therefore m+n=10+3=13 \quad\quad \cdots\cdots ❸$$

답 13

07

(1) 왼쪽 시력과 오른쪽 시력이 서로 같은 학생 수는 오른쪽 그림에서 대각선 위에 있는 점의 개수와 같으므로 4명이다.

(2) 왼쪽 시력보다 오른쪽 시력이 더 좋은 학생 수는 오른쪽 그림에서 대각선의 위쪽에 있는 점의 개수와 같으므로 8명이다.

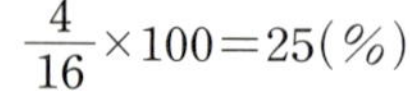

(3) ❶ 왼쪽 시력과 오른쪽 시력이 모두 0.5 이하인 학생 수는 위의 그림에서 색칠한 부분과 그 경계에 속하는 점의 개수와 같으므로 2명이다.

❷ 전체 학생 수는 20명이므로

$$\frac{2}{20}\times100=10(\%)$$

답 (1) 4명 (2) 8명 (3) 10 %

08

(1) 읽기 점수와 듣기 점수의 차가 4점 이상인 학생 수는 오른쪽 그림에서 색칠한 부분과 그 경계에 속하는 점의 개수와 같으므로 3명이다.

(2) 읽기 점수와 듣기 점수의 총합이 17점 이상인 학생 수는 오른쪽 그림에서 빗금친 부분과 그 경계에 속하는 점의 개수와 같으므로 4명이다. $\quad\quad \cdots\cdots ❶$

이때 전체 학생 수는 16명이므로

$$\frac{4}{16}\times100=25(\%) \quad\quad \cdots\cdots ❷$$

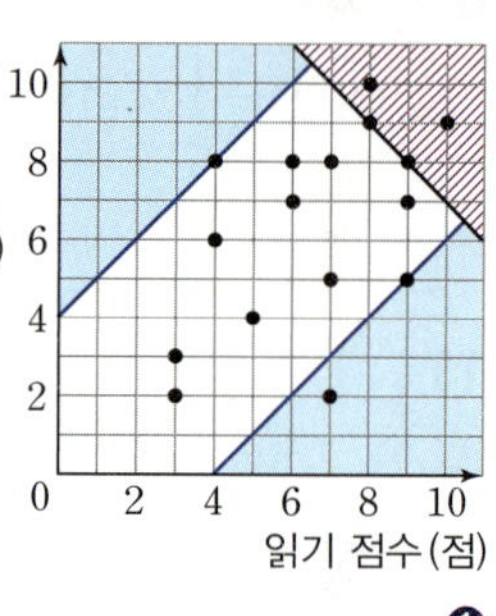

답 (1) 3명 (2) 25 %

09

3등인 학생은 오른쪽 그림에서 A이므로 (수학 성적, 영어 성적)이 (85점, 90점)이다.

$$\therefore a=\frac{85+90}{2}$$

$$=\frac{175}{2}=87.5 \quad\quad \cdots\cdots ❶$$

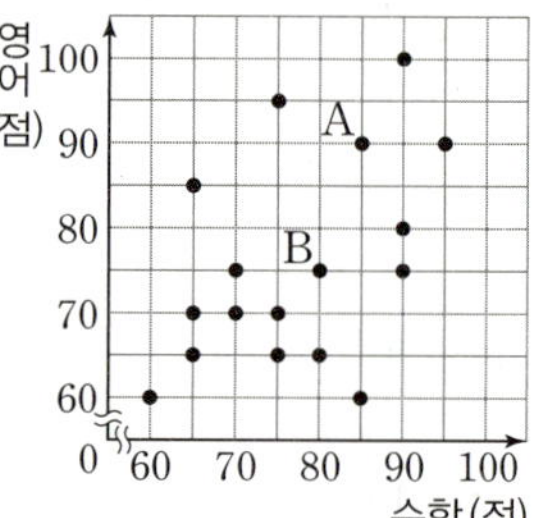

7등인 학생은 오른쪽 그림에서 B이므로 (수학 성적, 영어 성적)이 (80점, 75점)이다.

$$\therefore b=\frac{80+75}{2}=\frac{155}{2}=77.5 \quad\quad \cdots\cdots ❷$$

$$\therefore a+b=87.5+77.5=165 \quad\quad \cdots\cdots ❸$$

답 165

10

❶ 양의 상관관계인 것은 ㄱ, ㅁ의 2개이므로 $a=2$

❷ 음의 상관관계인 것은 ㄴ, ㄹ의 2개이므로 $b=2$

❸ $2a+b=2\times2+2=6$

답 6

11

(1) 왼쪽에 있을수록 쪽수가 적으므로 쪽수가 가장 적은 책부터 순서대로 쓰면 C, B, D, A이다.

(2) 쪽수에 비하여 가격이 가장 비싼 책은 대각선의 위쪽에 있는 점 중에서 대각선에서 가장 멀리 있는 점이므로 B이다.

(3) 쪽수에 비하여 가격이 가장 저렴한 책은 대각선의 아래쪽에 있는 점 중에서 대각선에서 가장 멀리 있는 점이므로 D이다.

답 (1) C, B, D, A (2) B (3) D

12

옳은 것은 ㄴ의 1개이다. $\quad\quad \cdots\cdots ❶$

ㄱ. 1차 기록이 가장 높은 학생은 E이다.

ㄷ. 1차에 비하여 2차에서 기록이 가장 많이 향상된 학생은 A이다. $\quad\quad \cdots\cdots ❷$

답 1개, 풀이 참조

본교재

I. 삼각비

1. 삼각비

개념 01 삼각비의 뜻

개념 콕콕 — 본교재 | 6쪽

1 (1) $\dfrac{3}{5}$ (2) $\dfrac{4}{5}$ (3) $\dfrac{3}{4}$ (4) $\dfrac{4}{5}$ (5) $\dfrac{3}{5}$ (6) $\dfrac{4}{3}$

2 (1) $\sqrt{5}$
  (2) $\sin B=\dfrac{\sqrt{5}}{5}$, $\cos B=\dfrac{2\sqrt{5}}{5}$, $\tan B=\dfrac{1}{2}$

대표 유형 — 본교재 | 7~8쪽

1 $\sin A=\dfrac{3}{5}$, $\cos A=\dfrac{4}{5}$, $\tan A=\dfrac{3}{4}$

1-1 $\sin C=\dfrac{12}{13}$, $\cos C=\dfrac{5}{13}$, $\tan C=\dfrac{12}{5}$

1-2 $\dfrac{23}{17}$

2 $2\sqrt{5}$ **2-1** $5\sqrt{13}$ **2-2** ①

3 $\cos A=\dfrac{\sqrt{11}}{6}$, $\tan A=\dfrac{5\sqrt{11}}{11}$

3-1 $\sin A=\dfrac{\sqrt{21}}{7}$, $\cos A=\dfrac{2\sqrt{7}}{7}$

3-2 ⑤

4 $\dfrac{4}{5}$ **4-1** $\dfrac{\sqrt{6}}{2}$ **4-2** $\dfrac{5}{13}$

개념 02 30°, 45°, 60°의 삼각비의 값

개념 콕콕 — 본교재 | 9쪽

1 (1) 1 (2) $\dfrac{\sqrt{3}}{2}$ (3) $\dfrac{1}{2}$ (4) $\dfrac{\sqrt{3}}{2}$

2 (1) 30° (2) 45° (3) 60°

3 (1) $x=2$, $y=2\sqrt{3}$ (2) $x=3\sqrt{2}$, $y=3$

대표 유형 — 본교재 | 10쪽

5 (1) 3 (2) $\dfrac{\sqrt{6}-\sqrt{2}}{4}$

5-1 (1) $\dfrac{3\sqrt{2}}{4}$ (2) $\dfrac{9}{4}$ **5-2** ㄴ, ㄹ

6 $2\sqrt{3}$ **6-1** $4\sqrt{3}$ **6-2** ④

배운대로 해결하기 — 본교재 | 11쪽

01 ④   **02** $\dfrac{3}{4}$ **03** $2\sqrt{19}$ **04** ①

05 $\dfrac{27}{20}$ **06** $\dfrac{3}{2}$ **07** ②   **08** 12

개념 03 예각과 0°, 90°의 삼각비의 값

개념 콕콕 — 본교재 | 12쪽

1 (1) 0.6428 (2) 0.7660 (3) 0.8391
  (4) 0.7660 (5) 0.6428

2 (1) $\dfrac{1}{2}$ (2) 0 (3) 0 (4) $\dfrac{\sqrt{3}}{3}$

대표 유형 — 본교재 | 13~14쪽

1 ④   **1-1** ④   **1-2** ⑤

2 1.5355   **2-1** 0.3675   **2-2** 1.03

3 $\dfrac{\sqrt{3}}{6}$ **3-1** $\sqrt{3}$ **3-2** ⑤

4 ⑤   **4-1** ③   **4-2** ⑤

개념 04 삼각비의 표

개념 콕콕 — 본교재 | 15쪽

1 (1) 0.5150 (2) 0.8387 (3) 0.6249
  (4) 0.5736 (5) 0.8572 (6) 0.6745

2 (1) 64° (2) 62° (3) 63°

3 $\overline{\text{AB}}$, 0.4848, 48.48

대표 유형 — 본교재 | 16쪽

5 30°   **5-1** 2°   **5-2** 1.0087

6 14.004   **6-1** 6.725

배운대로 해결하기 — 본교재 | 17쪽

01 ③, ⑤   **02** 1.38   **03** -1 **04** ③

05 ⑤   **06** ②   **07** ④   **08** 32.006

개념 넓히기로 마무리 — 본교재 | 18~20쪽

01 ①   **02** $\dfrac{8}{15}$ **03** ③   **04** 36

05 ④   **06** $\dfrac{7}{9}$ **07** $\dfrac{3\sqrt{3}}{2}$ **08** ㄴ, ㄷ

09 $\sqrt{3}$ **10** $4\sqrt{2}$ **11** ⑤   **12** ②

13 $2\sqrt{3}$ **14** ④   **15** ①   **16** 1.3270

17 $\dfrac{\sqrt{5}}{5}$ **18** $\dfrac{4}{3}$ **19** 1.55   **20** $2-\sqrt{3}$

21 ②   **22** $2\sin x$

---

2. 삼각비의 활용

개념 01 직각삼각형의 변의 길이

개념 콕콕 — 본교재 | 22쪽

1 (1) 10, 10, 10, 5.7 (2) 10, 10, 10, 8.2

2 (1) 20, 20, 20, 15 (2) 20, 20, 20, 25

대표 유형 — 본교재 | 23쪽

1 11.28   **1-1** 2.04   **1-2** ④

2 ②   **2-1** ④   **2-2** 23.1 m

개념 02 일반 삼각형의 변의 길이

개념 콕콕 — 본교재 | 24쪽

1 (1) $3\sqrt{3}$ (2) 6 (3) $3\sqrt{7}$

2 (1) 60° (2) $4\sqrt{2}$ (3) $\dfrac{8\sqrt{6}}{3}$

대표 유형 — 본교재 | 25쪽

3 $\sqrt{7}$ **3-1** $3\sqrt{5}$ **3-3** 14 km

4 $2\sqrt{6}$ **4-1** $10\sqrt{2}$ **4-3** ④

개념 03 삼각형의 높이

개념 콕콕 — 본교재 | 26쪽

1 $\tan 60°$, $\sqrt{3}h$, $\tan 45°$, h, $\sqrt{3}h$, h, $\sqrt{3}$,
  1, $\sqrt{3}+1$, $5(\sqrt{3}-1)$

2 (1) $\angle\text{BAH}=60°$, $\angle\text{CAH}=30°$
  (2) $\overline{\text{BH}}=\sqrt{3}h$, $\overline{\text{CH}}=\dfrac{\sqrt{3}}{3}h$
  (3) $4\sqrt{3}$

대표 유형 — 본교재 | 27쪽

5 $6(3-\sqrt{3})$ **5-1** $2\sqrt{3}$

5-2 $20(\sqrt{3}-1)$ m

6 $3(\sqrt{3}+1)$ **6-1** $5(3+\sqrt{3})$

6-2 $50\sqrt{3}$ m

배운대로 해결하기 · 본교재 | 28쪽

01 ②, ⑤ **02** $150\sqrt{3}$ cm³ **03** ①
04 $(30+10\sqrt{3})$ m **05** ② **06** $9\sqrt{6}$
07 $30(3-\sqrt{3})$ m **08** $4(\sqrt{3}+1)$ cm²

개념 04 삼각형의 넓이

개념 콕콕 · 본교재 | 29쪽

1 (1) 12 cm² (2) $15\sqrt{3}$ cm² (3) $6\sqrt{2}$ cm²
(4) 14 cm²

2 (1) $21\sqrt{2}$ cm² (2) $\dfrac{9\sqrt{3}}{2}$ cm²
(3) 10 cm² (4) $\dfrac{35\sqrt{3}}{2}$ cm²

대표 유형 · 본교재 | 30쪽

1 60° **1-1** 30° **1-2** ①
2 ② **2-1** ③
2-2 $49\sqrt{3}$ cm²

개념 05 사각형의 넓이

개념 콕콕 · 본교재 | 31쪽

1 (1) $24\sqrt{3}$ cm² (2) $21\sqrt{2}$ cm² (3) $60\sqrt{3}$ cm²
(4) 12 cm²

2 (1) $20\sqrt{3}$ cm² (2) $\dfrac{63\sqrt{2}}{4}$ cm²

대표 유형 · 본교재 | 32쪽

2 10 cm **2-1** 7 cm **2-2** ②
4 $35\sqrt{3}$ cm² **4-1** ② **4-2** 30°

배운대로 해결하기 · 본교재 | 33쪽

01 ④ **02** $4\sqrt{2}$ cm²
03 $32\sqrt{2}$ cm² **04** 135°
05 $14\sqrt{3}$ cm² **06** 50 cm² **07** ③
08 ③

개념 넓히기로 마무리 · 본교재 | 34~36쪽

01 ②, ③ **02** $\dfrac{8\sqrt{3}}{3}\pi$ cm³ **03** ③
04 $(12-6\sqrt{3})$ cm **05** $50\sqrt{3}$ m
06 ④ **07** $8\sqrt{6}$ **08** ③
09 $10(3+\sqrt{3})$ m **10** $9\sqrt{3}$ cm²
11 ② **12** 126 cm² **13** ③
14 16 cm **15** $4\sqrt{2}$ cm² **16** ④
17 $10(\sqrt{3}-1)$ m **18** $\sqrt{37}$
19 $(12\pi-9\sqrt{3})$ cm² **20** $\dfrac{25\sqrt{3}}{3}$ cm²
21 $\dfrac{12\sqrt{3}}{5}$ **22** ③

Ⅱ. 원의 성질

1. 원과 직선

개념 01 현의 수직이등분선

개념 콕콕 · 본교재 | 38쪽

1 (1) 2 (2) $\sqrt{3}$ (3) 14 (4) $2\sqrt{5}$ (5) 6
(6) $4\sqrt{2}$

대표 유형 · 본교재 | 39~40쪽

1 6 cm **1-1** 4 cm **1-2** ⑤
2 5 cm **2-1** $\dfrac{25}{3}$ cm **2-2** ③
3 15 cm **3-1** 10 cm **3-2** ②
4 $8\sqrt{3}$ cm **4-1** $4\sqrt{6}$ cm **4-2** ②

개념 02 현의 길이

개념 콕콕 · 본교재 | 41쪽

1 (1) 5 (2) 7 (3) 8 (4) 6
2 (1) 5 (2) 6

대표 유형 · 본교재 | 42쪽

5 6 cm **5-1** 8 cm **5-2** ③
6 65° **6-1** 58° **6-2** ⑤

배운대로 해결하기 · 본교재 | 43쪽

01 ③ **02** ④ **03** 16π cm²
04 13 cm **05** $4\sqrt{3}$ cm
06 $4\sqrt{2}$ cm **07** ③ **08** 40°

개념 03 원의 접선

개념 콕콕 · 본교재 | 44쪽

1 (1) 60 (2) 4
2 (1) 130° (2) 65°
3 (1) 9 (2) 70

대표 유형 · 본교재 | 45~46쪽

1 4 cm **1-1** 3 cm **1-2** 5 cm
2 $5\sqrt{3}$ cm **2-1** $2\sqrt{10}$ cm **2-2** ③
3 5 cm **3-1** 10 cm **3-2** 5 cm
4 12 cm **4-1** $8\sqrt{6}$ cm **4-2** 14π cm²

개념 04 삼각형의 내접원

개념 콕콕 · 본교재 | 47쪽

1 (1) $x=3$, $y=8$, $z=7$
(2) $x=5$, $y=4$, $z=6$
2 (1) 4 (2) 11

대표 유형 · 본교재 | 48쪽

5 3 cm **5-1** 12 cm **5-2** 36 cm
6 1 cm **6-1** 2 cm **6-2** 9π cm²

개념 05 원에 외접하는 사각형

개념 콕콕 · 본교재 | 49쪽

1 (1) 13 cm (2) 16 cm
2 (1) 3 (2) 7 (3) 8 (4) 15

대표 유형 · 본교재 | 50쪽

7 42 cm **7-1** 34 cm **7-2** ③
8 6 cm **8-1** 15 cm **8-1** $\dfrac{5}{3}$ cm

배운대로 **해결하기** 본교재 | 51쪽

01 ③ **02** $4\sqrt{3}\,cm^2$ **03** ⑤
04 $8\sqrt{15}\,cm^2$ **05** ② **06** 17 cm
07 ② **08** $\dfrac{15}{2}$ cm

개념 넓히기로 **마무리** 본교재 | 52~54쪽

01 9 cm **02** ④ **03** 8 cm **04** 30 cm
05 ③ **06** $16\sqrt{3}$ cm **07** ④
08 ⑤ **09** $6\sqrt{3}$ cm **10** 15 cm
11 2 cm **12** 7 cm **13** ③ **14** 24 cm
15 $80\,cm^2$ **16** $4\sqrt{2}$ cm **17** 16 cm
18 6 cm **19** 18 cm **20** $25\pi\,cm^2$
21 $6\sqrt{3}$ cm **22** $16\sqrt{15}\,cm^2$

---

2. 원주각

개념 **01** 원주각과 중심각

개념 **콕콕** 본교재 | 56쪽

1 (1) 40° (2) 60° (3) 50° (4) 74°
2 (1) 220° (2) 50°

대표 **유형** 본교재 | 57쪽

1 ② **1**-1 ④ **1**-2 120°
2 70° **2**-1 66° **2**-2 118°

개념 **02** 원주각의 성질

개념 **콕콕** 본교재 | 58쪽

1 (1) 45° (2) 68°
2 (1) $\angle x=30°$, $\angle y=42°$
  (2) $\angle x=25°$, $\angle y=35°$
3 (1) 35° (2) 70°

대표 **유형** 본교재 | 59쪽

3 45° **3**-1 80° **3**-2 ②
4 66° **4**-1 58° **4**-2 ④

개념 **03** 원주각의 크기와 호의 길이

개념 **콕콕** 본교재 | 60쪽

1 (1) 26 (2) 6
2 (1) 36 (2) 21 (3) 9 (4) 15

대표 **유형** 본교재 | 61쪽

5 ④ **5**-1 ② **5**-2 5 cm
6 80° **6**-1 60° **6**-2 36°

배운대로 **해결하기** 본교재 | 62쪽

01 ⑤ **02** $16\sqrt{3}\,cm^2$ **03** 52°
04 ③ **05** 70° **06** ③ **07** ②
08 56°

개념 **04** 네 점이 한 원 위에 있을 조건

개념 **콕콕** 본교재 | 63쪽

1 ㄱ, ㄷ
2 (1) 60° (2) 100°

대표 **유형** 본교재 | 64쪽

7 ④ **7**-1 ㄱ, ㄹ
8 78° **8**-1 53° **8**-2 ④

개념 **05** 원에 내접하는 사각형의 성질

개념 **콕콕** 본교재 | 65쪽

1 (1) $\angle x=110°$, $\angle y=80°$
  (2) $\angle x=65°$, $\angle y=60°$
2 ㄱ, ㄷ, ㄹ

대표 **유형** 본교재 | 66~67쪽

3 ⑤ **3**-1 ② **3**-2 122°
4 ② **4**-1 ④ **4**-2 140°
5 100° **5**-1 ③
6 ②, ⑤ **6**-1 ㄱ, ㄷ **6**-2 98°

개념 **06** 원의 접선과 현이 이루는 각

개념 **콕콕** 본교재 | 68쪽

1 (1) 100° (2) 50° (3) 65° (4) 55°
2 (1) 25° (2) 80°

대표 **유형** 본교재 | 69쪽

7 35° **7**-1 64° **7**-2 ③
8 40° **8**-1 26° **8**-2 ①

배운대로 **해결하기** 본교재 | 70~71쪽

01 ①, ④ **02** 60° **03** ③ **04** ④
05 73° **06** 36° **07** 94° **08** ①
09 ③ **10** ③ **11** ③ **12** 15°
13 ③ **14** 33°

개념 넓히기로 **마무리** 본교재 | 72~74쪽

01 ③ **02** 20 m **03** 216° **04** 40°
05 ④ **06** 27 cm **07** 48° **08** 3°
09 128° **10** 51° **11** ③
12 ㄷ, ㄹ, ㅂ **13** ④
14 $18\sqrt{3}\,cm^2$ **15** ⑤ **16** 42°
17 69° **18** 100° **19** 32° **20** $\dfrac{\sqrt{5}}{3}$
21 ④ **22** $3\sqrt{6}$

Ⅲ. 통계

1. 대푯값, 산포도, 상관관계

개념 **01** 대푯값

개념 **콕콕** 본교재 | 76쪽

1 (1) 5 (2) 16
2 (1) 13, 15, 13 (2) 24, 26, 24, 26, 25
3 (1) 3 (2) 2, 3 (3) 없다.

<table>
<tr><td>

대표 유형   본교재 | 77~78쪽

1 48 kg   **1-1** 3개   **1-2** 15.5권

2 92   **2-1** 3   **2-2** ④

3 8   **3-1** 74   **3-2** 15

4 ③   **4-1** ④   **4-2** 6

</td></tr>
</table>

배운대로 해결하기   본교재 | 79쪽

01 8.1점   **02** ④   **03** ③

04 (1) 평균 : 5시간, 중앙값 : 2시간   (2) 중앙값

05 20   **06** 27회   **07** ④   **08** 7시간

개념 02   산포도와 편차

개념 콕콕   본교재 | 80쪽

1 (1) -1, 1, 0, -3, 3
   (2) -2, 3, -4, 0, 8, -5

2 (1) 3   (2) -2

대표 유형   본교재 | 81쪽

1 (1) 6회   (2) -2회, 0회, -4회, 7회, -1회

1-1 (1) 8시간
   (2) 1시간, -3시간, 6시간, 2시간,
     -5시간, -1시간

1-2 ㄱ, ㄷ

2 (1) -3 (2) 75회

2-1 (1) 6   (2) 87점   **2-2** 14초

개념 03   분산과 표준편차

개념 콕콕   본교재 | 82쪽

1 (1) 7시간   (2) 2, 0, -2, 0   (3) 2   (4) $\sqrt{2}$시간

2 (1) 분산 : 4, 표준편차 : 2
   (2) 분산 : 5, 표준편차 : $\sqrt{5}$

대표 유형   본교재 | 83쪽

3 $\sqrt{5.2}$회   **3-1** $\sqrt{7}$개

3-2 (1) 9   (2) 16   (3) 4분

4 1반   **4-1** 2반   **4-2** ③, ④

배운대로 해결하기   본교재 | 84쪽

01 ①   **02** 82점   **03** ②   **04** ③

05 ④   **06** $\sqrt{3}$시간   **07** 13   **08** ②, ⑤

개념 04   산점도

개념 콕콕   본교재 | 85쪽

1 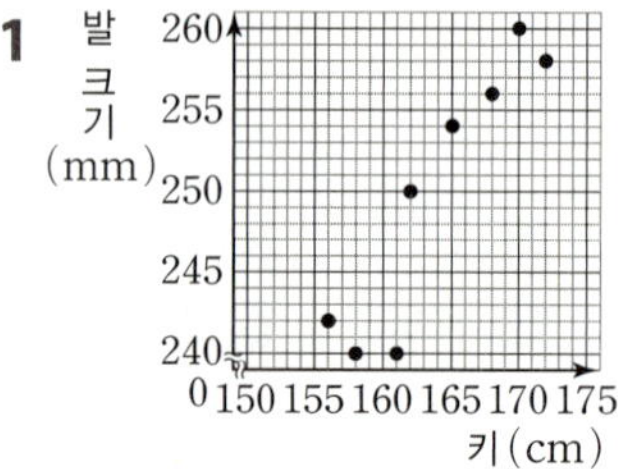

2 (1) 9명   (2) 8명   (3) 6명

대표 유형   본교재 | 86쪽

1 (1) 4명   (2) 20 %

1-1 (1) 5명   (2) 6명   (3) 50 %

2 (1) 3명   (2) 5명

2-1 (1) 4명   (2) 6명   **2-2** 17점

개념 05   상관관계

개념 콕콕   본교재 | 87쪽

1 (1) 양   (2) 무   (3) 음

2 (1) ㄱ   (2) ㄴ   (3) ㄷ

대표 유형   본교재 | 88쪽

3 ③   **3-1** ④   **3-2** ③

4 (1) A, D, B, C   (2) B   (3) C

4-1 ㄱ, ㄹ

배운대로 해결하기   본교재 | 89쪽

01 ④   **02** ②   **03** ①   **04** 30점

05 ④   **06** ⑤   **07** ②, ③

개념 넓히기로 마무리   본교재 | 90~92쪽

01 ③   **02** 16초   **03** ②

04 175 cm   **05** 14   **06** ②

07 ③, ④   **08** $2\sqrt{2}$회   **09** ①   **10** ③, ⑤

11 ⑤   **12** 85점   **13** ③   **14** ⑤

15 ②, ⑤   **16** $b=c<a$ **17** 2자루

18 80점   **19** ②   **20** 29   **21** $\sqrt{3.6}$회

워크북

1. 삼각비

배운대로 복습하기   워크북 | 2쪽

01 ②   **02** $\dfrac{2}{3}$ **03** 5 cm   **04** ③

05 $\sqrt{3}$ **06** $-\dfrac{5}{4}$ **07** ③   **08** 16

배운대로 복습하기   워크북 | 3쪽

01 ①, ⑤   **02** 2.52   **03** $\dfrac{1}{2}$ **04** ④

05 ①, ③   **06** ⑤   **07** ⑤   **08** 6.561

2. 삼각비의 활용

배운대로 복습하기   워크북 | 4쪽

01 ②, ③   **02** 81 cm³   **03** ④

04 $(20+20\sqrt{3})$ m   **05** ④   **06** $4\sqrt{6}$

07 $15(\sqrt{3}-1)$ m   **08** $16(\sqrt{3}+1)$ cm²

배운대로 복습하기   워크북 | 5쪽

01 ①   **02** $6\sqrt{3}$ cm²

03 $72\sqrt{2}$ cm²   **04** 120°

05 $\dfrac{23\sqrt{3}}{4}$ cm²   **06** $32\sqrt{2}$ cm²

07 ①   **08** ⑤

1. 원과 직선

배운대로 복습하기   워크북 | 6쪽

01 ①   **02** ⑤   **03** 225π cm²

04 10 cm   **05** 12 cm   **06** 10 cm   **07** ②

08 56°

빠른 정답

배운대로 복습하기 워크북 | 7쪽

01 ④ 02 $36\sqrt{3}$ cm² 03 ④
04 $45\sqrt{6}$ cm² 05 ② 06 26 cm
07 ① 08 $\dfrac{26}{3}$ cm

Ⅱ. 원의 성질

2. 원주각

배운대로 복습하기 워크북 | 8~9쪽

01 ① 02 $16\sqrt{3}$ cm² 03 70°
04 ③ 05 ③ 06 ② 07 ⑤
08 ② 09 44° 10 ② 11 ③
12 ② 13 ① 14 ③

배운대로 복습하기 워크북 | 10~11쪽

01 ①, ③ 02 55° 03 ⑤ 04 ①
05 62° 06 44° 07 116° 08 ①
09 ③, ⑤ 10 ② 11 ③ 12 30°
13 ② 14 42°

Ⅲ. 통계

1. 대푯값, 산포도, 상관관계

배운대로 복습하기 워크북 | 12쪽

01 8점 02 ⑤ 03 ②
04 (1) 평균 : 14점, 중앙값 : 9점 (2) 중앙값
05 20 06 56 kg 07 ③ 08 ②

배운대로 복습하기 워크북 | 13쪽

01 2 02 159 cm 03 ③
04 ⑤ 05 ④ 06 $\sqrt{5}$점 07 110
08 ③, ④

배운대로 복습하기 워크북 | 14쪽

01 ④ 02 ② 03 ① 04 ①
05 ① 06 ④ 07 ③, ④

Ⅰ. 삼각비

1. 삼각비

서술형 훈련하기 워크북 | 16~20쪽

01 $\dfrac{\sqrt{21}}{7}$ 02 $3\sqrt{5}$ 03 2 04 $\dfrac{4}{3}$
05 $\dfrac{4}{5}$ 06 $\dfrac{\sqrt{6}}{3}$ 07 $\dfrac{\sqrt{2}}{2}$
08 $4(\sqrt{3}+1)$ 09 60° 10 1.4819
11 $\dfrac{\sqrt{3}}{2}$ 12 0 13 (1) 1.3722 (2) 71
14 23° 15 1.723

Ⅰ. 삼각비

2. 삼각비의 활용

서술형 훈련하기 워크북 | 21~25쪽

01 27.8 02 $10\sqrt{3}$ cm³
03 $3(3+\sqrt{3})$ m 04 $2\sqrt{7}$ 05 $6\sqrt{6}$
06 8 m 07 $3(3-\sqrt{3})$ 08 $25\sqrt{3}$
09 $50(3+\sqrt{3})$ m 10 16 cm²
11 120° 12 $15\sqrt{3}$ cm²
13 $15\sqrt{3}$ cm² 14 32 cm²
15 $72\sqrt{3}$ cm²

Ⅱ. 원의 성질

1. 원과 직선

서술형 훈련하기 워크북 | 26~31쪽

01 13 cm 02 $4\sqrt{7}$ cm
03 4π cm² 04 $2\sqrt{10}$ cm
05 65° 06 30 cm 07 2 cm
08 25π cm² 09 36π cm²
10 $8\sqrt{3}$ cm 11 30 cm
12 $5\sqrt{2}$ cm 13 3 cm 14 24 cm
15 $(30-4\pi)$ cm² 16 24 cm
17 162 cm² 18 6 cm

Ⅱ. 원의 성질

2. 원주각

서술형 훈련하기 워크북 | 32~35쪽

01 79° 02 18° 03 5 cm 04 60°
05 15 cm 06 21° 07 108° 08 40°
09 43° 10 22° 11 80°
12 $8\sqrt{3}$ cm²

Ⅲ. 통계

1. 대푯값, 산포도, 상관관계

서술형 훈련하기 워크북 | 36~39쪽

01 15 02 15 03 57 04 2
05 64 06 13
07 (1) 4명 (2) 8명 (3) 10 %
08 (1) 3명 (2) 25 % 09 165 10 6
11 (1) C, B, D, A (2) B (3) D
12 1개, 풀이 참조

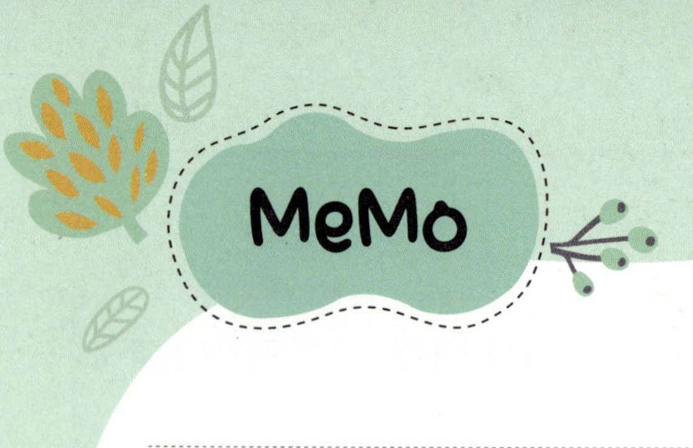
MeMo